全国高等院校物流专业“十三五”精品规划系列教材

冷链物流

（第2版）

白世贞　曲志华　主编
李　廷　段延梅　钟海岩　副主编

中国财富出版社

图书在版编目（CIP）数据

冷链物流 / 白世贞，曲志华主编．—2 版．—北京：中国财富出版社，2020.1（2023.6 重印）

（全国高等院校物流专业“十三五”精品规划系列教材）

ISBN 978-7-5047-6872-8

Ⅰ.①冷…　Ⅱ.①白…②曲…　Ⅲ.①冷冻食品—物流管理—高等学校—教材
Ⅳ.①F252.8

中国版本图书馆 CIP 数据核字（2019）第 047594 号

策划编辑　郑欣怡　　**责任编辑**　白　昕　赵晓微
责任印制　尚立业　　**责任校对**　孙会香　许　诺　　**责任发行**　敬　东

出版发行　中国财富出版社
社　　址　北京市丰台区南四环西路 188 号 5 区 20 楼　　**邮政编码**　100070
电　　话　010-52227588 转 2098（发行部）　　010-52227588 转 321（总编室）
　　　　　010-52227566（24 小时读者服务）　　010　52227588 转 305（质检部）
网　　址　http://www.cfpress.com.cn
经　　销　新华书店
印　　刷　北京九州迅驰传媒文化有限公司
书　　号　ISBN 978-7-5047-6872-8/F·3002
开　　本　787mm×1092mm　1/16　　**版　　次**　2020 年 1 月第 2 版
印　　张　18.5　　**印　　次**　2023 年 6 月第 2 次印刷
字　　数　416 千字　　**定　　价**　49.80 元

前　言

随着中国特色社会主义市场经济的发展，消费水平的提高、生活节奏的加快，人们对各种生鲜食品、调理食品、速冻食品等食品的质量有了更高的要求，传统的常温物流使易腐食品腐烂变质的情况经常出现，既造成食品资源的极大浪费，又引起巨大的经济损失。冷链物流能保持食品的新鲜程度，基本不会影响食物的营养和味道，同时大大提高了食物的存储期限。因此，物流行业的一个分支——冷链物流受到进一步关注并得到快速的发展。

《冷链物流》一书自2012年6月出版以来深受广大读者的关注，随着我国冷链物流事业的快速发展，冷链物流行业的相关数据发生变化，国家也相继出台各项政策措施，本书的部分内容与冷链物流的发展实际有一定的出入，因此对本书进行了修订。本书共七章，第一章简单介绍了冷链物流的基本环节，重点阐述了冷链物流的基本理论；第二章介绍了食品冷藏的基础知识；第三章、第四章、第五章介绍了冷链物流的基本环节；第六章介绍了食品冷链物流；第七章介绍了冷链物流标准化的相关知识。

为了使本书的知识结构更加完善，这次修订对各章的内容进行了调整。相对于第一版，第二版的调整内容如下：第一章进一步明确了冷链物流的概念，增加了冷链物流的发展现状及特征等内容；第二章对食品的化学成分一节中的相关内容进行了删减，使相关内容更加简洁；对第三章、第四章内容进行了删减和调整；第五章中对冷藏运输发展现状的相关数据进行了更新，同时也对部分内容进行了调整，使结构更加合理；为了使书中的数据与实际发展情况一致，第六章对各类食品冷链物流的相关数据进行了更新；将第七章的内容由冷藏链物流企业的运营与管理更改为冷链物流标准化。

本书图文并茂，简明易懂，理论与实践相结合，既可作为高等院校冷链物流专业、农产品贮藏加工等专业的教材，也可作为有关科研人员和冷链物流行业从业人员的参考用书。

本书主编曲志华，副主编李廷、段延梅、钟海岩，其中第一章由段延梅、钟海岩编写，第二、三、四、五、六、七章由曲志华编写，张静、姜曼、詹帅、白艺彩、王作铁、吴洁参加了前期资料收集和后期书稿的整理工作。

由于水平所限，时间仓促，书中错漏之处敬请广大读者指正。

编者

2017年8月

目　录

第一章　冷链物流概述

根据中华人民共和国国家标准《物流术语》（GB/T 18354—2006），冷链（Cold Chain）是指为保持新鲜食品及冷冻食品等的品质，使其在从生产到消费的过程中，始终处于低温状态的配有专门设备的物流网络。

冷链物流（Cold Chain Logistics）有时候也被称为低温物流（Low Temperature Logistics）或易腐食品冷藏链（Perishable Food Cold Chain）。冷链物流是以冷冻工艺学为基础、以人工制冷技术为手段、以生产流通为衔接、以达到保持冷链物流商品质量完好与安全的一个系统工程，包括低温加工、低温运输与配送、低温储存、低温销售等各个方面，其各个环节始终处于商品所必需的低温环境下，各作业环节必须紧密配合，在设备数量上相互协调，在质量管理标准上一致，形成一个完整的“冷藏链”，以保证商品的品质和安全，减少损耗，防止污染。

它所适用的范围主要包括以下 3 种。①初级农产品：蔬菜、水果、肉、禽、蛋，水产品，花卉产品等；②加工食品：速冻食品，禽、肉、水产等包装熟食，冰激凌和乳制品，快餐原料等；③特殊商品：药品等。

第一节　冷链物流的组成及相关设备

一、冷链物流的基本环节

（一）冷冻加工

冷冻加工包括肉禽类、蛋类和鱼类的冷却与冻结，以及它们在低温状态下的加工作业过程；同时也包括果蔬的预冷与速冻，各种速冻食品和乳制品的低温加工等。冷冻加工环节主要涉及的冷链装备包括冷却装置和冻结装置。

（二）冷冻储藏

冷冻储藏包括食品的冷藏和冻藏，以及水果、蔬菜的气调储藏。冷冻储藏能保证食品在储存和加工过程中的低温保鲜环境。在冷冻储藏环节主要涉及的冷链装备包括各类冷藏库、冷藏柜、冻结柜及家用冰箱等。

（三）冷冻运输

冷冻运输须保证食品在中、长途运输及短途配送等物流环节的低温状态。温度波动是在冷冻运输过程中引起食品品质下降的主要原因之一，所以在冷冻运输过程中要注意保持规定的温度，而且运输工具也要保持良好的性能。冷冻运输环节主要涉及的冷链装备包括铁路冷藏车、冷藏船、冷藏集装箱等低温运输工具。

（四）冷冻销售

冷冻销售包括冷冻食品的批发及零售等，由生产厂家、批发商和零售商共同完成。早期，冷冻食品的销售主要由零售商的零售车及零售门店承担，近年来，城市中超级市场大量涌现，其已成为冷冻食品的主要销售渠道。超市中的冷藏陈列柜，兼有冷藏和销售的功能。

二、冷链物流的相关设备

（一）冷冻加工设备

食品冷冻加工设备的种类很多，每种装置都有各自的特性，如表1-1所示。

表1-1　食品冷冻加工装置的特性

冻结方法	冻结装置类型	形　式	特　点	应用范围
间接冻结法	搁架半接触型冻结装置	①空气自然对流式； ②顺流吹风式； ③下压混流吹风式； ④风道直角吹风式	①结构简单； ②操作劳动强度大； ③空气自然对流式； ④传热效果差	适用于鱼、分割肉、禽、兔、副食品
	强烈吹风型冻结装置	非连续生产式： ①吊轨运输； ②小车运输； ③托盘运输	采用集中装置冷风机进行吹风，具有蒸发器，体积小，应用范围广泛	各种白条肉的冻结
		连续生产式： ①吊轨运输； ②小车运输； ③托盘运输	具有输送式的特点，还能连续性运输生产，保证冻结质量	蔬菜、水果、家禽
	接触型冻结装置	卧式平板器	①传热效果好，效率高； ②干耗和设备耗电量少； ③不适合冻结形状和厚度大的产品	冻结形状整齐的产品
		立式平板器	不能整行冻结	适用于鱼类产品
直接冻结法	浸渍、喷淋型冻结装置	①不冻液浸渍式或喷淋式； ②液化气体喷淋冻结式	冻结温度低，速度快，但是成本高	小杂鱼、家禽、鱼片等

我国常用的冷冻加工装置有空气冻结装置，包括以下几种。

（1）强烈吹风型冻结装置。

（2）搁架式冻结装置。

（3）隧道式冻结装置。

（4）螺旋传送带式冻结装置。

（5）液氮冻结装置。

除此之外，还包括接触平板冻结装置，这是一种保证食品与平板式蒸发器直接接触的冻结设备，工作原理是将食品放在各层平板间，用油压把平板压紧，空心平板流通着液氨，低温的氯化钙蒸发吸热，借助热传导作用将接触的食品的热量带走，达到快速冻结的效果。

（二）冷冻储藏设备

所谓冷冻储藏设备，一般是指可以通过人为控制来进行制冷以及维持稳定温度的一些设备。

食品冷冻冷储藏设备，包括各类食品用制冷设备，如冷柜、饮料冷藏柜、生鲜柜、超市风幕柜、商用食品冰箱、酒店厨房工作台等，可以广泛地适用于食品的各类生产储存。

（三）冷冻运输设备

食品的冷冻运输设备包括以下几种。

1. 冷藏车

冷藏车是用来运输冷冻或冷藏货物的封闭式厢式运输车，是装有制冷机组的制冷装置和聚氨酯隔热厢的冷藏专用运输车，常用于运输冷冻食品（冷冻车）、乳制品（乳品运输车）、蔬菜水果（鲜货运输车）、疫苗药品（疫苗运输车）等。冷藏车如图 1-1 所示。

图 1-1 冷藏车

根据制冷方式，通常可分为机械制冷冷藏车、液氮制冷冷藏车、干冰制冷冷藏车及蓄冷板制冷冷藏车等。

（1）机械制冷冷藏车。

机械制冷冷藏车带有蒸汽气压缩式制冷机组，通常安装在车厢前端，称为车首式制冷机组。车厢内的温度用恒温器控制，使车厢内的温度保持在与规定温度偏离±2℃的范围内。冷藏车壁面的热流量与外界温度、车速、风力及太阳辐射有关。

（2）液氮制冷冷藏车。

液氮制冷冷藏车的装置主要由液氮容器、喷嘴及温度控制器组成。液氮容器通常装在车厢内，大型车的液氮容器装在车体下边。液氮容器需要进行真空多层隔热处理。即使货堆密实，没有通风设施，也能使氮气进入货堆内，使车内温度达到均匀。

（3）干冰制冷冷藏车。

干冰制冷冷藏汽车车厢中装有隔热的干冰容器，可容纳 100 kg 或 200 kg 干冰。干冰容器下部有空气冷却器，用通风设备可使冷却后的空气在车厢内循环。吸热升华的气态二氧化碳由排气管排出车外。车厢中不会蓄积二氧化碳气体。

（4）蓄冷板制冷冷藏车。

蓄冷板中装有预先冻结成固体的低温共晶溶液，外界传入车厢的热量被蓄冷板中的共晶溶液吸收，共晶溶液由固态转变为液态。只要蓄冷板的块数选择合理，就能保证运输途中车厢内维持规定的温度。

2. 铁路冷藏车

铁路冷藏车通常使用加冰冷藏、机械制冷、干冰制冷等几种制冷方式。

（1）加冰冷藏铁路冷藏车。

如果食品可以与冰、水直接接触，则可用加冰铁路冷藏车来运输。将冰放在车内可以降低车内温度，但融化后的水会带来不便。

（2）机械制冷铁路冷藏车。

机械制冷铁路冷藏车包括柴油发动机和没有柴油发动机两种，前者可以与一般货物列车编组运行，后者不能单独与一般货物列车编组运行。

（3）干冰制冷铁路冷藏车。

如果食品不能与冰、水直接接触，则可用干冰替代。可将干冰悬挂在车厢顶部或直接将干冰放在食品包装上。用干冰冷藏运输新鲜食品时，空气中的水蒸气会在干冰容器表面上结霜。干冰升华完后，容器表面的霜会融化成水滴落到食品上。

3. 冷藏船

冷藏船上装有制冷设备，船舱隔热保温。冷藏船分冷冻母船、冷冻运输船、冷冻渔船三种。

冷藏船主要用于渔业，尤其是远洋渔业。远洋渔业的作业时间很长，有的长达半年以上，必须用冷藏船将捕捞物及时冷冻加工和冷藏。此外，经由海路运输易腐食品也须使用冷藏船。

4. 冷藏集装箱

冷藏集装箱是专为满足冷藏运输要求或满足须保持一定温度的冷冻货、低温货而设计的集装箱。冷藏集装箱具有钢质轻型骨架，内外贴有钢板或轻金属板，两板之间充填隔热材料。集装箱内部应容易清洗，且不会因水洗而降低隔热层的隔热性能。底面须设排水孔，能防止内外串气，保持气密性。冷藏集装箱造价较高，营运费用较高，使用中应注意冷冻装置的技术状态及箱内货物所需的温度。

（四）冷冻销售设备

对食品冷冻销售设备的要求是要具有制冷设备，可对冷冻食品进行隔热处理，保证其处于适宜的温度下，并且可以很好地展示食品的外观，便于顾客选购，同时还须具有一定的储藏容积，日常运转与维修方便，具有安全、卫生、无噪声、动力消耗少的特点。

根据冷冻陈列销售柜的结构形式，可将其分为敞开式和封闭式，敞开式又包括卧式敞开式和立式多层敞开式，封闭式又包括卧式封闭式、立式多层封闭式和半敞开式冷冻陈列销售柜。

1. 卧式敞开式冷冻陈列销售柜

卧式敞开式冷冻陈列销售柜上部敞开，开口处有循环冷空气形成的空气幕，这样可以防止外界热量侵入柜内。由围护结构传入的热流也被循环冷空气吸收，以避免其对食品产生直接影响。卧式敞开式冷冻陈列销售柜中的冷空气较重，因而不易溢出柜外。卧式敞开式冷冻陈列销售柜如图 1－2 所示。

图 1－2　卧式敞开式冷冻陈列销售柜

2. 立式多层敞开式冷冻陈列销售柜

立式多层敞开式冷冻陈列销售柜的单位占地面积和内容积大，商品放置高度与人体高度相近，便于顾客选购。立式多层敞开式冷冻陈列销售柜易使密度较大的冷空气逸出柜外。立式多层敞开式冷冻陈列销售柜如图 1－3 所示。

图 1－3　立式多层敞开式冷冻陈列销售柜

3. 卧式封闭式冷冻陈列销售柜

卧式封闭式冷冻陈列销售柜的开口处设有 2 层或 3 层玻璃构成的滑动盖，玻璃夹层中的空气起隔热作用。通过围护结构传入的热流被冷却排管吸收。通过滑动盖传入柜内的热量有辐射热量和取货时侵入柜内的空气带入的热量。这些热量通过食品由上而下地传递至箱体内壁，再由箱体内壁传给冷却排管。卧式封闭式冷冻陈列销售柜如图 1-4 所示。

图 1-4　卧式封闭式冷冻陈列销售柜

4. 立式多层封闭式冷冻陈列销售柜

立式多层封闭式冷冻陈列销售柜柜体后壁有冷空气循环用风道，冷空气在风机作用下在柜内循环。玻璃夹层中的空气具有隔热作用，玻璃对红外线的透过率低，传入的辐射热并不多，直接被食品吸收的辐射热就更少。立式多层封闭式冷冻陈列销售柜如图 1-5 所示。

图 1-5　立式多层封闭式冷冻陈列销售柜

5. 半敞开式冷冻陈列销售柜

半敞开式冷冻陈列销售柜多为卧式小型销售柜，外形很像卧式封闭式冷冻销售柜。半敞开式冷冻陈列销售柜没有滑动盖，而且在箱体内部的后壁上侧装置有翅片冷却管束，用以吸收开口部传入柜内的热量。半敞开式冷冻陈列销售柜如图 1-6 所示。

图 1-6　半敞开式冷冻陈列销售柜

第二节　冷链物流发展现状及特征

伴随着经济的快速发展和居民生活质量的提高，居民也越来越关注鲜活农产品和加工食品的“鲜度”和“安全度”。从需求与市场的关系看，当人们的消费需求从温饱型过渡到营养型，再进入健康型后，对营养结构和鲜度的追求以及对安全的重视，会转化为一种高层次的市场需求。城市居民生活水平的提高以及冷链物流需求的多样化，推动了冷链物流的现代化发展，冷链物流的需求和发展呈现出新的特点。

一、冷链物流发展现状

（一）国外冷链物流发展现状

1. 美国冷链物流发展现状

美国注重对食品的监督和管理，基本形成政府监管、企业自律、全民教育及舆论监督的综合食品质量安全控制体系，除此之外，发达的冷链物流系统也为食品质量安全提供了保障。政府监管由食品药品管理局负责，其保护策略是从预防开始就采取安全措施，落实企业责任，在冷链中确定风险后，由专门部门检查预防措施，并进行干预。在检查中出现问题后，通过有效的反应机制做出快速响应。

由于美国农业生产区域化程度较高，且绝大部分农产品由企业化经营的少数大农场生产，供应给全国各地及海外市场，使农产品的产地市场比较集中。销地批发市场的批发商数量不多，一般在 50～60 家，但是经营规模化、实力雄厚的批发商组织大规模的蔬菜水果贸易，能够为数量众多的超市、连锁店、中小零售商以及食品企业提供品种齐全、大批量的商品。美国果蔬大生产、大流通格局的形成，对果蔬的生产、流通和市场都产生了深远的影响，目前已形成完整的冷链物流体系，田间采后预冷—冷库冷藏—冷藏车运输—批发站冷库冷藏超市冷柜销售—消费者冰箱储存，整个物流环节的耗损率仅为1%～2%。

在整个冷链物流中采取先进的技术装备，设施充足，如使用气调贮藏苹果已占冷藏总数的80%，并且冷链系统运作稳定。在农业领域的总投入中，用于生产部分的投资占30%，用于产后加工保鲜的投资占70%；产后产值与采收时自然产值比为3.7∶1。完善的冷链不仅保证了全社会的食品安全，而且提高了农业产业化水平。

2. 德国冷链物流发展现状

在德国，联邦政府负责食品安全管理的部门是联邦食品、农业与消费者保护部，具体执行机构是联邦消费者保护与食品安全局和联邦风险评估所。在食品安全和质检方面，通过完善的立法、严格的监督、严厉的惩罚等措施在农产品市场履行监管职能。其中，联邦消费者保护与食品安全局负责对各联邦州开展食品安全监测，协助联邦州实施国家食品安全法规、建立统一的工作体系；农业合作社、食品工业协会、零售商协会等担当农产品流通中“监督员”的角色；有关机构还对冷链物流系统中的运输工具制定例行的检查标准，对冷链中的各种设备做了具体的技术要求，包括容器和托盘的卫生标准等。

德国还成立了冷库和冷藏物流企业协会。这是一个由冷库和冷藏物流企业组织的经济协会，其成员包括保鲜物流服务公司、制冷工业厂商和与之有关的商业公司和供应商。除了提供一般性的服务，它还代表会员与政府机构在国家和欧盟层面上沟通，积极为会员争取利益，以及为会员提供能源服务。德国还建立了多种标准，包括种蔬菜的土质，从而保证整个食品冷链系统在国家的监督和管理之下，保证食品安全。从产地或加工厂到销售网点，进入流通领域的肉类、鱼类、蔬菜、瓜果始终在一个符合产品保质要求的冷藏环境中运行。在冷藏保鲜库中，全部采用风冷，风机在计算机的控制下调节库温。生鲜果蔬采用分级包装，并贴上标签。在批发市场，无论是蔬菜、鲜鱼还是肉类均在良好的冷藏环境中存放。

同时，德国每年从财政中拨款，对改善农产品运输、储存、加工和销售的项目进行补贴，包括修建公路、码头、仓库（包括冷库）和市场等基础设施；不断加大农产品物流技术的开发力度，特别是保鲜技术、冷藏运输技术、包装技术和流通加工技术，为农产品的顺畅流通提供了技术上的保障。

3. 加拿大冷链物流发展现状

加拿大食品检验署（局）（CFIA）负责全国蔬菜的卫生安全和质量等级管理。由于加拿大地处高纬度，气温较低，为了保证人们一年四季吃上新鲜的蔬菜，温室种植十分普遍。为此，生产者对蔬菜的分级、包装尤其严格。加拿大的冷链特点是全程低温、保持新鲜，蔬菜的储存、运输必须通过冷链物流来完成，以减少污染和损失。蔬菜从田间到餐桌始终保持在低温环境下，有效地控制了有害微生物的滋生与蔓延，保障了食品安全。相关数据显示，通过低温保存、运输蔬菜，加拿大的蔬菜损耗仅为5%。

4. 日本冷链物流发展现状

日本是一个十分重视食品鲜度和食品安全的国家，在果蔬低温流通保鲜技术方面处于领先位置。20 世纪 70 年代以前，日本果蔬的流通保鲜状况和我国差不多。60 年代末以来，日本农林水产省组织开展了生鲜农产品的低温流通体系及技术的改进建设，日本果蔬的低温流通保鲜研究及技术改进受益于这一行动，该行动在学术界及流通业界得到了长足的发展。

早期通过对果蔬流通中腐烂发生的调查分析，在明确了腐烂主要与粗放采收、滥装滥卸、包装挤压及运输道路颠簸严重等有关后，除实行无伤采收、抗压瓦楞纸箱轻量包装（5～10kg）等改进外，还结合全国道路建设加强了农村道路整顿建设。这些改进有效地改善了当时日本果蔬流通中的腐烂严重问题，使流通中的腐烂率从常规的20％～30％降到了 5％～10％。之后，研究迅速转入对流通中品质劣变的影响因素及控制方法的探讨上。明确了运输过程中果蔬包装箱内会迅速升温至 40℃左右是造成流通中产品品质劣变及加重腐烂的主要因素，而采后运输前的预冷可有效降低运输中的呼吸强度和呼吸热释放，与低温运输结合可有效控制运输热害的产生而获得较好的流通保鲜效果，日本即在全国进行了低温冷链流通保鲜体系的整体建设。20 世纪 90 年代，日本在全国实现了“产地预冷—冷藏车运输—低温冷柜或卖店销售”的冷链流通保鲜体系的建设。这些同步的学术研究及技术要点推荐活动，使日本的低温流通得以在科学合理的理论和技术指导下正常发展。

（二）国内冷链物流发展现状

我国冷链物流兴起于 20 世纪 60 年代，那时候主要以肉类以及一些水产品为主。为了保证食品在淡旺季都能够进行正常的供应，我国一些较大城市以及相关产品的原产地都建立了一些较大的冷库，将食品进行冷藏。同时，水运冷藏船与铁路冷藏车并用，将食品运送到全国各地，打开销路。改革开放以后，冷链物流得到了更大的发展，并在很多大城市逐渐出现一些连锁品牌。很多超市内的冰柜、冰箱等设备也逐渐齐全，为冷链物流的零售终端冷藏链提供了物质保障。另外，部分食品加工企业也建立了属于自己品牌的冷链物流系统，为我国冷链物流的发展做出很大的贡献。

就目前而言，我国的冷链物流已经得到很大的发展。相关研究表明，我国的肉制品、乳制品以及冷冻食品的市场需求正以飞快的速度上升，为冷链物流的发展提供了很大的空间。同时，冷链物流的中间流程也正在逐步规范，很多食品企业都有了自己固定的合作企业，将自己企业的冷链物流外包给一些物流公司来负责。同时，随着冷链物流行业的发展，很多专门的冷链物流企业也应运而生，并且得到了快速的发展。

进入 21 世纪以来，我国农产品储藏保鲜技术迅速发展，农产品冷链物流发展环境和条件不断改善，农产品冷链物流得到较快发展。目前，我国每年约有 4 亿吨生鲜农产品进入流通领域，冷链物流比例逐步提高，2016 年，我国果蔬、肉类、水产品冷链流通率分别为 22％、34％、41％以上，冷藏运输率分别提高 35％、57％、69％左右。

1. 冷库资源现状

在冷链物流基础设施方面，近年来冷库进入一个爆发式增长阶段。据《中国冷链物流发展报告 2017》统计数据显示，到 2016 年年底，全国冷库总容量为 10500 万立方米（存储量为 4200 万吨），比 2015 年增加 460 万吨，同比增长 12.3%。

在储存物品上，冷库用于综合性存储占比比较大，在具体品类上，果蔬是最大份额的储藏品类。在冷库类型上，冷冻库占比超过一半，超低温库占比极小。在区域分布上，华东地区冷库占比最高，为 37.20%，随后依次是华中地区，占比为 15.45%；华北地区，占比为 12.28%；华南地区，占比为 10.19%；西南地区，占比为 9.38%；东北地区，占比为 9.80%；西北地区，占比为 5.70%。从七大区域的冷库占比情况可以看出，一方面，冷库总量同各地区的经济发展水平成正比，另一方面，多个地区之间的冷库容量差距越来越小，这也说明我国冷库整体水平在不断提升，冷库结构和资源布局趋于合理化。

2. 冷藏车资源现状

随着生鲜电商市场进入新的阶段，电商企业和消费者对于供应链和冷链物流提出了更高的要求，这直接推动冷链物流的快速发展，对冷藏车的需求量逐年增加。据《中国冷链物流发展报告 2017》统计数据显示，2016 年我国冷藏车保有量约为 115000 辆，比 2015 年增长 21600 辆，同比增长 23.13%，每万人冷藏车拥有量为 0.88 辆。2012—2016 年我国冷藏车市场保有量情况如表 1 - 2 所示。

表 1 - 2　　2012—2016 年我国冷藏车市场保有量情况　　单位：辆

年份	2012	2013	2014	2015	2016
保有量	40900	55200	75900	93400	115000

目前，公路冷藏运输是冷藏干线运输的主要力量，冷藏汽车的需求相对较大，而与公路冷藏运输竞争较激烈的是铁路冷藏运输。城市末端的配送主要由冷藏汽车来完成，市内配送业务中每辆冷藏车平均每日配送点较多。在食品冷链物流企业中每辆冷藏车平均每日将食品配送至 26 个网点，网点以大型零售连锁企业和餐饮企业为主。由于物流企业冷藏车每次配送网点多、每个网点配送食品数量少、停车开门次数多、冷量损耗大，因此配送效率较低。

3. 冷连物流园区发展现状

近年来，我国冷链物流园区的投资建设步伐明显加快，主要集中在沿海地区以及中部经济较为发达的地区，并且分布格局不均衡。冷链物流园区建设起步晚，目前已经运营的园区数量较少，接近 80%的园区处于在建状态或规划中。随着国家政策的引导和冷链市场的需求，冷链物流基础设施建设持续升温，我国冷链物流园区建设投资热情高，特别是 2012 年以来，不少地方纷纷投资兴建冷链物流园区。

我国冷链物流园区具有明显的地域性特点，主要还是依托于果蔬类、肉禽类以及水产品等的主产地，如水产品富产区，包括山东、天津、大连等环渤海地区，福建、广东等东南沿海地区；黑龙江、湖北、湖南、云贵地区等农产品生产大省都建有冷链物流中心；畜牧业发达的地区，如新疆、内蒙古等地区也正在加快冷链物流园区的建设。

随着冷链物流市场需求的多元化发展，不仅生鲜农副产品、肉类、水产品等冷链物流园区快速发展，以花卉为主要产品的新兴的物流冷链园区也开始兴起。目前，我国冷链物流园区的开发主要依赖政府规划、企业主导开发的模式，多数在建、运营的冷链物流园区仍由政府或国有企业作为投资主体进行建设，利用优惠政策吸引多家物流企业联合投资等。同时，冷链物流园区的增值服务发展呈现品种多元化的特点。从园区主要业务功能来看，虽然农畜产品、果蔬等冷冻冷藏、冷藏运输配送等传统业务功能仍然占主导地位，但是冷冻加工、电子商务等服务也快速发展。从园区流转产品来看，呈现出商品品种多、服务区域广、综合性强的特点。

随着冷链物流园区的投资建设步伐加快，虽然全国性的冷链物流服务网络尚未形成，但是我国部分区域已经形成布局合理、产业集聚、功能集成的网络化物流服务体系，整合了区域网络资源，带动了区域经济协调发展。

二、冷链物流发展特征

（一）冷链物流规模持续扩大

2016 年我国蔬菜产量约 8 亿吨，产量位居全球第一；水果产量为 2.83 亿吨；肉类产量为 8540 万吨；水产品为 6900 万吨。2010 年我国果蔬、肉类、水产品冷链流通率分别达到 5%、15%、23%，冷藏运输率分别达到 15%、30%、40%。到 2016 年，我国果蔬、肉类、水产品冷链流通率分别达到 22%、34%、41%，冷藏运输率分别提高 35%、57%、69%左右。

（二）冷链物流服务稳步发展

为了适应低能耗、低成本的冷链处理技术的广泛推广，以水产品和反季节果蔬为代表的高价值量农产品产业链迅速兴起，进一步促进了冷链物流企业的不断涌现。中外运、安得等企业通过强化与上下游企业的战略合作与资源整合，积极拓展冷链物流业务；光明乳业、双汇等食品生产企业，均加快物流业务与资产重组，组建独立核算的冷链物流公司，积极完善冷链网络，逐步向成熟的第三方冷链物流企业转变，成为冷链行业的主力军；大型连锁商业企业完善终端销售环节的冷链管理，加快发展生鲜食品配送，在做好企业内部配送的基础上逐步发展为社会提供公共服务的第三方冷链物流中心。

冷链物流企业呈现出网络化、标准化、规模化、集团化的发展态势。根据冷链食品生产、流通、消费格局，为了提高冷链效率和满足不同用户的需求，冷链物流企业由传统的仓储型企业向流通型企业转变。

随着社会和企业对冷链物流认识的增强，对冷链物流服务质量的要求越来越高，冷链行业竞争压力不断加强，冷链物流企业为保持其竞争优势，通过不断创新物流服务模式、整合资源等全面提升自身服务质量和水平，冷链服务由单一的仓储、运输等向跨行业、跨区域的一体化服务转变，专业化的冷链服务稳步发展。

（三）城市冷链物流共同配送取得进展

高水平的商贸流通产业体系以及居民多元化消费方式，为城市冷链物流配送带来巨大潜力。完善的冷链物流配送节点设施和配送网络，使城市冷链物流配送快速发展，冷链配送能力得以提升。物流行业是一个存在显著规模经济效应的行业，只有通过不断地整合各种资源、实现高度集约化才能降低企业和社会的成本。共同配送是实现高度集约化的首选，也是城市冷链物流配送发展的最高阶段。

目前，政府积极推进城市冷链配送，鼓励企业以多种形式搭建共同配送平台，整合商贸企业物流需求和社会物流资源，优化共同配送管理运行模式，提高冷链食品配送的社会化、集约化水平。如北京市依托新发地，建设占地面积约 300 亩的北京城市鲜活农产品物流共同配送示范园区，建设场内智能配货系统，购置 500 辆小型绿色环保电动运输车，实现市场内货物的调配，规范场内运输秩序。

冷链物流共同配送是指在当前冷链物流基础薄弱及在较长一段时间内难以缩小与发达国家差距的情况下，一方面，充分整合现有冷链资源，建立以区域为核心的统一物流配送中心；另一方面，共同配送模式既包括一家第三方物流公司为多个客户提供服务，也包括多个配送企业联合进行配送，还包括多家工商企业联合投资兴建冷链物流设施，即物流配送共同化、物流资源利用共同化、物流设施设备利用共同化以及物流管理共同化。

从微观角度看，实现冷链物流的多温共配能够提高冷链物流运作的效率，降低企业运营成本，可以节省大量资金、设备、土地、人力等。企业可以集中精力经营核心业务，促进企业的成长与扩散，扩大市场范围，消除有封闭性的销售网络，共建共存共享的环境。

从整个社会角度来讲，实现冷链物流的多温共配可以减少社会冷藏车的总量，减少因卸货妨碍城市交通的现象，改善交通运输状况；通过冷链物流集中化处理，有效提高冷链车辆的装载率，节省冷链物流处理空间和人力资源，提升冷链商业物流环境进而改善整个社会生活品质。

（四）冷链物流运营网络化

近年来，我国各级政府对农产品物流业的发展给予充分的重视与支持，重点加强了我国农产品物流网络的建设。我国已基本建成全国农产品流通“五纵二横绿色通道”网络，贯穿全国的“绿色通道”框架，为农产品运输提供了快速便捷的通道以及低成本的运输网络，加快了冷链物流在我国的发展。

以蔬菜为例，从全国范围看，我国已基本形成了华南冬春蔬菜、黄淮海与环渤海等八大蔬菜重点生产区域。季节性蔬菜运销基本可以概括为“五圈”“两基地”，其中“五圈”是以“天津—北京”为中心的山东、河北、辽宁、内蒙古蔬菜供应圈；以“沈阳—大连”为中心的辽宁、河北、内蒙古、山东蔬菜供应圈；以“上海—杭州—南京”为中心的河南、安徽、山东、江苏、浙江蔬菜供应圈；以“中国香港—广东—深圳”为中心的湖南、湖北、广东、广西蔬菜供应圈；西安、成都在内陆的运销圈中处于中心地位，围绕这两大中心形成了内陆蔬菜供应圈。“两基地”是山东蔬菜集散基地和“河北—北京”蔬菜集散基地。这两大基地依靠强大的吞吐能力，对其他运销圈发挥调剂作用。

生鲜食品供应的地域性、远距离运销、反季节性的特点，对冷链物流服务规模和效率提出了更高的要求，特别是对跨地区冷链干线运输和网络化的城市冷链配送服务。冷链物流区域性网络化运作体系已逐渐成熟，一是实现全程冷链的高价值特色果蔬跨区域、跨国家长途调运的一体化冷链物流体系；二是实现苹果、香梨、热带水果等特色水果产区冷藏，有计划地冷藏运输至销地的区域性冷链物流体系；三是实现蒜薹、芦笋等反季节蔬菜和特色蔬菜的南菜北运、东菜西输的网络化冷链物流体系。

（五）冷链物流设备技术转向高效节能

1. 冷链物流设备技术不断升级

由于冷链物流发展前景良好，一些零售企业和大型农业企业积极投资建设低温供应链配送系统及生鲜食品配送中心；一些大型连锁企业着手建立技术难度较高的生鲜食品、果蔬等配送中心；同时，政府也在积极筹备战略储备冷库的建设，这些大力推进了冷链物流基础设施的发展，初步构建了生鲜食品供应链及物流体系，为实现农产品冷链物流体系的运作创造了重要的物质条件。据《中国冷链物流发展报告 2017》统计数据显示，2016 年年底，我国冷库统计总容量为 10500 万立方米（存储量为 4200 万吨）；2016 年我国冷藏车保有量约为 115000 台。

鲜活农产品冷链物流涉及原材料采购、加工、运输、贮藏直至销售等多个环节。当前，各个环节均形成较为完善的技术体系，为冷链物流发展提供保障。采购环节的绿色养殖、栽培技术和有害物质检测技术，从源头上保证冷链物流质量；信息控制环节的 GPS（全球定位系统）、GIS（地理信息系统）、EDI（电子数据交换）、条码、MIS（管理信息系统）、温湿度红外遥感技术可对其实现全程控制；产地加工环节的真空预冷技术、冰温预冷技术可以提高产品质量、延长保鲜期；贮藏环节的自动化冷库、气调库、多温冷库等技术，有效延长储存保鲜期；运输环节的冷藏集装箱、“三段式”冷藏运输车等技术，实现“门对门”服务。

2. 冷链技术设备注重节能环保

在鲜活农产品冷链物流基础设施不断升级、日趋完善的同时，冷链技术设备逐渐转向高效、节能、环保。目前，适应现代都市节能环保要求的低能耗、低成本的冷链处理技术被广泛推广，生鲜食品加工配送企业、龙头生产企业、专业冷链物流企业以及批发市场和连锁超市等，在技术改造和充分利用现有低温贮藏设施的基础上，加大了先进、节能环保、高效适用的冷藏设施设备的投资力度。另外，国内外各种新型传导材料和冷链物流技术的研发成果得到有效转化，促使经济适用的预冷设施、移动式冷却装置、节能环保的冷链运输工具、先进的陈列销售货柜等冷链设施设备不断推陈出新。例如，为了实现低碳环保的绿色经济，以节电、节水为主要特点的蒸发式冷凝器正在逐步推广应用；同时，随着食品结构和包装形式的变革，尤其是小包装冷冻食品业的快速发展，食品冻结技术有了快速的进步，其主要采用快速、连续式冻结装置，加快了冻结速度，并提高了冻品的质量；另外，供液方式和制冷系统逐步趋于多样化发展。

（六）冷链物流运作模式多元化

鲜活农产品由生产企业产出后，经批发企业和零售企业最终到达消费者，各环节均可能有冷链物流企业或生鲜加工配送企业参与。鲜活农产品的不同流通模式决定冷链环节数量，而不同运作主体主导的流通模式其冷链发展水平存在很大的差异，需要视产品的品质定位决定是否采取冷链措施。

冷链在批发环节主要通过批发市场建设配送冷库发挥作用，服务进驻商家的临时产品存储；在零售环节主要通过冷藏货柜和超市生鲜配送中心发挥作用，保证产品质量和品质，减少损耗；在流通加工环节主要通过蔬菜、水果等加工配送中心发挥作用；在城市末端配送环节主要通过冷链物流城市配送企业冷藏储存和冷藏配送进行，冷链是企业实现专业化服务的必备手段。

鲜活农产品冷链物流的运作模式大体可分为以下四类：一是以农副产品批发市场为主导的冷链物流模式；二是以大型连锁超市为主导的冷链物流模式；三是以生鲜加工配送企业为主导的冷链物流模式；四是以第三方冷链物流企业为主导的冷链物流模式。目前，以农副产品批发市场为主导的冷链物流模式所占比重较大，并且在未来的一定时间内，该模式仍占主导地位。随着农业产业化的不断发展，国家对农超对接政策支持，以大型连锁超市为主导的冷链物流模式的比重将不断增加。

第三节　冷冻食品 T－T－T 概念及计算方法

一、冷冻食品 T－T－T 概述

（一）冷冻食品 T－T－T 概念

冷冻食品与未经过处理的新鲜鱼、肉、果蔬等的冷冻品不同，冷冻食品一般要满足的条件是采用新鲜、优质的食品原料；并进行一定的前处理加工；采用快速冻结方式生产；冻品温度在－18℃以下，并保持在该温度下储藏、运输、销售；冷冻产品应带有包装，符合安全、卫生要求。

原料品质、冻前后处理、包装（Product，Processing，Package，3P）是决定冷冻食品质量的主要因素。与此不同的是终期产品的质量取决于时间（Time）、温度（Temperature）和产品的耐藏性（Tolerance），即由 T－T－T（Time -Temperature -Tolerance）决定。

品质优良的冷冻食品在刚刚被生产出来的时候，会在标准的温度范围内流通并储藏，与放在－40℃的一些参照品做比较。随着时间的推移，这些冷冻食品的品质下降了，就要求感官小组的成员对其进行鉴定。

高品质寿命（High Quality Life，HQL）指当某天感官鉴定小组中70％的成员能识别出此温度下的冷冻食品与－40℃储藏的对照品有品质差异时，该储藏温度下冷冻食品所经历的时间。然而实用冷藏期（Practical Storage Life，PSL）指实际上感官鉴定小组的成员在对冷冻食品做品质鉴定时，常把标准适当放宽，降低到以不失去冷冻食品的商品价值为限，到此时该储藏温度下冷冻食品所经历的时间。

美国西部农产物利用研究所在1948—1958年所做的大量实验，总结出T－T－T的概念。为保持冷冻食品的优良品质，所容许的储藏时间和储藏温度之间存在着一定的关系。由概念可知，冷冻食品在流通过程中其品质变化主要取决于温度，冷冻食品的温度越低，其保持优良品质的时间越长。

（二）冷冻食品T－T－T曲线

根据大量实验资料可知主要通过感官鉴定可知大多数冷冻食品的品质稳定性随着食品温度的降低而呈指数关系增大。把最初检验冷冻食品发生品质差异所需的时间标绘在有对数刻度的方格纸上，这些点在－30～－10℃的实用冷藏温度范围内呈倾斜的直线形状，称为T－T－T曲线，如图1－7所示。

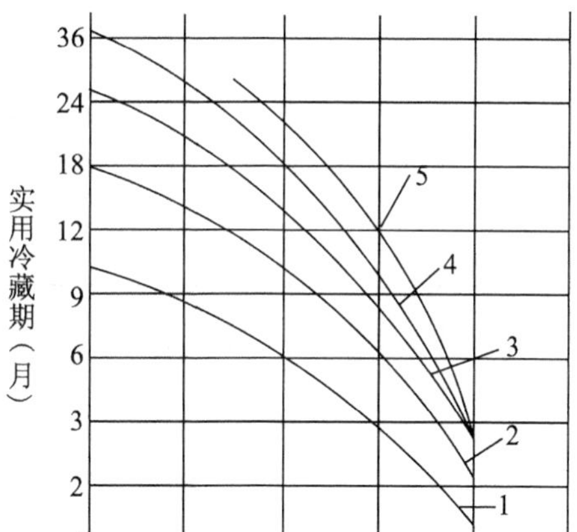

图1－7　冷冻食品的T－T－T曲线

1—多脂肪鱼（鲑）和炸仔鸡；2—少脂肪鱼；3—四季豆；4—青豆和草莓；5—木梅

从图1－7中可以看出，T－T－T曲线表示几种冷冻食品在－30～－10℃范围内，储藏温度与实用冷藏期之间的关系。

根据T－T－T曲线的斜率可以得出温度对于冷冻食品品质稳定性的影响，用温度系数Q_{10}表示。Q_{10}是温差10℃时，品质降低速度的比值，也就是温度每下降10℃冷冻食品品质保持的时间比原来延长的倍数。

假设温度系数 Q_{10} 的值是 5，品温从 −15℃降至 −25℃，品质降低的速度减小至原来的 1/5，冷藏期也比原来延长 5 倍。冷冻食品的温度系数 Q_{10} 随冷冻食品的种类不同而异，在 −25～−15℃内，其值为 2～5。如果在更宽的温度范围内，Q_{10} 的数值发生变化，有从 4 减少到 2 的食品，也有小于 1 的食品，对于这样的冷冻食品，T－T－T 理论就不适用了。所以，从 T－T－T 曲线可看出水产冷冻食品的品质稳定性最差，多脂肪鱼的储藏期最短。

另外，T－T－T 概念还指出冷冻食品在流通过程中因时间、温度和食品的耐藏性而引起的品质降低量是累积的、不可逆的，且与所经历的顺序无关。但是大多数的冷冻食品都符合 T－T－T 概念，储藏温度越低，冷冻食品的品质变化越小，实用冷藏期就越长。

如冷冻的腌制肉，其品温从 −5℃降低至 −40℃中，过氧化值、硫巴比妥酸值（TBA）、游离脂肪酸含量呈上升趋势，储藏期显著缩短，如表 1－3 和图 1－8 所示。如果品温下降至 −40℃以下，则品温降低、实用冷藏期延长的 T－T－T 关系又得到恢复。

表 1－3　　腌制肉的过氧化值

温度（℃） 储藏天数（天）	0	−5	−12	−30	−60
2	2.1	1.4	2.3	2.6	1.7
23	5.3	—	5.7	8.3	3.5
30	6.3	4.8	6.9	9.1	3.6
48	6.4	5.8	7.1	8.7	3.2
90	6.7	8.0	7.3	9.7	3.6

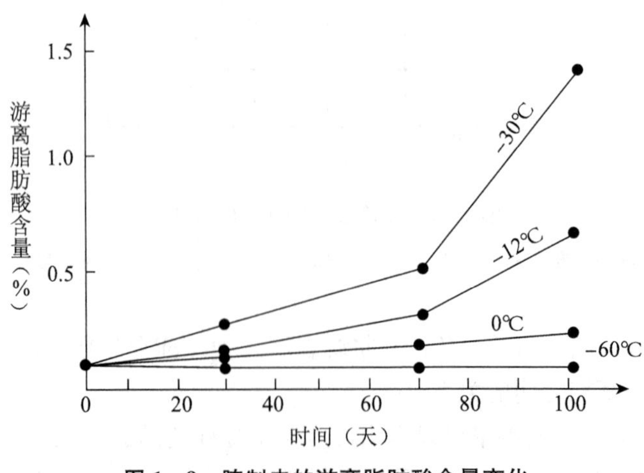

图 1－8　腌制肉的游离脂肪酸含量变化

腌制冷冻食品的储藏温度与储藏期之间也存在着复杂的关系。混合有各种调味料、食盐和香辛料等成分的方便冷冻食品日益增多，这些食品在冻结储藏过程中各成分之间的相互作用也是复杂的。由于加盐冷冻食品与不加盐冷冻食品相比，储藏期会缩短，因此对不符合 T－T－T 一般原则的例外问题的研究也显得十分必要。另外冷冻食品的 T－T－T 关系因食品原料品质的不同而有很大差异，将具有类似低温特性的食品分成六到七个组，其各组食品的实用保藏期在图中可用有一定宽度的带来表示。如图 1－9 所示，该带的中间值即是食品保藏期，置信度为 95％。

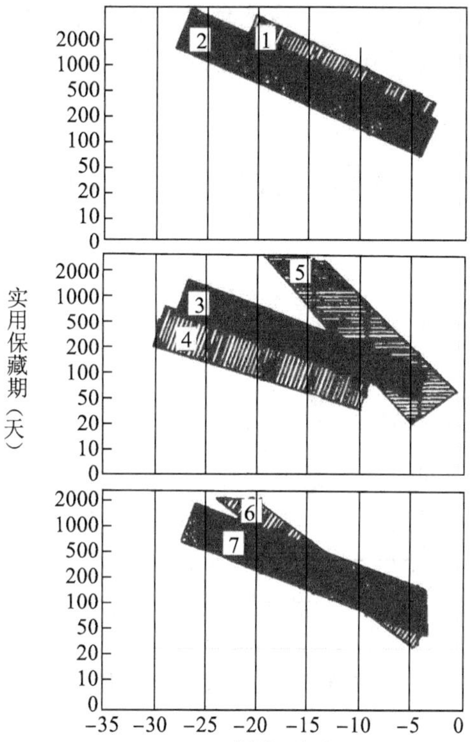

图 1－9　各组食品的实用保藏期

1—少脂肪肉及浇卤汁的调理少脂肉；2—多脂肪肉及浇卤汁的调理多脂肉；3—少脂肪鱼；4—无保护处理的鱼肉；5—水果类；6—蔬菜类；7—没有浇卤汁的调理食品类

但是 T－T－T 并不是适用于所有的情况，比如同一加工食品的加工工序不同就会产生很大的影响。虽然同一食品的原料不同，保存的温度和期限也不尽相同，但是也存在某些加工食品，其温度与保藏期之间无一定的关系，比如存在保藏温度降低，保藏期限反而缩短的情况。极短时间内高频率的温度变动也会极大地缩短食品品质的保存期限。

二、冷冻食品 T－T－T 的计算方法

冷冻食品到达消费者手中要经过储藏、配送、运输、销售等环节。因此，在实际的流通过程中，温度的变动会对冷冻食品的品质带来多大的影响，品质降低的累积能否进行计算，这些研究就变得十分的必要。

如果把某个冷冻食品在实际流通过程中所经历的温度和时间记录下来，根据它的 T－T－T 曲线按顺序可算出各个阶段的品质降低量，然后就能确定该冷冻食品的品质变化，这种方法叫 T－T－T 计算方法。

根据 T－T－T 曲线可得知，一个冷冻食品在某个储藏温度下的实用冷藏期是 A，经过时间 A 后其品质降低至 0，那么在此温度下该冷冻食品每天的品质下降量为 $B=\frac{100}{A}$。

根据这个关系可做出品质保持特性曲线，T－T－T 计算图就是在这个基础上做成的，如图 1－10 所示。

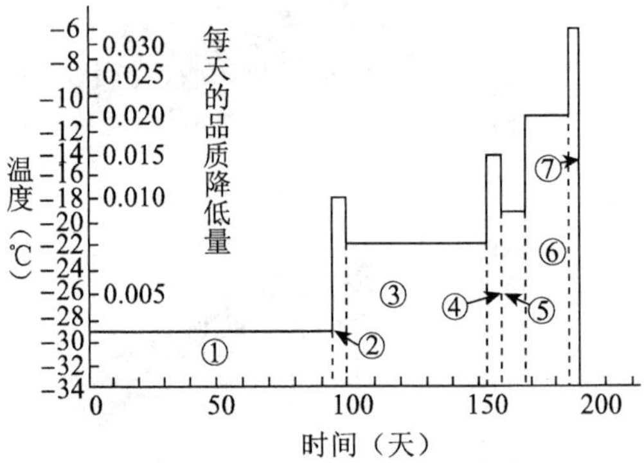

图 1－10　T－T－T 计算图

A—实用冷藏期曲线；*B*—每天品质降低率曲线

图 1－10 中横坐标是天数，纵坐标是各种温度下的品质降低率。把某冷冻食品从生产出来到消费者所经历的储藏、运输、销售等环节的温度、时间画在图上，曲线与坐标轴之间的面积就是该冷冻食品在流通过程中品质降低的总量。温度变化越大，曲线下的面积也越大，品质降低的量也越大。

例如，有一个冷冻食品从生产到消费共经历了七个阶段，如表 1－4 所示。可用T－T－T 的计算方法，根据各个温度下每天的品质降低率与在此温度下所经历的天数相乘，即可算出该冷冻食品各个阶段的品质降低量。食品刚生产出来时，这个冷冻食品的冷藏性为 100％，从生产者一直到消费者共经历了 241 天，7 个阶段的品质降低总量为 70.9％，这说明该冷冻食品还有 29.1％的剩余冷藏性。当品质降低总量超过 100％时，说明该冷冻食品已失去商品价值，不能再被食用。

表 1－4　　某冷冻食品流通过程中时间、温度经历

阶　段	保管温度（平均）（℃）	每天品质降低率（%）	保管时间（d）	品质降低量（%）
①生产者保管中	－30	0.23	150	33.0
②运输中	－25	0.27	2	0.5
③批发商保管中	－24	0.28	60	17.0
④送货中	－20	0.4	1	0.4
⑤零售商保管中	－18	0.48	14	6.8
⑥搬运中	－9	1.9	1/6	0.2
⑦消费者保管中	－12	0.91	14	13.0
合　计	—	—	241	70.9

图 1－11 为冻结包装鳕鱼的 T－T－T 曲线图，冻结包装鳕鱼从生产出来一直到消费者手上共经历了 7 个流通环节，如表 1－5 所示。

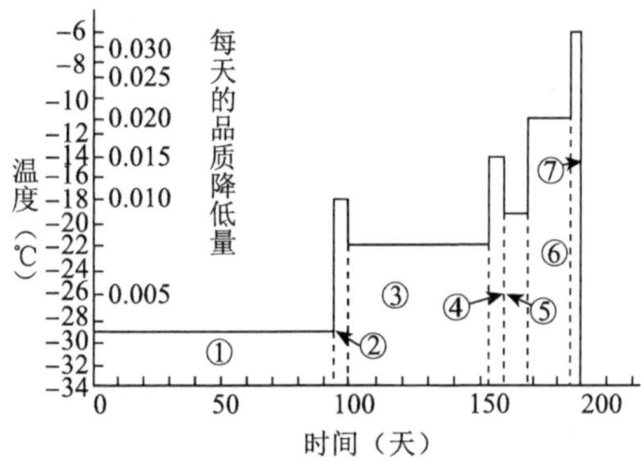

图 1－11　冻结包装鳕鱼的 T－T－T 曲线图

表 1－5　　冻结包装鳕鱼流通过程中的时间、温度经历

流通环节	温度（℃）	时间（天）	每天品质降低量（%）	阶段品质降低量（%）
①生产者的低温保管	－30	95	0.00362	0.344
②生产者向批发商的低温运输	－18	2	0.011	0.022
③批发商的低温保管	－22	60	0.0074	0.444
④批发商向零售商的低温运输	－14	3	0.016	0.048
⑤零售商的低温保管	－20	10	0.008	0.080
⑥零售商的低温销售	－12	21	0.018	0.378

续 表

流通环节	温度（℃）	时间（天）	每天品质降低量（%）	阶段品质降低量（%）
⑦零售商向消费者的低温送货	−16	1	0.036	0.036
合 计	—	192	—	1.352>1.0

用T-T-T曲线图计算，各个流通环节的品质降低量分别如图1-11中①、②、③、④、⑤、⑥、⑦所示的面积。经过192天的流通，冻结包装鳕鱼肉的品质降低总量D为1.352。当$D>1$时，说明该冷冻食品已失去商品价值，不应再出售。

从冻结包装鳕鱼在流通过程中的品质变化可看出，当温度升高，食品的品质降低量就会增大。那么，要将食品保持很好的质量就要求建立完善的冷藏链。

本章小结

本章主要介绍冷链物流的相关知识，包括冷链物流的组成及相关设备、冷链物流发展现状及特征、冷冻食品T-T-T概念及计算方法等。学习本章后，学生应当对冷链物流及T-T-T概念有一定的了解。

复习题

1. 简述冷链物流的基本环节。
2. 简述冷冻食品T-T-T的概念。
3. 简述冷冻食品T-T-T的计算方法。

第二章 食品冷藏的基础知识

食品的化学成分是极其复杂的，除水分、挥发性成分外还包括固形物成分。食品的化学成分主要有蛋白质、糖类、脂类、维生素、矿物质、水等，这些化学成分大部分是人体的营养成分。在食品储藏过程中，食品的化学成分会发生变化，从而影响食品的食用价值和营养价值。而温度是影响食品化学变化速度的主要因素，如低温可以降低脂类氧化酸败的速度，可以降低酶的活性，因此控制储藏温度，可以降低食品腐败变质的速度。

第一节 食品的化学成分

一、蛋白质

蛋白质是一类复杂的高分子含氮化合物，它是一切生命活动的基础，是构成生物体细胞的主要原料。每克蛋白质能为人体提供 16.7kJ 热量。

（一）蛋白质的组成

蛋白质种类繁多、结构复杂，但不管来源和种类如何，它们的化学元素组成均相似，主要由碳、氢、氧、氮、硫、磷 6 种元素组成，另有少量的铁、铜、锌等元素。蛋白质中碳、氧、氢、氯、硫、磷的含量大致如下：碳为 50.6%～54.5%，氧为 21.5%～23.5%，氢为 6.5%～7.3%，氮为 15.0%～17.6%，硫为 0.3%～2.5%，磷为 0～4%。

蛋白质分子是一个分子氨基酸的羧基和另一个分子氨基酸的氨基相互缩合形成肽键，肽键把许多氨基酸连接在一起形成较长的多肽链，然后通过氢键而形成螺旋状多肽链，再通过副键（如盐键等）将几条螺旋状多肽链折叠盘曲保持着不同形状的立体结构。由于糖类和脂肪中仅含碳、氢、氧，不含氮，所以蛋白质是人体氮的唯一来源。蛋白质是生命的物质基础也是营养素中的要素之一。正常人体组织含蛋白质约 16%～19%，并始终处于不断分解又不断合成的动态平衡之中。

蛋白质的基本组成单位是氨基酸，在人体和食物中共存在 20 余种。按照是否能在体内合成，分为必需氨基酸和非必需氨基酸。其中必需氨基酸不能在体内合成或合成量很少，必须由食物中的蛋白质供给，包括缬氨酸、亮氨酸、异亮氨酸、苏氨酸、蛋氨酸、苯丙氨酸、色氨酸和赖氨酸 8 种。婴儿的必需氨基酸须加上组氨酸。

非必需氨基酸可在人体内合成或从其他氨基酸转化而来。

（二）蛋白质的分类

1. 根据化学结构分

按化学结构不同蛋白质可以分成单纯蛋白质和结合蛋白质两个主要类型。

单纯蛋白质只含氨基酸及其衍生物，结构比较简单，单纯蛋白质包括白蛋白、球蛋白类（广泛存在于血浆、乳类、豆类、蛋类中）、谷蛋白、醇溶谷蛋白类（存在于谷类、豆类、种子中，是重要的植物蛋白）、鱼精蛋白、组蛋白类（与核酸结合而成核蛋白，是动物细胞核中的主要成分）、硬蛋白类（广泛存在于骨、肌腱、韧带、毛发、皮肤等组织中）。

结合蛋白质则结合了各种非蛋白质物质，结构较为复杂，结合蛋白质包括核蛋白（它是构成细胞核和病毒的主要成分）、色蛋白（存在于血红蛋白、肌红蛋白、黄酶、细胞色素氧化酶中）、糖蛋白（存在于骨、肌腱、黏液中，此类蛋白质有黏合与保护作用）、脂蛋白（主要存在于血浆、细胞膜中）、磷蛋白（存在于乳类、卵黄、脑组织中）。

2. 根据蛋白质的营养价值分

按营养价值不同蛋白质可分为完全蛋白质、半完全蛋白质和不完全蛋白质三类。

（1）完全蛋白质。

完全蛋白质所含必需氨基酸种类齐全、数量充足、比例适当，既能维持成人的健康，又能促进儿童的生长发育，比如乳类中的酪蛋白、乳白蛋白，蛋类中的卵白蛋白，肉类中的白蛋白、卵磷蛋白、肌蛋白，大豆中的大豆蛋白，小麦中的麦谷蛋白，玉米中的谷蛋白。

（2）半完全蛋白质。

半完全蛋白质所含必需氨基酸种类齐全，但有的数量不足、比例不适当，可以维持生命，但不能促进生长发育，如小麦中的麦胶蛋白。

（3）不完全蛋白质。

不完全蛋白质所含必需氨基酸种类不全，既不能维持生命，也不能促进生长发育，如玉米中的玉米胶蛋白、动物结缔组织和肉皮中的胶原蛋白、豌豆中的豆球蛋白等。

3. 蛋白质在加工和储藏中的变化

蛋白质在食品加工和储藏过程中会发生物理变化、化学变化和营养变化。

（1）加热条件下的变化。

有利的方面：①蛋白质变性，肽链松散，容易受到消化的作用，提高了消化率和氨基酸的生物有效性；②钝化蛋白酶、酯酶、多酚氧化酶等，防止食品在保藏期间不发生色泽和风味变化；③抑制外源凝集素和消除蛋白酶抑制剂的影响。

不利的方面：通过发生分解、氨基酸氧化、氨基酸键之间的交换、氨基酸新键的形成等，引起氨基酸脱硫、脱酰氨和异构化，有时伴随有毒化合物的产生。

（2）冷冻冷藏条件下的变化。

蛋白质的冷冻变性，使食品的保水性差，质地、风味变劣。冷藏条件下最常见的变化就是蛋白质的分解、变质。

（3）碱处理条件下的变化。

蛋白质的浓缩、分离、起泡和乳化，或者使溶液中的蛋白质连成纤维状，经常要用碱处理。蛋白质经过碱处理后发生缩合反应，通过分子之间或者分子内的共价交联生成各种新的氨基酸；同时也会发生氨基酸异构化反应，影响蛋白质的功能性质。

（4）氧化处理下的变化。

蛋白质和含硫氨基酸及含苯环的氨基酸容易氧化。

（5）脱水条件下的变化。

蛋白质的湿润性、吸水性、分散性和溶解度会发生变化。

（6）辐照处理下的变化。

蛋白质的含硫氨基酸和含苯环的氨基酸容易发生分解，肽链断裂。

（三）蛋白质的变性

蛋白质的变性是指当天然蛋白质受到物理或化学因素的影响时，使蛋白质分子内部的二级、三级、四级结构发生异常变化，从而导致生物功能丧失或物理化学性质改变的现象。常见的引起蛋白质变性的物理因素有热作用、高压、剧烈震荡、辐射等，化学因素有酸、碱、重金属离子、高浓度盐、有机溶剂等。

1. 变性对蛋白质功能性质的影响

（1）失去生物活性，如酶、免疫球蛋白等。

（2）理化性质改变：不能结晶、溶解度降低、特性黏度增大、旋光值改变等。

（3）生物化学性质改变：营养功能，血蛋白持氧能力。

（4）构象发生改变。

2. 热变性对蛋白质营养价值的影响

（1）热变性虽然会导致蛋白质生物活性的丧失，但经热变性后的蛋白质更易于消化吸收。

（2）热烫或蒸煮可以使对食品保藏不利的酶失活，如脂酶、脂肪氧化酶、多酚氧化酶，从而可以防止食品在储藏过程中发生变色、风味变差、维生素损失等现象。

（3）热变性可使一些具有毒性的蛋白质和抗营养因子失活，如肉毒杆菌毒素在100℃失活，而金黄色葡萄球菌毒素在100℃仍然不失活。

二、糖类

（一）糖类的组成

糖类由碳、氢、氧三种元素组成，由于绝大多数的糖类化合物都可以用通式 $C_n(H_2O)_n$ 表示，所以过去人们一直认为糖类是碳与水的化合物。

（二）糖类的分类

糖类物质是多羟基（2 个或以上）的醛类或酮类化合物，以及它们的衍生物或聚合物。据此可分为醛糖和酮糖。

根据糖的结构单元数目多少分为单糖、双糖、低聚糖、多糖 4 类。

1. 单糖

单糖是最简单的糖类。按照碳原子数目的多少，依次称为丙糖、丁糖、戊糖、己糖、庚糖。其中丙糖和丁糖以中间代谢物的形式存在，自然界存在最多的是戊糖和己糖。单糖具有醛基或酮基，有醛基的称为醛糖，有酮基的称为酮糖。

(1) 己糖。

①葡萄糖：葡萄糖是一种醛糖，人体空腹时唯一游离存在的六碳糖。

②果糖：果糖分子式与葡萄糖一样，但果糖是一种酮糖。

③半乳糖：半乳糖是乳糖的成分之一。

④甘露糖：甘露糖是一种醛糖。

己糖还有天然存在或人工加工的衍生物。

①山梨醇：山梨酸由葡萄糖氢化而成。

②甘露醇：甘露醇由甘露糖氢化而成。

③卫矛醇：卫矛醇由半乳糖氢化而成。

④肌醇：肌醇天然存在于食物中。

(2) 戊糖。

D-核糖和D-2-脱氧核糖作为核酸的基本组成部分，在所有动植物细胞中都含有，因为人体可以合成，故它们不是必需营养物质。人类食物中可能存在的戊糖是阿拉伯糖和木糖。

2. 双糖

两分子单糖组成的糖类称为双糖。在营养学上有意义的双糖有3种。

(1) 蔗糖。

蔗糖是一分子葡萄糖和果糖的结合物，是应用最广泛的糖。

(2) 乳糖。

乳糖是一分子葡萄糖和半乳糖的结合物，是哺乳类动物乳中主要的糖。

(3) 麦芽糖。

麦芽糖两分子葡萄糖的结合物，麦芽糖也是淀粉的基本单位。

3. 低聚糖

低聚糖，又称寡糖，是由3～9个单糖经糖苷键缩聚而成的低分子糖类聚合物。由于人体肠道内没有水解这些低聚糖的酶，因此它们经过肠道时不能被消化。低聚糖水解后所有糖分子都为葡萄糖的称为麦芽低聚糖；另一类水解时产生不止一种单糖的称为杂低聚糖。

4. 多糖

多糖是很多的同种单糖或异种单糖以直链或支链形式缩合而成的。多糖按能否被人体利用而分为以下两类。

(1) 可利用多糖。

①淀粉：淀粉是食物中绝大部分糖类，淀粉在体内最终水解为葡萄糖。淀粉按照

葡萄糖分子结合方式的不同，又分为葡萄糖分子联结组成的直链多糖，称为直链淀粉，在碘试剂作用下呈蓝色反应；具有许多侧链的葡萄糖聚合物称为支链淀粉，在碘试剂作用下呈棕紫色反应。粮谷豆类所含淀粉中，支链淀粉占大部分。

②糊精：糊精也是淀粉水解的产物，由 5 个或 5 个以上葡萄糖分子组成。

③糖原：糖原存在于动物体内，实为动物淀粉。每 3000～60000 个葡萄糖分子构成糖原，并带有侧链，每个侧链含 12～18 个葡萄糖分子。糖原在酶的作用下分解为葡萄糖。

（2）不可利用多糖。

葡萄糖分子以 β-糖苷键联结，在机体不能被消化吸收，这类物质通常称为膳食纤维，但膳食纤维中有的不属于糖类，如木质素。

膳食纤维包括以下几类。

①纤维素。纤维素的化学结构与淀粉相似，是葡萄糖以 β-1、4 糖苷键联结而成的直链聚合物。分子量约为 6×10^5，具有亲水的特性。

②半纤维素类。半纤维素的其中一类为碱性，如戊聚糖类、木聚糖类、阿拉伯木糖类、半乳聚糖类；另一类为酸性，包括半乳糖醛酸、葡萄糖醛酸。半纤维素的某些成分是可溶的，它们还具有与离子结合的作用。

③果胶。果胶是一种无定形物质，主要由半乳糖醛酸、半乳糖和阿拉伯糖组成，存在于水果、蔬菜的软组织中，可在热溶液中溶解。在有糖存在及温热的微酸性稀溶液中可以变成果冻，这种特性有利于制造果子酱。果胶也具有与离子结合的性质。

④树胶。树胶的结构依植物来源不同而异，如瓜耳胶和刺槐豆胶等。主要成分是葡萄糖醛酸、半乳糖、阿拉伯糖及甘露糖，树胶能溶于水。

⑤木质素。木质素不是多糖物质，而是苯基类丙烷的聚合物，具有复杂的三维结构；木质素不是人类的食物成分，主要存在于种子外壳和坚硬的木质组织中。

⑥抗性淀粉。包括改性淀粉和经过加热后又经冷却的淀粉，抗性淀粉在小肠内不被吸收。

单糖、双糖、低聚糖和糊精都溶于水，淀粉不溶于水，加热后可吸水膨胀变成糊状。低分子糖具有甜味，如蔗糖的甜度为 100，糖和糖醇的甜度如表 2-1 所示。

表 2-1　糖和糖醇的甜度

种　类	甜　度	种　类	甜　度
果糖	1.7	甘露醇	0.7
蔗糖	1.0	山梨醇	0.5
葡萄糖	0.7	异麦芽糖	0.6
半乳糖	0.3	木糖醇	1.0

（三）糖类在储藏过程中的变化

糖类在储藏过程中的变化主要是淀粉的老化，老化的淀粉食味及消化性能显著变劣，但是淀粉老化是糖类食品在常温保存时必然发生的现象。

1. 淀粉老化的原理

糖类中的淀粉的分子彼此排列得非常紧密，它们之间的羟基通过氢键形成致密的疏水性微胶粒构造。所描述的状态就是β-淀粉。β-淀粉难于消化，同时碘的吸附性也较差。

淀粉粒与水共热，导致淀粉分子之间的氢键受破坏，当温度达60～70℃时便成糊状。这种状态的淀粉称为α-淀粉。α-淀粉使原来的微胶粒结构消失，使酶容易发生作用，也容易消化，遇碘便呈蓝色反应。

在温度较高的情况下，α-淀粉一般是稳定的。但当温度接近或低于30℃时，淀粉分子间的氢键就会恢复稳定的状态，淀粉分子彼此又通过氢键结合，分子又按次序紧密排列起来，原来所含水分逐渐被排挤出来而减少，α-淀粉又部分地恢复β-淀粉的状态，这就是淀粉老化的原理。

2. 影响淀粉老化的因素

在储藏保存淀粉时，淀粉含水量为30%～60%时较容易老化，含水量小于10%或在大量水中则不容易老化。

淀粉老化作用的最适宜温度为2～4℃，假设保存环境的温度大于60℃或小于-20℃，淀粉一般不会老化。

淀粉在偏酸或偏碱的条件下保存不易老化。脱水干燥是淀粉食品防止老化的最普通的方法。在淀粉保存中要防止吸湿返潮。可将糊化后的α-淀粉，在80℃以下的高温迅速除去水分或冷至0℃以下迅速脱水。在这样的情况下淀粉分子不能移动和相互靠近，就成了固定的α-淀粉，因无胶束结构，水易于浸入而将淀粉分子包蔽，不需加热，也易糊化。在实际的操作中，将淀粉加工成变性淀粉可以防止淀粉老化，部分地导入亲水基，其老化性可显著降低。

此外，在淀粉中加入蔗糖、饴糖等糖类，这些糖的羟基会和淀粉分子的羟基形成氢键，也对推迟老化有明显的效果。

三、脂类

（一）脂类的组成

脂类包括脂肪和类脂。人类脂类总量约占体重的10%～20%，肥胖者可占30%～60%。

（二）脂类的分类

1. 脂肪

脂肪即甘油三酯，或者称之为脂酰甘油，一般将常温下呈液态的称为油，呈固态时称为脂肪。

脂肪是由甘油和脂肪酸脱水而形成的。脂肪酸的羧基中的-OH与甘油羟基中的-H结合而失去一分子水，于是甘油与脂肪酸之间形成酯键，变成了脂肪分子。

脂肪中的三个酰基（无机或有机含氧酸除去羟基后所余下的原子团）一般是不同的，来源于碳十六、碳十八或其他脂肪酸。有双键的脂肪酸称为不饱和脂肪酸，没有双键的脂肪酸则称为饱和脂肪酸。

植物性脂肪碳链较短，不饱和脂肪酸比例高，以多不饱和脂肪酸为主，因此熔点较低，常温下为液态。但是椰子油和棕榈油除外，主要是饱和脂肪酸。动物脂肪碳链较长，饱和脂肪酸比例高，常温下为固态，但鱼油除外。膳食中饱和脂肪太多会引起动脉粥样硬化，因为脂肪和胆固醇均会在血管内壁上沉积而形成斑块，这样就会妨碍血流，产生心血管疾病。也由于此，血管壁上有沉淀物，血管变窄，使肥胖症患者容易患上高血压等疾病。

脂肪的主要功能：一是氧化供能，每克脂肪氧化后可产生 37.65kJ 的热能；二是脂肪能促进脂溶性维生素的吸收，防止散热，支持和保护脏器。

2. 类脂

类脂包括磷脂（包括卵磷脂、脑磷脂及肌醇磷脂等）、糖脂（包括脑苷脂类及神经节苷脂等）、脂蛋白（包括乳糜微粒、极低密度脂蛋白、低密度脂蛋白及度脂蛋白等）和固醇类（包括胆固醇、麦角固醇、皮质甾醇、胆酸、维生素 D、雄激素、雌激素及孕激素等）。

（1）磷脂。

磷脂是除三酰甘油外体内最多的脂类，主要形式有卵磷脂、脑磷脂、甘油磷脂、神经鞘磷脂等。

磷脂对脂肪的吸收、运转和储存起主要作用，因为磷脂具有极性和非极性两重特性，因此可以促进脂类或脂溶性维生素、激素等通过细胞膜。甘油磷脂参与细胞膜的构成，并与脂肪的运转有关。

（2）糖脂。

糖脂是糖和脂质结合所形成的物质的总称。在生物体分布甚广，但含量较少，仅占脂质总量的一小部分。糖脂的种类繁多，其中研究较为深入的是糖鞘脂。糖脂在脑髓和神经组织中含量丰富，与神经兴奋传导中受体作用也有关。

（3）脂蛋白。

脂蛋白是指与蛋白质结合在一起形成的脂质—蛋白质复合物。脂蛋白中脂质与蛋白质之间没有共价键结合，多数是通过脂质的非极性部分与蛋白质组分之间以疏水性相互作用而结合在一起。通常用溶解特性、离心沉降行为和化学组成来鉴定脂蛋白的特性。可溶性脂蛋白中的枣血浆脂蛋白在动物体内脂质的运输方面起重要作用，脂蛋白中的脂质还能与细胞膜的组分相互交换，参与细胞脂质代谢的调节；此外，血浆脂蛋白与动脉粥样硬化型心血管疾病之间有密切关系，低脂蛋白血和高脂蛋白血也都是血浆脂蛋白异常的疾病。不溶性脂蛋白是各种生物膜（如细胞膜、细胞器膜）的主要组成成分。

（4）固醇类。

胆固醇是体内合成类固醇激素、胆汁酸及维生素 D 的主要原料，胆固醇主要在肝脏和小肠内合成，合成的数量取决于食物中的含量和人体需要量。固醇分为动物性固醇和植物性固醇。动物性固醇主要是胆固醇及其与脂肪酸结合的胆固醇酯类。植物性固醇是豆固醇和β-谷固醇等，这类固醇主要存在于谷类与豆类中，麦角固醇多存在于酵母与真菌类植物中。

（5）蜡。

蜡通常在狭义上是指一价或二价的脂醇和熔点较高的油状物质；广义上通常是指具有某些类似性状的油脂等物质。蜡能溶能燃，不溶于水，无气味，是一种白色或无色的透明固态物。

蜡在结构上不同于脂肪，也不同于石蜡和人工合成的聚醚蜡，故亦称为酯蜡。蜡是不溶于水的固体，温度稍高时变软，温度下降时变硬。其生物功能是作为生物体对外界环境的保护层，存在于皮肤、毛皮、羽毛、植物叶片、果实以及许多昆虫的外骨骼的表面。

高分子一元醇的长链脂肪酸酯称为真蜡，如蜂蜡的主要组成部分是长链一元醇（C_{26}～C_{36}）的棕榈酸酯；羊毛蜡是很复杂的混合物，含有酯蜡、醇和脂肪酸，纯化后称为羊毛脂，是羊毛固醇的脂肪酸酯。

蜡的凝固点都比较高，约在38～90℃。碘值较低，说明不饱和度低于中性脂肪。

（三）影响油脂安全储藏的因素

油脂能否安全储藏，与环境条件密切相关。环境条件适宜，油脂可以较长期地安全储藏；环境条件不适宜，油脂就容易氧化分解、酸败变质，不能安全储藏，通常影响油脂安全储藏的因素有以下几种。

1. 水分

油脂是疏水物质，含水量很少。用干燥油料压榨取得的油脂，其含水量甚少。但在目前油脂工业的生产条件下，由于原料水分偏大，设备不完善或操作技术不良等原因，往往会使生产的油脂含水量过多。此外，油脂在运输和储藏过程中，被雨水侵入，也会使油脂水分增高。油脂水分增加，不仅会使油脂水解作用加强，游离脂肪酸增多，还会增加酶的活性，有利于微生物生长繁育。因此，油脂中水分含量过多，就容易使油脂水解酸败。一般认为，油脂含水量超过0.2%，水解作用就会加强，游离脂肪酸也会增多。含水量越高，水解速度就越快，油脂就会迅速酸败变质，失去食用价值。由此可见，油脂中的水分含量是油脂安全储藏的重要条件，也是引起油脂酸败变质的重要因素。

2. 杂质

油脂中，特别是未精炼的毛油中，常含有各种杂质，如磷脂、蛋白质、蜡、饼末、种皮以及其他不溶于油的油脚固体物等。这些杂质都是亲水物质，可以吸收水分，有利于微生物的生长繁殖，能加速油脂的酸败，对油脂安全储藏十分不利。通常油脂中杂质含量超过0.2%时，就容易引起油脂分解酸败，杂质含量越多，油脂水解酸败速度就越快，也就越容易促使油脂酸败变质，失去食用价值。因此，杂质多的油脂不耐储藏。一般情况下，未精炼的油脂含有大量磷脂，在储藏过程中磷脂能分解出磷脂酸，使油脂质量降低，引起水解变质；黏蛋白会使油脂混浊，颜色变暗，而且有利于微生物繁殖，导致油脂酸败；大豆油、米糠油中都含有蜡质，其含量虽然很少，却能促使油脂混浊，降低质量；饼末、油脚、种皮等物质，有利于微生物繁育，也会加速油脂的酸败。长期储藏的油脂，混有上述各种杂质且其含量超过 0.2%时，必须设法除去，使其含量降至 0.2%以下，才能保持油脂的储藏稳定性，确保安全储藏。

3. 空气

空气中的氧是引起油脂氧化变质（自动氧化）的主要因素。油脂接触空气，其中不饱和脂肪酸会被空气中的氧气氧化，使过氧化值与游离脂肪酸增加，并继续分解成低级的短碳链醛、酮类物质，从而产生一种特殊的刺激气味，失去食用价值。油脂氧化变质的速度与接触空气表面积的大小、时间的长短以及油脂的组成成分有密切关系。通常油脂接触空气的表面积大、时间长，就容易氧化酸败；反之，装入密闭容器或储存在惰性气体中的油脂，则能提高储藏稳定性，一般不易氧化酸败。

4. 温度

油脂温度升高，可以加速它的氧化反应，增强脂肪酶的活性，促进微生物生长繁育，并分泌蛋白酶、解脂酶，使油脂中不饱和脂肪酸加速氧化分解、酸败变质。温度越高，高温时间越长，油脂酸败变质就越快（在 60～100℃范围内，一般每升高 10℃，油脂酸败速度约可增加一倍），而降低温度则能中止或延缓油脂的酸败过程，提高储藏稳定性，确保安全储藏。

5. 日光

日光中的紫外光，具有较高的能量，有利于氧的活化，能促使油脂氧化酸败变质。油脂暴露于日光中时，在紫外光的照射下，常形成少量臭氧。当油脂中不饱和脂肪与臭氧作用时，在其双键处能形成臭氧化物。臭氧化物在水分影响下，会进一步分解成醛、酮类物质而使油脂产生哈喇味，失去食用价值。与此同时，在日光照射下，油脂中所含的维生素 E 受到破坏，抗氧化的功能减弱，因而也会加快油脂氧化酸败的速率。

四、维生素

（一）水溶性维生素

1. B 族维生素

（1）维生素 B_1。

维生素 B_1 是最早发现的维生素之一，也被称为硫胺素、抗维生素 B_1 缺乏症因子、抗神经炎因子。维生素 B_1 是由一个含氨基的嘧啶环和一个含硫的噻唑环组成的化合物，因其分子中含有硫和胺，因此也称硫胺素。

人工合成的硫胺素盐酸盐是白色结晶，仅 1%溶于乙醇，但极易溶于水，不溶于其他有机溶剂。维生素 B_1 固态形式比较稳定，在 100℃时也很少破坏。

维生素 B_1 水溶液呈酸性时稳定，在 $pH<5$ 时，加热至 120℃仍可保持其生理活性。

维生素 B_1 在碱性环境中易于被氧化破坏，如在 $pH>7$ 的条件下煮沸，其大部分或全部将被破坏。

如果缺乏维生素 B_1 会患上脚气病，初期症状为疲乏、厌食、淡漠、消化不良和便秘、失眠、忧郁、头痛、烦躁等。

维生素 B_1 的生理功能：构成辅酶；抑制胆碱酯酶活性；对神经组织起作用。

维生素 B_1 广泛存在于天然食物中，含量较丰富的有动物内脏、瘦猪肉、豆类、花生、谷类等，谷类加工过分精细，烹调时加碱可使维生素 B_1 有不同程度的损失。蔬菜、水果、鱼类中含量较少。

（2）维生素 B_2。

维生素 B_2 又称核黄素，由异咯嗪加核糖醇侧链组成。维生素 B_2 结晶呈黄色，可溶于水，味苦，但在水中溶解度很低。维生素 B_2 在酸性溶液中稳定，但在碱性溶液中不稳定。

游离型维生素 B_2 对紫外线敏感，无论在酸性条件还是碱性的条件下都容易被分解，均无生物活性。食物中大部分维生素 B_2 以黄素单核苷酸和黄素腺嘌呤二核苷酸形式与蛋白质结合，结合型维生素 B_2 比游离型维生素 B_2 稳定。

如果缺乏维生素 B_2 可出现多种临床症状，通常表现在眼、口、唇、舌、皮肤黏膜等部位。

维生素 B_2 的生理功能：参与体内生物氧化与能量代谢；参与体内的抗氧化系统和药物代谢；参与其他营养素的代谢。

维生素 B_2 的良好食物来源是动物性食品，但不同食物品种含量的差异较大，其中肝、肾、心、蛋黄、乳类中维生素 B_2 含量较为丰富。

植物性食物中绿色蔬菜、豆类含量较高，而谷类含量较少。

（3）维生素 B_6。

维生素 B_6 的基本结构为 2-甲基-3-羟基-5-羟甲基吡啶，主要包括吡哆醇、吡哆醛和吡哆胺三种天然形式化合物，且都具有生物活性。

维生素 B_6 的各种磷酸盐和碱的形式均易溶于水。它在碱性溶液中很不稳定，也极易被破坏。在酸性介质中吡哆醇、吡哆醛和吡哆胺对热都比较稳定。

如果维生素 B_6 缺乏，临床症状是脂溢性皮炎、小细胞性贫血、癫痫样惊厥以及忧郁和精神错乱。维生素 B_6 摄入不足还会损害血小板功能和凝血机制，这些影响也可能由高酮型半胱氨酸血症所引起。

维生素 B_6 参与氨基酸、糖原、神经递质、神经鞘磷脂、血红素、类固醇和核酸代谢。

（4）烟酸。

烟酸也称作维生素 B_3 或维生素 PP，分子式为 $C_6H_5NO_2$，耐热，能升华。烟酸又名尼克酸、抗癞皮病因子。在人体内还包括其衍生物烟酰胺或尼克酰胺。它是人体必需的 13 种维生素之一。烟酸在人体内转化为烟酰胺，烟酰胺是辅酶Ⅰ和辅酶Ⅱ的组成部分，参与体内脂质代谢，组织呼吸的氧化过程和糖类无氧分解的过程。烟酸、烟酰胺均溶于水及酒精；烟酸和烟酰胺的性质比较稳定，在酸、碱、氧、光或加热条件下不易被破坏；在高压下，即使在120℃、20min的条件下也不会被破坏。一般加工烹调时损失很小，但会随水流失。

烟酸、烟酰胺具有相同的维生素活性。是人类抗糙皮病因子。若缺乏烟酸时，易患糙皮病，在医疗上，烟酸可用于糙皮病、舌炎、口炎及其他皮肤病的防治。烟酸又是优良的防治心血管疾病的药物，促进细胞的新陈代谢，可降低血浆甘油三酯，抑制胆固醇的形成，其许多酯类又具有降血脂的作用，在国外早已受到重视。近年来，烟酸作为营养药物、食品及饲料添加剂中的主要成分而得到更大的发展。一般情况下饲粮中的烟酸不能满足动物需求，所以烟酸常用作营养型饲料添加剂，可有效地促进动物生长和防治癞皮病。

烟酸同时作为一种原料，广泛用于医药、化工、电镀等行业。

(5) 泛酸。

泛酸也称作维生素 B_5、遍多酸，无臭，味微苦，因其性质偏酸性并广泛存于多种食物中，故得名。一般公认泛酸与头发、皮肤的营养状态密切相关，当头发缺乏光泽或变得较稀疏时，多补充泛酸可见其效；制造抗体也是泛酸的作用之一，能帮助人体抵抗传染病，缓和多种抗生素副作用及毒性，减轻过敏症状。泛酸缺乏易引起血液及皮肤异常，产生低血糖等症。

泛酸为淡黄色黏稠油状物，溶于水和乙酸，在中性溶液中较稳定，在酸碱的溶液中都很不稳定。常用泛酸为其钙盐，呈白色粉状晶体，微苦，可溶于水，在光及空气中稳定，但在pH为5～7的水溶液中遇热可被破坏。

泛酸广泛分布于食物之中，含量可因食物的种类及加工方法的不同而有差异。含量最丰富的食品是动物的肝、肾、蛋黄、坚果类、蘑菇等，其次为大豆粉、小麦粉、菜花、鸡肉等，其他蔬菜与水果中含量相对较少。

(6) 叶酸。

叶酸是含有蝶酰谷氨酸结构的一类化合物的统称，由于最初从菠菜中发现而得此名。叶酸的形态为淡黄色结晶粉末，微溶于水，不溶于乙醇、乙醚等有机溶剂。

如果缺乏叶酸，首先受影响的是细胞增殖速度较快的组织，会形成巨幼红细胞贫血，通常表现为头晕、乏力、精神萎靡、面色苍白，并可出现舌炎、食欲下降以及腹泻等消化系统症状。

叶酸广泛存在于各种动物、植物食品中。富含叶酸的食物为动物肝、肾、鸡蛋、酵母、豆类、绿叶蔬菜、水果及坚果类。

(7) 维生素 B_{12}。

维生素 B_{12} 为红色结晶，可溶于水，在pH为4.5～5.0的弱酸条件下最稳定，在强酸或碱性溶液中极易分解，遇热可有一定程度的破坏，但快速高温消毒损失较小，遇强光或紫外线易被破坏。

膳食原因引起的维生素 B_{12} 缺乏较少见，主要是素食者，由于不吃肉食而可能导致维生素 B_{12} 缺乏。老年人和胃切除患者胃酸过少可能引起维生素 B_{12} 吸收不良。维生素 B_{12} 缺乏可出现巨幼红细胞贫血和神经系统损害。

膳食中的维生素 B_{12} 来源于动物性食品如肉类、动物内脏、鱼、禽、贝壳类及蛋类，但牛乳中含量较少，植物性食品则基本不含维生素 B_{12}。

(8) 生物素。

生物素又名维生素 H、辅酶 R 等。

生物素的主要功能：帮助脂肪代谢；协助代谢氨基酸及糖类；促进汗腺、精神组织、骨髓、男性性腺、皮肤及毛发的正常运作和生长；预防白发及脱发，有助于治疗秃头；维持皮肤正常功能，减轻湿疹、皮肤发炎症状；缓和肌肉疼痛。

生物素的缺乏症状：头皮屑多，容易掉发，少年白发；肤色暗沉、面色发青，皮肤炎；忧郁、郁闷、失眠、容易打瞌睡等神经症状；容易疲倦、慵懒无力、肌肉胀痛，与缺乏其他 B 群维生素的症状相同；少年白发或已有秃顶迹象。

2. 维生素 C

维生素 C 是一种含有 6 个碳原子的酸性多羟基化合物，又称抗坏血酸。维生素 C 不易溶于脂溶性溶剂，但溶于水。在水溶液中易氧化，遇空气中氧、热、光、碱性物质，特别是氧化酶及铜、铁等金属离子存在时可促进其氧化破坏。在酸性环境中稳定。

黄瓜、白菜等蔬菜中含氧化酶，所以蔬菜在储存过程中维生素 C 有不同程度的损失。食物和组织中的维生素 C 有还原型与脱氢型两种形式，均具有生理活性。脱氢型维生素 C 进一步氧化或水解，其环状结构断裂为二酮古洛糖酸，丧失了维生素 C 的活性。维生素 C 的功能是参与胶原蛋白合成，参与类固醇代谢，参与神经递质合成，促进机体解毒功能，并具有抗氧化作用。

常见食物中维生素 C 的含量如表 2－2 所示。

表 2－2　常见食物中维生素 C 的含量

食物名称	维生素 C 含量（mg/100g）	食物名称	维生素 C 含量（mg/100g）
鲜枣	243	青椒	62～114
山楂	53	草头（金花菜）	118
草莓	47	花椰菜	61
柑橘	28	雪里红	31
苹果	4	荠菜	43
梨	6	菠菜	32
香蕉	8	卷心菜	40
紫葡萄	3	大白菜	31
西瓜	6	西红柿	19

（二）脂溶性维生素

1. 维生素 A

维生素 A 是指所有具有视黄醇生物活性的物质，就是动物性食物中的视黄醇（维生素 A_1）、脱氢视黄醇（维生素 A_2）、视黄醛、视黄酸等。

维生素 A 和类胡萝卜素不溶于水，但是可以溶于脂肪及大多数有机溶剂中。天然食物中维生素 A 多以棕榈酸酯的形式存在，且对高温和碱性环境比较稳定，在一般烹调和罐头加工过程中不易被破坏。维生素 A 在体内主要储存于肝脏中，约占总量的 90%～95%，少量存在于脂肪组织中。

维生素 A 的生理功能：维持正常视觉；维持皮肤黏膜的完整性；促进生长发育；提高免疫功能；具有抗氧化作用。

维生素 A 主要存在于动物性食物中，比如动物的内脏、蛋类和乳制品等。类胡萝卜素在深色蔬菜中含量较高，如荠菜、豌豆、西红柿、辣椒等，水果中以香蕉、橘子、桃子等含量比较丰富。

2. 维生素 D

维生素 D 是指具有钙化醇生物活性的一类化合物，包括维生素 D_2 和维生素 D_3。维生素 D_2 是由植物中的麦角固醇经紫外线照射产生的，维生素 D_3 则是由动物和人体的表皮和真皮内含有的 7-脱氢胆固醇经日光中紫外线照射转化而成。

维生素 D_2 和维生素 D_3 对人体的作用和作用机制相同，哺乳动物和人类对两者的生物利用程度亦无区别。维生素 D 不溶于水，溶于脂肪溶剂；对热、碱较稳定，但在酸性环境中加热可逐渐分解。

维生素 D 的生理功能：促进钙、磷吸收，维持血浆钙、磷水平以适应骨骼钙化的需要；与甲状旁腺协同使未成熟的破骨细胞前体转变为成熟的破骨细胞，促进骨质吸收，从而使骨中部分钙、磷释放入血；促进肾近曲小管对钙、磷的重吸收，以提高血钙、磷的浓度；刺激成骨细胞促进骨样组织成熟和骨盐沉着。

维生素 D 的食物来源并不丰富，植物性食物如蕈类含有维生素 D_2，动物性食物中则含有维生素 D_3，以鱼肝和鱼油中含量最丰富。而在鱼类、乳类中的含量很低，在水果和蔬菜中几乎不含有维生素 D。

由于食物中的维生素 D 来源不足，许多国家均在常用食物中进行维生素 D 强化，如焙烤食品、乳和乳制品及婴儿食品等，以预防维生素 D 缺乏症和骨质软化症。

3. 维生素 E

维生素 E 是指含苯并二氢吡喃结构、具有 α-生育酚生物活性的一类物质。目前已知有 4 种生育酚，即 α-T、β-T、γ-T、δ-T，以及 4 种生育三烯酚，即 α-TT、β-TT、γ-TT、δ-TT，α-生育酚的生物活性最高。

食物中维生素 E 在一般烹调时损失不大，但油炸时维生素 E 活性明显降低。维生素 E 是黄色油状液体，溶于乙醇、脂肪和脂溶剂，对热及酸稳定，对碱不稳定，对氧十分敏感，油脂酸败可加速维生素 E 的破坏。

维生素E的生理功能：预防衰老；抗氧化作用；与动物的生殖功能和精子生成有关；调节血小板的黏附力和聚集作用。

维生素E的需要量与膳食成分有关，膳食中不饱和脂肪酸增多时，维生素E需要量也增多。由于维生素E在自然界分布甚广，一般情况下不会缺乏。维生素E含量丰富的食物有植物油、坚果、麦胚、豆类及其他谷类；蛋类、绿叶蔬菜中有一定含量；肉、鱼类动物性食品、水果及其他蔬菜含量很少。

4. 维生素K

维生素K指脂溶性维生素中含有2-甲基-1、4萘醌的一族同系物，是肝脏中凝血酶原和其他凝血因子合成所必不可少的元素。

天然存在的维生素K呈黄色油状物，不溶于水，在正常的烹调过程中损失很少；某些人工合成的维生素K则呈黄色结晶粉末状，溶于水。基本所有的维生素K都对热稳定，但易遭酸、碱、氧化剂和光的破坏。

维生素K的生理功能：参与凝血机制的调节以及骨钙代谢。

五、矿物质

人体是由多种元素组成的，除碳、氢、氧、氮构成蛋白质、脂类、糖类等有机物及水外，其余元素统称为矿物质。

矿物质包含常量元素和微量元素。其中含量大于0.01%的称为常量元素，含量小于0.01%的称为微量元素，一般认为维持正常生命活动和保持生命健康必不可少的微量元素有铁、锌、碘、硒、铬、氟、铜、钼、锰、镍、钒、锡、硅、钴等18种，1995年国际有关组织提出铁、锌、碘、硒、氟、铜、钼、锰、铬、钴10种为目前已知的人类必需微量元素。

（一）常量元素

1. 钙

钙是人体内最重要的元素成分之一，其含量仅次于碳、氢、氧、氮。钙又是人体内含量最多的金属元素矿物质，在人体内的总量达1200g左右，相当于一般人体体重的1.5%～2%。

钙的功能是维持人体的多种生理活动，钙也是骨骼和牙齿的重要成分。

乳和乳制品因钙含量和吸收率均高，因而是理想的钙来源。小虾皮、鱼、海带、坚果类、芝麻酱含钙量也很高，豆类以及绿色蔬菜如甘蓝菜、花椰菜因含钙丰富也是钙的较好来源，必要时可补充钙剂。

2. 磷

磷在人体的含量仅次于钙，磷构成骨骼、牙齿和软组织成分，参与能量的储存和释放、酶的组成以及物质代谢，调节酸碱平衡。人体中磷的含量约为体重的1%。

磷在食物中分布很广，瘦肉、蛋、鱼子、鱼、干酪、蛤蜊、动物的肝和肾中磷的含量都很高，海带、芝麻酱、花生、干豆类、坚果、粗粮含磷也很丰富。由于磷的食物来源广泛，一般膳食中不易缺乏它。但粮谷中的磷多为植酸磷，吸收和利用率较低。

3. 钠

体重为 60kg 的成年人体内含钠为 77～100g，其中 70%在骨骼和细胞外液。正常人血清中钠的浓度为 135～140mmol/L。

钠的生理功能如下。

（1）维持渗透压。

钠是细胞外液中主要的正离子，在维持渗透压、调节和保持体内水平衡等方面起重要作用。

（2）维持神经肌肉正常功能。

细胞内外钠、钾、钙、镁等离子的适当浓度是维持神经肌肉正常功能的必要条件，钠主要能加强神经肌肉的兴奋性。如果缺钠就可出现食欲不振、恶心、头痛、心率加快、眩晕、血压降低、肌肉无力或痉挛，严重缺钠可导致休克和呼吸衰竭。

（3）维持酸碱平衡。

钠与氢离子交换，清除体内酸性代谢物，保持体液酸碱平衡。

钠普遍存在于各种食物中，但人体钠主要来自食盐，比如烹调用盐、酱油、盐腌食品等。

4. 钾

成人体内含钾 110～140g，约 98%存在细胞内液中。

钾的生理功能：维持和调节正常渗透压；维持酸碱平衡和离子平衡；维持神经肌肉的应激性和正常功能；维持心肌的兴奋性；维持糖类和蛋白质的正常代谢；降低血压。

膳食中钾主要来源于植物性食物，蔬菜、水果、豆类等食物中钾含量很丰富。

（二）微量元素

1. 铁

铁是人体中必需微量元素含量最多的一种，铁缺乏是全球特别是发展中国家的主要营养素缺乏病之一。

体内的铁可分为功能性铁和储存性铁两种，其中功能性铁约占 2/3，如血红蛋白、肌蛋白等中的铁，体内储存性铁有两种形式：铁蛋白和含铁血黄素，主要存在于肝、网状内皮细胞与骨骼中。

铁是血红蛋白、肌红蛋白、细胞色素酶以及某些呼吸酶的主要成分。铁在体内参与氧和二氧化碳的转运、交换和组织呼吸过程。铁与红细胞的形成和成熟有关。铁在骨骼造血组织中进入幼红细胞内，与卟啉结合形成正铁血红素，后者再与珠蛋白合成血红蛋白。如果缺铁，新生的红细胞中血红蛋白量不足，会影响 DNA 的合成及幼红细胞的分裂增殖，还会使红细胞复制能力降低、寿命缩短、自身溶血增加。

其他作用如下。

铁催化促进β-胡萝卜素转化为维生素 A，嘌呤与胶原的合成，抗体的产生，脂类从血液中转运以及药物在肝脏的解毒等。铁可以提高机体的免疫力，增加中性白细胞和吞噬细胞的吞噬功能，同时也可使机体的抗感染能力增强。

膳食铁的良好来源为动物肝脏、动物全血、畜禽肉类、鱼类等。牛奶含铁量低，而且吸收率也不高。

2. 锌

成年人机体中平均含锌量为1.4～2.3g，其中20%存在于皮肤，还有部分存在于骨骼、肌肉、牙齿、肝、心、肾、胰、肺、睾丸、脑、肾上腺等中。血液中锌的75%～88%在红细胞内，白细胞内仅为3%，血浆为12%～22%。大部分与红细胞结合的锌存在于碳酸酐酶中，小部分与其他含锌酶结合。

生理功能：酶的组成成分；促进生长发育和组织再生；促进性器官和性功能的正常发育；促进食欲；促进维生素 A 的代谢和生理作用；参与免疫功能。

锌不同程度地存在于各种自然食物中，一般情况下完全可以满足人体对锌的基本需求。

3. 碘

碘是人体的必需微量元素之一，在甲状腺中的碘以无机碘、一碘酪氨酸、二碘酪氨酸、三碘甲状腺素、多肽甲状腺素、甲状球蛋白及其他碘的复合物存在。碘含量丰富的食品为海产品，比如海带、发菜、紫菜、海参、海鱼、干贝、海虾、蚶等，但海盐中碘含量极微。

碘的生理功能都是通过甲状腺激素来完成的，目前的研究尚未发现碘的独立作用，甲状腺素在体内的生理功能如下所列。

(1) 在蛋白质、脂肪、糖代谢中，甲状腺素协调生物氧化和磷酸化的偶联，调节能量的转换，促进物质的分解代谢，产生能量，维持基本生命活动，保持体温。

(2) 调节组织中的水盐代谢。缺乏甲状腺素时可引起组织内水盐潴留，在组织间隙出现含有大量黏蛋白的组织液，从而使皮肤产生黏液性水肿的症状。

(3) 促进烟酸的吸收和利用，促进胡萝卜素转变为维生素 A，促进维生素 B_2 合成维生素 B_2 腺嘌呤二核苷酸。

(4) 甲状腺素可活化100多种酶，包括细胞色素酶系、琥珀酸氧化酶系等。

(5) 促进神经系统的发育、蛋白质合成等，这些作用在胚胎发育期和婴儿出生后的早期尤为重要。

缺碘使甲状腺素分泌不足，生物氧化过程受抑制，基础代谢率下降，并可引起甲状腺代偿性增生、肥大，出现甲状腺肿，多见于青春期、妊娠期和哺乳期。

由于甲状腺素作用于 RNA 和蛋白质的合成，胎儿期和新生儿期碘缺乏还可引起呆小症。

4. 硒

硒最早在1817年被发现，硒是机体不可缺少的一种微量营养素。硒在人体内总量为14～20mg，并广泛分布于组织和器官中，在肝和肾中浓度最高，其次为肌肉、骨骼与血液，脂肪组织中硒的浓度为最低。

硒的生理作用如下：抗氧化作用；促进生长、保护视觉器官的作用；维护心肌结构和功能；解除体内重金属的毒性作用；提高免疫力以及使抗肿瘤作用细胞数目增多。

硒对某些化学致癌物有阻断作用。硒的良好来源为动物的肝、肾，肉类和海产品。

5. 铜

铜在正常人体内铜含量约50～120mg，分布在体内各组织器官中，其中约50%～70%存在于肌肉和骨骼肌中，20%在肝脏中，5%～10%在血液中，脑和肝脏中含量最高，其次为心、肾、毛发。

铜在人体内主要以含铜金属酶的形式发挥作用。铜的生理作用为：参与铁的代谢和血红蛋白合成；参与结缔组织的合成；清除氧自由基。

铜存在于各种天然食物中，含铜较多的食物有牡蛎、贝类、动物肝和肾、猪肉、龙虾、干豆类、核桃、蟹肉、葡萄干等，铜在奶类和蔬菜中含量最低，但在人奶中其含量远高于牛奶。

缺铜在人体中不是很常见，但是长期缺铜可发生低色素小细胞性贫血、中性粒细胞减少、高胆固醇血症等，多见于营养不良的婴幼儿和接受肠外营养的患者。

六、水

水是一切食品的主要组成成分之一，各种食品中的含水量是不同的，如水果的含水量为73%～90%，蔬菜含水量为65%～96%，鱼含水量为70%～80%，肉含水量为50%。有的食品含水量较少，如乳粉含水量为3%～4%，食糖含水量为1.5%～3%。

食品中的水分以自由水和胶体结合水两种形式存在。食品的汁液和细胞液中含有自由水，胶体结合水是构成胶粒周围水膜的水，胶体结合水的冻结点较自由水低。食品冻结后，在解冻过程中，自由水易被食品组织重新吸收，但肢体结合水则不能完全被组织吸收。

水是溶剂，维持各种电解质在水中的离解以及生物体各部分一定的渗透压，它直接参与生物的生理反应。食品经消化后所有养料靠它输送到生物体各部分，代谢的废物也靠它溶解后排出体外，由此可见，水分和生命有着密切关系。

食品中的水分为微生物繁殖创造条件，所以为了达到降低食品水分以防止微生物的繁殖的目的，必须把食品中的水分去掉或冻结。

目前用水分活度（Aw）对介质内能参与化学反应的水分进行估量，食品水分含量的质量分数不能直接反映食品储藏的安全条件，而水分活度能直接反映食品的储藏条件。

水分活度是指食品中呈液体状态的水的蒸汽压与纯水的蒸汽压之比，即：

$$Aw=P/P_0$$

式中，P——食品中呈液体状态的水的蒸汽压；

P_0——纯水的蒸汽压。

食品中只有自由水才能溶解可溶性的成分（如糖分、盐、有机酸等）。呈溶液状态的水其蒸汽压就随着可溶性成分的增加而减少。所以食品中呈液体状态的水其蒸汽压都小于纯水的蒸汽压。食品的水分活度都小于 1。

不同的微生物在繁殖时所需要的水分活度范围是不同的。多数细菌最低的水分活度界限为 0.86，酵母的水分活度界限为 0.78，霉菌的水分活度界限为 0.65。

许多生鲜食品的水分活度都在 0.9 以上且在细菌繁殖的水分活度范围之内，所以生鲜食品是一种易腐性的食品。经过冻结的食品，水结成冰后，其水分活度降低，这也是抑制微生物繁殖的一个原因，所以冻藏是食品最常用的储藏方法。

七、色素

（一）叶绿素

果蔬植物的绿色就是由于叶绿素的存在。叶绿素的含量以及种类直接影响了果蔬的外观品质。

叶绿素可分为两种，一种是叶绿素 a，另一种是叶绿素 b。两种叶绿素结构很相似，叶绿素 a 呈蓝绿色，叶绿素 b 呈黄绿色，一般以 3∶1 比例存在。

在正常生长发育的果蔬中，叶绿素的合成作用大于分解作用，采收后的水果蔬菜中叶绿素在酶的作用下水解生成叶绿醇和叶绿酸盐等溶于水的物质，加上光氧化破坏，叶绿素的含量逐渐减少，叶绿素 a 与叶绿素 b 的比例也发生变化，果蔬开始失去绿色而显出其他颜色。但是对于大多数果实来说，最先的成熟象征就是绿色的消失，叶绿素不太稳定，光、酸、碱、氧、氧化剂等都会使其分解。在酸性条件下，叶绿素分子很容易失去卟啉环中的镁成为去镁叶绿素。

（二）类胡萝卜素

类胡萝卜素是一类重要的天然色素的总称，是普遍存在于动物、高等植物、真菌、藻类和细菌中的黄色、橙红色或红色的色素，类胡萝卜素是体内维生素 A 的主要来源，同时还具有抗氧化、免疫调节、抗癌、延缓衰老等功效，β-胡萝卜素和 γ-胡萝卜素因此而得名。

类胡萝卜素可分为以下 3 类。

(1) 胡萝卜素的特点是溶于石油醚。多数都具有 CH 的化学实验式。最常见的有番茄红素、β-胡萝卜素和 γ-胡萝卜素。

(2) 叶黄素，亦称胡萝卜醇，是胡萝卜素的非酸性氧衍生物，也是构成玉米、蔬菜、水果、花卉等植物色素的主要组分，含于叶子的叶绿体中，可将吸收的光能传递给叶绿素 a，推测其对光氧化、光破坏具有保护作用，其也是构成人眼视网膜黄斑区域的主要色素。

常见的有隐黄质、玉米黄质、叶黄素、辣椒红素、辣椒玉红素、虾青素、虾红素、海胆烯酮、蒲公英黄质、新黄质、柠黄质、紫菌红素丁等。

(3) 类胡萝卜素酸是胡萝卜素的羧酸衍生物，能溶于碱溶液。例如：藏花素、胭脂树橙和红酵母红素等。

（三）花青素

花青素是使果实和花等呈现红、蓝、紫等颜色的水溶色素，其存在于植物体内，溶于细胞质或液泡中。天然的花青素苷呈糖苷的形态，经酸或酶水解后，可产生花青素和糖。

花青素是一种感光性色素，其形成需要日光，一般在果实成熟时才合成，存在于表皮的细胞液中，往往含糖量多时花青素也多，因此红色果实色越深越甜。

许多果蔬中也存在着使花青素苷褪色的酶系统或在微生物侵染时含有类似的酶，分解花青素苷使果实褪色。

（四）黄酮素

黄酮素是另一类多酚色素，但比花青素稳定。黄酮类色素是广泛分布于植物组织细胞中的一类水溶性色素，呈浅黄或鲜明橙黄色，包括呈色的黄酮及其衍生物和核黄素等。此类物质已发现1000多种。

果实中比较重要的黄酮及酮苷有圣草苷、芸香苷、橙皮苷。

八、有机酸

水果、蔬菜中含有多种有机酸，主要有苹果酸、柠檬酸和酒石酸，此外还含有少量的草酸、苯甲酸和水杨酸等。

有机酸的含量和有机酸的种类因水果和蔬菜的品种、成熟度和部位的不同而有所差别。一般水果、蔬菜在未成熟时有机酸含量较高，在生长发育过程中，有机酸的种类和含量会发生变化。

有机酸不仅直接影响水果、蔬菜的风味和品质，而且能调节人体内酸、碱的平衡。如果菠菜、苋菜、竹笋等食入过多，蔬菜中的草酸会刺激和腐蚀黏膜，破坏代谢作用，影响人体对钙的吸收。

有机酸也是水果、蔬菜呼吸时所消耗的基质之一，呼吸时有机酸将转化为CO_2和H_2O，与葡萄糖的氧化过程相同。

九、芳香物质

芳香物质的主要成分一般是醇类、酯类、醛类、酮类、烃类等挥发性油，另外还有酚类、含硫及含氮化合物。各种水果及蔬菜因含有其特有的芳香物质而具有特征性的香气。梨、桃、李的芳香成分主要为有机酸和醇产生的酯类，芹菜叶中含有芹菜油丙酯、芹菜油酸酐。番茄的芳香物质由三十多种成分构成，其中乙醇、甲醇、醋酸丙酯较多。

果蔬经过储藏之后，所含的挥发性风味物质由于挥发和分解作用而含量降低，如储藏的苹果，储藏时间越长，所含的挥发性成分含量越少，而在低温下储藏的果蔬，其风味物质含量降低可以得到有效的抑制。

十、单宁

单宁又称鞣质，具有收敛性涩味。鞣质广泛存在于水果中，但蔬菜中较少。鞣质对水果、蔬菜及其制品的质量影响很大，在加工中若处理不当，会引起变色。

鞣质易溶于水，并有涩味，未成熟的水果大多是涩的，就是由于鞣质的存在。涩味是由于鞣质处于可溶性状态时与口腔黏膜的蛋白质结合而产生的，若将可溶性鞣质变成不溶性鞣质，那么人们就感觉不出涩味。

一般将失去涩味的过程称之为脱涩。水果、蔬菜经过冻结储藏，即可脱涩。

第二节　食品变质的原因

食品在储藏过程中，在一些因素的影响下会使食品的营养物质发生分解和变化，导致食品的色、香、味发生变化。引起食品变质的原因主要有五种，即微生物作用、酶的作用、呼吸作用、化学作用和物理作用。

一、微生物作用

微生物作用是指由于微生物在食品内生长繁殖，致使食品发生变质。由于食品中含有大量的水分和多种营养成分，这样最适于细菌、霉菌和酵母菌等微生物的生长繁殖。

微生物在生活过程中可以分泌出各种毒性物质和酶类物质，这些物质促使食品发生分解，破坏细胞壁，透入细胞内部，将细胞中的高分子物质分解成为低分子物质。所以微生物的存在，特别是腐败微生物的存在，是使食品变质的主要原因。

微生物对食品的破坏作用与食品的储藏条件、成分以及微生物的种类有关。如果食品具备了适合微生物繁殖的条件，则微生物就会迅速繁殖起来，使食品变质；如果条件不够充分，那么微生物的繁殖就缓慢，食品变质的速度就降低。

微生物的生存和繁殖需要一定的环境条件，比如气体、温度、湿度等。但是温度是影响微生物繁殖最主要的因素，在适当稳定的低温环境中储藏食品，才能保证其质量。

二、酶的作用

酶的作用是指食品本身的酶在适宜的条件下，能使食品营养成分分解而使食品变质。

酶存在于动物性食品和植物性食品中，并且能脱离活细胞起催化作用，酶在适宜的条件下，会促使食品中的蛋白质、糖、脂肪等营养成分分解，产生硫化氢、氨等各种难闻的气体和有毒物质而不能被食用。

酶的活性与温度有关。在低温时酶的活性很小，随着温度升高，酶的活性增大，催化的化学反应速度也随之加快，但到一定的温度以上，就会被破坏而丧失活性。因此反应速度到达某一高峰后，温度如果再上升，速度反而下降。酶与微生物一样存在一个最适生存的温度，酶在一定的温度范围内活性最强，如降低温度，就可以降低它的反应速度。因此，食品保持在适当的低温条件下就可防止由于酶的作用而引起的变质。

三、呼吸作用

呼吸作用是指由于水果、蔬菜固有的呼吸作用的不断加强，而逐渐消耗体内的养分致使食品变质。

水果、蔬菜是有生命的活体食品，在采收后储藏的过程中发生呼吸作用，呼吸作用是在酶的参与下进行的一种缓慢的氧化过程，使食品中的有机物质被分解成比较简单的物质，并放出热量。

以己糖为底物的两种呼吸的总化学反应式如下。

有氧呼吸：$\underset{\text{葡萄糖}}{C_6H_{12}O_6}+6O_2 \longrightarrow 6CO_2+6H_2O+2.82\times10^6J$ (674kcal)

无氧呼吸：$\underset{\text{葡萄糖}}{C_6H_{12}O_6} \longrightarrow \underset{\text{乙醇}}{2C_2H_5OH}+2CO_2+1.00\times10^5J$ (24kcal)

在有氧条件下果蔬进行有氧呼吸，使其中的糖类或其他有机物质氧化分解，产生二氧化碳和水分，并释放出较大的能量。在氧气较少、二氧化碳浓度相对较高的条件下，果蔬进行无氧呼吸，这时糖类不能氧化而只能分解成酒精、二氧化碳，并产生少量的能量。

无论是有氧呼吸还是无氧呼吸都会产生能量，除少部分被果蔬利用外，其中绝大部分以热的形式发散出来，使果蔬周围的温度升高而不利于果蔬的储藏，加速果蔬的变质。尤其在无氧呼吸时，所产生的能量要比正常的有氧呼吸少很多，果蔬要获得维持生命活动所需的足够能量，就必须分解更多的有机质。无氧呼吸产生的二氧化碳被排出但是酒精则留在果蔬中，并且会越积越多，导致果蔬腐烂变质。因此在对果蔬进行储藏时，应定时更换库内的空气，并应根据果蔬的种类运用适当的温度加以控制，抑制果蔬的呼吸作用而防止其变质。

四、化学作用

化学作用是指食品中的化学成分被空气中的氧气氧化而引起化学反应致使食品变质。

酶和氧气都会引起和促进化学反应。比如油脂与空气接触时，发生氧化反应，生成乙醛、酮、醇、酸、醚等化合物，使油脂本身黏度增加，密度增大。还有一些其他的食品成分，如维生素 C、天然色素等也会发生氧化作用，使食品的质量下降和变质。

随着温度的降低，食品也在发生着化学变化，因此，食品应当在低温的条件下储存。

五、物理作用

（一）机械损伤

机械损伤是指食品碰伤、擦伤后发生氧化，导致食品变色、变味以致变质。

果蔬碰伤或擦伤后，内部组织即暴露在空气中，使某些成分氧化，而且由于机械伤造成呼吸作用加强，所以这种呼吸称为“伤呼吸”。这样的呼吸加速食品的腐烂或变质。所以，对果蔬应轻拿轻放，防止碰伤，减少腐烂或变质。

（二）光线作用

新鲜果蔬经光线照射后，其气孔会开放，从而加速了果蔬的水分蒸发和呼吸作用。光线的长期照射将使库房温度和食品温度有所升高，会加速食品的变质。所以食品应避光储藏。

第三节　食品冷藏的基本原理

一、食品的低温储藏原理

食品变质的原因是多样的，如果把食品进行冷冻加工，食品的生化反应速度将大大减慢，使食品可以在较长时间内储藏而不变质，这就是低温储藏食品的基本原理。食品在变质过程中的矛盾是复杂的，动物性食品和植物性食品在变质过程中的矛盾因其在性质上的很大差异而不同。

（一）动物性食品低温储藏原理

动物性食品变质的主要原因是微生物和酶的作用。变质过程中的主要矛盾是微生物侵入和食品抗病性（抵抗微生物的能力）的矛盾。因为动物性食品是非生体食品，它们的生物体与细胞都死亡了，故不能控制引起食品变质的酶的作用，也不能抵抗引起食品变质的微生物的作用。因此，动物性食品对细菌的抵抗力不大，一旦染上细菌，很快就会繁殖起来，最后使食品变质。但是，微生物要繁殖，酶要发生作用，都需要适当的温湿度和水分等，环境不适宜，微生物就会停止繁殖，甚至死亡，酶也会丧失催化能力，甚至被破坏。另外，氧化反应的速度也与温度有关，温度降低，化学反应会显著减慢。为此，要解决这个主要矛盾，必须控制微生物的活动和酶的作用。把动物性食品放在低温条件下，微生物和酶对食品的作用就更微小了。当食品在低温下冻结时，其水分生成的冰结晶使微生物丧失活力而不能繁殖，酶的反应受到严重抑制，生物体内所起的化学变化就会变慢，食品就可以被较长时间储藏并维持其新鲜状态而不变质。这就是动物性食品的低温储藏原理。

（二）植物性食品低温储藏原理

植物性食品变质的主要原因是呼吸作用。变质过程中的主要矛盾是呼吸作用和耐藏性（延缓呼吸作用消耗营养的能力）的矛盾。耐藏性是指储藏期间果菜的质量无显著恶化，并且其质量损耗也最小；果菜的耐藏性并非由果菜的某一种性质所决定，而是果蔬各种物理、化学、生理学、生物性质的综合反映。从根本上讲，它是随着果蔬整个新陈代谢的变化而发生改变的，即从属于整个新陈代谢的状况或生理健壮程度。

新鲜果蔬水分含量大都在80%以上，之所以没有产生急剧失水现象，完全由果蔬的表皮组织所决定。表皮组织是指表皮和其周围的组织，它不仅对外来的损伤和微生物的侵入等起着保护作用，而且还具有调节呼吸和蒸发等作用。

作为抑制水分蒸发和使气体透过的保护组织，表皮组织的角质层、蜡质、木栓皮具有重要的作用。

1. 角质层

角质层也称角皮，是覆盖在植物体表皮细胞壁上极细密的一层膜。角质层对于水分和气体的透过，以及微生物的侵入，具有很强的抵抗性。水分透过角质层的蒸发称为角质层蒸发，水果透过角质层的水分蒸发极少，这是因为水果的角质层比较厚，一般为3～8μm。而由于蔬菜从开花到收获的天数较短，所以，角质层不十分发达，水分蒸发快。因此，一般蔬菜不易储藏。

2. 蜡质

在角质层的表面，有10～100μm的蜡质层。蜡质层和角质层同样具有保护内部组织的作用，并对抑制水分蒸发有相当强的作用。一旦去掉蜡质，蒸发量会急剧增加。一般水果蜡质较多，而蔬菜蜡质较少。

3. 木栓皮

木栓皮也称之为木栓，随着其越来越成熟，角质层脱落，栓皮形成，或者果实在生长中受伤后，为保护内部组织自然形成。木栓与角质层一样，对微生物的侵害有很强的抵抗性，并能抑制水分蒸发和气体通过。

4. 表皮组织的开孔

表皮组织是进行正常呼吸作用和蒸发作用不可少的组织。开孔的代表是气孔，气孔是从表皮组织细胞分化后形成的组织，其具有根据周围的环境条件开闭的能力，如低温、无光时则关闭；相反情况时，则打开。叶菜类气孔发达，因此，水分蒸发可顺利地进行。正因为如此，收获后的叶菜类，很多都较早地枯萎，而薯类的表面有木栓组织保护，水分蒸发较慢。虽然气孔主要集中在叶子上，但在叶子以外的器官上也可以看到气孔。桃子表面的气孔多，苹果、梨的角质层较厚，木栓发达，气孔较少，水分蒸发较慢，故比桃子耐储藏。除气孔以外还有皮孔，皮孔是随着植物的成熟而逐渐形成的。皮孔数量的多少因果蔬的种类、品种、成熟度等不同有很大差异，如每个酵露苹果的皮孔数量为450～800个。

在苹果、梨、桃、樱桃、李子等水果的果面上都有开孔，但是在柿子、葡萄、茄子、西红柿和甜椒等果蔬的果面上没有皮孔。那么这样的果蔬在哪里进行气体交换和水分蒸发呢？这在果蔬的涂膜保鲜中极为重要。试验证明，这些果蔬的开孔集中在蒂的部位，靠蒂的开孔进行气体交换和水分蒸发，从而明确了蒂在生理上的重要作用，用显微镜观察水分蒸发的部位如表 2-3 所示。果蔬的水分蒸发，主要靠开孔进行。为了抑制水分蒸发，可对果蔬可进行涂膜处理，但要注意根据果蔬的开孔部位进行涂膜处理，否则，将不会得到理想的效果。

表 2-3　　用显微镜观察水分蒸发的部位

蒸发速度	果蔬的种类	角质层的厚度（μm）	果面开孔的多少	主要的蒸发部位
缓慢	苹果	4～9	＋＋	果面开孔
	柿子	5～12	—	蒂部开孔
	柑橘	2～6	＋	果面开孔
	梨	4～5	＋＋	果面开孔
	番茄	2～4	—	蒂部开孔
中等	黄瓜	1～2	＋	果面开孔
	甜椒	2～4	—	蒂部开孔
	茄子	1～2	—	蒂部开孔
强烈	荚用豌豆	1～4	＋	果面开孔
	白菜	1～3	＋	叶面开孔

注：果面开孔（气孔、皮孔等）＋＋表示多；＋表示中等；—表示无。

综上所述，果蔬的耐藏性非常明显。与此同时，果蔬在采摘后不再继续生长，但它们仍是一个有生命力的有机体，有氧呼吸在整个新陈代谢中占主导地位。

这是因为，有氧呼吸是一种强大的生物氧化体系，对果蔬组织细胞具有以下三方面的重要保护作用。

(1) 正常呼吸作用的氧化过程较为活泼，可以维持果蔬组织中的分解过程与氧化过程的协调平衡，能控制机体内酶的作用，并对引起变质、发酵的外界微生物的侵入有一定的抵抗能力。因而可以有效地防止代谢失调所引起的生理障碍。

(2) 当果蔬遭受机械损伤和病原微生物侵染时，呼吸作用能激发氧化过程，使受到机械损伤和已被微生物侵入的表皮组织构成新细胞并形成木栓层，从而保护果蔬内层的健康组织。或者产生某些有害于微生物发育的物质（如酚类物质）从而起着抗病作用。

(3) 呼吸作用激发氧化过程，呼吸作用能够把微生物分泌的水解酶氧化而变成无害物质，使果蔬的细胞不受毒害，从而阻止微生物的侵入。

可见，正常协调果蔬的呼吸作用是增强果蔬耐藏性的先决条件，它对果蔬的耐藏性起着重要作用。另外，由于果蔬是活体，所以要进行呼吸，它们与采摘前不同的是不能再从母株上得到水分及其他营养物质，只能消耗其体内的营养物质而逐渐失去耐藏性，使抗病能力降低而发生病害。果蔬在储藏期间的病害是造成大量腐烂损失的重要原因，储藏中的病害主要有两类，即侵染性病害和非侵染性病害。侵染性病害是由病原微生物引起的。真菌和细菌是果蔬储藏病害的主要致病菌，如蔬菜的软腐病、霜霉病、炭疽病等，果品的霉菌病（青霉病、绿霉病等）、轮纹病、褐腐病等。非侵染性病害主要是生理病害，是由于储藏环境条件（如温度、湿度、气体成分等）不适于果蔬的生理活动的要求，使细胞组织的正常代谢过程遭受破坏所致。如苹果的虎皮病、苦痘病，鸭梨的果心病，柑橘的褐斑病（干疤）、枯水病、水肿病，马铃薯的黑心病等都属于生理病害。

为防止果蔬的病害，在储藏中应该注意：对储藏场所及工具器材消毒；对要储藏的果蔬进行严格挑选和妥善包装；保持适宜的温湿度和做好通风换气工作；加强质量检查，剔除染病的果蔬，防止病害的传染。

因此，要解决上述的主要矛盾需控制呼吸作用。所以，要想长期储藏植物性食品，就必须维持它们的活体状态，同时又要减弱它们的呼吸作用，而低温是能够减弱果蔬类食品的呼吸作用、延长储藏期限的，但温度又不能过低，过低会引起植物性食品生理病害，甚至导致植物被冻死。例如，香蕉储藏温度要求在 12～13℃，如降到 12℃以下时，香蕉就会变黑。因此，储藏温度应该选择在接近冰点但又不致使植物发生冻死现象的温度。植物性食品储藏不仅与温度有关，还与储藏间的空气成分有关。不同种类的植物性食品有各自适宜的气体成分。因此，在降低温度的同时，如能控制空气中成分含量（氧、二氧化碳），就能取得最佳的效果。

二、低温与微生物

微生物和其他生物一样，只能在一定的温度范围内生存、发育和繁殖，这个温度范围的下限温度称为生物零度。在这个温度之下，微生物呈抑制状态，但不是全部死亡，即使在人工制造的－260℃左右的超低温下也有活的微生物。对于一般的腐败菌和病原菌，在 10℃以下它们的发育就被显著抑制了，所以低温对微生物的生存、发育、繁殖有很大影响，而微生物又对低温产生强的抵抗力。

（一）低温对微生物的影响

微生物对于低温的敏感性较差。绝大多数微生物处于最低生长温度时，新陈代谢活动已减弱到极低的程度，呈休眠状态。实验证明，随着温度的降低，微生物的繁殖减慢；温度增高，细菌分裂的时间缩短，繁殖速度加快。在冻结的情况下，微生物的繁殖相当缓慢。

对于中温微生物，如大多数腐败菌最适宜的繁殖温度为 25～37℃，低于 25℃，繁殖速度就逐渐减缓，到 10℃以下时开始变慢，到 4.5℃以下时，就更慢了，如低到 0℃时，就相当慢了（相比在 8℃时的速度慢 40 倍）。但对于低温微生物，即嗜冷菌，当温度降低于0℃左右时，其繁殖速度变慢，当温度降到－5～－1℃时，其生长繁殖基本被控制，但仍在缓慢地繁殖，到－12～－8℃时，繁殖才趋于停止。可是某些嗜冷菌，如霉菌、酵母菌，耐低温能力很强，即使在－8℃的低温下，仍可看到孢子发芽，到－10℃以下时，就停止了。由于食品内水中的细菌都是嗜冷菌，在0℃以下仍能生长繁殖。因此，要完全停止它们的繁殖，就必须把温度降低到－18℃以下，这时食品内绝大部分水都冻结成冰了，虽然食品是很好的营养物质，但却无法摄取食品内的微生物。同时，在低温下，由于食品内部汁液冻结膨胀，破坏了它的细胞壁和原生质之间的关系，使其生理过程失常而停止活动。但必须强调，低温并不能完全杀灭细菌，而只是停止它的活动和繁殖，一旦温度升高，还活着的细菌就会苏醒过来，继续活动和繁殖，促使食品变质和腐败。所以，食品所处的温度要保证相对稳定。

食品在冻结时附在食品表面或内部的微生物也发生冻结，微生物内的水分大部分形成冰结晶，结晶的膨胀对微生物的细胞有机械损伤作用。

由于食品的水分被冻结，微生物的细胞失去了可利用的水分，造成其处于干燥状态，同时微生物细胞内的水分也被冻结，从而使细胞质浓缩，电解质浓度增高，黏度增大，细胞质的pH和胶体状态发生改变，甚至可引起细胞质内蛋白质部分变性等。

（二）微生物对低温的抵抗力

微生物对低温的抵抗力很强，在形成孢子的情况下抵抗力更强。微生物对低温的抵抗力因菌种、菌龄、培养基、污染量和冻结等条件而有所不同。

不同微生物对低温有不同的抵抗力，有的较强，有的较弱。嗜冷荧光菌即使在0℃以下也能繁殖，结核杆菌在液氮中（－196℃）经10小时冻结也不死亡。一般来说，球菌比革兰氏阴性杆菌具有较强的抗冻能力，引起食物中毒的葡萄球菌和梭状芽孢杆菌（繁殖体）的抗冻能力较沙门氏菌强，具有芽孢的细菌和真菌的孢子都具有较强的抗冻特性。

一般幼龄的细菌（培养时间短的细菌）抵抗低温能力较弱，荧光杆菌冻结前经不同时间培养后，在－16℃时，经4min冻结后，荧光杆菌在低温下的死亡率如表2-4所示，从表2-4中可以看出，冻结前菌龄长的比菌龄短的死亡率小。

表2-4　荧光杆菌在低温下的死亡率

培养时间	死亡率（%）
1日	72
8.5周	41
24周	0

冻结食品储藏时间越长，细菌的死亡率越高。如将荧光杆菌置于－6℃的蒸馏水中冻藏，冻藏时间和荧光杆菌的死亡率如表 2－5 所示。

表 2－5　冻藏时间和荧光杆菌的死亡率

时间（分）	死亡率（%）
8	70
16	71
32	85
64	96
128	93
256	98.1

冻藏温度不同，细菌的死亡率不同。有人曾用大肠杆菌做试验，将其置于－70℃的条件下快速冻结，然后在不同温度下冻藏，结果发现，高温冻藏的大肠杆菌比低温冻藏多。

微生物在冻结和解冻反复交替过程中，比一直在冻藏状态死亡率要高。

细菌在培养环境中的 pH 不同，死亡率亦不同，通常越接近中性，死亡率越小。例如，有人以病原菌做试验，在－18～40℃的条件下冷藏，接种在樱桃上能生存 2～3 个月，而在酸性果汁中仅能生存 4 周。由于食品的种类和状态等不同，即使在同样条件下冻结、冻藏，细菌的死亡率也不同。

（三）食品冷藏中微生物的活动

食品的冷藏分为冷却食品的冷藏和冻结食品的冷藏，后者也称为冻藏。因食品的冷藏条件不同，微生物的活动也不同。

在冷却食品的冷藏中，随着温度的降低，嗜冷性微生物的活动减弱，到接近 0℃时活动显著下降。

在冷却冷藏的水果、蔬菜、肉类、鱼类和蛋类等中，已发现的耐低温性微生物主要是假单孢杆菌、无色杆菌、黄色杆菌、醋酸杆菌，其中造成冷却食品在保藏中腐败或改变食品颜色的主要是假单孢杆菌。

假单孢杆菌和无色杆菌最适宜的生长温度是 10～20℃，最高温度为 25～35℃，最低温度为 0～5℃。这两种细菌属于好气性细菌，因此在空气不足的条件下生长非常缓慢。此外，这两种细菌在低温下也能产生有活性的蛋白分解酶，这是食品在低温下腐败的主要原因，同时发生一系列化学变化。假单孢杆菌和无色杆菌在食品上繁殖的时候，食品表面出现半透明有光泽的菌落，有时呈灰色的黏状薄膜，有时呈绿色或褐色。

冻结食品的冻藏，一般温度在－20～－18℃，有的在－40℃以下。储藏的食品有水果、蔬菜、肉类、禽类、鱼类、蛋类和乳类等。

由于食品在该温度下冻藏，足以抑制微生物的生长，所以可以较长时间地保藏。但是，有些嗜冷性微生物在冻结食品上也能生长和繁殖，由于微生物产生酶类，所以仍然进行着缓慢的生物化学变化。因此，长期保藏的冻结食品的质量在缓慢地下降。

冻结前经过成熟的肉类，有时要受到细菌产生的酶和毒素的污染，冻结之后，这些酶和毒素对食品质量仍有不良的影响，即使在－30℃左右的冻结状态下，也会对食品发生作用。如果附着病原菌的肉类，冻结前保藏的温度较高，则可能产生毒素。这些毒素即使经过冻结也不被破坏，用这样的肉类加工的产品，可能引起食品中毒，所以，在食品冻结前的加工过程中，必须有严格的卫生管理。

目前有资料显示的13种微生物（细菌有6种、酵母菌4种、霉菌3种）在冷冻食品储藏中仍能活动，酵母菌与其他微生物相比能在更低的温度下繁殖。如一种红色酵母在－34℃时仍能发育，另外两种在－18℃还可发育。霉菌中最低的发育温度为－12℃。所以在冷冻果汁、冰激凌及其他水果类食品中依然有微生物的活动。

微生物处在繁殖温度以下的低温时，不是处于休眠，就是处于死灭。一般来说，凡是嗜冷菌，在冻结点以下就不可能繁殖。但也有些能在0℃以下在食品中生长、繁殖的细菌，这类细菌被认为完全是一种特殊的例外。

三、低温与呼吸作用

（一）低温与呼吸速度

食品的温度每上升10℃，其化学变化或化学反应的速度增加的倍数叫温度系数，用Q_{10}表示。果蔬多数情况的Q_{10}为2～3，即温度上升10℃，化学反应的速度是温度未上升10℃前的反应速度的2～3倍；相反，温度下降10℃化学反应速度减少1/2～2/3。

水果呼吸速度温度系数和蔬菜呼吸速度温度系数分别如表2－6和表2－7所示。

表2－6　　水果呼吸速度温度系数

温度（℃）/种类	Q_{10}				
	0～10	11～21	16.6～26.6	22.2～32.2	33.3～43.3
草莓	3.45	2.10	2.20	—	—
桃子	4.10	3.15	2.25	—	—
柠檬	3.95	1.70	1.95	2.00	—
橘子	3.30	1.80	1.55	1.60	—
葡萄	3.35	2.00	1.45	1.65	2.50

表 2-7　　蔬菜呼吸速度温度系数

种类	温度变化范围（℃）	
	0.5～10	10～24
芦笋	3.7	2.5
豌豆	3.9	2
豆角	5.1	2.5
菠菜	3.2	2.6
辣椒	2.8	2.3
胡萝卜	3.3	1.9
莴苣	1.6	2
番茄	2	2.3
黄瓜	4.2	1.9
马铃薯	2.1	2.2

从表 2-6 和表 2-7 可以看出，不同果蔬的 Q_{10} 有不同数值，在 0～35℃的温度范围内，温度低时 Q_{10} 增大，对果蔬的储藏有利。相反，温度超过 35℃，由于果实中酶被破坏，呼吸作用将会停止。

（二）低温与呼吸高峰

果蔬在低温条件下，由于呼吸强度减弱，就可推迟高峰型果蔬呼吸高峰，并使呼吸高峰降低。所以，推迟呼吸高峰是果蔬保藏中的重要方法。

收获后的洋梨放在不同温度下，温度越低，呼吸高峰出现越晚且越低。洋梨收获后，将其放于 10～21℃中，经 10～21 天就进入呼吸高峰阶段而变黄；在 1.1～4.5℃，可以大大地推迟进入呼吸高峰的时间，此时完全看不到变黄；将其放在－2.5℃以下时，即使经过 140 天也没有呼吸高峰出现，因此，－2.5～1.1℃是最佳储藏温度。

（三）低温与呼吸强度

果蔬的呼吸作用强弱是用呼吸强度来表示的。呼吸强度大，则果蔬的呼吸作用大；呼吸强度小，则果蔬的呼吸作用就小。影响呼吸强度大小的内因和外因有很多，蔬菜的种类、品种、生长天数是内因，外界的温度高低、空气成分、机械创伤、微生物侵染是外因。

在相同的条件下，不同种类的果蔬，其呼吸强度的差异很大。一般是绿叶菜呼吸强度最大，西红柿、浆果其次，苹果、柑橘最小。同种类不同品种的果蔬呼吸强度也不同，一般是早熟品种比晚熟品种大。

温度对于果蔬呼吸强度的影响是极为显著的。在一定范围内，外界环境温度增高，果蔬的呼吸强度也随之增大。反之，温度的降低使呼吸强度减小，抑制了呼吸作用，进而保证了果蔬的质量并延长了保藏期限。另外，在储藏和运输期间，温度的高低波动也能引起呼吸强度的增大。可见，低温能使植物性食品的耐藏性加强。

在储藏环境中，空气中的氧和二氧化碳的浓度，对果蔬的呼吸强度也有一定的影响。二氧化碳浓度的增高，能抑制果蔬的呼吸强度；氧的浓度增高，能增强呼吸强度。目前采用的气调库是控制果蔬呼吸强度的较好办法。

此外，果蔬遭受机械创伤之后，呼吸强度也会增大，原因是原果蔬组织内氧的浓度小，而二氧化碳的浓度大，一旦碰伤后，内部组织暴露于空气中，氧的浓度增大，从而促进呼吸作用。这时需要利用呼吸过程中的氧化作用来抵抗细菌的入侵，受微生物感染的果蔬也会增强呼吸强度。

综上所述，并经实践证明，在温度为25～35℃时，食品快速变质。随着温度的降低，微生物的活动减慢，呼吸作用被控制，低温能延缓和减弱食品的变质作用，并能最大限度地保持食品的新鲜度和色、味、香，因此，利用人工制冷达到低温来保藏食品的方法已被广泛采用。这样，不但能够长时期地保持食品原有状态，而且也给调节产销及淡、旺季提供了条件。但是，应该指出，低温并不能完全阻止微生物活动、酶的作用和呼吸作用，储藏期过长，食品的质量仍然会下降。所以，冷却和冻结食品的储藏期不能超过储藏期限。

四、低温对酶的影响

温度对酶的活性影响很大，低温处理虽然会使酶的活性下降，但不会完全丧失。食品中酶的活性的温度系数大约为2～3，也就是说温度每降低10℃，酶的活性会降低至原来的1/3～1/2。相对而言，低温对动物性酶的影响较大，而对植物性酶的影响较小。

本章小结

本章主要介绍食品的一些基本知识，共分成了三个部分，第一部分介绍食品的化学成分，包括蛋白质、糖类、脂类、维生素、矿物质、水、色素、有机酸、芳香物质和单宁，以及食品化学成分的构成、变质和性质；第二部分介绍食品变质的原因，包含微生物作用、酶的作用、呼吸作用、化学作用和物理作用；第三部分介绍食品冷藏的基本原理。

复习题

1. 简述蛋白质的变性。
2. 简述食品变质的原因。
3. 简述低温对微生物的影响。

第三章　食品冷冻加工

在现代的食品工业中，制冷技术与食品冷冻冷藏的联系非常紧密。制冷技术在食品工业中的应用主要是对易腐食品（如鱼、肉、蛋、蔬菜、水果等）进行冷加工、冷藏机冷藏运输，以减少生产和分配中的食品损耗，保证各个季节市场的合理销售。现代食品工业，对于易腐食品，从生产到销售已形成一条完整的冷链。

第一节　食品的冷却加工

一、食品的冷却

食品冷却是指将食品的温度快速降低到规定的温度，但应高于食品汁液的冻结点。冷却食品的温度范围上限是15℃，下限是0～4℃。

常用的冷却食品的方法有冷风冷却、冷水冷却、碎冰冷却和真空冷却等，应根据食品的种类及冷却要求的不同进行选择。

（一）冷风冷却

冷风冷却是利用被风机强制流动的冷空气使被冷却食品的温度下降的一种冷却方法。它是一种使用范围较为广泛的冷却方法。

冷风冷却比较多地用于冷却水果、蔬菜。冷风机将冷空气从风道中吹出，冷空气流经库房内的水果、蔬菜表面并吸收热量，然后回到冷风机的蒸发器中，将热量传给蒸发器，空气自身温度降低后又被风机吹出。如此循环往复，不断地吸收水果、蔬菜的热量从而维持其低温状态。冷风的温度可以根据选择的储藏温度进行调节和控制。

近年来，由于冷却肉的销售量不断扩大，肉类的冷风冷却装置被普遍使用。冷风冷却装置中的主要设备是冷风机。随着制冷技术的不断发展，冷风机的研发制造工作也迅速地发展。5种不同的冷风冷却布置示意如图3－1所示。

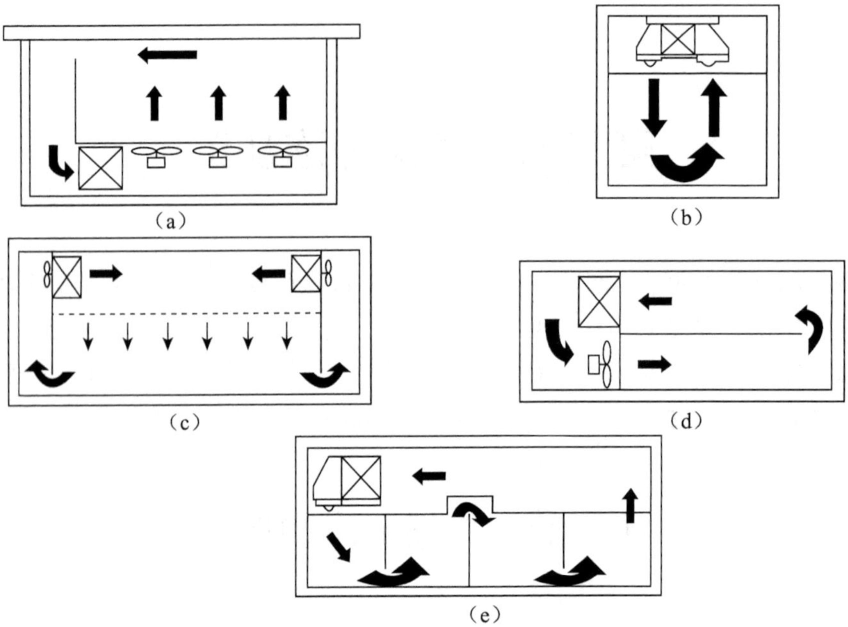

图 3－1　5 种不同的冷风冷却布置示意

肉类的冷却工艺上主张采用变温快速两阶段冷却法：第一阶段一般在快速冷却间内进行，空气流速为 2m/s，且空气温度较低，一般在－15～－5℃。经过 2～4 h 后，胴体表面温度可以降到－2℃，但后腿中心温度为 16～20℃，然后在温度为－1～1℃的空气自然循环的冷却间内进行第二阶段的冷却，经过 10～14 h 后，半白条肉内外温度基本趋于一致，达到平衡温度 4℃时，则认为冷却结束。整个冷却过程在 14～18 h 可以完成。最近国外推荐的两阶段冷却温度更低，第一阶段的温度达到－35℃，并在 1 h 内完成；第二阶段冷却室空气温度为－20℃。在整个冷却过程中，第一阶段可以在肉类表面形成不大于 2 mm 的冻结层，此冻结层在 20h 内的冷却过程中一直存在，研究认为这样可以有效减小干耗。如图 3－2 所示。

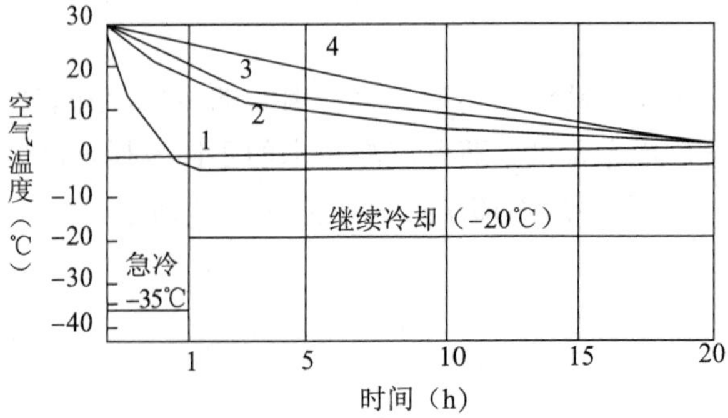

图 3－2　肉类冷却时各部位温度

肉类冷却相对质量损失如图 3－3 所示。

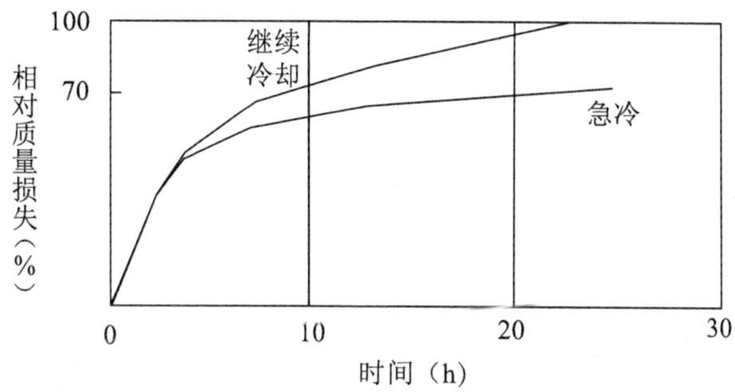

图 3－3　肉类冷却相对质量损失

采用两阶段冷却法的优点是：干耗小，平均干耗量为 1%；肉的表面干燥，外观好，肉味佳，在分割时汁液流失量少。但是由于冷却肉的温度为 0～4℃，在这样的温度条件下，不能有效地抑制微生物的生长繁殖以及酶的作用，所以只能进行 1～2 周的短期储藏。

冷风冷却还可以用来冷却禽、蛋、调理食品等。冷却时通常把被冷却食品放在金属传送带上，可连续作业。

冷风冷却可以广泛地用于不能用水冷却的食品上，其缺点是当室内相对湿度低时，被冷却食品的干耗较大。

（二）冷水冷却

冷水冷却是通过低温水把被冷却的食品冷却到指定温度的方法。冷水冷却可以用于水果、蔬菜、家禽、水产品等食品的冷却，特别是对于一些易变质的食品更为适合。冷水冷却通常用预冷水箱来进行，水在预冷水箱中被布置于其中的制冷系统的蒸发器中冷却，然后与食品接触，把食品冷却下来。若不设预冷水箱，可以把蒸发器直接设置于冷却槽内，在该情况下，冷却槽必须设置搅拌器，由搅拌器促使水流动，使冷却槽内温度均匀。现代冰蓄冷技术的研究与完善为冷水冷却提供了更为广阔的应用前景。具体做法是在冷却开始前先让冰凝结于蒸发器上，冷却开始后，此部分冰就会释放出冷量。

冷水冷却有以下 3 种形式。

（1）浸渍式。被冷却食品直接浸在冷水中冷却，冷水被搅拌器不停地搅拌，以致温度均匀。

（2）喷水式。喷水式冷却法又可分为散水式和降水式两种，所谓散水式就是在被冷却食品的上方由喷嘴把冷却了的且有压力的水呈散水状喷向食品，以达到冷却的目的。降水式是将被冷却的食品在传送带上移动，上部的水盘像降雨一样均匀地降水，这种形式适用于大量食品的处理。

（3）混合式。混合式是喷水式和浸渍式交替进行冷却的方法。一般是先浸渍然后喷水，这种冷却不仅速度快，而且更重要的是卫生，不会出现交叉感染的现象。

水作为冷却介质，热传性非常好，最大的优点是冷却速度快，而且没有干耗。冷水冷却设备与真空冷却装置的价格相比较为低廉，缺点是浸过水的食品不利于保鲜，需要迅速做风干处理。

（三）碎冰冷却

冰是一种很好的冷却介质，它有很强的冷却能力。在与食品接触的过程中，冰融化成水要吸收 334.53 kJ/kg 的相变潜热，使食品迅速冷却。冰价格便宜、无害，易于携带和储藏。碎冰冷却能避免干耗现象。

用来冷却食品的冰有淡水冰和海水冰两种，一般淡水鱼用淡水冰冷却，海水鱼用海水冰冷却。淡水冰可以分为机制块冰（块重为 100 kg/块或者 120 kg/块，经破碎后用来冷却食品）、管冰、片冰、米粒冰等多种形式，按冰质可以分成透明冰和不透明冰。不透明冰是因为冰中含有许多微小的空气气泡，所以导致冰不透明。从单位体积释放的冷量来讲，透明冰要高于不透明冰。海水冰也有多种形式，主要是以块冰和片冰为主。随着制冰机技术的完善，许多作业渔船可以带制冰机随制随用，但是要注意，不允许用被污染的海水及港湾内海水来制冰。碎冰的体积质量和比体积如表 3－1 所示。

表 3－1　碎冰的体积质量和比体积

碎冰的规格（cm）	体积质量（$kg\cdot m^{-3}$）	比体积（$m^3\cdot t^{-1}$）
大冰块（约 10×1.0×5）	500	2.0
中冰块（约 4×4×4）	550	4.82
细冰块（约 1×1×1）	560	1.78
混合冰	625	1.60

在海上，渔获物的冷却一般有加冰法（干法）、水冰法（湿法）两种。

加冰法要求在容器的底部和四壁先加上冰，然后层冰层鱼、薄冰薄鱼。最上面的盖冰冰量要充足，冰粒要细，撒布要均匀，融冰水应当及时排出以免对鱼体造成不良影响。

水冰法是指在有盖的泡沫塑料箱内，以冰加冷海水来保鲜鱼货。海水必须先预冷为－1.5～1.5℃，再送入容器或者船舱中，然后加鱼和冰，鱼必须完全被冰浸没。用冰量应当根据气候变化而定，一般鱼与水重量之比为（2～3）：1。为了防止海水鱼在冰水中变色，用淡水冰时需要加盐，如乌贼鱼要加盐 3%。淡水鱼则用淡水加淡水冰保藏运输，不得加盐。水冰法操作简便，用冰省，冷却速度快，但是浸泡后肉质较软弱，易变质，故从冰水中取出后仍然需冰藏保鲜。此法适用于死后易变质的鱼类，如鲐鱼、竹刀鱼等。

（四）真空冷却

真空冷却又叫减压冷却，它的原理是水分在不同的压力下有不同的沸点，水的温度与蒸汽压如表 3－2 所示。由表 3－2 可见，只要改变压力，即可改变水分的沸点，真空冷却装置就是根据这个原理设计的。

表 3－2　水的温度与蒸汽压

沸点（℃）	压力（kPa）	沸点（℃）	压力（kPa）
100	101.32	5	0.87
60	19.93	1	0.66
40	7.38	－5	0.40
20	2.34	－10	0.26
10	1.23	－30	0.038

真空冷却装置中有真空冷却槽、制冷装置、真空泵等设备，如图 3－4 所示。装置中配有的制冷装置，不是直接用来冷却食品的。因为在 666.6Pa 压力下，1℃的水变成水蒸气时，其体积要增大近 20 万倍，此时即使用二级真空泵来抽，也不能使真空冷却槽内的压力维持在 666.6 Pa。制冷装置的作用是让水汽重新凝结在蒸发器上，然后排出，保持了真空冷却槽内压力的稳定。

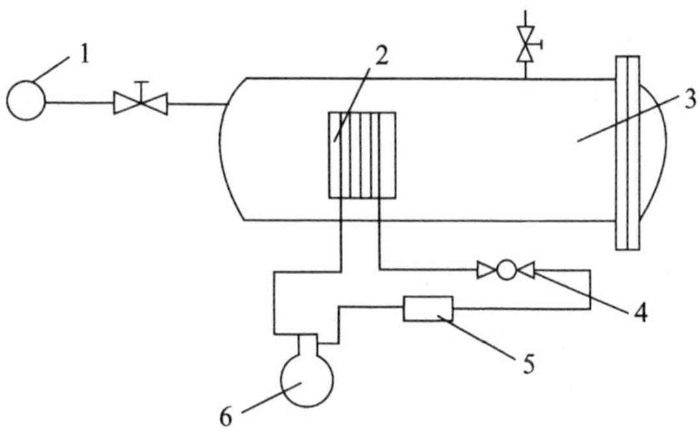

图 3－4　真空冷却装置示意

1—真空泵；2—冷却器；3—真空冷却槽；4—膨胀阀；5—冷凝器；6—压缩机

真空冷却装置主要用于蔬菜的快速冷却。收获后的蔬菜，经过挑选、整理，放入有孔的容器内，然后再放入真空冷却槽内，关闭槽门，启动真空冷却装置。当真空冷却槽内压力降低至 666.6Pa 时，蔬菜中的水分在 1℃下迅速汽化。水变成水蒸气时吸收 2253.88 kJ/kg 的汽化潜热，使蔬菜本身的温度迅速下降到 1℃，生菜从常温 24℃冷却到 3℃，冷风冷却需要 25h，但真空冷却只需要 0.5h。生菜的冷却曲线如图 3－5 所示。

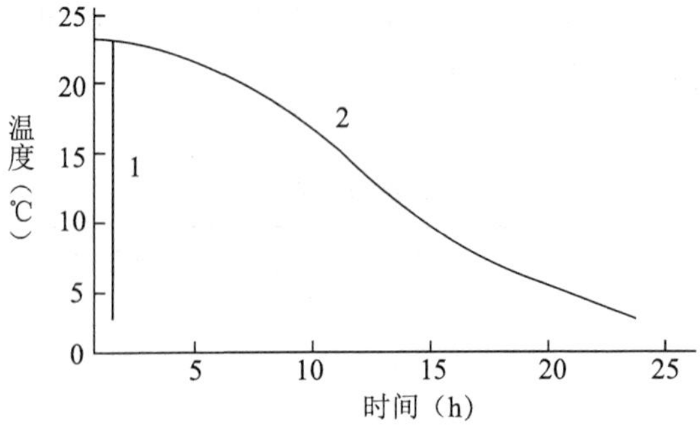

图 3－5　生菜的冷却曲线

1—真空冷却；2—冷风冷却

真空冷却的优点如下。

①冷却时间短。如相同数量果蔬，真空冷却时间一般为 20～30min，而普通冷却需要 24h 左右。

②冷藏时间较长。真空冷却果蔬会使其迅速降温，呼吸速度也马上下降，食品内营养成分分解减慢，因此冷藏时间较长。

③质量好。经过真空冷却的果蔬，其蛋白质、糖类、脂类、维生素等并未受到损失。另外有异味的蔬菜，其风味还可以得到改善。

④干耗少。真空冷却的果蔬干耗在 3%～4%，而普通冷却的果蔬干耗在 10%以上。

⑤不受包装限制，操作方便。用纸箱、塑料袋（透水蒸气）等包装的果蔬，在真空冷却时的冷却速度与不包装的产品几乎无差异，这在生产中极为方便。

真空冷却的缺点如下。

①冷却品种有限。一般只适用于冷却表面积比较大的叶菜类，如菠菜、韭菜、芥菜、菜花、白菜、莴苣、芹菜、卷心菜、甘蓝、豆类等。表面积比较小的马铃薯、胡萝卜、西红柿等果菜类、根菜类等因其温度不能迅速下降，故不适用于真空冷却。另外，仁果类和果菜类在低压下有可能会将果芯的空气抽出，使内部压力过小，会呈出凹形，失去鲜活商品价值，如甜椒等。

②成本高。真空冷却装置造价高，而且要消耗电能。因此其成本比冷空气冷却和冷水冷却高。

二、果蔬的冷却加工

（一）果蔬的采集、分级和包装

1. 采集

果蔬采集工作直接影响原料的品质并影响运输、储藏等环节。为了保证冷加工产品的质量，果蔬要达到最适宜的成熟度才可以采集。

果实的成熟过程大体可分为绿熟、坚熟、软熟和过熟四期。绿熟期果实已充分长成，但还未显出色彩，仍有绿色（绿色品种除外），这时果肉硬，缺乏香气和风味，但是适于储藏和长途运输。坚熟期果实已经充分长成，适当地表现出应有的色彩、香气和风味，肉质坚密但不软，适于储藏、短途运输和加工。果实到软熟期，色、香、味已充分表现，肉质变软，适于食用和加工，但已不适于储藏和运输。过熟的果实的组织细胞解体，已失去食用和加工价值。

蔬菜一般以幼嫩为好，果菜类宜在坚熟期和软熟期采集，马铃薯和洋葱则宜在充分长成后再采集。

有后熟能力的果蔬，如苹果、梨、柑橘、番茄等可在成熟度达七八成时采收，香蕉需要更早一些采收。

2. 分级

果蔬在生长过程中，可能发生病虫害而产生病果和虫果。采集不当会造成机械损伤。另外，果蔬在大小、成熟度和色泽上也不一致，所以果蔬在采集后应当进行挑选分级，剔除畸形、坏、伤、烂、残的果蔬，使产品均一，以便包装、运输和储藏。

果蔬的分级方法如下。

(1) 按品质分级。

果蔬按品质分级时，凡有良好的一致性，无病虫害和机械损伤，品种特性正确，成熟度适宜，品质优良的为一级品。凡在这几方面有缺陷的，则按其程度依次降低等级。

(2) 按大小分级。

如苹果、梨、桃、柑橘等较大水果一般可以按大小分为三级、四级，小而柔软的水果如樱桃、草莓、葡萄等只能分两级。其中，葡萄分级以果穗为单位，同时考虑果穗和果粒的大小。大小分级可以借助分级板和量果器进行，也可使用分级机（如豌豆分级）。

3. 包装

为了便于运输和久贮，保证果蔬的质量，要将分级的果蔬加以包装。

包装容器有盛装和保护两重作用，因而要求其材料质轻而坚固，可耐重压，没有异味，价廉易得。包装容器的大小要适宜，以便于搬运和堆放。常用的有木箱和纸箱，这类的容器比较坚固耐压，容量固定，适于长途运输。木桶、竹篓、柳条筐、荆筐、草包等应用也很普遍，成本较低。

所有包装容器内最好有衬纸，以减少果蔬的擦伤。有些质量好能长期储藏的水果，可以逐个用纸包裹后再装入容器。包纸可以减小水果的水分蒸发，使其不易失水，而且纸张还有隔热作用，能阻止果温的剧变。另外，包纸可以减少腐烂的蔓延，减少机械损伤以及降低水果的呼吸强度。包装用的纸不宜过硬过薄，要有足够的大小，要使果实完全被包住。为了减少果品的腐烂和防止霉菌繁殖，可以采用经化学药品处理过的包装纸。如采用浸过硫酸铜或者碳酸铜溶液的包装纸，其对防止青霉菌的活动有一定效果。用浸过碘液的纸包水果，效果会更好。又如用浸过联苯的纸包柑橘，可减少腐果率。用蜡纸或者经矿物油处理过的纸包苹果不仅减少水分损失，还可预防一种生理病——烫伤病的发生。

果实在装入容器时要仔细排列，使其互相紧挨着，不晃动也不挤压。为避免在搬运或者运输途中摇动和摩擦，减少摔碰磕压的损耗，可以在果实周围空隙加些填充物。同时，在寒冷地区运输苹果、梨等，此种方式还可以防冻。填充物应当干燥、不吸水、无臭味、质轻，如纸条、锯屑、刨花等。

（二）果蔬的冷却

由于新鲜果蔬在采集后，仍然进行着旺盛的呼吸作用，从空气中吸收氧气，分解和消耗自身中的营养成分，释放出二氧化碳、水和热量。根据这一与畜肉、禽肉、水产品完全不同的生物活性的特点，应当在最短时间内把采集的果蔬进行预冷，即先冷却到额定温度（如4℃），然后入冷藏库。对于长期储藏的果蔬，应当在产地进行冷却，充分散发“田间热”，并在冷却状态下运到冷库冷藏。实践证明，果蔬在采集后冷却得越快，则其后熟作用及病害发展过程越慢。例如，采集后24h内冷却的梨，在0℃下储藏5个星期不腐烂，但是采集后经过96h才冷却的梨，在0℃下储藏5个星期就有30%腐烂。每年的10月采集苹果后，此时苹果还没有完全成熟，入库苹果不冷却，在20℃温度下，每天重量损失达10%，水果生命力最高为10天；若在4.4℃温度下，每天重量损失为1%，这样，水果生命力达100天。因果蔬的品温较高，其呼吸作用较强，采集后若不迅速冷却，营养物质减少，品质风味变差，抗病性及耐藏性都大为减弱。可见，将采集的果蔬迅速地冷却，能延长它们的储藏期。在我国北方地区，昼夜的温差很大，可以采取自然冷却方法，即将采集后的果蔬堆放在田间、树下或者临时搭的棚内，利用夜间冷空气冷却降温。

目前，果蔬大都不在产地冷却，而是将果蔬包装后直接运往冷库进行冷却和冷藏。这就要求在果蔬入库前要进行抽验整理工作，剔除那些不能长期储藏的果蔬，比如在运输中造成机械损伤或者已经腐烂的果蔬。一般将运到的果蔬按1%～2%抽样检验，查明烂耗比例和成熟情况。若烂耗比例超过冷库保质制度范围，则必须重新挑选和包装整批来货。若烂耗很少，可不必重选处理。若发现包装容器损坏，应当加以修补，对于破损严重的包装则需更换。在搬运装卸时，尽量做到轻拿轻放，减少果蔬摔碰磕压等机械伤。另外，在储藏前应对库房和垫板、工具等进行消毒，库房要通风，并有合适的库温。

1. 果、蔬的冷却方法

（1）冷空气冷却法。

①一般冷空气冷却法。在高温库的冷却间或者冷库的穿堂内冷却。冷却间的温度视果蔬的品种而定，一般在0～5℃。若温度过低，接近果蔬冻结点时，会发生“冻伤”现象。相对湿度在85%～90%，空气流速为0.5m/s，经过24小时，盛果蔬的容器中心温度为5℃左右，则完成冷却过程。有些果、蔬，如栗子、毛豆需拆包后倒在席子上摊开冷却，待冷却后再包装。在冷却时，一般采用交叉堆码方法，以保证

冷空气流通，并加速果、蔬的冷却。对于直接入库冷藏的果、蔬，可以采取逐步降温的方法，使果、蔬由常温逐渐冷却。然后定温冷藏。如大白菜直接入冷藏高温库后，降温到 6℃、相对湿度为 65%时，可储藏 6 个星期左右，待库内温度稳定后，再降低至 0～1℃时，相对湿度为 85%～90%，可储藏 3～4 个月。这样基本上就可以恒定不动了。为了提高大白菜的冷藏质量，冷间的蒸发温度与冷间温度之间温差越小越好，并且应当有良好的保持湿度的设备，同时注意不能与产生乙烯的果、蔬储藏在一起，以免污染。

②压差通风式冷却法。对于果蔬类易腐食品，应当采用冷却速度更快的冷风冷却方法——压差通风式冷却法。压差通风式冷却与强制通风冷却类似，但包装果蔬的纸箱两侧必须打孔，用压差板把冷风从箱子的孔引入箱子内部，这样达到提高冷却速度的目的。箱子孔的大小以及多少要根据果蔬食品的品种以及箱内部充填层而定，其标准是冷风在一定时间里，能顺利地在箱子内部流动。包装箱需按特别的码垛方式码放在风道两侧，用风机强制循环冷风在包装箱的两侧产生压力差，冷风从包装箱内通过，将包装箱内的果蔬热量带走，从而冷却果蔬。压差预冷箱的堆积如图 3－6 所示。要求每层箱子与箱子的孔相通，这样，冷风才能顺利通过。堆放上一层箱子时，要相对下一层箱子调转 90 度，但是也必须把每个箱子的孔对齐。压差通风的冷却速度比强制通风的冷却速度要快 2～6 倍，果蔬从常温冷却到 5℃左右，只需 2～6h 的时间。果蔬冷却比较均匀，适宜各种蔬菜的预冷。缺点是一次处理能力比强制通风冷却要低，码垛时间比强制通风冷却要长。压差通风式冷却库的造价比真空冷却装置要低，但比强制通风冷却库要高。

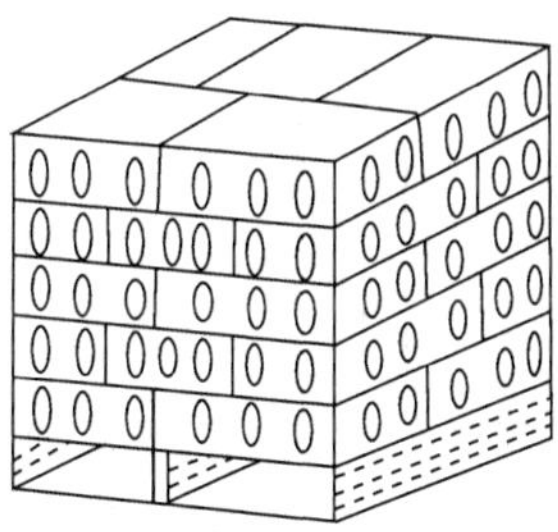

图 3－6　压差预冷箱的堆积

压差预冷是指把强制通风冷却方式的设备改造为压差通风冷却方式的设备。冷风从鼓风机排出，由导风板引入顶盖，再通过顶盖到达冷却室的右端，下降到入口空间，进入箱子的通气孔，将食品冷却。经过这样的改造后，用同样的制冷机可以得到相当大的效益。压差预冷示意如图 3－7 所示。

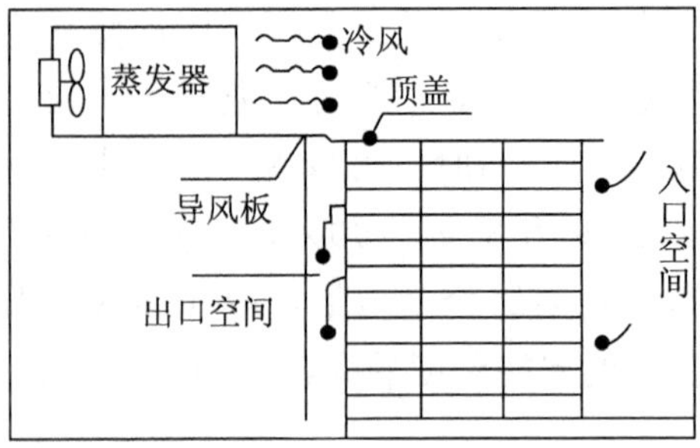

图 3-7　压差预冷示意

（2）冷水冷却法。

冷水冷却法一般有喷水式（包括喷淋式和喷雾式）、浸渍式和混合式（即喷水和浸渍结合）三种。常用的有喷水式和浸渍式两种。

它是由冷却隧道、冷却水槽、传送带、压缩机、冷却排管以及水泵等部分组成。在冷却水槽中有冷却盘管，由压缩机制冷而使盘管周围的水结冰，因而在冷却水槽中形成冰水混合的状态，水温一般在 0～3℃，将冷却的水用泵抽到冷却隧道的顶部，食品从冷却隧道的传送带上通过，冷却水从上向下喷到食品的表面而使其冷却。喷水式冷却装置如图 3-8 所示。

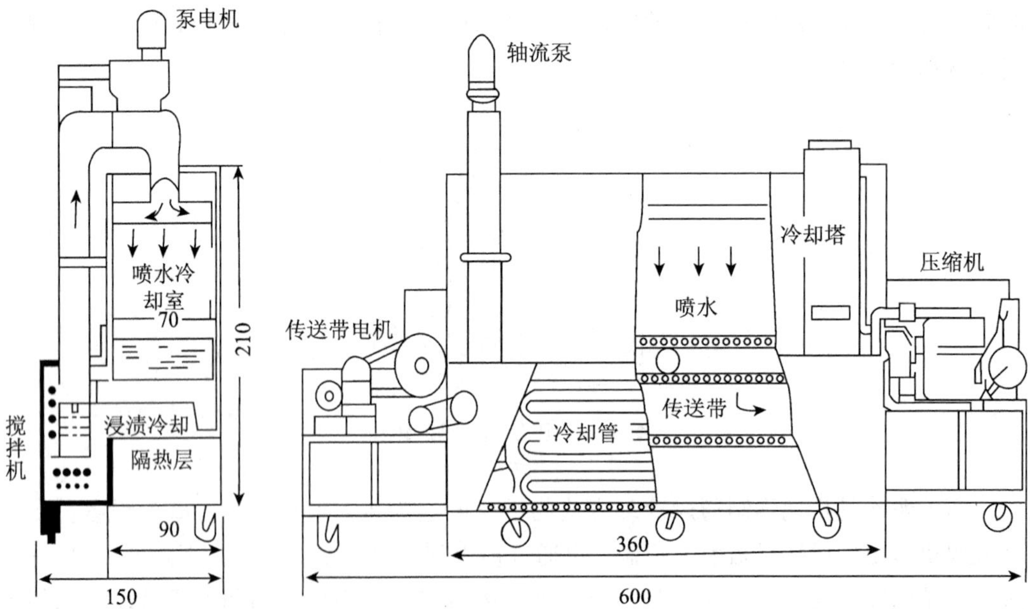

图 3-8　喷水式冷却装置（单位：mm）

在浸渍式冷却装置中，一般在冷水槽底部设有冷却排管，上部有冷却产品的传送带。将果蔬直接浸渍冷水箱中沉浸冷却。

混合式是喷水式和浸渍式交替进行冷却的方法。一般是先浸渍然后喷水，这种冷却不仅速度快，更重要的是卫生。

冷水冷却的最大问题是容易引起果蔬的腐烂。产生的主要原因是水中的微生物易污染被冷却的果蔬以及由于水的流动而使果蔬损伤，还有被冷却的果蔬表面带有较多的微生物，因冷却水反复使用，水中微生物的数量越来越多。而且这些微生物大多数为低温微生物，它们在土壤、空气中都能见到，即使在0～10℃下，也会生长和繁殖。因此要求使用的冷水必须进行连续过滤且要保持水的清洁，而且要经常更换。若长时间不更换水，就会使冷却水污染。其次，要在冷却水中放入杀菌剂，但要按《中华人民共和国食品安全法》中的有关规定执行，一般在水中使用的杀菌剂为漂白粉。

（3）真空冷却法。

水在0.1MPa时，即在常压下温度升高到100℃时开始沸腾汽化为水蒸气；若要使压力下降到0.006MPa，则水在0℃的温度下就汽化为水蒸气，这时需除掉2500kJ/kg潜热。所以，真空汽化冷却原理就是将果蔬放入真空柜内，使之与外面空气完全隔绝。然后用真空泵抽去真空柜内空气，使它的压力逐渐降到所需要的真空压力，造成果蔬中一部分水汽化为水蒸气，同时也就除去了果蔬内部的热量，从而使其温度下降得以冷却。

真空冷却装置的操作要求是将需要冷却的果蔬放入真空柜中后关紧柜门。开动真空泵排除柜内空气，同时开动制冷装置使冷却器中的液体冷媒的温度保持在－5℃左右，将果蔬蒸发出来的水蒸气进行冷却并凝结成水，排出柜外。当柜内的压力从0.1MPa下降到0.003MPa时，果蔬内的水分开始激烈蒸发，这种现象称为闪点。这时应当停止一部分真空泵工作，以控制水分的蒸发量不致过大，否则会引起过度冷却而使果蔬冻伤。当果蔬温度不再继续下降时，仍然要继续开动真空泵使柜内压力再降低，使果蔬内的水分继续蒸发、放出热量，此后再停止一部分真空泵工作，用一台真空泵继续排气，以维持一定的压力。经过30min后，果蔬温度便可以降低到设定温度，如5℃时即可停止真空泵工作。然后导入柜外空气以破坏真空状态。开门取出已冷却的果蔬并将其立即转入冷藏间进行高温冷藏。需要指出的是果蔬中的水分开始蒸发的闪点受果蔬本身初温的影响。如果果蔬初温较高，则在真空柜内压力较高时就开始蒸发，其温度开始下降，这时并不需停止几台泵的工作，并且不会发生过度冷却使果蔬质量下降的情况。因此，果蔬的产地不同，其初温有差别。

影响真空冷却效果的主要因素如下。

①水分蒸发和预先湿润。在真空冷却中果蔬的温度下降是与其水分的蒸发量成比例的。一般地，当果蔬本身温度在27℃及以上时，会使其水分蒸发掉5%以上，这时商品的价值就变得很低。所以从某种意义来讲，果蔬温度下降到20℃时所蒸发掉4%的水分是商品价值的临界限。所以，南方地区与北方地区所产的蔬菜，当要求达到相同的冷却终温时，前者的温度下降幅度就大，蔬菜所蒸发掉的水分量也就多，易发生萎缩现象。另外，蔬菜的水分挥发首先是表面很快失去水分，其干瘪程度要比整个蔬

菜平均蒸发水分的干瘪要高。由于产地不同，即使同样是菠菜，也会有的叶子肉厚，有的叶子肉薄；有的叶子肉硬，有的叶子肉软；而且其组织也不同。这些都需要对其有足够的认识及处理经验。因此在真空冷却前，必须要预先以喷雾加湿、弄湿果蔬表面。这样果蔬表面水分的汽化冷却可以更加充分，同时果蔬的重量损失因水分蒸发量的减少而降低，这就叫预先湿润。预先湿润对真空冷却效果的影响如表 3－3 所示。

表 3－3　　　　预先湿润对真空冷却效果的影响

种类	采取措施	冷却数量（kg）	最低气压（MPa）	处理时间（min）	果蔬本身温度（℃）	
					初温	终温
草莓	无预先湿润	4	0.0006	20	19.4	7.8
	预先湿润	4	0.0006	20	18.5	3.0
圆辣椒	无预先湿润	2	0.0004	9	18.0	12.6
	预先湿润	2	0.0004	9	18.0	7.3
黄瓜	无预先湿润	5	0.0004	17	22.2	19.2
	预先湿润	4	0.0004	17	24.6	14.5
西红柿	无预先湿润	10	0.0004	17	20.9	14.5
	预先湿润	4	0.0004	17	21.8	17.2
胡萝卜	无预先湿润	10	0.0004	10	14.5	12.8
	预先湿润	10	0.0004	10	14.2	7.1

②商品的包装。对商品进行包装，有利于减少商品干耗和保存商品。但是包装必须有透气性，若用完全没有透气性的塑料薄膜密封包装，那么真空汽化冷却就不可能实现。包装对真空冷却效果的影响如表 3－4 所示。

表 3－4　　　　包装对真空冷却效果的影响

种类	包　装	冷却数量（kg）	最低气压（MPa）	处理时间（min）	蔬菜本身温度（℃）		水分损失率（%）
					初温	终温	
莴苣	玻璃纸包于多层纸板箱内	10	0.0006	9	17.5	3.5	2.6
	透气箱	10	0.0006	9	17.5	2.8	3.4
卷心菜	透气箱	15	0.0006	9	14.3	2.5	2.2
	有孔多层袋	15	0.0006	9	14.8	2.3	2.3
茼蒿菜	多层卷	4	0.0006	6	16.3	6.0	2.3
	有孔多层袋装于多层纸板箱内	4	0.0006	6	17.2	0.2	9.5

续 表

种类	包 装	冷却数量(kg)	最低气压(MPa)	处理时间(min)	蔬菜本身温度(℃)		水分损失率(%)
					初温	终温	
四季豆	木箱	4	0.0004	26	27.5	7.5	
	有孔多层袋装于多层纸板箱内	4	0.0004	26	28.0	8.0	

③果蔬的种类。在真空减压条件下水分的蒸发量根据果蔬的体积及其表面积的比例、本身的构造、组织的粗密以及表面状态等的不同而变化着。从这些特点来看，可以将有关果蔬分为A、B、C三组。A组是叶菜类，它们的表面积相对体积的百分比大，叶软而多汁，表皮薄，其组成很多是水分，所以容易蒸发。B组是花菜类、果菜类的四季豆以及水果草莓，与A组相比它们的表面积稍小，组织也略硬，因而冷却的效果稍低。C组是以果菜类和根菜类为主体的，它们的表面积较小，表皮厚，水分很难蒸发。这组是最难进行真空冷却的。所以，叶菜类、花菜类的菜花以及果菜类的四季豆等豆类因其表面积大，适用于真空冷却并能在短时间内完成。但表面积小的如西红柿、黄瓜、胡萝卜、辣椒及马铃薯等果菜类、根菜类以及果品类，因品温不能迅速下降而不适合真空冷却。真空冷却对有关果蔬的冷却效果如表3-5所示。

表3-5　　真空冷却对有关果蔬的冷却效果

组别	种类	冷却数量(kg)	最低压力(MPa)	冷却时间(min)	蔬菜本身温度(℃)		水分损失率(%)
					初温	终温	
A	莴苣	10	0.0006	9	17.5	3.5	2.6
	荷兰芹	4	0.0006	7	18.8	0.3	4.6
	卷心菜	15	0.0006	9	14.3	2.5	2.2
	菠菜	10	0.0006	7	20.2	0.5	3.4
	茼蒿菜	4	0.0006	6	17.2	0.2	2.5
	蘑菇	2	0.0005	6	24.2	0.5	5.4
	甜菜	45	0.0006	24	32.0	1.5	4.1
B	草莓	4	0.0006	26	19.4	7.8	1.3
	菜花	8	0.0006	20	20.1	8.3	1.7
C	西红柿	10	0.0004	17	24.6	22.0	0.6
	圆辣椒	2	0.0004	9	18.0	12.6	1.8
	胡萝卜	10	0.0004	10	16.6	12.8	0.7
	黄瓜	5	0.0004	17	22.2	19.2	0.7

由于果蔬的种类不同，其处理的条件也不同。一般在 0.0006～0.0007MPa 条件下进行 10～30min 的真空冷却。

三、畜肉的冷却加工

（一）牲畜死后的变化

将牲畜屠宰以后，肉尸在体内酶和外界微生物的作用下，会发生一系列物理化学变化。这些变化主要包括死后僵直、成熟、自溶和腐败 4 个阶段。僵直和成熟阶段，肉是新鲜的，自溶现象的出现则标志着腐败变质的开始。

1. 肉的僵直

屠宰后的牲畜肉尸，血液流动和氧气供应停止，正常代谢中断，此时肉内糖原的分解是在无氧条件下进行的，化学式为：

$$(C_6H_{11}O_5)_n + nH_2O \longrightarrow 2nC_3H_6O_3 + 热量$$

由于糖原无氧酵解产生乳酸，致使肉的 pH 下降，经过 24h，肉中糖原量会减少 0.42%，pH 可从 7.2 降到 5.6～6.0。但当乳酸生成到一定界限时，分解糖原的酶类将逐渐失去活力，而另一种酶类——无机磷酸化酶的活性则大大增强，开始促使三磷酸腺苷迅速分解，而形成磷酸，从而使 pH 可以继续下降直至 5.4。牲畜死后 pH 下降的速率受遗传特性、尸体温度及各种肉类相互混杂放置等的影响。一般肉类在 pH 为 5.4～6.7时即僵硬。肌肉僵硬出现的早晚和持续时间的长短与动物种类、年龄、环境温度、牲畜生前生活状态以及屠宰方法有关，通常开始于宰后 8～12h，20h 后逐渐终止，接着又开始软化。从尸僵开始到结束的时间越长，肉类保持新鲜的时间也就越长，这期间温度较低，保持的时间较长。处于僵硬期的肉，肌纤维粗糙僵硬，肉汁变得不透明，会产生难闻的气味，食用价值及滋味都较差。

肌肉在进入僵直阶段时，糖原分解产生的乳酸与 ATP 分解释放的磷酸，共同形成肉的酸性介质。该酸性介质不仅能使最初呈中性或者微碱性的肉变为酸性，同时显著地影响着肌肉蛋白质的生物化学性质及胶体结构。肌肉蛋白质分子之所以是亲水胶体，是因为其分子表面的多种极性基团（如$-SH$，$-NH_2$，$-OH$ 等）对水的亲和性。各种蛋白质的亲水能力不同，而蛋白质的等电点（肌肉蛋白质的等电点一般偏酸性）对其亲水性也有显著的影响，所以在不同 pH 时蛋白质对水的亲和力也不同。肌肉的含水量在 pH 为 7 时为肌肉本身等容积，pH 为 6 时为其 50%，pH 为 5 时为其 25%。但解僵开始进入成熟阶段后，pH 反而提高，这时亲水性又提高了。

2. 肉的成熟

宰杀后放置 2～4 昼夜的肉尸，其钙离子在酸性介质的影响下，从蛋白质化合物中脱出，并且引起部分肌凝蛋白的凝结与析出，因而使肌浆中液体部分分离出来，所以这种肉的切面水分较多，煮出的肉汤也较透明。另外，酸性介质使肌间粗硬的结缔组织中的主要成分胶原吸水明胶化而膨胀软化，不溶性的硬蛋白质开始转化等，从而使适口性有所改善。再加上适宜的 pH 使肌纤维细胞器溶酶体中的组织蛋白酶开始发挥作用，并缓慢地将肌肉中蛋白质分解为小分子肽或者氨基酸、核苷酸，这不仅使蛋白质结构松弛，同时赋予肉一种特殊香味和鲜味。

僵硬之后肌肉开始变为酸性，组织比较柔软嫩化，具有弹性，切面富含水分，有令人愉快的香味及滋味，易于煮烂和咀嚼，这种食用性质改善的肉称之为成熟肉，这种变化过程称为肉的成熟。肉在供食用之前，原则上需要经过成熟过程来改进其品质，特别是对于牛肉和羊肉来说，成熟对提高风味是完全必要的。

肉的成熟是在细胞酶的催化下进行的，肉中糖原含量与成熟过程有密切关系。宰前休息不足或者过于疲劳的牲畜，由于肌肉糖原消耗多，成熟过程将延缓甚至不出现，从而影响肉的品质。另外，肉的成熟速度和程度也受环境因素的影响。肉成熟的速度与温度有关系，一定范围内温度越高、成熟速度越快。但是用提高温度的办法促进肉的成熟是危险的，因为不适宜的温度可以促进微生物的繁殖。所以一般采用低温成熟的方法，温度为 0～2℃，相对湿度为 86%～92%，空气流速为 0.15～0.5 m/s，完成时间为 3 周左右。从开始到第 10 天左右约 90%成熟，所以 10 天以后的商品价值高。在 3℃的条件下，小牛肉和羊肉的成熟时间分别为 3 天和 7 天。因为晾肉间温、湿度条件大体符合上述要求，所以生产实践中多将晾肉过程与成熟过程放在一起进行。成熟的肉表面形成一层干燥膜，有阻止微生物侵入内部的作用。

为了加快成熟，可将其置于 10～15℃温度下，只要 2～3 天即可成熟。在这样的温度下，为防止肉表面微生物繁殖，可以用杀菌灯照射表面。已成熟的肉应立即冷却到接近 0℃后冷藏，以保持其商品质量。

3. 肉的自溶

肉在成熟过程中，主要是糖酵解酶类及无机磷酸化酶在起催化作用，而蛋白质分解酶的作用几乎完全没有表现出来或极其微弱。但随后如果肉的保藏不适当，如未经冷却即进行冷藏或相互堆叠无散热条件，使肉长时间保持较高的温度，此时即使组织深部没有微生物存在，也会引起组织自体分解，这种现象的出现主要是因为组织蛋白酶类催化的作用。众所周知，内脏中组织酶比较丰富，其组织结构也适合酶类活动，故内脏在存放时比肌肉类更易发生自溶。

肉在自溶过程中虽然有种种变化，但主要是蛋白质的分解，除产生多种氨基酸外，还放出硫化氢与硫醇等有不良气味的物质，一般没有氨或者氨含量极少。当放出的硫化氢与血红蛋白结合，形成硫血红蛋白时，会使肌肉和肥膘出现不同程度的暗绿色斑，所以肉的自溶亦称变黑。此时肌肉松弛，缺乏弹性，无光泽，带有酸味，而且呈强烈的酸性，硫化氢反应呈阳性。

自溶不同于腐败，自溶过程只是将蛋白质分解至可溶性氮与氨基酸为止，即分解至某种程度达到平衡状态时就不再分解了。自溶是承接或者伴随着成熟过程进行的，两者之间很难划出界限，同样，自溶与腐败之间也没有绝对界限。自溶过程的产物低分子氨基酸是腐败微生物的良好营养物质，在环境适宜时微生物就会大量繁殖而导致更严重的后果，可以使蛋白质进一步分解到最低级的产物。在成熟时微生物的繁殖是非常有害的，因此保持肉的清洁十分必要。

当肉因自溶作用已发展到具有强烈的难闻气味并严重发黑时，则不宜销售，必须经过高温或者技术加工后方可食用。如轻度变色、变味，可以将肉切成小块，置于通风处，驱散其不良气味，割掉变色的部分后，才可以食用。

4. 肉的腐败

肉在成熟和自溶阶段的分解产物，为腐败微生物的生长、繁殖提供了良好的营养物质，随着时间的推移，微生物大量的繁殖，必然导致肉发生更加复杂的分解反应。此时，蛋白质不仅被分解成氨基酸，而且氨基酸再经脱氨、脱羧、分解作用使之分解成更低级的产物，如吲哚、甲基吲哚、酚、腐胺、酪胺、尸胺、组胺、色胺等及各种含氮的酸和脂肪酸类，最后生成硫化氢、硫醇、甲烷、氨及二氧化碳等，这就是由微生物作用所引起的腐败过程。

但在肉食品卫生实际工作中所说的腐败，常常包括构成肉食品的其他成分（如脂肪甚至糖类等物质）受微生物分解作用而生成的各种类型的最低级产物。

腐败过程被认为是变质中最严重的形式，因为腐败分解的生成物，如腐胺、吲哚、甲基吲哚、硫化氢都有强烈的令人厌恶的臭气，胺类还有很大的生理活性，如酪胺是一种强烈的血管收缩剂，可以使血压升高；组胺会引起血管扩张。

肉类腐败的原因虽然不是单一的，但主要是由微生物造成的。所以，只有被微生物污染，并且有微生物发育繁殖的条件，腐败过程才能发展。一般微生物污染有以下两种方式。

①屠宰的健康牲畜肉尸应该是无菌的，尤其是在深部组织，但是从屠宰直到销售要经过许多环节，因此即使是设备非常清洁，卫生制度相当严格的屠宰场（厂）也不可能保证肉尸的表面绝对无菌。加工、运输、保藏以至销售的卫生条件越差，微生物污染就会越严重，耐藏性就越差。由于肉本身含有大量的蛋白质、水分和酶类及一些不稳定的物质，所以自身极易变质。蛋白成分是微生物极好的营养物，若温度和湿度适宜，非常有利于微生物的生长、繁殖。所以，为了防止污染，加工中的卫生管理就十分重要。及时冷却和冷冻肉尸，对延缓微生物生长及抑制微生物活动有一定意义，否则污染的微生物很快生长，并沿着结缔组织、血管周围或者骨膜与肌肉间隙等疏松部分向深部扩散，腐败现象就必然更加严重化或扩大化。当然，由于条件的不同，微生物的污染仅限于表面而深层几乎不被污染的情形也是有的。这与宰前健康状况、是否充分休息以及宰后冷却、成熟过程等都有一定关系。

②牲畜在宰前就已患病，病原微生物可能在动物生前即已蔓延至肌肉和内脏；或者牲畜抵抗力十分低下，肠道寄生菌乘机侵入；或者由于疲劳过度使肉的成熟过程进行得很微弱，肉中 pH 没有能达到足以抑制微生物生长的程度，从而使腐败过程进行得非常迅速。

在一般情况下，肉的腐败分解曲线呈 S 形（见图 3－9）。从开始到 A 点分解很慢；经过一定时间，到达 A 点以后，则分解非常快，它的产物生成量几乎是直线上升；再

经过一定时间到达 B 点时，分解产物虽然几乎不再增加，分解似乎达到平衡状态。这条曲线的线形与细菌增殖曲线线形很相似。一般肉在腐败时，若分解产物量到达直线上升的 A 点时，其挥发性盐基氮总量为 0.20～0.40 mg/g，此界限常与人们用感官方法觉察到的初期腐败状况相符合。影响肉腐败速度的因素是肉的含水量、pH、温度及细菌污染程度。

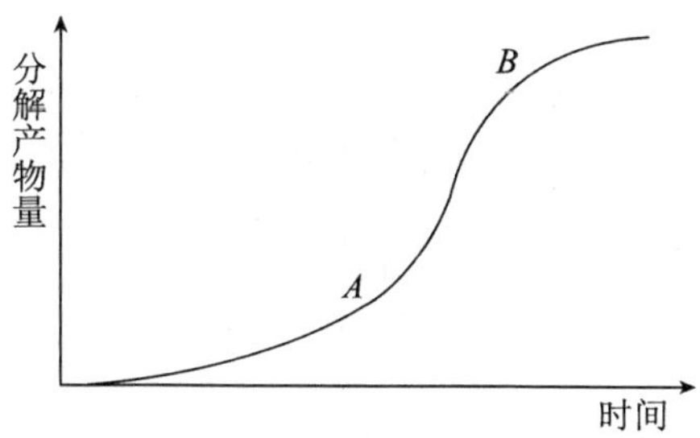

图 3－9　肉的腐败分解曲线

温度较高时杆菌容易发育，温度较低时球菌容易发育。而其侵入肉内部的速度与微生物的种类有关。肉腐败时，微生物数目大量增加，每克腐败肉中所含的不同种类的微生物有 1 亿多。

微生物引起的肉类的腐败变质，随环境条件、物理和化学因素的不同而异，一般地，在好氧状态下，微生物活动主要使肉呈现黏液质或者变色现象；在厌氧状态下，使肉呈现酸臭、腐败现象。

任何腐败阶段的肉对人都有危险。不论是参与腐败的某些微生物及其毒素，还是腐败形成的有毒分解产物，都能使人产生某种疾病或引起人的中毒。另外，由于肉成分的分解，必然使其营养价值显著降低。

（二）肉的冷加工

肉的冷加工包括牲畜的屠宰和冷却等工艺。

1. 屠宰加工

牲畜种类不同，其屠宰加工工艺亦不同。现将猪屠宰加工工艺介绍如下。

猪屠宰加工工艺流程主要分为两部分，即屠宰加工工艺流程及副产品加工工艺流程。屠宰部分主要包括从活猪屠宰加工至鲜肉胴体处理过程，在此过程由于冷加工工艺不同又分为脱毛加工和剥皮加工。另外，因卫生检验方法的不同又分分散检验和同步检验，工艺流程也有所不同。其副产品加工部分也分肠、胃、头、尾、爪等不同加工过程，工艺流程也有所不同。

（1）分散检验与同步检验的生猪屠宰脱毛加工工艺流程，分别如图 3－10 和图 3－11所示。

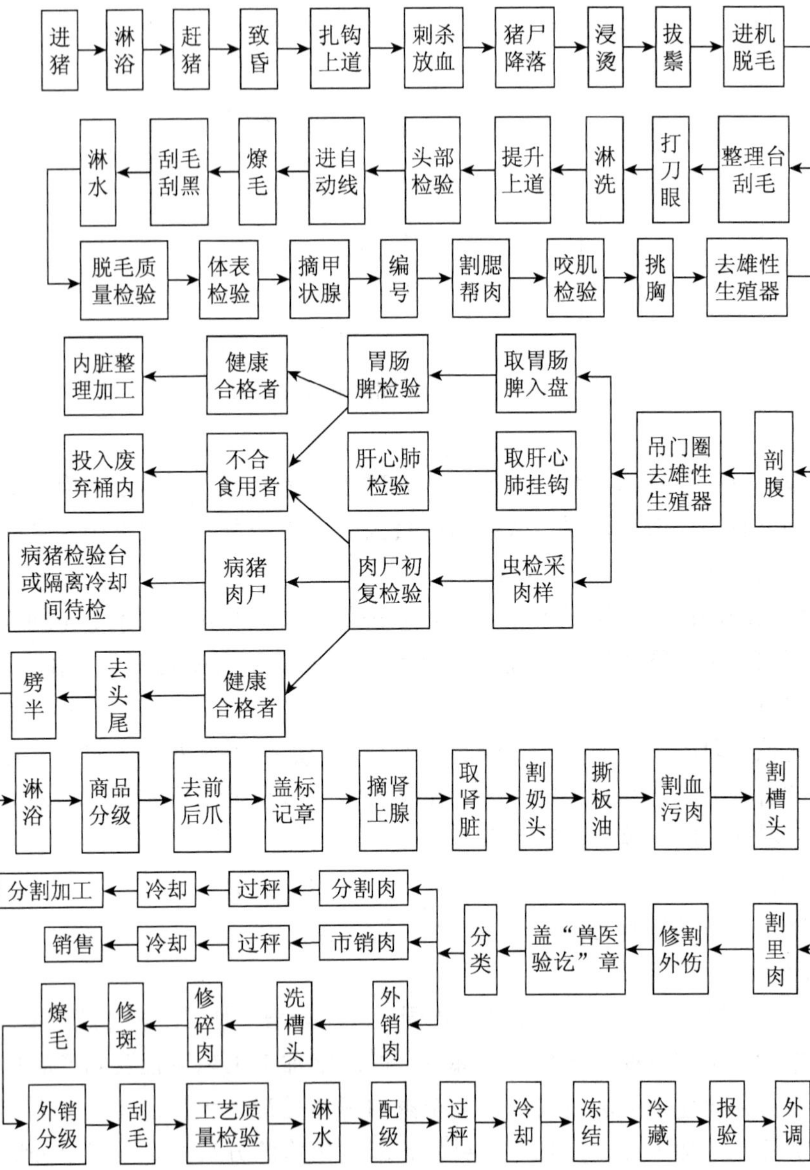

图 3－10　分散检验的生猪屠宰脱毛加工工艺流程

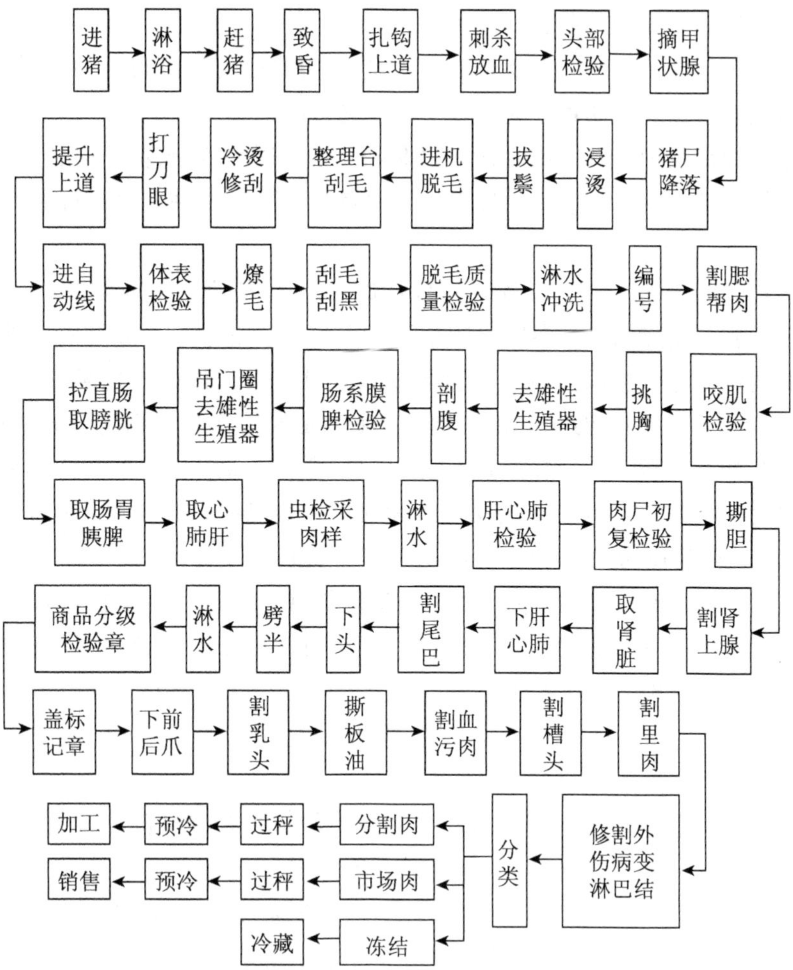

图 3-11　同步检验的生猪屠宰脱毛加工工艺流程

(2) 畜肉品检验盖印和处理。

根据对肉品的检验结果，一般分为四类。

第一类：卫生质量良好，合乎食用的肉尸，盖“兽医验讫”印章。

第二类：有条件限制可使用的肉尸，须经无害处理后才可以食用，并分别盖“产酸”“高温”“腌 ”“冻”和“食用油”印章。

第三类：品质低劣不能食用的肉尸以及必须炼制的肉，要盖“工业油”印章。

第四类：恶性传染病的肉尸，必须给予销毁，盖“销毁”印章。

关于盖印的部位及数目，出口外销肉应根据合同的要求办理。内销肉除第一类肉尸在臀部左右各盖兽医验讫印章外，第二、三、四类的肉尸无明确规定，各地区可根据情况处理。

印章所用的颜料和化学药品应当符合要求，即对人体无害，易于印染在组织表面，颜色鲜艳，印迹干得快且不起皱，熟食加工时易褪色。为此印色应当进行配制，一般常用的有甲基紫色、龙胆紫色、复红色以及品红色等。

牲畜宰后肉尸及内脏健康无病或者有非传染病的轻度普通损伤并经局部修割后人食无害的可加盖兽医验讫印章后无条件发放，进行冷加工。

牲畜宰后肉尸及内脏发现有一般轻度传染病、寄生虫病或者病损者不能无条件发放，又不能够销毁的，经相应方法处理后其肉及内脏可以食用，该过程称为无害处理。其处理方法如下。

①高温法：患轻度传染病或者寄生虫病的肉尸、内脏，除每条肉盖“兽医验讫”章外，还要加盖三角形的“高温”字印章，即需要高压蒸煮、一般烧煮、烘烤熏制等，使肉及内脏的病原微生物以及寄生虫全部杀灭。处理的方法是：用高压蒸煮时，将肉尸切成 2kg 以内，厚度不超过 8mm 的肉块，脏器必须经剖洗，用高压蒸煮时，高压锅保持 1.5 个标准大气压（0.1MPa），持续 1h；一般烧煮时，在 100℃沸水中煮 2h，使肉的中心温度达到 80℃，切开后肉质应当无血色；烘烤时，先把 3kg 盐加入 100kg 肉中，盐腌 24h，然后烘烤 5h，室温保持 50℃以上即可。

②冷冻法：肉尸经检验在 $40cm^2$ 面积内囊尾蚴在 3 个以下者，在盖有“兽医验讫”章后，还必须加盖正方形的“冻”字印章。即需要进行冷冻或者使用盐腌方法进行处理。处理方法是将猪肉及内脏的中心温度冻至－10℃，冻 10 天或者在－12℃的条件下冻 4 天后可达到无害；如果是牛肉，其牛囊虫抵抗力较弱，可冻至－12℃，冻 1 天可达无害。

③盐腌法：除上述囊虫肉尸盐腌外，凡肉尸仅脂肪有明显黄色但无其他传染病或者异味的，在盖有“兽医验讫”章后，还必须加盖圆形的“腌”字印章，即需要用盐腌制咸肉处理。处理方法有干、湿两种，干腌时其用盐量占肉重比例为 8%～15%，腌制 8～22 天即可使肉中微生物停止生长、繁殖并失去感染力，并且可以杀灭某些寄生虫，如囊虫等，从而达到无害。但此法夏天不宜使用，可用高温做相应处理。

④产酸法：经检验发现肉尸的某些轻微病症需要采取产酸法消除时，在盖有“兽医验讫”章后，还必须加盖菱形的“产酸”字印章。处理的方法是若肉中患经微口蹄疫病症，可以在 0～6℃放置 48h；在 6～10℃放置 36h；在 10～12℃放置 12～24h，使宰后的肉完成成熟过程，肌肉中糖原全部变成乳酸，从而发生产酸作用使毒性消失而达到无害处理。

⑤食用油法：肉尸经检验发现有较多的寄生虫，如在寄生部位——$40cm^2$ 肌肉上不超过 10 个囊虫，而且囊虫在脂肪上无寄生或者有少量寄生者，在盖有“兽医验讫”章后，还必须加盖长方形的“食用油”字印章，即将肉尸用于炼食用油。

⑥工业油法：肉尸经检验患有严重传染病、中毒或者病损，以及寄生虫大量寄生，如在寄生部位——$40cm^2$ 肌肉上超过 10 个囊虫，在盖“兽医验讫”章后，还必须加盖椭圆形“工业油”字印章，即不能在无害处理后食用，只能炼制工业油或者加工成骨肉粉后使用。

⑦销毁法：凡患有炭疽病等恶性传染病的畜体、肉尸、脏器、鬃毛、皮张、血液等必须全部销毁，以及肉尸、内脏有显著退行性病变，肉尸极度脊瘦并且患寄生虫病达到销毁标准的，除盖有“兽医验讫”章外，还必须加盖对角线有“销毁”字印章，送化制站处理。

2. 畜肉类冷却

刚屠宰完牲畜时，因其体内的热量还没有散去，肉体温度一般为 38～39℃。在宰后很短的时间内，由于体内的新陈代谢作用仍继续进行，并且释放出热量，但呼吸、活动等热量消耗却已经停止。所以，刚宰杀后的胴体温度还会略有上升。宰杀 1h 后的肉体温度比宰时要高 1.5～2℃。肉体在这样的高温且又十分潮湿的状态下，最适宜微生物的生长繁殖，这对于肉的储藏极为不利，因此须进行冷却。

(1) 畜肉类冷却的目的。

首先要迅速排除畜肉体内的热量，将肉体深层的温度从 38～39℃经冷却降低到 0～4℃，使酶和微生物的活动能力减弱，延缓肉体内的生物化学变化，延长肉的保藏期限，便于短期储存，适合于市场供应；迅速冷却后，能在肉体表面形成一层干燥膜（干壳），不仅可以阻止微生物的侵入和生长繁殖，还能减少肉体内部水分的蒸发；冷却也是某些加工制品的原料处理工艺（即排酸），在冷却的条件下，可以完成肉类成熟的过程，获得美好芳香滋味、多汁柔软、容易咀嚼、消化性好的冷却肉；经低温成熟的冷却肉，因其体内产生大量的乳酸，还能对肉类的某些病毒（如口蹄疫和牛传染性胸膜、肺炎病毒）起到消毒作用。

(2) 畜肉在冷却间冷却时的要求。

①畜肉在冷却间入货前应当保持卫生清洁，必要时可进行消毒。肉体与肉体之间保持 3～5cm 间距，肉体在平行轨道上按“品”字形排列可便于空气流通，使肉体散热均匀，降温快。为此，肉体以吊挂方式冷却最好。

②最大限度地利用冷却间的有效容积。在冷却间内通常设置有自动传送链条装置的吊运轨道，肉体吊挂在轨道上的带滚动轮的吊钩上。一般每米吊运轨道的负荷为 250kg 左右，可以吊挂 2～3 个 1/4 片牛白条肉或者 3～4 个猪白条肉。吊挂羊肉时，为了提高冷却间的利用率，可以采取特制的挂笼双层挂法或者三钩挂法，使每米长的轨道上能够吊挂 10～15 个羊腔。

③对于不同等级肥度的肉均应当分室冷却，使全库胴体能在相近时间内冷却完毕。对于其中较大较肥的，应当挂在冷风机的出风口处，较小的挂在吸风口处，并且注意半片肉体的肉表面应朝向出风口方向，以便于形成干燥膜，这样才能使各片肉体在同一时间内达到同一温度。

④保证肉在冷却过程中的质量。应当尽量缩短进入冷却库前的停留时间，整个冷却时间不要超过 24h；在冷却最后阶段，胴体后腿肌肉最厚部中心的肉温应达到 0～4℃。

⑤冷却间最好安装功率为 $1W/m^3$ 的紫外光灯，每昼夜连续或者间隔照射 5h，这样可使空气达到 99%的灭菌效率。此外，还应当加强冷却库的管理工作。

(3) 畜肉类冷却工艺。

①一次冷却工艺。

畜肉的冷却过程宜在最短的时间内完成。因此，冷却时应当采用尽可能低的温度，但不能使肉体内部冻结。畜肉类冷却一般用－15℃冷却系统制冷装置来完成。冷却间的一端安装有干式冷风机。畜肉类冷却时，冷却间的空气借助于干式冷却盘管与盘管内制冷剂氨液进行热交换，从而使吸入空气温度降低成为低温空气再从干式冷风机的顶部吹到冷却间内。冷风由风道口吹出，从上向下，畜肉类挂在吊钩上，并列地放置，中间留有间隔，冷风从这些间隙中流过，使畜肉类食品快速冷却。肉类冷风冷却装置如图 3－12 所示。

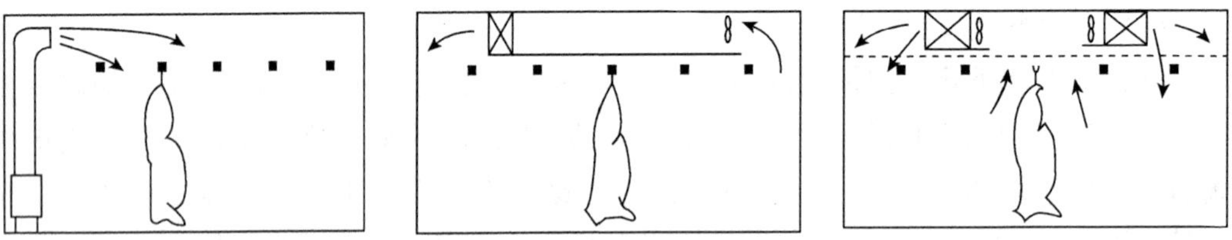

(a) 风管吹风　　(b) 挡风板配风　　(c) 开孔挡风板配风

图 3－12　肉类冷风冷却装置

冷却畜肉类的冷却间一般有以下两种。

隧道式冷却间有纵向吹风和横向吹风两种，如图 3－13 所示。纵向吹风是由空气冷却器出来冷风进入隧道而形成的，并在吊挂在轨道上的白条肉中间流动使肉冷却。横向吹风是由平行于冷却间的长轴由一隔板将隧道式冷却间分成两部分，从空气冷却器出来的冷风以垂直于隧道纵轴方向进行流动，同时将白条肉冷却。为了使白条肉冷却均匀，可以用反转风机使冷气流在隧道中改变方向。当冷却间的温度为－2℃，风速为 2～3m/s，冷却时间经过 16～18h，可使肉温由 35℃降至 0～4℃，完成冷却过程。

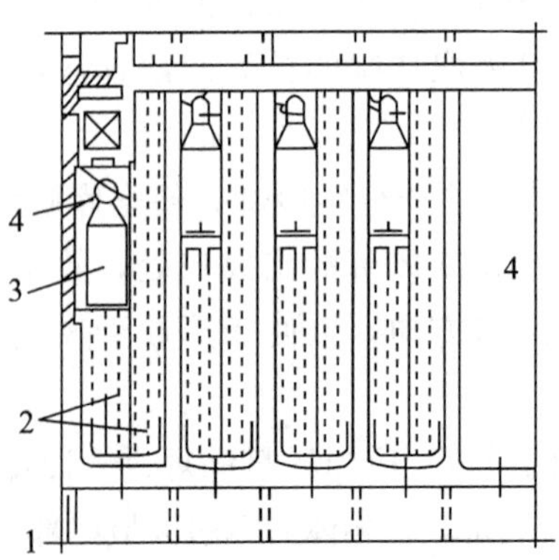

(a) 纵向吹风式

图 3－13　冷却肉类的隧道式冷却间

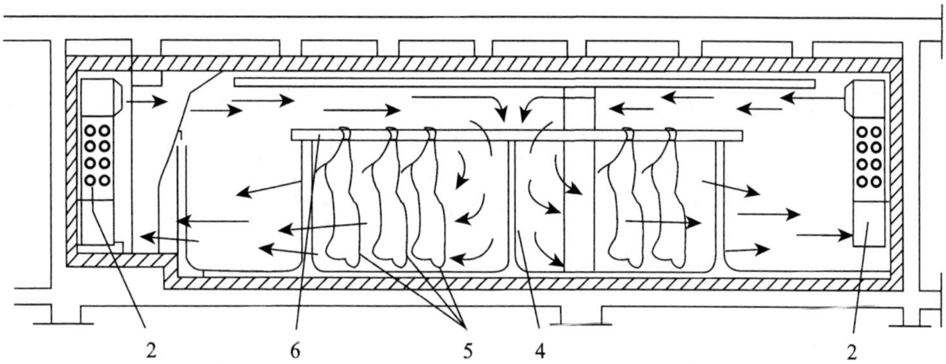

（b）横向吹风式

图 3-13　冷却肉类的隧道式冷却间（续）

1—隧道；2—空气冷却器；3—离心式风机；
4—导风板；5—胴体肉；6—吊轨架

有假天花板采用干式冷风机的冷却间如图 3-14 所示。它是采用落地式空气冷却器或者吊顶式空气冷却器（均称为干式冷风机），使空气变为冷气后由轴流风机送至假天花板上面，冷风由此经缝隙进入冷却间并吹白条肉的臀部。当冷却间的温度为－2℃，风速在 0.6m/s 时，经 20～22h 冷却，可以使肉温由 35℃降至 0～4℃，完成冷却过程。

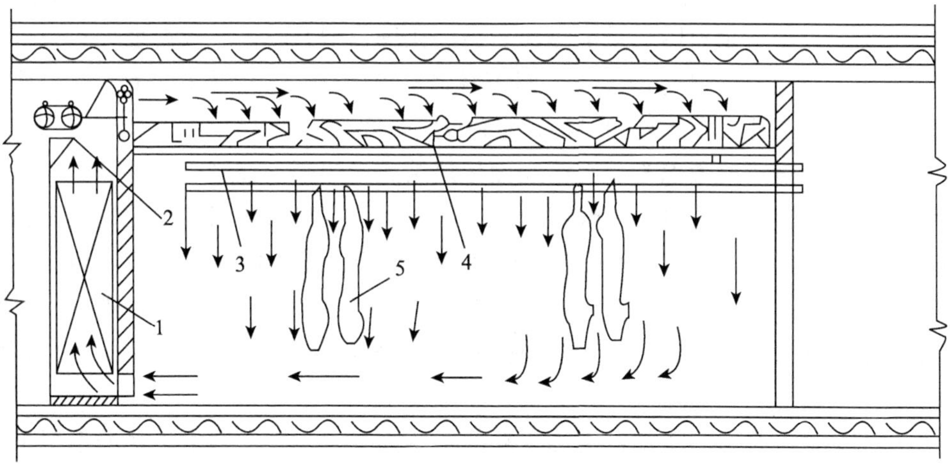

（a）采用落地式空气冷却器

图 3-14　有假天花板采用干式冷风机的冷却间

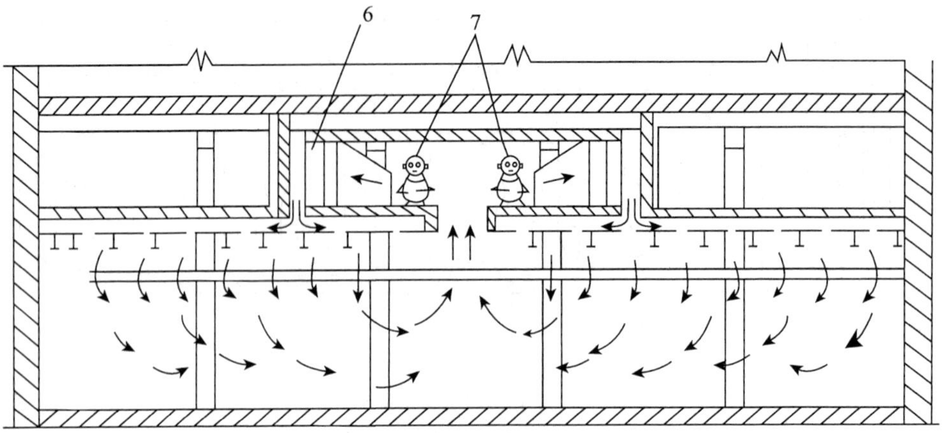

(b) 采用吊顶式空气冷却器

图 3-14 有假天花板采用干式冷风机的冷却间（续）

1—落地式空气冷却器；2—风机；3—吊轨；4—假天花板；5—胴体肉；
6—冷风机；7—封闭式制冷机组

畜肉类冷却速度，取决于冷却室内的温度、相对湿度、空气的流速以及肉体的厚度、肥度等。

由于热鲜肉温度高，表面潮湿，为了以最快的速度使肉体温度下降，缩短冷却时间，冷却间在未进鲜肉之前，应当先开启干式冷风机，将冷却间的空气温度降低到−4～−3℃，以使大量肉体热量能迅速导出。在进货结束时，库内温度也只允许有小幅度的上升，浮动不得超过 3～4℃，最好控制在 0℃左右。经过 10h 后，整个冷却过程的空气温度应当稳定在−1～0℃，不能有较大幅度波动。

空气相对湿度既要考虑为使胴体表面尽快结成干燥膜，控制微生物的繁殖，相对湿度不宜过高，又需要考虑相对湿度过低时，会因介质与肉体间的湿差过大而引起肉体过分的干缩。因此，空气相对湿度宜分两阶段调整。冷却的初始阶段，相对湿度控制在 95%～98%；6～8h 以后，相对湿度则维持在 90%～92%。这样，既可以保证肉体表面形成风干的保护膜，抑制微生物的繁殖，又不致因水分过多蒸发而引起重量损失。

空气流动速度是影响冷却速度和干耗的重要因素。在其他因素不变的情况下，增加空气流速可以提高冷却速度。但是，过强的空气流速会增加干耗。所以在冷却过程中，空气流速一般为 0.5～1.5m/s，不宜超过 2m/s。干耗量平均为 1.3%左右。

畜肉的冷却时间受多方面因素的影响。在其他条件相同时，猪白条肉在 0℃中冷却需 36h，才能达到 0℃，在−2℃中冷却时，需要 24h；又如在空气流速为 0.1m/s 时，需要 32h 才能达到 3℃，而当空气流速增至 0.55m/s 时，需要 21h；再如由于肉体本身厚薄大小不同，一般情况下，猪白条肉和 1/4 片牛白条肉最厚部位中心温度冷却至 0～4℃需 20h，而羊腔只需 10～12h。

各类畜肉的冷却条件如表 3-6 所示。

表 3-6　各类畜肉的冷却条件

冷却过程	半片猪白条肉		1/4 片牛肉体		羊　腔	
	室温（℃）	相对湿度（%）	室温（℃）	相对湿度（%）	室温（℃）	相对湿度（%）
在装入冷却间以前	−4～−3	90～92	−1	90～92	−1	90～92
冷却间装满以后	0～3	95～98	1～3	95～98	0～3	95～98
在装入 10h 以后	0～−2	90～92	0～−1	90～92	0～3	90～92
在装入 20h 以后	0～−3	90～92	0～−1	90～92	—	—

②两阶段冷却工艺。

随着人们生活水平的提高，膳食结构的改变，冷却肉将逐渐取代冷冻肉、热鲜肉而成为日常生鲜肉品消费的主流和高档深加工肉制品的原料。冷却肉是指将按照规范化的工艺屠宰后的畜胴体，迅速进行冷却处理，使胴体温度在 24h 内降为 0～4℃，并在后续的加工、流通和零售过程中始终保持在这一温度范围内的肉。与热鲜肉相比，冷却肉始终处于冷却温度环境下，大多数微生物的生长繁殖被抑制，可以在一定时间内保持肉的安全卫生。而且冷却肉经历了较为充分的解僵成熟过程，质地柔软有弹性、滋味鲜美，与冷冻肉相比，冷却肉具有汁液流失少、营养价值高的优点。

为了提高冷却肉的质量、保证其安全性、降低冷却的时间、减少胴体冷却失重，肉类研究者开发出了很多的冷却工艺，如常规冷却、快速冷却、延迟冷却和喷淋冷却等。

常规冷却为一段式冷却，冷却间温度一般控制在 0～4℃，胴体通常在 24h 后冷却至 4℃以下。冷却加工的参数对胴体的品质以及胴体的失重、冷却耗能、冷却效率有影响。

冷却间风速低于 0.5m/s，冷却速度过低，大于 0.5m/s 的风速会大大增加胴体的失重。较低的空气相对湿度（Relative Humidity，RH）会增加胴体的失重，过高的空气相对湿度则不利于产品微生物的稳定性。

为了解决一段式冷却给冷却肉造成的不利影响，人们发明了一种更加有效的两段式冷却工艺，此种工艺冷却出的产品肉质好、省时间、干损耗小。

具体实施方式如下。两段式冷却工艺，其特征在于，对动物胴体采用两段式冷却，第一段为低温速冷，一般采用−30～−15℃的温度，持续时间为 2～10h，在该速冷过程中肉温快速下降，肉表面水膜变成冰膜，它既保护肉表面不致为微生物污染，还防止肉内水分蒸发；然后转入第二段温度平衡阶段，历时约 16h。

在宰后初期，两阶段快速冷却工艺相较于常规冷却工艺不仅有效降低猪背最长肌温度，而且同时使猪背最长肌 pH 下降缓慢；经过两阶段快速冷却工艺的猪胴体背最长肌，PSE（Pale Soft Exudative）猪肉百分数由常规冷却工艺的 18.6%降至 16.7%，两阶段快速冷却工艺可降低 PSE 猪肉的发生，进而可改善猪肉肉色，胴体总体失重率较低，但不同批次间胴体的失重率相差较大，这与宰前管理和冷却间温度控制有关，应避免宰前应激，保持排酸间温度恒定，以进一步降低失重率，增加企业效益。

采用两阶段快速冷却法的优点是冷却肉的质量优于一般冷却法，肉表面干燥，外观良好，肉味佳。肉品的干耗损失少，比一般冷却法减少干耗量 40%～50%，平均干耗量约为 1%，如德国干耗量为 0.9%，丹麦干耗量为 0.7%。快速冷却的肉在分割时汁液流失减少 50%。在相同的生产面积下加工量比一般方法增加 1.5～2 倍。

但两阶段冷却法也存在问题。如澳大利亚研究者发现，两阶段快速冷却可能会引起牛肉和羊肉的寒冷收缩现象，导致肉在进一步后熟时也不能得到充分软化。此外，冷却肉在 0℃左右的冷却物冷藏间内只能储藏 1～2 星期。

（4）畜肉类在冷却过程中的变化。

①水分蒸发引起的干耗。在冷却初始阶段，由于热鲜肉本身水分多，而且温度高，热量大，肉与冷却间的温度差较大，所以蒸发的水分较多，干耗也比较大。随着冷却时间的推延，肉体温度的降低，肉体表面干燥膜的形成，水分的蒸发量逐步减少，干耗变小。

为了控制肉在冷却过程中的干耗，有些国家制定了干耗定额，如表 3-7 所示。这些干耗指标，只有严格遵守工艺操作规程，并加强技术管理，才能达到，否则干耗将会增加。

表 3-7　肉和副产品预冷和冷却时的干耗定额　单位：%

名称		在冷却间从 36℃冷却至 3℃时干耗指标		在一般房间内从 36℃冷却到周围空气温度时干耗指标		
		有冷却设备	无冷却设备	最初 6h	最后 18h	昼夜总干耗量
牛肉	肥的和中上肥度	0.9	1.1	0.6	0.6	1.2
	中等肥度	1.0	1.3	0.7	0.7	1.4
	中下肥度	1.1	1.4	0.8	0.8	1.6
羊肉	肥的和中上肥度	1.0	1.4	0.7	0.7	1.4
	中等和中下肥度	1.1	1.5	0.8	0.8	1.6
猪肉	肥体	0.6	0.7	0.4	0.4	0.8
	半肥体	0.7	0.9	0.5	0.5	1.0
	半体	0.8	1.1	0.6	0.6	1.2
	非标准的	1.0	1.3	0.7	0.7	1.4
	瘦肉（切下的）	1.1	1.5	0.8	0.8	1.6

续 表

<table>
<tr><th colspan="2" rowspan="2">名 称</th><th colspan="2">在冷却间从36℃冷却至3℃时干耗指标</th><th colspan="3">在一般房间内从36℃冷却到周围空气温度时干耗指标</th></tr>
<tr><th>有冷却设备</th><th>无冷却设备</th><th>最初6h</th><th>最后18h</th><th>昼夜总干耗量</th></tr>
<tr><td rowspan="3">副产品</td><td>心、舌、脑</td><td>1.2</td><td>1.5</td><td>0.7</td><td>0.7</td><td>1.4</td></tr>
<tr><td>腰子、肝脏</td><td>1.2</td><td>1.5</td><td>1.0</td><td>1.0</td><td>2.0</td></tr>
<tr><td>其他副产品</td><td>1.3</td><td>1.6</td><td>0.8</td><td>0.8</td><td>1.6</td></tr>
</table>

注：若运来的是经冷却的肉和副产品，大腿深处（臀部）温度低于36℃的，冷却时的干耗指标应缩小。

美国、德国、丹麦等用植物油、动物油和鱼油制成的乙酰化单甘油，用水稀释后将其喷洒到肉类及其他食品上，形成一层保护膜，然后送入冷却间进行冷却，冷却干耗便可以减少50%～60%。因此用该法处理的肉类在冻结和冻藏过程中的干耗也会大大减少。同时，因为乙酰化单甘油是良好的防止脂肪氧化的稳定剂，所以能减缓脂肪氧化速度，延长储藏时间。

②成熟作用。在冷却的低温下，肉类的死后僵直变化缓慢进行，僵直持续的时间较常温下延长。经过一段时间后，肉体才开始解僵进入成熟阶段。再经过冷藏过程，肉体成熟作用才会逐步完成。

③寒冷收缩现象。两阶段快速冷却法会使肉体产生寒冷收缩现象。寒冷收缩现象是指肉体肌纤维在死后僵直之前，遇到快速冷却使肉温急剧降低时而引起的程度不等的肌肉收缩变硬现象。这是一个不可逆转的变化。发生寒冷收缩的肉体，肉质会变硬，韧性增大，嫩度变差，解冻时大量汁液会流失。在后期的成熟阶段，这样的肉也不能再充分软化，烹调加工时，肉的保水性和柔软性都会受到较大的影响。

当肉的pH降至6.2前，冷却间温度在－10℃以下时，寒冷收缩现象就较易发生。其原因主要是当肉体尚未发生尸僵，肉的pH还未降至6.2以下时，肌肉内含有大量的糖原和三磷酸腺苷。这时若肌肉表面温度降低太快时，在一定的范围内，由于酶的作用，糖酵解反应及三磷酸腺苷的分解会加速进行，使肌浆网内摄取Ca^{2+}的能力降低，同时Ca^{2+}也会游离到肌浆中，使肌浆中的Ca^{2+}浓度急剧地增加。这样就失去了对调节性蛋白质肌球蛋白以及肌动蛋白之间的抑制作用，从而增加了肌肉不可逆的强烈收缩。寒冷收缩主要在牛肉和羊肉上发生，猪胴体由于脂肪较厚，导热性差，pH下降较快，寒冷收缩现象较为轻微。为了预防寒冷收缩现象发生，国外对两阶段快速冷却法的冷却温度和冷却时间做出了规定和限制。经实践证明，当死后肌肉的pH迅速降低到6以下，即可避免寒冷收缩的危险，因而可以采用电刺激等方法来预防寒冷收缩。

电刺激法不仅可以促进肌肉中ATP的消耗并使pH下降到6以下，而且对促进肉质色泽鲜明、肉质软化以及改善肉的嫩度等有明显作用。特别是经过电刺激的热鲜肉，易于对其施行热剔骨，从而可以节省 30%～50%的冷却能量和 70%～80%的冷库容积，对提高肉类冷藏企业的经济效益有一定意义。

④肉色泽的变化。肉的色泽变化对评定商品价值具有重要的意义。肉在冷却过程中，经过一定时间，其表面及切开面的颜色会由原来的紫红色变为艳丽的亮红色，继而又会慢慢变成不良的褐色。这主要是因为冷却中的肉体表面水分逐渐蒸发，肉汁浓度加大，肌肉中的色素蛋白即肌红蛋白呈现出紫红色；肌红蛋白轻微地和氧结合生成氧合肌红蛋白时，肌肉又变成美丽的亮红色；当肌红蛋白或氧合肌红蛋白发生强烈氧化时即生成氧化肌红蛋白，当这种氧化肌红蛋白的数量超过 50%时，肉便会呈现出不良的褐色。肉色泽的变化如图 3－15 表示。

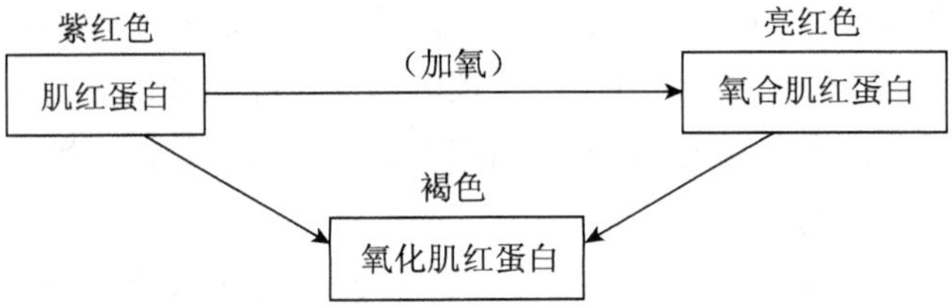

图 3－15　肉色泽的变化

肉色泽的变化是经常发生且难以避免的。为了提高商品价值，应当尽量采取措施减缓肉体氧化的进行，防止出现不良的褐色。另外，肉在冷却过程中，还有极少数会产生变绿、变黄、变青或出现荧光等变化，这是由于细菌、霉菌繁殖，蛋白质分解而产生的特殊现象。

四、鱼类的冷却加工

（一）鱼类冷却的目的

鱼的冷却加工，是将鱼体温度降低到接近液汁的冰点，从而抑制或者减缓鱼体中酶和微生物的作用，使鱼在一定时间内保持良好的鲜度的过程。

（二）鱼类冷却的方法

1. 冰冷却法

冰冷却法又称冰藏法或冰解法，是鲜水产品冷藏运输中使用最为普遍的方法。用冰作为冷却介质，简单易行，不需要额外的动力，也不需对渔船做改造。

冰分为淡水冰和海水冰。我国传统的冰保鲜方法是在渔船出海时带上机制冰，一般都是淡水冰。淡水冰的熔点为 0℃，体积质量为 0.917kg/L，溶解潜热为 335kJ/kg，热容量（0℃时）为 2.05kJ/kg，0℃时的热导率为 2.21W/m·K。一般不设隔热层的渔船带冰出海进行捕捞作业时，冬天有 1/3、夏天有 1/2 的冰融化而不能用于冷却。

国外在用海水冰保藏鱼类的实验报告中认为用海水冰比用淡水冰有以下优点。

①冰的熔点比淡水冰低（−1℃）。

②冰与鱼体的含盐量相接近，可以抑制酵解作用，因此鱼放出的热量减少，冰的融化程度和消耗量也就降低。

③用海水冰保鲜鱼体，能使鱼体不失去固有的色泽和硬度，保持了鳃的颜色和眼球的透明度等。

因为海水冰具有上述优点，有的国家已生产工业海水冰。但是，海水冰也有其自身的缺点。

①因为熔点低（一般低于−1℃），因此保藏温度相对要求低，不然冰会很快融化掉。

②冰表面不干燥，被人们俗称为“湿冰”。我国冰主要由陆上冰厂生产，而陆上冰厂无法取到纯净的海水作为制冰的原料。因此，我国海水冰生产的研究重点放在了渔船用海水制冰机上。

鱼冰冷却方法有撒冰法和水冰法两种。

（1）撒冰法。

撒冰法是将碎冰直接撒到鱼体表面。它的好处是简便，融冰水既可以洗净鱼体表面，除去细菌和黏液，还可以防止鱼体表面氧化干燥。

撒冰法保鲜的鱼类应当是死后僵硬前或僵硬中的新鲜品，加工时必须在低温、清洁的环境中细心、迅速地操作。一般不对小型鱼类做处理，以整条的方式同碎冰或者层冰层鱼装入容器，排列于船舱或者仓库中。具体做法是：先在容器的底部撒上碎冰称为垫冰；在容器壁上垒起冰，称为堆冰；再把小型鱼整条放入，紧密地排列在冰层上，鱼背向下或者向上皆可，但要略微倾斜；在鱼层上均匀地撒一层冰，称为添冰；而后再一层鱼一层冰，在最上部撒一层较厚的碎冰，称为盖冰，如图 3-16 所示。容器的底部要开孔，让融水流出，避免鱼体在水中浸泡而造成不良影响。大型的鱼类撒冰冷却时，要除去内脏和鳃，洗净，并在腹部填装碎冰，称为抱冰。整个过程用的冰要求冰粒细小；冰量要充足，不允许发生脱冰现象；层冰层鱼及薄冰薄鱼。

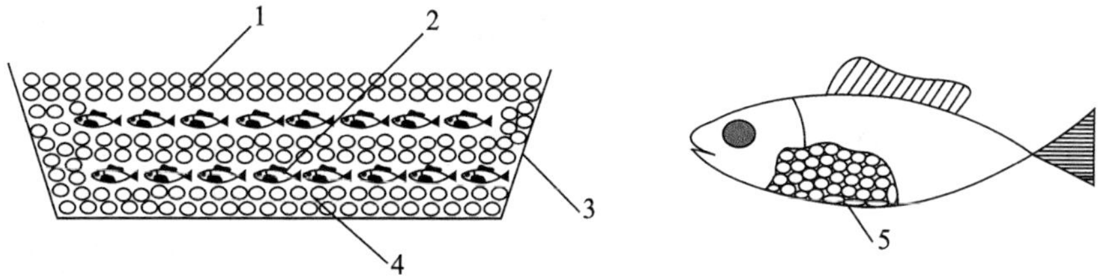

图 3-16　冰藏法图例

1—盖冰；2—添冰；3—堆冰；4—垫冰；5—抱冰

撒冰法的用冰量包括两个方面的耗冰，即将鱼体冷却到接近 0℃和冰鲜过程中维持低温所需要的耗冰量。

将鱼体冷却到接近 0℃时的用冰量可按下式计算：

$$m=\frac{m_1 \cdot c(t_{始}-t_{终})}{335}$$

式中，m——需冰量（kg）；

m_1——冷却鱼的质量（kg）；

c——鱼的比热容［约为 3.35kJ/（kg·K）］；

$t_{始}$——鱼体初温（0℃）；

$t_{终}$——鱼体冷却的终了温度（℃）；

335——冰融解成水的潜热（kJ/kg）。

保鲜过程中维持低温所需要的冷量是为了除去鱼在冷却过程中发生生化反应所放出的热量以及周围环境传入的热量。周围环境传入的热量是由外界气温、装载工具的隔热程度、保藏时间等各因素决定的，除了经验估计外，很难正确计算。通常这部分的耗冰量比冷却鱼的耗冰量多，特别在高温季节和装载工具无隔热措施的情况下更是如此。

理论上，若鱼的比热容按 3.35kJ/（kg·K）计算，则鱼体的温度从 25℃降低到 0℃需要 83.63kJ/kg 热量，则 1kg 冰能冷却 4kg 鱼。鱼体温度从 13℃降至 0℃需要 43.50kJ/kg 热量，则 1kg 冰能冷却 7kg 鱼。但在实际生产中，对于无隔热设备的渔轮，夏季生产需用 1kg 以上的冰才能冷却保藏 1kg 的鱼（其生产周期按约 13 天计算）。即使是在寒冷水域作业的拖网船，也需要 1kg 冰才能保鲜 2kg 的鱼。

在冰藏过程中，除了用冰量要充足外，保鲜方法对鱼货质量的好坏以及保鲜期长短也有极其重要的影响。现对保鲜过程提出以下注意事项。

①渔获后，应当尽快洗净鱼体。要用清洁的淡水洗，特殊情况时可以用清洁的海水洗。对有些要去除腮、内脏的鱼，应当去除干净并洗净血迹和污物，注意防止细菌污染。

②理鱼要及时迅速。按品种、大小分类，把压坏、破腹、损伤的鱼选出，剔除有毒以及不能食用的鱼，将易变质的鱼按顺序先做处理，避免其长时间停留在高温环境中。

③尽快地撒冰装箱。用冰量要充足，冰粒要细，撒冰要均匀，层冰层鱼，不能脱冰。

④融冰水要流出。融冰水往下流，下层鱼会被污染，所以每层鱼箱之间要用塑料布或者硫酸纸隔开。应当经常检查融冰水，其温度不应超过 3℃，若超过要及时加冰。融冰水应当是色清无臭味的，如有臭味，则说明鱼货已部分变质。

⑤控制好舱温。进货前，应当对船舱进行预冷。保鲜时，舱底、舱壁应当多撒几

层冰。舱温应当控制在 2±1℃。有制冷设备的船，切勿把舱温降到低于 0℃（用海水冰的，不低于−1℃），以防止上层的盖冰形成一层较硬的冰盖，而使鱼体与冰无法直接接触。鱼体若得不到冰的冷却，热量散发不出来，温度就降不下来，从而使鱼变色、变质。

⑥装舱。把不同鲜度的鱼货分别装箱装舱，以免坏鱼影响好鱼。

（2）水冰法。

水冰法就是先用冰把淡水或者海水的温度降下来（淡水 0℃，海水−1℃），然后把鱼类浸泡在水冰中的冷却方法。它的优点是冷却速度快，能集中处理大批量的鱼货。

水与冰的比例关系可按下列公式近似计算：

$$冰量=\frac{(水重+鱼重)\times 水的初温\times 4.18}{334.53}$$

式中，水和鱼的比热容为 4.18kJ/（kg·K）。

由于外界热量的传入、生化反应放出的热量以及容器的冷却等，实际加冰量应比计算值要多些。

据国外的资料介绍，淡水鱼可用淡水加冰，也可以用海水加冰；而海水鱼只允许用海水加冰，不可用淡水加冰，主要是为了保护鱼体的色泽。

水冰法一般都用于迅速降温，待鱼体冷却到 0℃时即取出，改用撒冰法保藏。若整个保鲜过程都用水冰法保鲜，鱼体会因为浸泡时间长而吸水膨胀、体质发软，易腐败变质。

用水冰法应注意以下事项。

①淡水或海水要预冷（淡水 0℃、海水−1℃）。

②水舱或水池要注满水以防止摇动，避免擦伤鱼体。

③用冰要充分，水面要被冰覆盖，若无浮冰，应及时加冰。

④将鱼洗净后才可放入，避免污染冰水，若被污染，需及时更换。

⑤鱼体温度冷却到 0℃左右时即取出，改为撒冰法保鲜储藏。

2. 冷水冷却法

渔轮用的圆管式冷水冷却装置（安装在甲板下面），包括圆管式鱼冷却器、蒸发器、压缩机、水冷却器以及输送冷媒的循环泵等，如图 3-17 所示。它借助流槽将鱼送到旋转器（见图 3-18）的直径为 262mm×2.5mm 的圆管式的鱼冷却器内。鱼在圆管中被搅动，并与−2℃的冷水充分混合旋转，冷水与鱼的比例为 10∶1，经过 5～6min，使鱼冷却到 1～2℃而达到保鲜效果。

圆管式冷水冷却法的优点是能将捕获的鱼很快冷却，缺点是因水泵运转增加电耗。

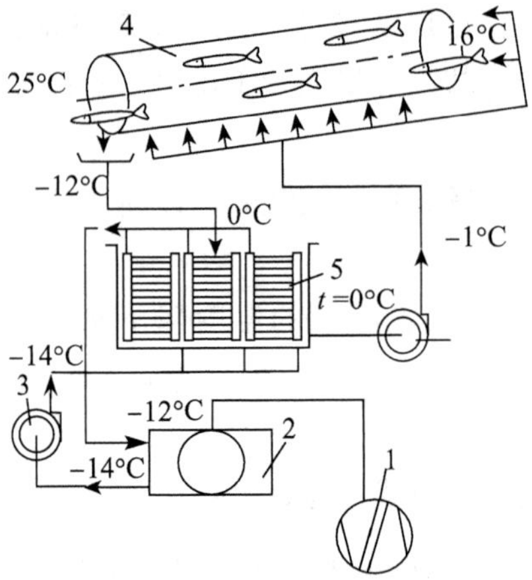

图 3 - 17　圆管式鱼冷却装置

1—压缩机；2—蒸发器；3—循环泵；4—圆管式鱼冷却器；5—水冷却器

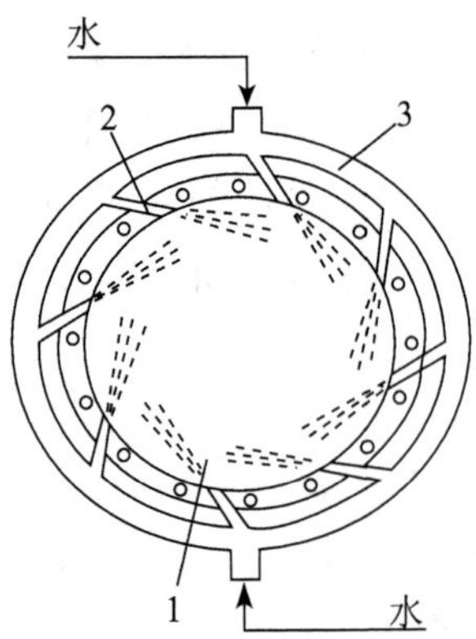

图 3 - 18　水力旋转器

1—鱼浆管；2—切线喷嘴；3—环形室

螺旋搅拌器冷却鱼系统如图 3 - 19 所示。螺旋搅拌器是为了提高水在系统中的流速而设置的。搅拌器的轴由电动机带动，氨制冷剂在圆筒形水冷却器的循环夹套中蒸发，把水冷却。在水旋转的作用下，搅拌器壁面处的水柱增高，搅拌器的轴心形成漏斗的底。冷却水由排水管送到水箱去冷却鱼，而后通过过滤器由水箱右端底部的排水管流入圆筒形水冷却器，再冷却。

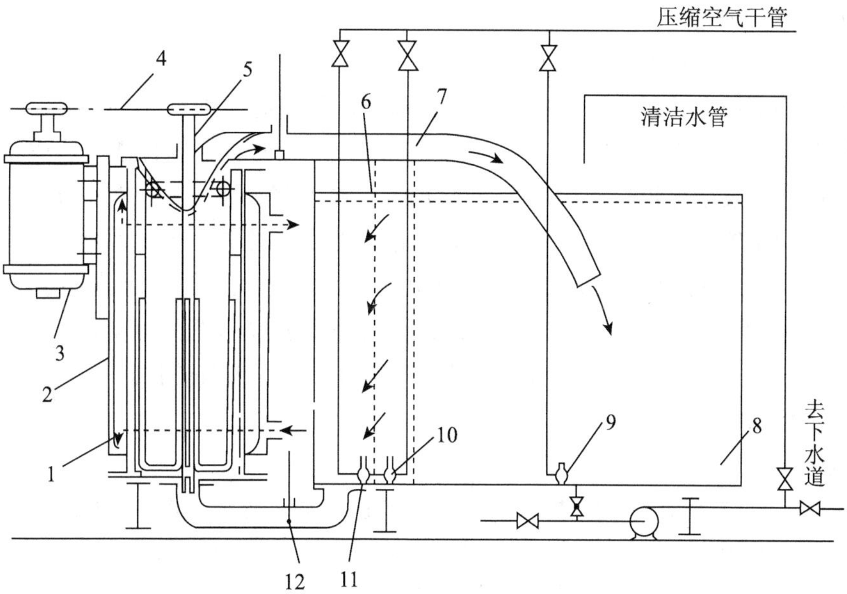

图 3-19　螺旋搅拌器冷却鱼系统

1—搅拌器的桨叶；2—圆筒形水冷却器的外壳；3—电动机；4—链式传送带；5—搅拌器的轴；6—网式过滤器；7—排水管；8—水箱；9、10、11—空气起泡器；12—流量计

3. 槽式冰水冷却法

槽式冰水冷却装置如图 3-20 所示。该系统是由带有冷却排管的冷却槽、循环泵、管道以及排水池组成。把鱼和冰一层一层地放入盛有－1℃冷水的槽子中。鱼在槽中的冷却时间为 1.5～2h。如果有需要可以在此冷藏 5～6h。冷却好的鱼用升降机取出。

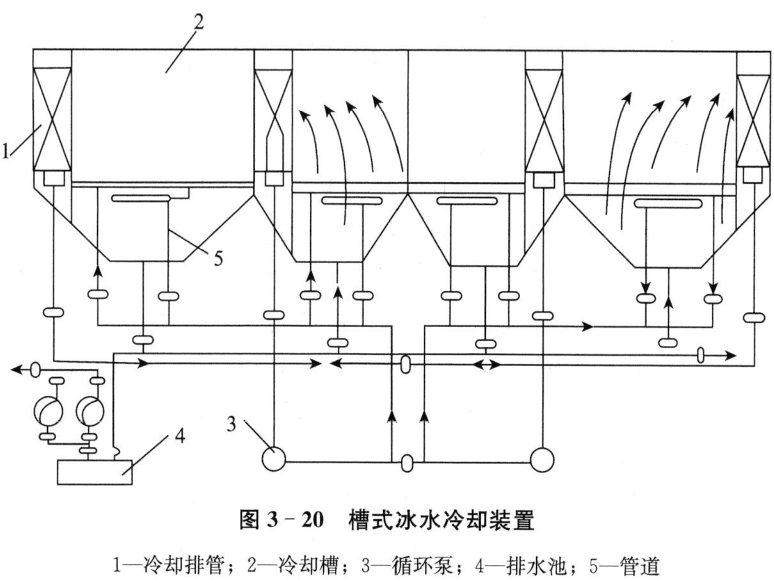

图 3-20　槽式冰水冷却装置

1—冷却排管；2—冷却槽；3—循环泵；4—排水池；5—管道

4. 冷海水冷却法

(1) 沉浸式冷海水保鲜法。

此方法要求用含盐量为3%浓度的清洁海水，鱼与海水的比例约为7∶3，装满鱼后密闭舱盖，注入海水使其充满盖内的空隙；以保证船的稳定性且避免鱼体相互搅撞。然后开动循环泵及制冷机，使海水在5～6h内将温度降低到－1～0℃，并使冷海水循环，达到冷却保鲜的目的。考虑船上动力较小，船上应当带有补充用冰（一般为鱼货数量的26%～31%），在鱼货装入舱时，把冰和鱼一起加入，使鱼货迅速冷却。为了防止海水浓度被冲淡，在加冰的同时，可以加入适量的食盐（约为冰量的3.5%）。冷却后取出装箱，并放在－2℃的冷库暂存，保藏期可以达15天或更长。

冷海水冷却的优点如下。

①减轻了繁重的冰鱼操作，省时省力；

②鱼在－1℃冷海水中能立即死亡并得到迅速冷却，延长了保藏期限；

③鱼在海水中有浮力，不会被挤压坏，符合商品实用要求；

④适用于吸鱼泵等机械化装卸，效率高，速度快；

⑤设备简单，投资少，安装使用方便。

淡水鱼区没有海水，可以用食盐水溶液代替使用。

(2) 喷淋式冷海水冷却法。

喷淋式冷海水冷却鱼类的冷却系统有制冷机、循环泵、喷水管、海水冷却器、鱼泵以及水分离器。这种系统既可以冷却鱼又可以冷藏鱼。

需要冷却的鱼及海水一起被鱼泵从拖网里抽上来，在水分离器中除去海水。鱼沿着带边的斜导板滑到槽内的箦板上，槽底放一层冰。冰储存量的多少以被冷却鱼的数量而定。当冰在槽底冷却器里冷却好海水后，就用循环泵使海水经海水冷却器送到喷水管里，喷淋到鱼体上，使鱼体冷却。

这种系统的优点是简单、电耗较少。但是也有严重的缺点，即冷却槽利用率不高，需要储藏大量的冰，鱼容易受到微生物污染。

冷却好的鱼可以冻结或再加工。

喷淋式冷却鱼系统的经济效果，很大程度上取决于海水冷却器的工作状况。海水在冷却器里的循环倍数一般为20～25次/h，但海水的流速不得超过0.2～0.3m/s。这种情况下每平方米表面积蒸发排管的热流量不大，降低制冷剂的蒸发温度或把载冷剂的温度降低到－8℃以下都不合适。因为冷却排管会因此结冰而导致放热系数剧烈下降。加速海水冷却器中水的流速可以提高热交换强度，但是会使循环泵运转的电耗增加，导致冷却鱼的成本升高，采用螺旋搅拌器可以改善系统的经济效益。

5. 冰盐混合物冷却法

冰盐混合物是一种有效的起寒剂。当盐掺在碎冰里，盐就会在冰中溶解而发生吸热作用，使冰的温度降低。冰和盐混合在一起，同一时间内会发生两种作用：一是冰的融化吸收融化热；二是盐的溶解吸收溶解热。所以，在短时间内能吸收大量的热，从而使被冷却物的温度迅速下降，它比单纯冰的温度要低得多。

用这种方法冷却鱼就是将鱼类浸入浓度2%的冰盐溶液中，由于盐溶解及冰融化，冷却温度会快速降到−1℃。冰融化后，盐水浓度降低，同时冰水吸热温度回升。所以需要补充适当的冰和盐，以期保温。这种方法一般是在高温季节用于冰藏前的鱼体的冷却。

6. 真空冷却法

鱼的真空冷却是用鱼真空冷却装置来完成的。它是由真空室、真空泵以及冷凝蒸汽排水管等部分组成的。冷却时，将盛好鱼的盘子放在架子上或者小推车内，推到真空室内密封后开动真空泵，当真空室内压力降到0.54～0.6kPa时，鱼体表面水分开始蒸发降温。在冷却的过程中蒸汽聚集在真空室上部凝结在0℃左右的螺旋管上。当鱼体的温度降到0～1℃时，冷却结束。

第二节　食品的冻结加工

一、食品冻结的基础理论

（一）食品冻结的概念

将食品中所含的水分大部分转变成冰的过程称为食品的冻结。

食品冻结的原理就是将食品的温度降低到其冻结点以下，使微生物无法进行生命活动，使生物化学反应速度减慢，达到食品能在低温下长期储藏的目的。

（二）食品产生冰结晶的条件

水或水溶液的温度降低至冻结点时并不都会结冰，较多的场合是温度要降到冻结点以下，并造成过冷却状态时，水或水溶液才会结冰。当冰晶产生时会放出相变热，使水或水溶液的温度再度上升至冻结点温度，如图3-21所示。

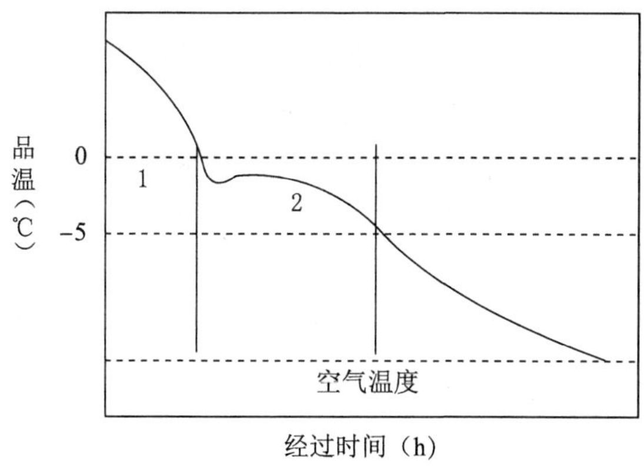

图3-21　冻结时食品中心温度的变化

1—过冷却状态；2—最大冰晶生成带

水或水溶液结冰时，被称为“冰结晶之芽”的晶核是必要条件。当液体处于过冷却状态时，由于某种刺激作用会形成晶核，比如溶液内局部温度过低，水溶液中的气泡、微粒以及容器壁等。由温度起伏形成的晶核称为均一晶核，除此之外形成的晶核称为非均一晶核。食品是具有复杂组成的物质，其形成的晶核属于非均一晶核。

晶核形成以后，冰结晶开始生长。冷却的水分子向晶核移动，凝结在晶核或者冰结晶的表面，形成固体的冰。晶核形成的速度、冰晶生长速度与过冷却度的关系如图 3－22所示。

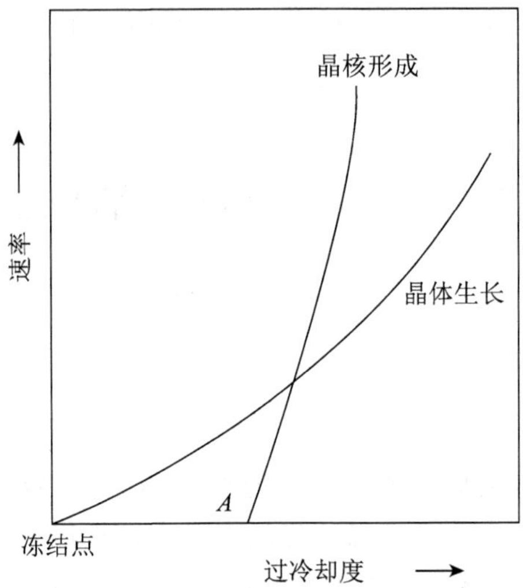

图 3－22　晶核形成的速度、冰晶生长速度与过冷却度的关系

图中 A 点是晶核形成的临界温度。在过冷却度较小的区域（冻结点至 A 点之间），晶核形成数量少，但是以这些晶核为中心的冰晶生成速度快；过冷却度超过 A 点，晶核形成的速度急剧增加，但是冰晶生长的速度相对比较缓慢。

食品冻结时，冰晶体的大小与晶核数量有关。晶核数量越多，生成的冰晶体就越细小。在缓慢冻结时，晶核形成放出的热量不能被及时除去，过冷却度小且接近冻结点，对晶核的形成十分不利，晶核数少且生成的冰晶体大。快速冻结时，晶核形成放出的热量可以及时被除去，过冷却度大，当超过 A 点后晶核大量形成，且冰晶生长有限，生成大量细小的冰晶体。

为了促进晶核的生成，日本采用微生物作为冻结促进剂。已商品化的冰核活性菌具有可以形成水冻结时的晶核的功能，可加快冻结的进行，减少能耗。经实验表明，可降低 10 ％～15％的能量消耗。

（三）食品的结冰率

通常在大气压下，纯水温度降至 0℃就开始结冰，0℃称为水的冰点或者冻结点。食品中的水分不是纯水，是含有有机物质和无机物质的溶液，这些物质包括糖类、盐类、酸类及水溶性蛋白质、维生素和微量气体等。根据拉乌尔（Raoult）定律，溶液冰点的降低与溶质的浓度成正比。1kg 水中每增加 1mol 溶质，水的冰点就下降 1.86℃，因此食品的温度要降至 0℃以下才产生冰晶，此时冰晶开始出现的温度即食品的冻结点。由于食品的种类、动物类死后条件与肌浆浓度不同，各种食品的冻结点也不相同。一般食品冻结点的温度范围为－2.5～－0.5℃（见表 3－8）。

表 3－8　　食品的冻结点

食品名	水分含量（%）	冻结点（℃）	比热容（kJ/kg·K）		冻结潜热（kJ/kg）
			冻结点以上	冻结点以下	
蔬菜类					
大豆	89	－0.7	3.90	1.96	298
胡萝卜	88	－1.4	3.88	1.95	295
黄瓜	96	－0.5	4.08	2.05	322
青豆	74	－0.6	3.53	1.77	248
山芋	69	－1.3	3.40	1.71	231
萝卜	95	－0.7	4.06	2.04	318
菠菜	93	－0.3	4.00	2.01	312
番茄	93	－0.6	4.00	2.01	312
水果类					
苹果	84	－1.1	3.78	1.90	281
香蕉	75	－0.8	3.55	1.79	251
葡萄	82	－1.6	3.73	1.87	275
柑橘	87	－0.8	3.85	1.94	292
草莓	90	－0.8	3.93	1.97	302
鱼贝类					
鲑鱼	64	－2.2	3.28	1.65	214
金枪鱼	70	－2.2	3.43	1.72	235
鳕鱼	79	－2.2	3.65	1.84	265
鲐鱼	57	－2.2	3.10	1.56	191
虾	83	－2.2	3.75	1.89	278
畜肉类					
牛肉（里脊肉）	56	－1.2	3.08	1.55	188
猪肉（腿肉）	56	－1.7	3.08	1.55	188

续 表

食品名	水分含量（%）	冻结点（℃）	比热容（kJ/kg·K）		冻结潜热（kJ/kg）
			冻结点以上	冻结点以下	
乳制品					
白脱	16	−2.2	2.07	1.04	54
奶酪	40	−6.9	2.68	1.34	134
冰激凌	63	−5.6	3.25	1.63	211
牛奶	87	−0.6	3.85	1.94	291
其他类					
鸡蛋	74	−0.6	3.53	1.77	247
鸡肉	74	−2.8	3.53	1.77	248

食品温度降至冻结点后其内部开始出现冰晶。随着温度继续降低，食品中水分的冻结量会逐渐增多，但若要食品内含有的水分全部冻结，温度要降至−60℃左右，该温度称为共晶点。要获得这样低的温度，在技术上和经济上都有难度，故目前大多数食品冻结只要求食品中绝大部分水分冻结，品温在−18℃以下便达到冻结储藏要求。食品在冻结点与共晶点之间的任意温度下，水分冻结的比例称结冰率（ω_0），以质量分数表示，其近似值可用下式计算：

$$\omega_0 = 1 - \theta_f/\theta$$ [海斯（Heiss）式]

式中：θ_f——食品冻结点温度；

θ——食品冻结点以下的实测温度。

当温度达到共晶点时，$\omega_0 = 1$。

若某食品的冻结点是−1℃，当温度降低至−5℃时，结冰率时 $\omega_0 = 1 - \frac{-1}{-5} = 0.8$。而当温度降至−18℃时，结冰率 $\omega_0 = 1 - \frac{-1}{-18} \approx 0.944$，即约94.4%的水分已冻结。

（四）食品的冻结曲线

食品冻结时，随着时间的推移表示其温度变化过程的曲线称为食品冻结曲线。

食品冻结曲线如图3-23所示。图中有三条曲线，表明冻结过程中的同一时刻，食品的表面温度始终最低，且越接近中心部位温度越高，不同深度温度下降的速度是不同的。

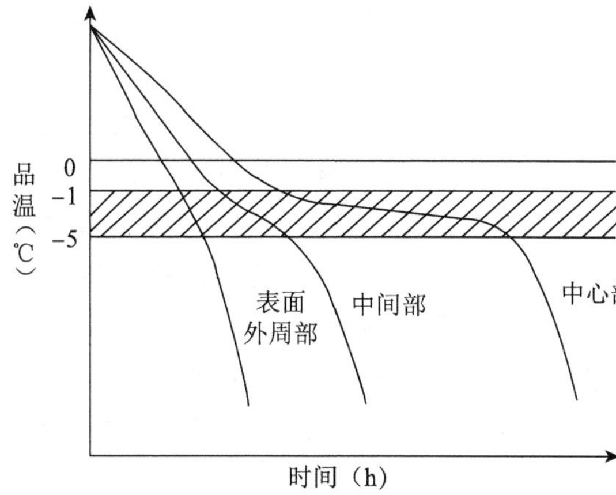

图 3-23 食品冻结曲线

由图 3-23 可知食品冻结过程大致可分为三个阶段。第一阶段是食品从初温降到冻结点，放出的是显热。此热量与全部放出的热量相比值较小，所以降温快，曲线较陡。第二阶段是食品温度达到冻结点后，食品中大部分水分冻结成冰，水转变成冰的过程中放出的相变潜热通常是显热的 50～60 倍，食品冻结过程中绝大部分的热量在第二阶段放出，曲线出现平坦段。对于新鲜食品，一般温度降至－5℃时，已有 80%的水分生成冰结晶。通常把食品冻结点温度至－5℃的温度区间称为最大冰晶生成带，也就是食品冻结时生成冰结晶最大的温度区间。也有人提出，－15～0℃温度区间为最大冰晶生成带，该温度区间已包含了原有的温度区间。由于食品在最大冰晶生成带放出大量的热量，无法使食品温度下降，食品的细胞、组织容易受到机械损伤，食品构成成分的胶体性质会受到破坏，所以，最大冰晶生成带也是冻结过程中对食品品质带来损害最大的温度区间。第三阶段是残留的水分继续结冰，已成冰的部分进一步降温到冻结终温。水变成冰后它的比热容下降，冰进一步降温的显热减小，但是由于还有残留水分结冰放出冻结潜热，所以降温没有第一阶段快，曲线也不及第一阶段那样陡。

曲线中未将食品内水分的过冷现象表示出来，是因为实际生产中食品表面微度潮湿，表面常落上霜点或者有振动等现象，都使食品表面具有形成晶核的条件，所以没有显著过冷现象。之后表面冻结层向内推进时，内层也很少会有过冷现象产生，故而在食品的冻结曲线上，通常无过冷的波折存在。

（五）食品的冻结速度

人们对食品冻结速度快与慢的划分，目前还没完全统一。冻结速度通常以时间来划分或者以距离来划分。以时间划分，该时间是指食品中心温度从－1℃降到－5℃所需的时间，若在 30min 之内降到－5℃，则称为快速冻结，超过 30min 降到－5℃，则称为慢速冻结。由于食品的种类、冻结点、前处理不同，其耐冻程度也不一样，故对任何食品都以 30min 为标准有不妥之处。以距离划分，该距离是指单位时间内－5℃的冻结层从食品表面向内部推进的距离。其中，时间以 h 为单位，距离以 cm 为单位，则

冻结速度 v 的单位为 cm/h。普朗克把食品冻结速度分为三类：快速冻结 $v \geqslant 5 \sim 20$cm/h，中速冻结 $v=1\sim5$cm/h，慢速冻结 $v=0.1\sim1$cm/h。

国际制冷学会（IIR）对食品冻结速度做如下定义：食品表面与温度中心点间的最短距离与食品表面温度达到 0℃后，食品温度中心点降至比冻结点低 10℃所需时间之比，该比值即食品冻结速度（v=距离/时间）。如某食品的表面与温度中心点间最短距离为 10cm，食品的冻结点温度为−2℃，食品冻结过程中温度中心点降至比冻结点低 10℃（即−12℃）所需的时间为 15h，则其冻结速度 $v=10/15\approx0.67$cm/h。根据该定义，食品温度中心点降温的计算值是随着食品冻结点而改变的，与前面所述冻结速度计算的温度下限为−5℃相比要低得多，所以对冻结设备的设计及制造提出了更高的要求。

目前国内使用的各种食品冻结装置，由于性能不同，其冻结速度也有很大差异，一般范围为 0.2～100cm/h。如食品在吹风冷库中冻结，其冻结速度为 0.2cm/h，属于慢速冻结；食品在吹风冻结装置中冻结，其冻结速度为 0.5～3cm/h，属于中速冻结；食品在流态化冻结装置中冻结，冻结速度为 5～10cm/h，在液氮冻结装置中冻结，冻结速度为 10～100cm/h，这都属于快速冻结。

（六）冻结速度与食品中冰晶分布的关系

动植物组织由无数细胞所构成。细胞内的水分与细胞间隙之间的水分由于其所含盐类等物质的浓度不同，冻结点也就有差异。当食品温度降低时，冰结晶首先在细胞间隙中产生。若快速冻结，细胞内外几乎同时达到形成冰晶的温度条件，组织内冰层推进的速度大于水分移动的速度，食品中冰晶的分布接近冻前食品中液态水分布的状态，冰晶呈针状结晶体，数量多，且分布均匀。若缓慢冻结，冰晶首先在细胞外的间隙中产生，而此时细胞内的水分仍然以液相形式存在。由于同温度下水的蒸汽压大于冰的蒸汽压，在蒸汽压差的作用下，细胞内的水分透过细胞膜向细胞外的冰结晶移动，从而使大部分水冻结于细胞间隙内，形成大冰晶，并且数量少，分布不均匀。冻结速度与冰晶形状的关系如表 3-9 所示。由于食品冻结过程中细胞汁液浓缩，引起蛋白质冻结变性，保水能力降低，并使细胞膜的透水性增加。在缓慢冻结过程中，因为晶核形成数量少，冰晶生长速度快，所以易生成大冰晶。水变成冰体积要增大 9%左右，大冰晶对细胞膜产生的膨胀压更大，使细胞破裂，组织结构受到损伤，解冻时会有大量汁液流出，致使食品品质明显下降。而快速冻结时，细胞内外同时产生冰晶，晶核形成数量多，冰晶细小而且分布均匀，组织结构无明显损伤，解冻时汁液流失少，解冻品的复原性好，故快速冻结的食品比慢速冻结食品的质量好。

表 3-9　冻结速度与冰晶形状的关系

冻结速度（通过−5～0℃的时间）	冰结晶				冰层推进速度 I、水分移动速度 W
	位置	形状	大小（直径×长度）（μm）	数量	
数秒	细胞内	针状	（1～5）×（5～10）	无数	$I \gg W$
1.5min	细胞内	杆状	（0～20）×（20～50）	多数	$I > W$
40min	细胞内	柱状	（50～100）×100 以上	少数	$I < W$
90min	细胞外	块粒状	（50～200）×200 以上	少数	$I \ll W$

二、食品冻结过程中发生的变化

（一）物理变化

1. 体积膨胀、产生内压

水在 4℃时体积最小，所以密度最大，为 1000kg/m^3。0℃时水结成冰，体积约增加 9%，在食品中体积约增加 6%。冰的温度每下降 1℃，其体积收缩为 0.005%～0.01%。二者相比，膨胀比收缩大得多，所以含水分多的食品冻结时体积会膨胀。

食品冻结时，首先是表面水分结冰，然后冰层逐渐向内部延伸，当内部的水分因冻结而体积膨胀时，会受到外部冻结层的阻碍而产生内压，将其称作冻结膨胀压，纯理论计算其数值可高达 8.7MPa。当外层受不了这样的内压时就会破裂，使内压逐渐消失。比如采用−196℃的液氮冻结金枪鱼时，由于厚度较大，冻品会发生龟裂，这就是由内压造成的。另外，在内压作用下可使内脏的酶类挤出、红血球崩溃、脂肪向表层移动等，并且因血球膜破坏，血红蛋白流出，加速肉的变色。牛肉在−37℃的空气中冻结时的冻结曲线和冻结膨胀压曲线如图 3-24 所示。当食品温度通过−5～−1℃最大冰晶生成带时，膨胀压的曲线升高达到最大值。外部肉质抵抗不住此压力时会产生龟裂，内压即迅速下降。当食品厚度大、含水率高、表面温度下降极快时容易产生龟裂。日本为了防止因冻结内压引起冻品表面的龟裂，在用−40℃的氯化钙盐水浸渍或者喷淋冻结金枪鱼时，采用均温处理的两阶段冻结方式，先将鱼体降温至中心温度接近冻结点，取出后放入−15℃的空气或者盐水中使鱼体各部位温度趋于均匀，然后再用−40℃的氯化钙盐水浸渍或者喷淋冻结至终点，可以防止鱼体表面龟裂现象的发生。另外，在冻结过程中水变成冰晶后，体积膨胀而使体液中溶解的气体从液相中游离出来，从而加大了食品内部的压力。冻结鳕鱼肉的海绵化，就是由于鳕鱼肉的体液中含有较多氮气，随着水分冻结的进行其成为游离的氮气，其体积迅速膨胀产生的压力将未冻结的水分挤出细胞外，并在细胞外形成冰结晶所致。这种细胞外的冻结使细胞内的蛋白质变性而失去保水能力，解冻后也不能复原，成为富含水分并有很多小孔的海绵状肉质。严重的时候，用刀子切开的肉断面像蜂巢，食味变淡。

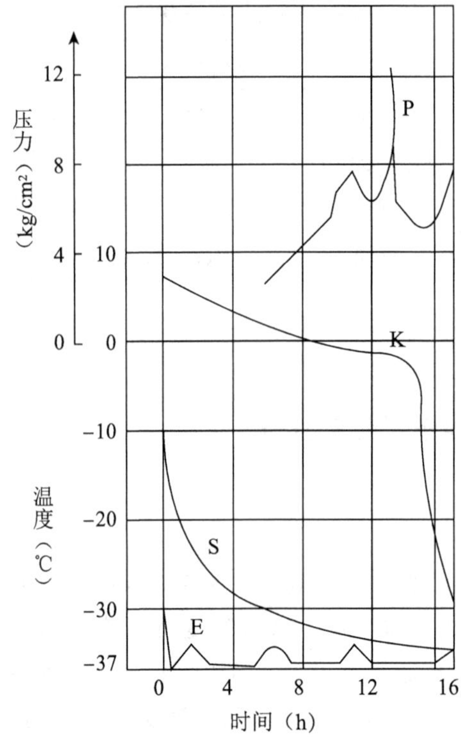

图 3-24　牛肉在一37℃冻结时的冻结曲线与冻结膨胀压曲线

K—肉中心部位的冻结曲线；E—空气温度曲线；P—冻结膨胀压曲线；S—肉表面的冻结曲线

注：$1kg/cm^2=9.8\times10^4Pa$。

2. 物理特性的变化

(1) 比热容。

比热容是单位质量的物体温度升高或者降低 1K（或 1℃）所吸收或者放出的热量。在一定压力下水的比热容为 4.18kJ/（kg·K）［相当于 1kcal/（kg·K）］，冰的比热容为 2.0kJ/（kg·K）［相当于 0.48kcal/（kg·K）］。冰的比热容约是水的 1/2。

食品的比热容因含水量的不同而不同，含水量多的食品比热容大，含脂量多的食品比热容小。对于有一定含水量的食品，冻结点以上的比热容要比冻结点以下的大。比热容大的食品在冷却和冻结时需要的冷量大，解冻时需要的热量也多。

食品比热容的近似计算式［西贝尔（Siebel）式］为：

$$c=3.35w+0.84\ (\text{冻结点以上})$$

$$c'=1.26w+0.84\ (\text{冻结点以下})$$

式中，w——食品中水分的含量。

该近似计算式的计算值与实测值有较好的一致性。但在食品冻结过程中，随着时间的推移，冻结率在不断地变化，会对食品的比热容带来影响。因此需根据食品的品温求出冻结率，对比热容进行修正。

(2) 热导率。

水的热导率为 0.6W/（m·K），冰的热导率为 2.21W/（m·K），约为水热导率的 4 倍。其他成分的热导率基本上是一定的，但是因为水在食品中的含量是很高的，当温度下降，食品中的水分开始结冰的同时，其热导率就变大，食品的冻结速度加快。另外，冻结食品解冻时，冰层由外向内逐渐融化成水，热导率减小，热量的传导会受到抑制，解冻速度就变慢。此外，食品的热导率还受含脂量的影响，含脂量高则热导率小。热导率还与热流的方向有关，当热的移动方向与肌肉组织垂直时热导率小；平行时热导率则大。

食品构成物质的密度与热的特性如表 3-10 所示。

表 3-10　　食品构成物质的密度与热的特性

物质	密度（kg/m^3）	比热容［kJ/（kg·K）］	热导率［W/（m·K）］
水	1000	4.182	0.60
冰	917	2.11	2.21
蛋白质	1380	2.02	0.20
脂肪	930	2.00	0.18
糖类	1550	1.57	0.25
无机物	2400	1.11	0.33
空气	1.24	1.00	0.025

3. 体液流失

食品经过冻结、解冻后，内部冰晶融化成水，若不能被组织、细胞吸收回复到原来的状态，这部分水分就会分离出来成为流失液。流失液不仅是水，还包括水溶性成分，比如蛋白质、盐类、维生素类等。体液流失使食品的质量减少，营养成分、风味亦受损失。所以，流失液的产生率成为评定冻品质量的指标之一。

解冻时水分不能被组织吸收，是因为食品中的蛋白质、淀粉等成分的持水能力因为冻结和冻藏中的不可逆变化而丧失，由保水性变成脱水性所致。体液的流出是由于肉质组织在冻结过程中产生冰结晶受到机械损伤所造成的。损伤严重时，肉质间的空隙大，内部冰晶融化的水通过这些空隙向外流出；若机械损伤轻微，内部冰晶融化的水因毛细管作用被保留在肉质中，加压时才向外流失。冻结时食品内部物理变化越大，解冻时体液流失也越多。

一般来说，若食品原料新鲜，冻结速度快，冻藏温度低而且波动小，冷藏期短，则解冻时流失液少。若水分含量多，流失液也就多。如鱼和肉比，鱼的含水量高所以流失液就多。叶菜类和豆类相比，叶菜类的流失液多。经冻结前处理如加盐、糖、磷酸盐，流失液就会减少。食品原料切得越细小，流失液亦越多。

4. 干耗

在食品冻结过程中，因食品中的水分从表面蒸发，造成食品的质量减少，俗称干耗。

干耗不仅会造成企业的经济损失，还会给冻品的品质和外观带来影响。如日宰 2000 头猪的肉联厂，干耗以 2.8%或者 3%计算，若年损失 600 多吨肉，相当于 15000 头猪。

干耗发生的原因是冻结室内的空气未达到水蒸气的饱和状态，其蒸汽压小于饱和水蒸气压，然而鱼、肉等含水量较高，表面层接近饱和水蒸气压，在蒸汽压差的作用下食品表面的水分向空气中蒸发，表面层水分蒸发后其内层水分在扩散作用下向表面层移动。由于冻结室内的空气连续不断地经过蒸发器，所以空气中的水蒸气凝结在蒸发器表面，减湿后常处于不饱和状态，所以冻结过程中的干耗在不断进行着。

食品冻结过程中的干耗可用下式表示：

$$q_m = \beta A(p_f - p_a)$$

式中：q_m——单位时间内的干耗量（kg/h）；

β——蒸发系数［kg/（h・m・Pa）］；

A——食品的表面积（m）；

p_f——食品表面的水蒸气压（Pa）；

p_a——空气的水蒸气压（Pa）。

上述关系式表明，蒸汽压差大，表面积大，则冻结食品的干耗亦大。若用不透气的包装材料将食品包装后冻结，由于食品表面的空气层处于饱和状态，蒸汽压差会减小，就可减少冻结食品的干耗量。

另外，冻结室中的空气温度和风速对食品干耗也有影响。空气温度越低，相对湿度高，蒸汽压小，食品的干耗也小。金华肉联厂曾做过试验，冻结室内空气温度从−8℃经过 20h 分别降到−21℃和−25℃，整个降温过程始终保持温差 3～4℃，比较二者之间的干耗。终温降到−25℃的干耗为 1.65%，降至−21℃的干耗为 2.4%，二者相差 0.75%。所以降低冻结室的温度可减少食品的冻结干耗。

对风速来说，一般概念是风速加大，干耗增加。但是如果冻结室内是高湿、低温，加大风速可提高冻结速度，缩短冻结时间，食品也不会过分干耗。

（二）化学变化

1. 蛋白质冻结变性

鱼、肉等动物性食品中，肌原纤维蛋白质是构成肌肉的主要蛋白质。在冻结过程中，肌原纤维蛋白质会发生冷冻变性，表现为盐溶性降低、盐溶液的黏度降低、ATP 酶活性减少、蛋白质分解产生凝集使空间立体结构发生变化等。蛋白质变性后的肌肉组织，其持水力降低、质地变硬、口感变差，将其作为食品加工的原料时，加工适宜性下降。若将蛋白质冷冻变性的鱼肉作为加工鱼糜制品的原料，其产品缺乏弹性。

蛋白质发生冷冻变性的原因目前尚不十分清楚，但可认为主要是由下述的一个或者几个原因共同造成的。

（1）冻结时食品中的水分形成冰结晶，被排除的盐类、酸类以及气体等不纯物就向残存的水分移动，未冻结的水分成为浓缩溶液。当食品中的蛋白质与盐类的浓缩溶液接触后，会因盐析作用而发生变性。

（2）慢速冻结时，肌细胞外产生大冰晶，肌细胞内的肌原纤维被挤压，集结成束，并因为冰晶生成时蛋白质分子间失去结合水，肌原纤维蛋白质互相靠近、蛋白质的反应基互相结合而形成各种交联，因而发生凝集。

（3）脂类分解的氧化产物对蛋白质变性有促进作用。脂肪水解产生游离脂肪酸，但是很不稳定，其氧化结果产生低级的醛、酮等产物，而促使蛋白质变性。脂肪的氧化水解是在磷脂酶的作用下进行的，此酶在低温下活性仍很强。

（4）鳕鱼、狭鳕等鱼类的体内存在特异的酶，它能将氧化三甲胺分解成甲醛和二甲基苯胺。而甲醛会促使鳕鱼肉的蛋白质发生变性。

上述原因是互相伴随发生的，通常是由于食品种类、生理条件、冻结条件不同，而其中一个原因起主导作用。

2. 变色

食品冻结过程中发生的变色主要是冷冻水产品的变色，从外观上看通常有褐变、黑变、褪色等现象。水产品变色原因包括自然色泽的分解及产生新的变色物质两方面。自然色泽的分解：如红色鱼皮的褪色、冷冻金枪鱼的变色等；产生新的变色物质：如鳕鱼肉的褐变、虾类的黑变等。变色不但使水产品的外观变差，有时还有异味产生，影响冻品的质量。

（三）生物和微生物的变化

1. 生物

生物是指小生物，如昆虫、寄生虫之类，经过冻结都会死亡。猪肉、牛肉中寄生的无钩绦虫、有钩绦虫等的胞囊在冻结时也会死亡。猪肉中的旋毛虫的幼虫在－15℃的温度下，20 天后死亡。大马哈鱼中的裂头绦虫的幼虫在－15℃的温度下，5 天后死亡。由于冻结对肉类所带有的寄生虫有杀死作用，有些国家对肉的冻结状态做出一些规定，比如美国对冻结猪肉杀死肉中旋毛虫的幼虫规定了温度及时间条件（见表 3－11）。联合国粮农组织（FAO）和世界卫生组织（WHO）共同建议，肉类寄生虫污染不严重时，需要在－10℃温度下至少储存 10 天。

表 3－11　杀死冻结猪肉中旋毛虫的幼虫的温度及时间条件

冻结温度（℃）		－15	－23.3	－29
肉的厚度	15cm 以内	20 天	10 天	6 天
	15～68cm	30 天	20 天	16 天以内

在荷兰，人们也常生吃鲱鱼。为了杀死鱼肉中寄生虫的幼虫，荷兰以法律的形式规定：用于生吃的鱼，厂商必须履行在－20℃条件下冻结 24h 的义务。

2. 微生物

引起食品腐败变质的微生物有细菌、霉菌和酵母菌，其中与食品腐败及食物中毒关系最大的是细菌。微生物的生长、繁殖需要一定的环境条件，温度是其中一个重要条件。当温度低于最适生长温度时，微生物的生长受到抑制；当温度低于最低生长温度时，微生物会停止繁殖。引起食物中毒的细菌一般是中温菌，在10℃以下繁殖速度减慢，在4.5℃以下停止繁殖。霉菌和鱼类的腐败菌一般是低温菌，在0℃以下繁殖缓慢，－10℃以下停止繁殖。

食品在冻结状态下储藏，冻结前污染的微生物数量随着时间的延长就会逐渐减少，但是不能期待利用冻结杀死污染的微生物，只要温度一回升，微生物就会很快繁殖起来。所以食品冻结前要尽可能减少细菌污染，才能保证冻品的质量。

食品中所含的水在－10℃时大部分已冻结成冰，剩下的溶液浓度增高，水分活性降低，细菌不能繁殖。故而－10℃对冻结食品来说是最高的温度界限。国际制冷协会（IIR）建议为防止微生物繁殖，冻结食品必须在－12℃以下储藏。为了防止酶及物理变化的发生，冻结食品的品温必须低于－18℃。

冻结阻止了细菌的生长、繁殖，但是由于细菌产生的酶还有活性，尽管活性很小但还有作用，它仍使生化反应缓慢进行，降低了食品的品质，所以冻结食品的储藏仍有一定期限。

三、食品冻结加工设备

冻结装置是用来完成食品冻结加工的机器与设备的总称。从结构上看，包括制冷系统、传动系统、输送系统、控制系统。

食品的冻结可以根据各种食品的具体条件和工艺标准，采用不同的方法及不同的冻结装置来实现。总的要求是在经济合理的原则下，尽可能地提高冻结装置的制冷效率，加快冻结速度，缩短冻结时间，保证产品的质量。

食品冻结装置特性如表3－12所示。

表3－12　食品冻结装置特性

冻结方法	冻结装置类型	形　式	特　点	应用范围
间接冻结法（制冷剂或载冷剂间接与食品接触）	搁架半接触型冻结装置	①空气自然对流式；②顺流吹风式；③下压混流吹风式；④风道直角吹风式	①结构和操作简单，同时可以大批量冻结各种块状食品，不受尺寸限制都能使用；②操作劳动强度大，排管冲霜排油困难；③空气自然对流式传热效果差，直角吹风效果最好，可缩短冻结时间一半左右	适用于鱼、分割肉、禽、兔、副食品等块状食品的箱装、盘装、听装

续 表

冻结方法	冻结装置类型	形 式	特 点	应用范围
间接冻结法（制冷剂或载冷剂间接与食品接触）	强烈吹风型冻结装置	非连续生产式 ①吊轨输送； ②小车输送； ③托盘输送	一般设置在库内（冻结间），采用集中装置的翅片冷风机进行强烈吹风，具有蒸发器体积小、性能好、制冷剂存量小的优点，对各种食品使用范围比较广泛，但由于采用强烈吹风，食品干耗和电耗量大，设备费用较高	适用于各种白条肉冻结。小车和托盘输送亦能适用块状食品，如家禽、兔、鱼等
		连续生产式 ①悬架输送； ②水平输送； ③螺旋输送	具有一般输送式的特点，另外，还能连续输送生产，节约劳力，保证冻结质量均匀	适用于生产过程连续性、在短时间内能冻结的小包装食品，如蔬菜、水果、家禽、其他小商品
	接触型冻结装置	卧式平板器	①传热效果好，效率高，设备安装面积小； ②商品干耗和设备耗电量亦较少； ③不适用冻结形状不规则和厚度较大的食品	适用于冻结形状整齐的食品，如剔骨肉、鱼块等
		立式平板器	具有以上卧式平板器的特点，另外装料方便，不需要冻盘等容器，但产品不能整形冻结	适用于鱼类等水产品和牲畜副产品等
直接冻结法（制冷剂或载冷剂直接与食品接触）	浸沉、喷淋型冻结装置	①不冻液沉浸式或喷淋式； ②液化气体喷淋冻结式	冻结温度低、速度快，但有些不冻液与食品接触，影响质量； 冻结温度低、速度快，产品质量好，但生产成本高	适用于小鱼杂和带密封包装的肉类食品； 适用于家禽、鱼片、水果等小型食品

我国常用和推广的食品冻结装置按所用冷却介质分类，下面介绍几种冻结装置。

（一）空气冻结装置

1. 强烈吹风冻结装置

这是以循环冷空气作为冷却介质的一种冻结装置，制冷能力是每冻结 1kg 食品其耗冷量为500～545kJ。食品挂在冻结间内的载运轨道上（如白条肉）或装在吊笼内（如鱼类），通过冷空气不断循环，带走食品的热量，使食品冻结，冷分配的设备可以采用落地式冷风机、吊顶式冷风机，亦可采用冷却排管与通风机简单组合的组合式冷风机。冻结间温度通常为－23℃，食品质量要求较高者可以降低至－30℃，蒸发温度为－33℃，空气流速可以为3～8m/s，食品表面上空气的对流放热系数可以为25～30W/（m^2·℃）。空气流经冷却管束时的流速比流经食品表面的流速还要大，所以，冷却管束的传热系数相当大。当然，冷风机所需要的压缩机制冷的能力也要大。因为上述原因，空气的温度更低，加之对流放热系数大，所以食品冻结时间可以缩短，与静止空气冻结装置相比，其冻结时间可以缩短60%～70%，食品的温度要求达到－15℃。

白条肉冻结间广泛使用的制冷设备是落地式冷风机。白条肉挂在吊轨上，被冷风机吹出的冷风冷却冻结。以前在白条肉冻结间中装有假天花板，以形成满堂风道。在与吊轨相对的假天花板上开有送风条缝，从条缝中吹出的冷风正对白条肉的大腿部位。这种假天花板结构需要大量的木材，成本较高。再加之气流是自上而下吹送，不适合冻结分层放置的盘装食品。所以，近年来新设计的白条肉冻结间均取消了假天花板。在冻结间中，冷风机顺着冷间的长度方向布置（见图3－25），使冷风形成横向循环。由于距离短，所以效果比纵向循环（冷风机顺着冷间宽度方向布置的（见图3－26，使冷风形成纵向循环）好，可以缩短冻结时间。这种结构冻结间，既可冻结白条肉，也可以冻结用吊笼、货架分层放设的盘装食品。空气在冷风机管束间的速度一般可为7～10m/s，在食品表面的循环速度一般为3～5m/s，冷风机盘管为翅片的传热系数一般为15～19W/（m^2·℃），而食品的冻结时间根据种类而异，一般在8～24h。

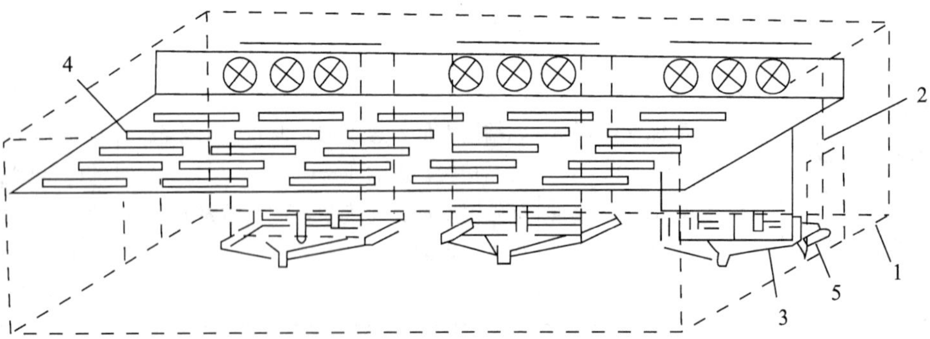

图3－25　横向吹风冻结间送风形式

1—冻结间；2—冷风机；3—冷风机水盘；4—挡风板；5—门

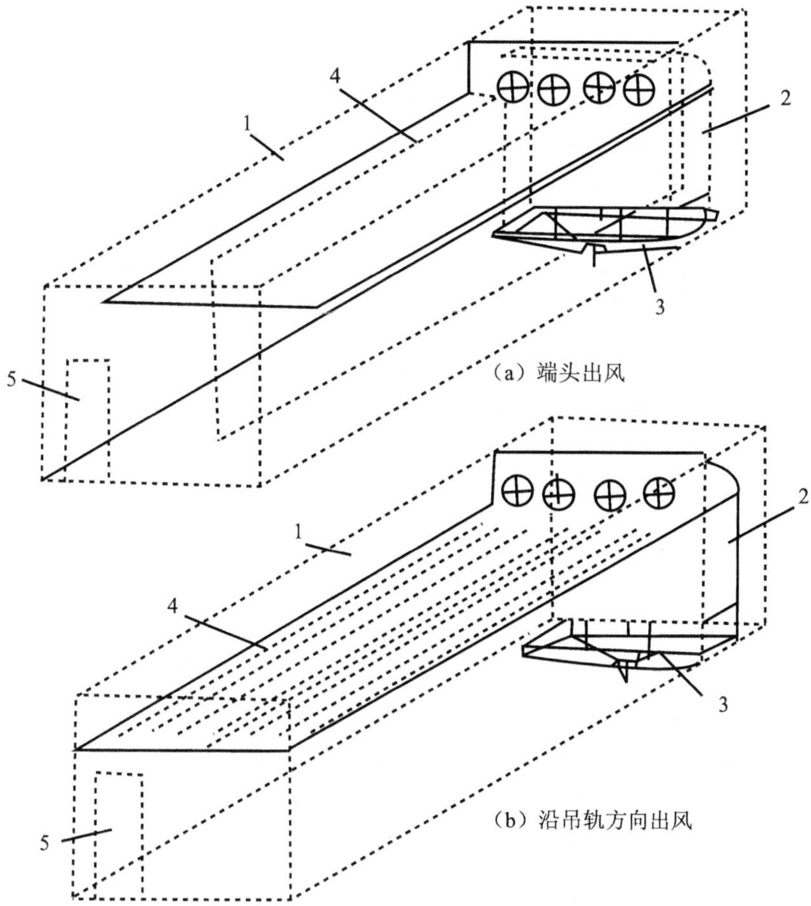

图 3-26　纵向吹风冻结间送风形式

1—冻结间；2—冷风机；3—冷风机水盘；4—吊顶；5—门

2. 搁架式冻结装置

这种冻结装置以制冷排管为管架，可配以强力通风设施，将食品放在管架上进行冻结。根据空气气流的情况可分为以下两种。

(1) 静止空气搁架式冻结装置。

把冷却排管做成搁架式，食品直接放在搁架上或将食品放在金属盘中，再将金属盘放在搁架上，空气温度大体为－30～－23℃。依靠空气自然对流及冷却排管的辐射使食品冻结。食品与排管的直接接触或者间接接触也起到一定的传热作用。静止空气搁架式冻结装置如图 3-27 所示。

这种冻结装置的优点是结构简单，设备投资低。由于空气在食品表面的对流放热系数只有 5～10W/ (m^2 · ℃)，冻结时间很长。若需要缩短冻结时间，只能降低空气的温度，而这又会引起蒸发温度降低，从而增大了制冷成本，使运转费用增大。目前，除个别小冷库外，基本上不再使用这种静止空气搁架式冻结装置。

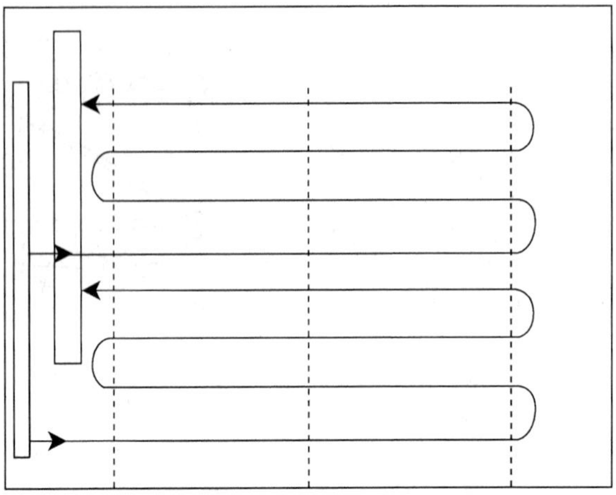

图 3－27　静止空气搁架式冻结装置

(2) 半通风搁架式冻结装置。

在静止空气冻结装置上安装通风机，就成为半通风搁架式冻结装置，如图 3－28 所示。风机既可以安装在顶部，也可以安装在管架的端部。空气流动方向既可以跟管子轴线平行，也可跟管子轴线垂直。食品表面的风速大约为 1.5～2m/s。空气对流既增大食品表面的对流换热系数，也增大排管表面的对流换热系数，排管表面空气对流换热系数增大后，传热系数就增大，从而可以使空气冷却得更充分。空气温度变低时，空气在食品表面的对流换热系数加大综合作用的结果，从而缩短食品冻结时间。与静止空气冻结装置相比较，食品冻结时间可缩短 30%～50%。

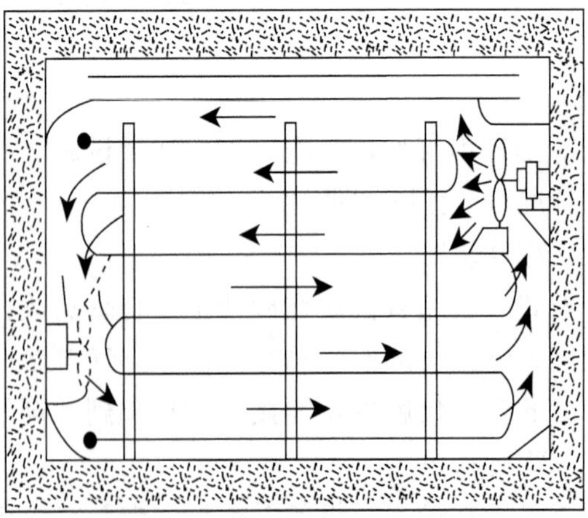

图 3－28　半通风搁架式冻结装置

半通风式冻结装置中，食品表面上空气对流放热系数大约为 12～25W/（m^2·℃）。

半通风搁架式冻结装置的缺点是，冷间内风速分布不容易均匀一致。

3. 隧道式冻结装置

隧道式冻结装置是吹风冻结装置中效率较高的一种类型，在欧美各国被广泛使用。这种装置是指用隔热材料做成一条隔热隧道，隧道内装有缓慢移动的输送带，隧道的入口装有进料和提升设备，隧道的出口装有卸货装置和驱动设备，货物装在缓慢移动的网状输送带上，吹入强烈的冷风而迅速地冻结。隧道内的温度一般为－40～－30℃，冷风速度一般为 3～6m/s，冷风吹向与货物移动的方向相反，所以冻结速度很快，产量大。自动化隧道可以自动开关隧道门，自动调节产品冷量和自动装卸食品。

用于冻结方便食品，如饺子、肉丸子、烧卖，隧道式冻结装置如图 3－29所示。(a) 中冷空气为纵向循环，食品装在带搁架的台车上，台车移动的方向与冷空气流动方向相反。(b) 中食品装在带搁架的吊笼内，吊笼移动的方向与冷空气流动方向相垂直。(a)、(b) 两种隧道式冻结装置都带有假天花板，以形成风道。

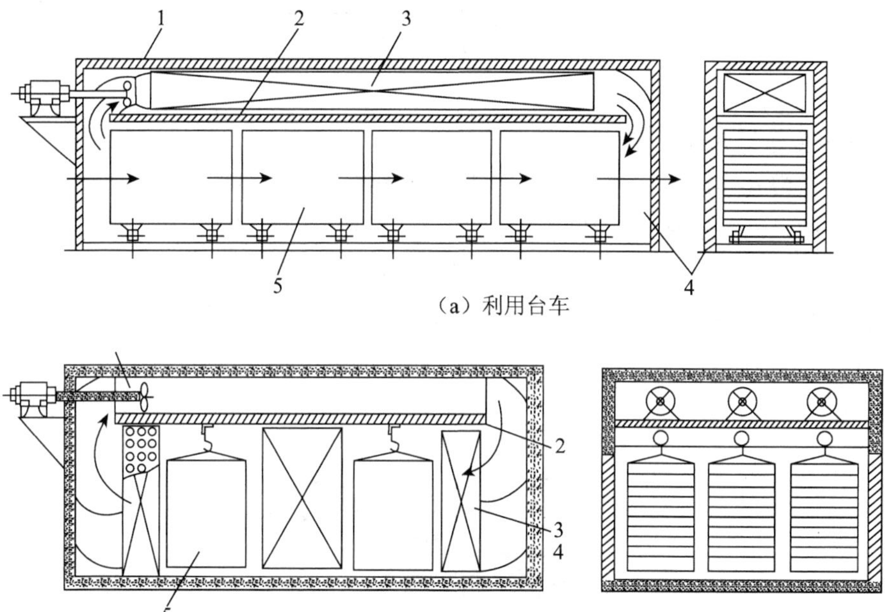

(a) 利用台车

(b) 利用吊笼

图 3－29　隧道式冻结装置

1—风机；2—假天花板；3—冷瓦排管；4—装货室；5—台车或吊笼

用于冻结小形食品的连续式隧道冻结装置如图 3－30 所示。将食品置于传送带上，通过装置底部一条狭长的隧道并被冻结。传送带的上方设置两台冷风机，气流的方向如图 3－31 所示。这样组织气流的优点是：食品在隧道不同的位置受到不同方向气流的冲刷，保证食品从各个方向上均匀地被冷却；在隧道的进、出口处，都是吸热后要返回冷风机的空气，其温度比较高，即使有少量空气从进、出口处漏出，损失的冷量也较少。

传送带的运行速度是可调的，以保证不同的食品在隧道内有足够的冻结时间。

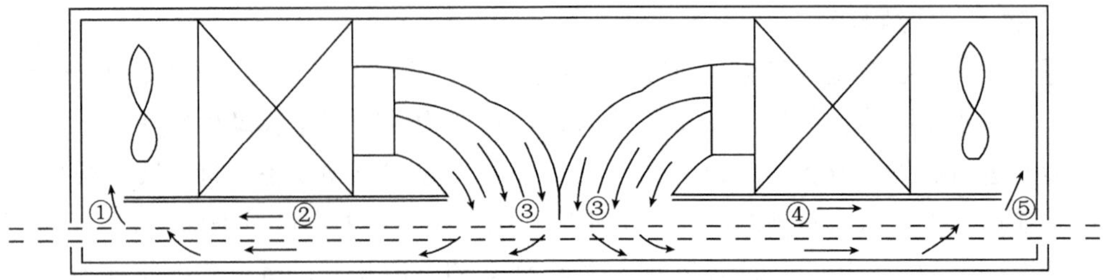

图 3－30　隧道式连接冻结装置

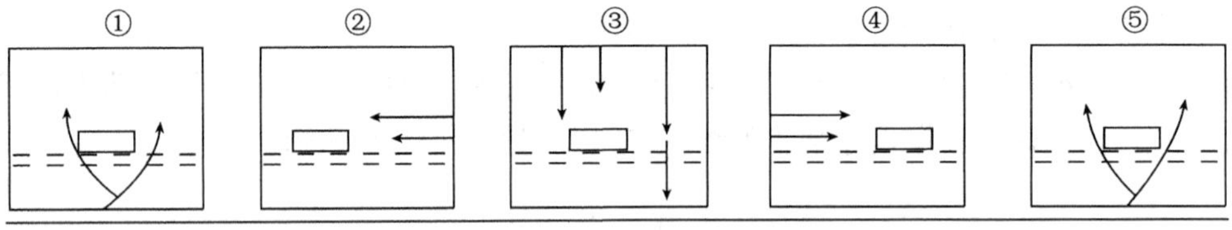

图 3－31　空气流向

4. 螺旋传送带式连续冻结装置

螺旋传送带式连续冻结装置与隧道式连续冻结装置的不同之处在于，传送带的运行不是平直的，而是螺旋式旋转的，它的优点是避免了隧道式冻结装置长度太大的缺点，比较紧凑。冷风机可以吊装在传送带的上方。冷风从上部吹下，下部排出（或者从侧部排出），这与食品自下而上的移动方向相反。螺旋传送带式冻结装置如图 3－32 所示。

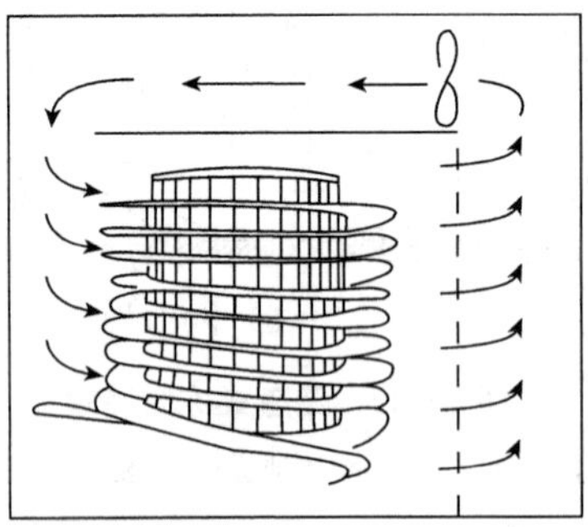

图 3－32　螺旋传送带式冻结装置

这种冻结装置的传送带是特别设计的，具有万向弯曲性能，既可以直线运行，也可以缠绕在转鼓的圆周上，在转鼓的带动下，沿圆周运行。传送带的移动依靠带内侧与转鼓的接触摩擦。传送带脱离转鼓后，依靠链轮带动。所以，传送带虽然很长，传送带的张力却很小，动力消耗不大，传送带的长度、速度均可调节。

食品放在输送带上，由下而上螺旋移动，冷风从上往下吹，温度为－40～－35℃，在移动的过程中食品逐步被冻结。初温为 30℃、终温为 −18℃、厚为 0.025m 的冻品一般经 40～50min 便可以冻好。这种装置可以在常温下操作而且方便，生产连续化，占地面积小，仅有一般输送带面积的 25%，适用于体积小、数量多的食品，且食品的形状和质量都是均一的，厚度要薄，前后工序衔接紧密，方能充分发挥效率，如饺子、肉饼、肉丸、虾、贝类等。

（二）接触平板冻结装置

这是一种使食品与平板式蒸发器直接接触的冻结装置，其制冷能力是每冻结 1kg 食品的耗冷量为 335～375kJ。它的工作原理是将食品放在各层平板内，用油压把平板压紧，空心平板内流通着液氨或者低温氯化钙溶液蒸发吸热，使金属平板成为蒸发器，借助热传导的作用将接触的食品热量迅速带走，从而达到快速冻结的效果。食品与平板的接触压力要求为 6.86～29.4kPa，油泵的压力为 2.94MPa，当两面加压时，放热的系数为 20～150W/（m^2・℃）。卧式平板冻结装置的氨系统情况如图 3－33 所示，立式平板冻结装置如图 3－34 所示。

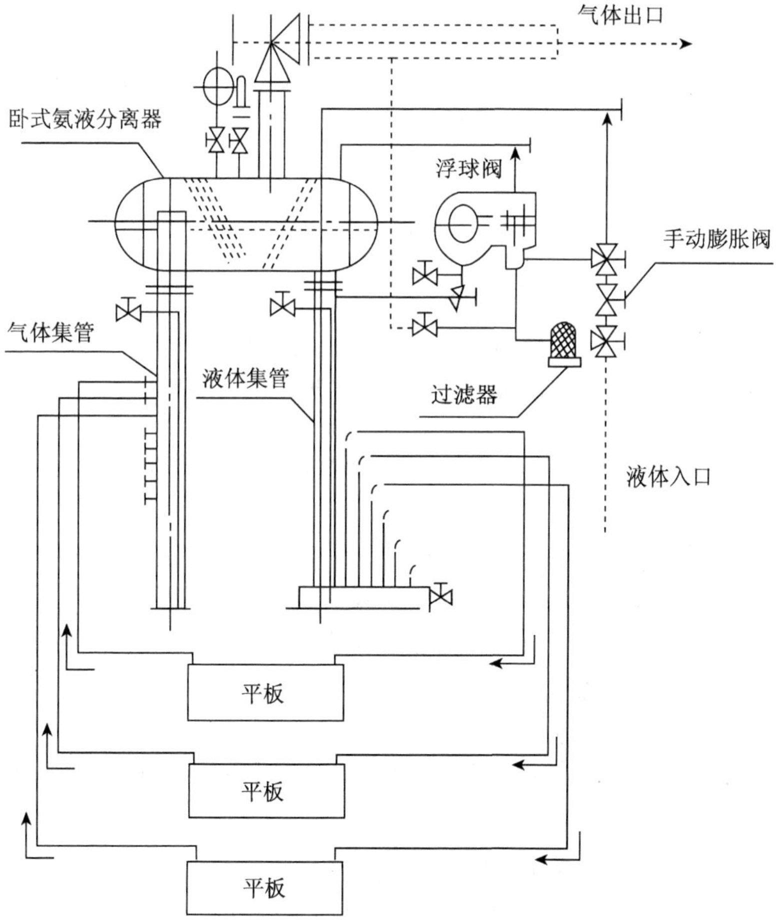

图 3－33　卧式平板冻结装置的氨系统情况

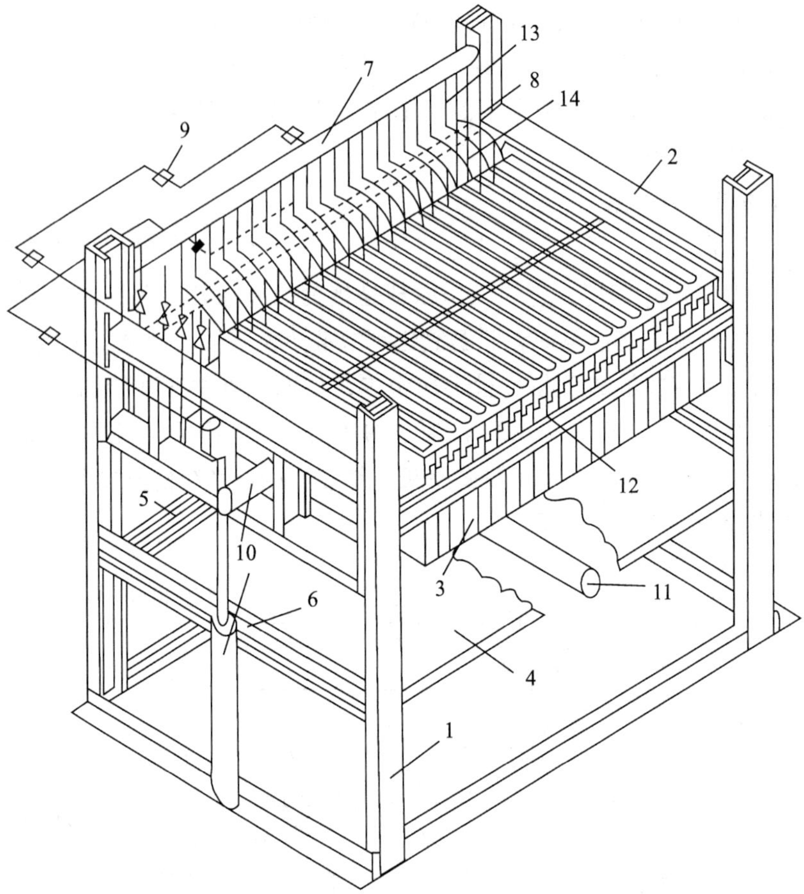

图 3-34　立式平板冻结装置

1—机架；2—平板柜架；3—平板；4—托板；5—出料推板；6—出料推板滑轨；7—回气总管；
8—供液总管；9—活动管接头；10—平板松紧油缸；11—出料油缸；
12—平板连接螺栓；13—平板回气橡胶管；14—平板供液橡胶管

平板蒸发器可以多达 10 层以上，板与板之间的间隔距离可以在一定范围内借助液压机构伸展与压缩。多层平板蒸发器的外围设有带绝热层的围挡结构，所以可以将其安装在常温房间内冻结食品，而不必建造冻结间。故接触平板冻结装置具有以下优点。

（1）可在常温条件下操作，改善了工人的劳动条件。

（2）操作方便，维修简便。

（3）放热系数大，其冻结速度从风冷的 0.1～1cm/h 提高到 1～5cm/h，因而冻结时间短，比风冷缩短 3/4 左右。

（4）冻结食品干耗小，保证了产品质量。

（5）耗电量小，由风冷 110kW・h/t 减少到 71.4kW・h/t。

（6）占地面积小，可在船上生产使用。

（7）便于机械化生产，可自动装卸。

其缺点是不适合对形状不规则的、怕挤压的及厚度较大的食品进行冻结。

接触平板冻结装置分卧式与立式两种。卧式的适用于冻结工艺要求较高的剔骨畜肉类及其副产品以及禽兔类的箱装、盘装、听装食品；立式的可将无包装的食品直接放入两板之间，冻结的效率比卧式的高，操作省力，适用于冻结剔骨的畜类产品、块状肉类及鱼类。

立式平板冻结与吹风隧道冻结的经济指标对比（以冻鱼为例）如表 3－13 所示。

表 3－13　立式平板冻结与吹风隧道冻结的经济指标对比（以冻鱼为例）

项目名称	立式平板冻结	吹风隧道冻结	备　注
所需冻结时间（min）	195～225	600	—
产品质量	冻结速度快，质量好	慢，差些	—
钢材用量（每吨冻鱼设备）	0.5t（一台机用 2.5t）	1.5～1.7t	比隧道式节省钢材约 2/3（指冷冻工艺设备）
造价	15000 元/台，3000 元/t	7000 元/t	
厂房占地面积	$20m^2$/台（$4m^2$/t）	$10m^2$/t	比隧道式节约投资约 58%（指库内制冷设备投资）
车间造价	80 元/m^2（320 元/t）	300 元/m^2（3000 元/t）	
冻鱼块容重	$729kg/m^3$	$546kg/m^3$	平板冻结机约占地 $5.25m^2$/台，另留 4 倍面积做操作场地
生产用电	比隧道式节约 30%	—	
冷冻鱼损耗	冷冻过程无明显损耗	2%左右	—
生产人员	节约 50%	—	—
工人生产劳动条件	机械化常温作业	低温手工操作	比隧道式盘装节约一半
冷库堆装利用率	增加 25%以上	—	—
适用范围	冷库、渔轮、冷冻加工船	一般适宜路上	比隧道式盘装鱼可多储藏 25%
调运	可以实现鱼货集运	困难	平板冻结机占地小，便于接装
冷藏保管条件	干耗少，不易油烧变质	干耗大，容易油烧变质	平板冻鱼平直，便于统一装运

（三）液体冻结装置

用于食品冻结的液体冷却介质有液体载冷剂（盐水），也有液体制冷剂。按食品冻结方式可分为浸渍式冻结装置和喷淋式冻结装置。

1. 液体浸渍式冻结装置

（1）不冻液浸渍式冻结装置。

用于浸渍冻结的不冻液有乙二醇、丙二醇及酒精的水溶液。丙二醇水溶液的温度可以达到－20℃，但放热系数只有氯化钠盐水的一半左右。乙二醇水溶液的对流放热系数介于氯化钠盐水与丙二醇水溶液之间。

(2) 液氮浸渍式冻结装置。

液氮冻结研究初期制成的液氮浸渍式冻结装置如图 3-35 所示，特别适合于冻结草莓之类球形食品。形状不规则的食品，由于受热不均匀会引起食品变形，不宜采用液氮浸渍方法冻结。此外，这种液氮浸渍冻结装置，未能充分利用汽化形成的低温氮气的制冷能力，后来逐渐地被液氮喷淋式冻结装置取代。

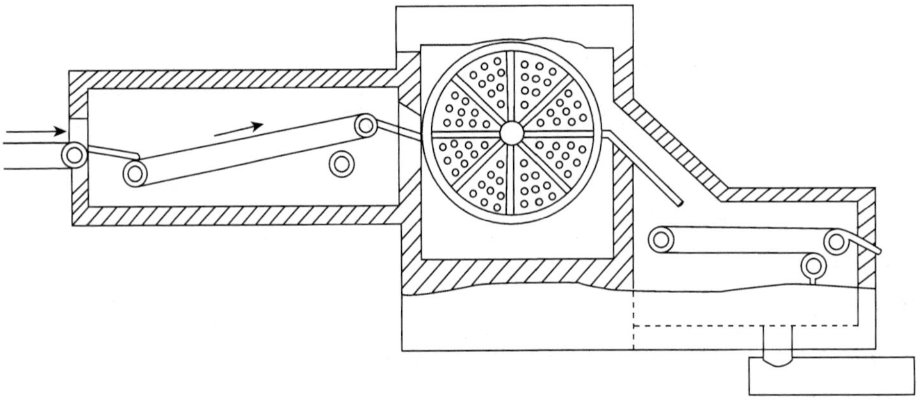

图 3-35 液氮浸渍式冻结装置

2. 液体喷淋式冻结装置

(1) 液氮喷淋式冻结装置。

早在 1926 年前后曾试用过液氮冻结食品，但是由于成本昂贵，在实用上未能实现。后来，美国在 1960 年前后创造了第一台实用液氮冻结装置，而使液氮作为冷媒被正式用在冻结食品上。国外，各种液氮快速冻结装置、输送食品的液氮冷藏汽车、冷藏火车、冷藏船等均有迅速的发展。

氮气是无色、无臭、无味的惰性气体。液氮是无色液体，不与其他物质发生化学反应，其沸点为−195.8℃，是一种理想的冷媒。从空气液化分离工厂制造液态氧气时得到的副产品——液氮价格比较便宜。

液氮冻结食品具有下列优点。

①冻结速度快。当液氮直接喷淋到食品上时，将与食品进行强烈的热交换，而使食品每分钟降温 7～15℃，一般用 6～12min 就可以把食品冻结好（当然也因食品的具体种类和品种不同而不等)，故其冻结时间比用氨冻结快 20～30 倍，比用平板冻结快 5～6 倍。

②冻结质量好。用液氮冻结食品时，由于温度极低，热交换很强，所以通过最大冰晶生成带的时间仅为 5min，使冻结食品中的细胞内和细胞间隙中的水分能同时冻结成极细小的冰晶体，但对细胞无破坏作用，食品解冻后仍能最大限度地恢复到原有的

营养成分和新鲜状态。故液氮冻结使食品的保鲜度很高，质量优良。

③冻结食品的干耗小。一般冻结设备的冻结食品干耗率为3%～6%，而用液氮冻结食品的干耗率仅为0.6%～1%。

④冻结食品不会发生氧化。液氮喷淋食品进行冻结时，所产生的气体是惰性气体氮气，因而食品在冻结过程中就不会被氧化和变色。

⑤具有节约性。液氮的冻结设备同机械型制冷的冻结设备相比，在冻结能力相同的情况下，安装面积可以节约5/6，一次投资费用可节省30%，所需动力只为机械冷冻法的1/10左右，而且用人少。

⑥液氮冻结设备易于实现机械化、自动化流水作业线，提高生产率，并可改善低温下操作的条件和劳动强度。

⑦可以冻结普通冻结方法目前尚不能冻结的食品。如：

a. 含有75%以上大量水分的食品，以及在解冻后容易产生汁液流失而且不易复原的食品。如杨梅、柑橘、蟹肉、鳕鱼肉等；

b. 经热处理后容易丧失风味和一经热烫后就不能冷冻的食品，如蘑菇、松茸等；

c. 需单个冻结的食品，如虾、鸡、肉饼、饺子、烧卖、毛豆、春卷、冰淇淋等；

d. 带有淀粉的食品，如鱼糕、生鱼片、面包、点心等。

但是应当指出，液氮冻结装置也存在一些问题，如由于液氮沸点很低，容易造成食品的超速冻结，使某些食品表面开裂。所以，需要对喷淋的液氮进行控制，使冻结温度控制在－120～－60℃，且食品的厚度以不超过60min为宜，这对于冻结厚的食品有困难。同时，该冻结设备成本高，对于冻结价廉的食品，在应用上还受到限制，这些都需要进一步研究解决。

液氮汽化潜热为201kJ/kg，定压的比热容为1kJ/（kg·K），从蒸发的温度－195.8℃到冻结终温－20～－18℃，发挥的冰结能力约为389.37J/kg。含水量为70%的食品冻结液氮的用量是每千克食品需0.7～1.1kg液氮。一般厚度为50mm以下的食品在冻结时，经10～30min后便可完成冻结，使食品表面温度达－30℃，而其中心最终温度为－20℃。

液氮喷淋冻结装置如图3－36所示。其隧道内的传送带，使食品依次经过预冷区、冻结区、均温区。在预冷区氮气的温度在－10～－5℃，用风机将冻结区内已蒸发的氮气吹入隧道入口侧再次利用；在冻结区内，液氮自储缸按照预定温度自动输送至喷嘴，在定压下稳定地喷淋，与置于传送带上的食品进行热交换，连续进行冻结。为了加速冻结速度，在隧道内设置风机对液氮均匀地进行搅拌吹拂，排风机抽风使气流与传送带上的食品逆向流动，从而达到充分的热交换。因为食品的厚薄不同，体积大小不同，冻结时间也不同。所以该装置设有无级变速器，以控制食品在传送带上的移动速度，同时可以改变液氮储缸的压力，来控制液氮喷淋量，为盛接喷淋后残存的液氮，在喷淋区传送带下面的隧道内，设有长方形浅槽。在食品的入口和出口处设置数层硅橡胶帘，以阻止氮气外流；在均温区内使食品通过其数分钟，会使冻结食品的整体温度（表面与中心）分布均匀，因为均温区的温度高于冻结区的温度。

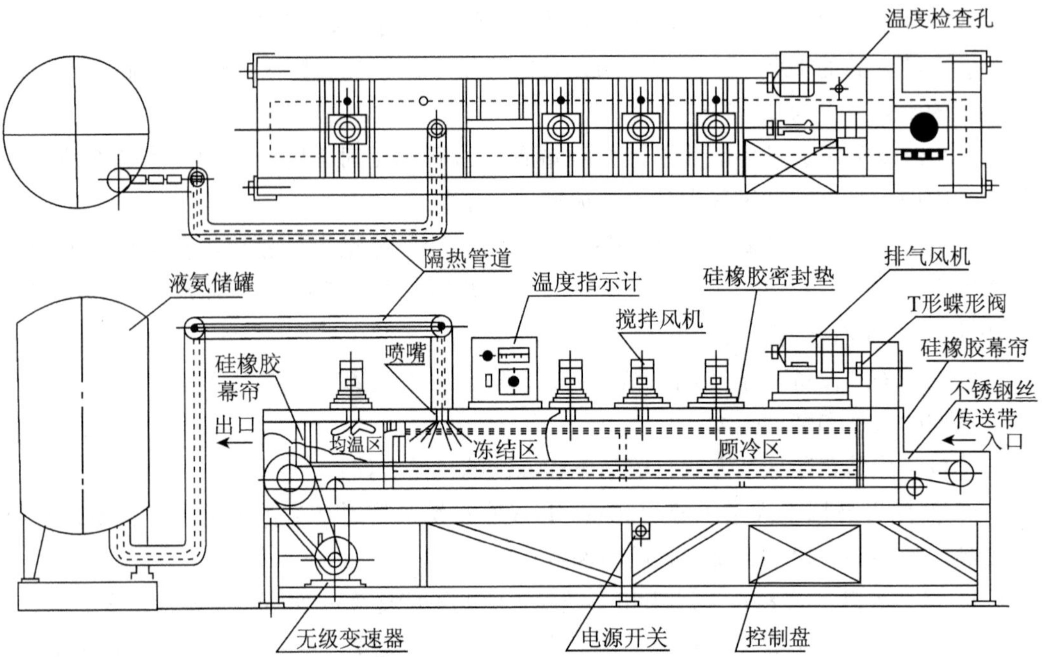

图 3-36　液氮喷淋冻结装置

液氮的储存压力一般为 0.25～0.8MPa，温度在－190℃左右，与外界的温度差很大，会引起部分液氮汽化成－190℃左右的氮气，从而很难用通常制冷机使其液化。另外，由于液氮的温度很低，要求管路隔热更为严格，成本也高。低温氮气吸收的显热约占 50%，应当设法利用，以提高液氮冻结装置的效率。

(2) 液体二氧化碳喷雾冻结装置。

液体二氧化碳经喷嘴喷出后，43%的液体二氧化碳变成雪花状的固体干冰；57%的液体二氧化碳变为气体。此时干冰与气体二氧化碳的温度都是－79℃。干冰升华需要吸收潜热，干冰升华形成的气体二氧化碳与喷雾形成的气体二氧化碳升温时也要吸收显热。显热量占显热与潜热量总和的 15%左右，显热所占份额不大，故没有必要回收这部分显热。因此，把液体二氧化碳喷雾冻结装置做成箱形，内装螺旋式传送带来冻结食品。但是液体二氧化碳的冻结温度不如液氮低，所以冻结时间比液氮较长。且在冻结能力相同时，液体二氧化碳冻结装置要大一些，设备投资较多。另外，汽化后的二氧化碳排到大气中不予回收，其原因是回收费用太高，经济上不合算。它的最大缺点是成本高。但与机械制冷相比，设备投资少，动力消耗少，占地面积少，便于连续生产，冻结速度快，食品的冻结质量好。且液体二氧化碳储存在隔热的加压罐中，温度为－18～－17℃，即使有部分液体二氧化碳汽化为气体，用制冷机也很容易使其重新液化。

(3) 液化天然气冻结装置。

液化天然气主要成分是甲烷。液化天然气常压下沸点为－160℃，如果使－160℃

气态天然气升温至 0℃，汽化潜热为 334.4kJ/kg，液化天然气在常压汽化潜热为 494kJ/kg。所以，液化天然气的制冷能力为 828.4 kJ/kg，其中显热占 40%。

液化天然气是无色透明液体，且具有可燃性。从安全方面考虑不能与食品接触，只能间接制冷，即用液化天然气将盐水、空气或者氮气冷却降温，再用降温好的盐水、空气或者氮气冻结食品。另外，用液化天然气冷却空气时必须注意安全。因为天然气与空气混合时，当达到 4%～15%的浓度范围内有爆炸危险。所以，液化天然气冻结装置目前处于实验研究阶段，有关技术问题还待解决。

四、果蔬的速冻

（一）蔬菜速冻工艺

速冻食品是当今世界发展最快的工业之一，速冻蔬菜是冷冻食品工业中四大类品种之一。因为将新鲜蔬菜加工处理后，快速冻结，制成的小包装食品与其他食品一样可长期储藏，可以较大程度地保持蔬菜原有的色泽、风味和维生素，食用方便，能对蔬菜市场淡旺季起到调节作用。

生产优质的速冻蔬菜，一定要严格地遵守速冻蔬菜的加工工艺，如收获原料后进行运输、挑选、清洗、整理、烫漂、冻结和包装等过程中的条件以及加工技术对速冻蔬菜制品的初期品质有影响。等到销售时，除以上因素对品质有影响外，冷藏、送货、销售等环节中制品的温度条件对品质的影响也很大。

由于速冻蔬菜的原料种类很多，每一种原料其性质和形状都有差异，所以虽然从生产到销售都处于同样的条件下，但对速冻蔬菜品质的影响并不一定完全一样。

1. 原料

原料的好坏是关系速冻蔬菜制品品质的最重要的条件，影响速冻蔬菜制品品质的因素还有收获的时间与方法，收获时的体积大小，耐病害的能力等。这些直接影响速冻蔬菜制品质量的是蔬菜的品种和品质。

（1）品种。

通过冻结、冻藏和解冻的速冻蔬菜将发生品质变化。虽然加工处理的条件相同，但其变化的大小由于蔬菜的种类不同而有差异。一般地，含水分和纤维多的蔬菜抗冻结性弱，也就是对冻结速度敏感性强一些；而含水分少、含淀粉多的蔬菜抗冻结性强，也就是对冻结速度敏感性弱一些。还有，尽管是同一种类的蔬菜，有的适合于速冻，有的却不适合于速冻。蔬菜中适合速冻的种类有青豌豆、菜豆（豆角、扁豆）、毛豆、蚕豆、青刀豆、荷兰豆、花菜、菠菜、蘑菇、胡萝卜、马铃薯、芦笋、蒜苗、青椒、花椰菜、莲藕、甘薯等。

在美国，主要研究的蔬菜有甜玉米、青豌豆、刀豆等适用于冻结的早熟、中熟、晚熟或地区性的品种。适合用于速冻的蔬菜要有优良品种的培育，要求该品种对病虫害抵抗能力强、产量高、品质好、货架寿命长、收获时易于机械化等。

（2）品质。

对于原料的要求，除成熟度、大小、外观、肉质、风味外，还要看是否有病虫害的损伤、微生物及农药的污染等。

①成熟度。要在成熟度适当的时候收获。在什么样的成熟度下收获，必须考虑收获后处理的方法及加工工艺过程中所要经过的时间等，也就是原料鲜度保持的时间。

大小、形状和外观对于商品来讲也很重要，因此适当的大小、粒子整齐、形态良好、色泽美观是必要的。要求原料切割成制品时，切出的大小及形状要良好，由于冻结前进行烫漂，色泽以不显著变色为好。关于质地和风味，以冻结后具有该种蔬菜所固有的风味为佳。

②病虫害。有病虫害（寄生虫、昆虫、蛔虫卵等）的原料是不卫生，它们作为速冻蔬菜的原料是有缺陷的。另外从收获到运输过程中要注意尽量避免使原料受到伤害。

③微生物。微生物的污染往往是不可避免的，这是由于收获了的原料经过了长时间储藏，加之原料储藏前所遭受的损伤，以及在储藏时温度和湿度的变化等，微生物的污染对原料质量有很大影响。

④农药。要阻止农药残留。如残留在制品上的农药超过容许量时，则不能做速冻蔬菜的原料。

（3）鲜度。

①品温与品质。用于冻结的原料的鲜度和品质应当非常好。适用于冻结的品种，尽管在收获时品质好，若在开始制取制品时鲜度低劣的话，作为原料也是不合适的。

也有像南瓜那样在收获后于常温下放置不会发生显著变化的蔬菜，但是青豌豆、蘑菇、竹笋、甜玉米等收获后的变化是非常快的，如容易变硬，风味变坏，多数情况下，在常温下经过几小时，就会失去作为冻结性原料的资格。甜玉米刚收获时质软且具有甜的味道，但是随着放置时间的延长，它会变硬，甜味消失，因此商品价值降低。这种变化的速度受品温影响，如图3－37所示，该图曲线表明甜玉米糖分的减少率与品温高低有很大关系。

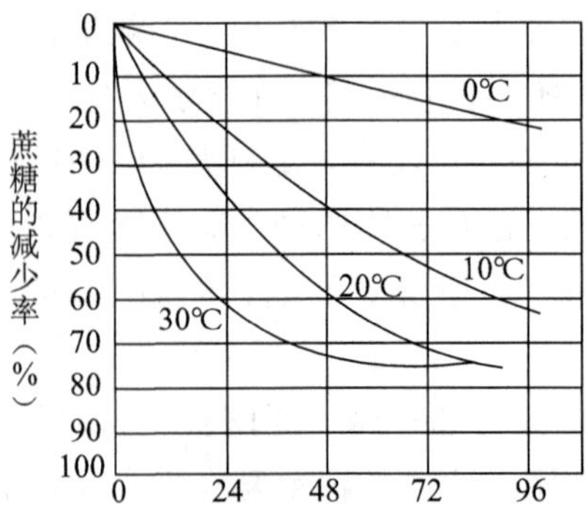

图3－37　甜玉米的品温与糖分变化的关系

蔬菜收获后仍然进行着呼吸作用，伴随着呼吸作用，蔬菜体内进行着新陈代谢，所以蔬菜会发生物理变化和化学变化，从而造成鲜度降低。为了使蔬菜保持较好的鲜度，应当使收获后蔬菜的呼吸作用尽可能低，使蔬菜体内所发生的物理变化和化学变化减慢。

收获后蔬菜的维生素 C 含量减少。若蔬菜品温度变低时，则维生素 C 含量减少较慢，如表 3－14 所示。

表 3－14　　温度对维生素 C 减少率的影响

蔬菜	温度（℃）	维生素 C 减少率（经过的时间）（%）		
		1d 内	2d 内	3d 内
刀豆	1～3	—	17	28
	8～9	—	39	45
	21～24	—	61	67
花菜	4	7	8	9
	20	12	26	32
青豌豆	4.5	4	8	10
	21	15	24	40
	38	32	50	54
菠菜	2	—	—	3
	4.5	17	24	22
	20	35	51	35

②预冷。为了最大限度地保持蔬菜原料的新鲜程度及原有品质，就必须在蔬菜原料采收以后的最短时间内，在蔬菜原料产地，用人工的方法将其冷却到规定的温度，使蔬菜维持正常的生命活动，在保证抗病能力的前提下把呼吸作用及蒸发作用降低到最低限度，但仍能维持正常新陈代谢的最低水平，这一冷却方法称为预冷。现今，为了加工高质量的速冻蔬菜产品，已把预冷作为蔬菜采收后加工的第一道工序。

近年来随着我国市场经济的发展，人民生活水平提高了，人们不但要求蔬菜的品种多种多样，还要求蔬菜清洁卫生无污染，更追求蔬菜的新鲜度。

2. 冻结前处理

蔬菜类在冻结前都要进行必要的处理。处理的内容和工序由于蔬菜的种类及制品的形状等不同而异。一般蔬菜的前处理包括除去异物和沙子后用水洗涤，去根、皮、种子等不可食部分，根据成熟度、形态、大小进行挑选、成形、烫漂、冷却、包装等。在前处理过程中原料不可直接与铜或铁的容器直接接触，否则产品易变色变味，所以在加工过程中应使用不锈钢器具。

（1）烫漂工艺。

①速冻蔬菜烫漂的主要原因。蔬菜类若像鱼和肉那样进行冻结和冷藏，总是得到非常坏的结果，好似被霜打了的蔬菜或冻了的马铃薯一样，一解冻就要褐变，食用时不仅失去鲜味而且还带有异常的味道。这些变化是由于蔬菜中含有各种酶类，尽管处于冻结状态但仍然存有活性，当解冻品温上升时活性变强，就要发生化学变化，使蔬菜品质恶化，促使蔬菜变色变味。

若把蔬菜加热使酶失去活性而后冻结，则可得到很好的结果。冻结前这样的加热处理称作烫漂。目前，大多数蔬菜都要进行烫漂工序，只有少数蔬菜在冻结前不需进行加热处理，如洋葱、青柿子椒等。

烫漂最重要的目的是使酶的活性被限制在最小限度，若加热的温度过度或者不足，速冻蔬菜就得不到所希望的好品质。

蔬菜中含有各种各样的酶类，其中与冻结产品有关的，如多酚氧化酶、过氧化氢酶、过氧化物酶、抗坏血酸氧化酶等，产生许多有色物质或者刺激性物质，如酸、醛、酮、褐色多聚物等会改变蔬菜原有的色泽、风味、营养及其质地，使它们出现变色、变味、营养价值下降和质地软化等现象。

若将生鲜蔬菜直接进行冻结和冷藏，会有变色和异常风味的发生，这是由酶所引起的，但究竟是什么样的化学反应机理与变色和风味的异常有关，目前还未完全清楚，但其中有几种酶在比上述温度还要高的情况下，仍有活性，因此被认为是蔬菜在冷藏过程中发生化学变化的原因。

把生鲜蔬菜在更高的温度下加热，这类的变化就可避免，例如在88℃下加热数分钟或者在100℃下加热约30s。蔬菜中的过氧化物酶和过氧化氢酶抗热性强，因此若不采取高温加热方式就不会失去活性。但是有的蔬菜在88℃的水中分别浸数分钟或者在100℃的水中进行30s杀酶，并不意味着完全解决问题。因为原料有大小，即使是同样的原料，因其根、茎、叶等部位的热传导速度不同，杀酶的效果也不同。为了保证速冻蔬菜质量，根据不同的情况掌握适当的烫漂时间是很重要的。

烫漂温度和时间对刀豆的过氧化物酶和抗坏血酸氧化酶活性的影响如图3－38和图3－39所示。

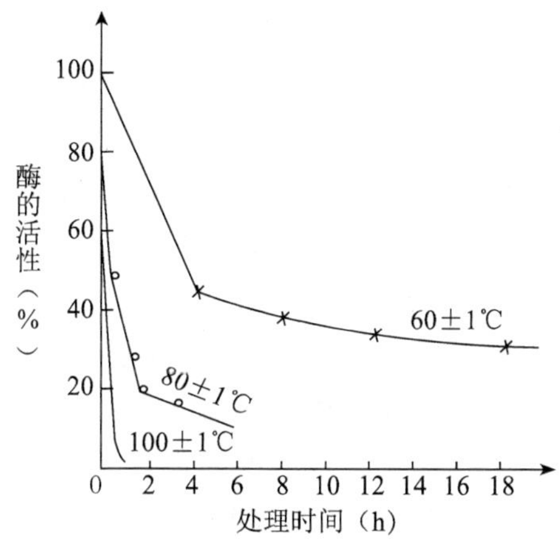

图 3-38 温度和时间对刀豆过氧化物酶活性的影响

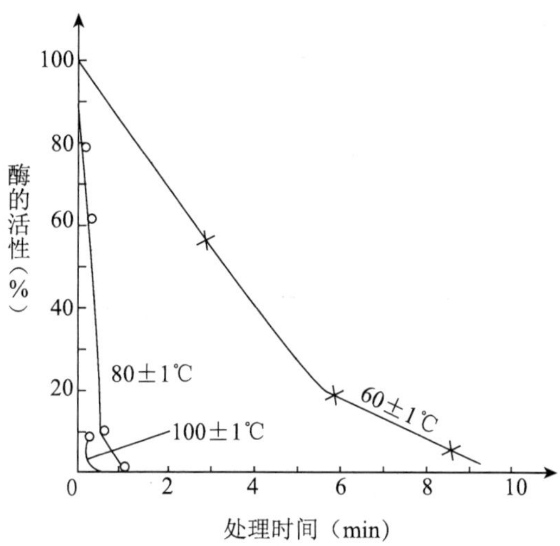

图 3-39 温度和时间对刀豆抗坏血酸氧化酶活性的影响

从图 3-38 和图 3-39 中可以看出，过氧化物酶比抗坏血酸氧化酶的耐热性要强，也就是说在同样加热的条件下，过氧化物酶的活性降低要慢得多。

②烫漂的过度和不足。如果烫漂不足，则会比未经烫漂就去冻结和冷藏时所发生的变化还要恶劣，尽管是不足以使酶完全失去活性的加热，却会使蔬菜的组织遭受某些破坏。在这种情况下，酶并没有完全失活，只是一部分失活，残留下来的活性加强的酶类的化学反应会变得更易于进行。对于烫漂不足的情况，除了残留酶的活性外，还会产生使组织变硬等的缺陷。

烫漂过度时，不仅对品质有不好的影响，而且由于加热时间长使燃料消耗大。蔬菜的叶绿素常常变为橄榄色甚至褐色的脱镁叶绿素，这个变化的速度在烫漂的温度下是相当快的，所以在烫漂时蔬菜的绿色很快会失去，特别是在过度烫漂时，这种倾向更大。过度烫漂的蔬菜的表面往往还会过度软化。

为了防止烫漂不足或过度，工艺品质管理人员和操作工人应特别注意各类蔬菜的烫漂时间。

③烫漂的方法。烫漂处理就是把蔬菜放入热水或者高温蒸汽中进行短时间的加热处理。其方法一般可分为热水烫漂和蒸汽烫漂两种。

热水烫漂其水质应当符合生活饮用水水质标准，多采用饮用水，水温为 80～100℃，但多用 93～96℃。由于水的热容量大，传热速度快，所以热水烫漂时间较同温下的蒸汽烫漂短，而且品温的升高比较均匀一致，适用的品种范围较广。但热水烫漂存在着用水量大、蔬菜细胞破损严重、水溶性的营养成分损失较多、失水率较大等方面的不足，从而影响速冻蔬菜的风味、营养和外观品质，此外，如采用手工操作，则劳动强度大，劳动条件差。

蒸汽烫漂是把蔬菜放入流动的高温水蒸气中进行短时间的加热处理，而后用低温空气进行快速冷却，蒸汽温度为 100℃或者 100℃以上，压力在 100kPa 以上。这种热烫和冷却方法对蔬菜细胞组织破坏性小，可以减少水溶性营养成分的损失，如表 3－15 所示，蔬菜的营养和风味保持较好，同时可减少污染和废水量。它主要适用于叶菜类、果菜类和切细根菜类。但是该法热量损失较大，烫漂不均匀，水蒸气易在蔬菜表面凝结，需要专门的烫漂设备。

表 3－15　　几种蔬菜在烫漂时成分的损失率　　单位：%（质量分数）

品　种	无机盐			蛋白质			维生素 C		
	a	b	c	a	b	c	a	b	c
青豌豆	12	16	5	9	15	4	29	40	16
菜豆（薄片）	21	44	20	8	19	13	34	56	36
菜豆（整的）	9	11	15	0	10	3	7	18	8
胡萝卜（薄片）	15	24	10	30	30	26	26	39	22
胡萝卜（碎丁）	29	33	17	23	24	7	24	46	20
胡萝卜（整的）	6	16	11	10	10	11	19	44	32
土豆（整的）	7	19	10	8	10	10	32	34	39
菜甘蓝	10	23	17	5	12	11	31	48	11

除上述两种基本烫漂方法外，近几年来还出现并应用微波烫漂、高温湿蒸汽烫漂、常温酸烫漂等新的方法。不管采用哪种烫漂方法，蔬菜的外观品质没有显著性差异，但是在维生素 C 保持率、能耗和失水率等方面存在差异。

④烫漂的检验。蔬菜烫漂的温度和时间与其效果密切相关。检验烫漂效果一般是检查抗热性较强的过氧化氢酶的活性，看其在烫漂后仍残留多少，来判断烫漂是否适

当。将1.5%愈创木酚酒精液和3 % H_2O_2等量混合后，将烫后蔬菜试样切片浸入其中，若在数分钟不变色，则表示过氧化氢酶已被破坏，否则将出现褐色。

最近也有用脂质氧化酶及过氧化物酶的活性作为烫漂程度指标的，因为它们的活性存在与否对蔬菜的风味、色泽影响很大。而脂质氧化酶与过氧化物酶又分别含有多种同工酶，每一种脂质氧化同工酶或者过氧化物同工酶的抗热性不同，检验方法也有多种，如极谱法、分光法等。

烫漂要适当，其烫漂温度和时间应当根据蔬菜的种类、成熟度、大小、酶的种类以及工艺要求等条件而定，常以蔬菜中的过氧化物酶活性刚好全部破坏为度，也可用脂质氧化酶活性刚好全部破坏为标准，具体可从蔬菜品质和节能两方面综合考虑。几种蔬菜在100℃的烫漂时间如表3－16所示，在生产中应当结合实际情况稍做调整。烫漂过程中投料要适当、均匀，若投料量太多，烫漂温度降低过快，易出现烫漂不足的现象，只有部分酶失活，那些仍然具有活性的酶促使蔬菜在冻结储藏中快速变色变味，有时甚至比未烫漂的还要快；另外，烫漂也不能过度，否则会造成蔬菜质地过分软烂，变色严重。一般采用热水烫漂时，投料量与热水质量之比为1∶20，以保证烫漂的有效温度。

表3－16　几种蔬菜在100℃的烫漂时间　单位：min

名　称	时　间	名　称	时　间
油菜	0.5～1	花椰菜	2～3
菠菜	5～10（s）	冬笋片	2～3
荷兰豆	1～1.5	蘑菇	3～5
青刀豆	1.5～2	青豆	2～3
小白菜	0.5～1	莴苣	3～4
带心甜玉米（小）	7	茎椰菜	2～3
带心甜玉米（中）	9	芦笋（小）	2
带心甜玉米（大）	11	芦笋（中）	3
甜玉米（粒）	2～3	芦笋（大）	4

（2）烫漂后的冷却和沥水。

①冷却。烫漂完成后应当立即快速地冷却，不然由于残留余热将使加热作用延续，这样将会使蔬菜中可溶性的且对热不太稳定成分的变化加大。另外，若烫漂后品温继续处于高温状态，则原料的色泽将会变坏，成为重新附着的微生物繁殖的温床，到冻结时污染就变得严重了。装入冻结装置时的原料品温低可以减少冻结时的干耗，冻结时间也可以缩短。这些就是烫漂后的冷却所具有的意义。

由于上述原因，蔬菜烫漂完了就应当立即进行冷却，以使其在短时间内品温降至

5℃以下为原则。

冷却方法有浸入水中冷却、冷水喷雾冷却、冰水（或碎冰）冷却、冷风冷却。用冷水或冰水冷却的方法要比用冷风冷却要快得多。另外用冷风冷却有引起产品干燥而减重的缺点，若用冷水或碎冰就避免了这个缺点。但是有的蔬菜由于急剧地与冷水或碎冰接触，其表皮将剧烈收缩，有的甚至会破裂（如蚕豆），这种情况下可采取分段降低水温的冷却方法。蔬菜的可溶性成分有溶于冷水中而流失的现象，应当设计在尽可能短的时间内使品温降低至所需温度。

②沥水。在用水冷却的情况下，冷却后的沥水程序必须进行，特别是菠菜之类的叶菜。残留于叶间的水分会在冻结前包装时悄悄地流出而积聚于包装袋的底部，冻结为冰块而影响成品外观。

3. 速冻

常用于蔬菜冻结的速冻装置大体分为送风式（我国多用流化床速冻装置）、接触式或其他形式（如液氮和不冻液等），速冻蔬菜时主要用前两种形式的装置。无论采取哪种速冻方法，为了获得优良的产品，冻结速度及冻结品温这两点显得非常重要。

（1）快速进入冻结装置。

经过前处理的原料应当被快速地装入冻结装置，时间越推迟则冻结出的产品质量越不好。在冻结前的温度下，由于烫漂后附着的微生物再繁殖以及可能由于烫漂而没有完全失活的一部分酶的作用会引起变质，这是冻结前原料鲜度降低的原因，应当引起注意。

一般地，蔬菜的冻结前处理要经受烫漂过程的加热处理，品温曾一度升高，但烫漂后蔬菜要立即用冷水或者冷风冷却，使品温尽量降低，这一点很重要。冷却后的蔬菜品温越近于0℃，则鲜度降低的可能性就越小，假若冷却不彻底，品温仍然处于较高状态，就把它放入冻结装置，这时为了使其温度降到安全品温以下，则要花较长的时间，造成鲜度降低是不可避免的，所以冻结前处理后的原料如果不能立即进行冻结，应当立即设法将其品温降到近于0℃，并放到冷藏室中暂时储藏，以免变质。

（2）冻结速度和冻结品温。

①冻结速度。要获得优质的冻结蔬菜，首先，必须对其进行快速冻结。因为冻结蔬菜时对其最大伤害是组织的破坏，这主要是由于冰晶形成后体积膨胀而造成局部压力，从而致使蔬菜的细胞壁破裂而破坏其组织结构。其次，细胞脱水使蛋白质和胶体结构发生不可逆的变性，解冻时所生成的水分就不能与蛋白质结合恢复原状而只能外流，即产生汁液流失，而这些流失汁液中不仅有水，还包括溶于水中的蛋白质、维生素、有机酸、糖类、色素、无机盐类等营养物质。为了将冰晶体对蔬菜品质的影响降低到最小程度，可以采用快速冻结方法，使冰晶体颗粒小而均匀地分布在细胞的组织内，这样就可以减小冰晶的重新组合以及冰晶体对细胞产生的局部压力和脱水损害。目前国内外应用最为广泛的蔬菜速冻设备为流化床速冻装置。

采用流化床速冻装置时要应用的两个主要参数是流化床上的食品厚度和它的冻结

时间。

全流（全部悬浮）：如青豌豆、玉米、胡萝卜丁，食品厚度为30～40mm，冻结时间为3～6min。

半流（部分悬浮）：如青刀豆、小朵花菜，食品厚度为80～120mm，冻结时间为10～20min。

不流（不悬浮）：如马铃薯，食品厚度为200mm，冻结时间为20～40min。

②冻结品温。在冻结终了的冻结装置中，要使冻结蔬菜取出时的品温（冻结终温）尽可能地接近冻藏温度，这对于冻藏后保持优良品质是必要的。一般地讲，冻藏室温度在－20℃以下，因此冻结终温可以取－18℃以下。严格地说这个温度是平均品温，并不是指刚冻结终了的原料的中心温度在－18℃以下。在刚刚冻结终了时，在同一原料的个体内，外表温度最低，越向中心温度越高，但在无热量传导时，这个温度的高低随着时间的延长，不久就趋于平均了，因此冻结温度是指这时的温度。而实际上当冻结终了后原料的中心品温变成约－15℃时，那么前面讲的平均品温－18℃以下的条件就已经被满足了。

总而言之，冻结终温比冻藏室的温度高太多时对于产品品质是不好的，应当使它尽量接近于冻藏室温度，所以当冻藏温度为－30℃，冻结终温－18℃是不够的，应该再降低一些才好。

4. 包装

包装必须保证在－5℃以下低温环境中进行，若温度在－4～－1℃或以上时，速冻蔬菜会发生重结晶现象，这将大大降低速冻蔬菜的品质。包装间必须在包装前1h开紫外线灯灭菌，所有包装用工器具，工作人员的工作服、帽、鞋、手均需要定时消毒。工作场地及工作人员必须严格地执行食品卫生标准，非操作人员不得随便进入，以防止污染。内包装可以用耐低温、透气性低、不透水、无毒性、无异味、厚度为0.06～0.08mm的聚乙烯薄膜袋。外包装用纸箱，每箱净重为10kg，纸箱必须防潮性良好，内衬清洁的蜡纸，外用胶带纸封口。所有包装材料在包装前须在－10℃以下低温间预冷。

速冻蔬菜包装前应当按规格检查，人工封袋时应当注意排除空气，排除与不排除空气蔬菜在冻藏中干燥与氧化的程度将产生差异。尽管某些包装薄膜的水蒸气和气体透过性小，但若在包装内留有空隙，水蒸气也会从冻结蔬菜中向此空间移动，并在包装材料的内侧面凝缩，由此结霜，该情况下透明的塑料薄膜内侧就会变得白浊，其中的冻结蔬菜的表面就会变得粗糙且完全失去光泽，也因此而干燥。包装内部的空隙越大，冻藏蔬菜的干燥与氧化就越厉害。一般用热合式封口机封袋，有条件的可以用真空包装机装袋，装箱后整箱进行复磅，合格者在纸箱上打印品名、规格、重量、储存条件、生产日期、期限、批号和生产厂家。用封口条封箱后，立即送入冷藏库储存。

5. 速冻蔬菜的生产方法

速冻蔬菜是冷冻食品的一种，它是指将蔬菜经加工处理后，快速冻结并制成的小包装食品，与其他冻结食品一样，可以长期储藏。由于用现代先进的方法加工速冻蔬菜，因此较大程度地保持了新鲜蔬菜原有的色泽、风味及维生素，且食用方便，国际市场上的需求量在不断地增加。近几年来我国在速冻蔬菜方面也有了较大的发展，现在生产的品种有青豌豆、甜玉米、蘑菇等，除出口以外，在国内也起到调节市场与丰富人民生活的作用。几种速冻蔬菜的生产方法如下。

(1) 青豌豆。

青豌豆是目前世界上产量最高的速冻蔬菜之一。为了生产出优质的速冻青豌豆，原料应当趁新鲜剥荚处理，否则会产生豌豆淀粉量增加而甜味减少或者豆皮硬化，色泽变坏的现象。所以在冻结前的处理操作，应当以相当大程度的机械化为好。若用手剥豆荚，1h 内只能剥 4kg 豆左右，因此生产时必须用剥荚机，再将剥出的豆粒用挑选机分为 3 级。

剥出的青豌豆经过清洗后，根据豆粒大小确定烫漂时间，一般大型豆烫漂时间为 2.5～3.5min，中型豆为 2～3min，而小豆为 1.5～2min。烫漂后的青豌豆应当立即投入冰水中慢慢搅拌进行冷却。刚冷却时豆皮可能会产生皱纹，但这些皱纹过一会儿就消失。沥去水，然后在挑选台或者传送带上除去红豆、破豆、虫食豆和碎豆等不良的原料，再送去进行快速冻结。

对于青豌豆，世界各国多用带式流态化冻结装置进行单体快速冻结（IQF）。冻结时青豌豆悬浮在不锈钢网孔传送带上，在－30℃以下，用垂直向上 7～8m/s 的风速将青豌豆吹起，形成悬浮状态，在 5～10min 之内能够使豌豆冻到－18℃，然后装袋装箱送去冻藏。

(2) 甜玉米。

作为速冻原料的甜玉米，其黄色品种比白色品种好，因为黄色乃至橙色的甜玉米颗粒非常整齐。选择时以果粒排数 14～16 个、穗长约 20cm 的甜玉米为好，制品的种类有带芯和颗粒的。

成熟度决定制品的品质，所以成熟度的选定特别重要。适当的成熟度在初乳期至初成形期，但是由于制品的种类多少有点差别，带芯的制品早点采摘为好。随着成熟度的增加，甜玉米中水分和糖分量减少，淀粉量增加，因而颗粒的汁液的黏性增加但甜味减少。采摘后成熟度的发展非常快，品质将马上劣化，所以应当尽量在数小时内冻结。运输和冻结推迟时，一定要将原料冷却至 5℃左右冷藏为好。

①带芯甜玉米。用去壳机除去外皮和缨子后进行烫漂，若用蒸汽烫漂要进行 6～10min，若用开水烫漂要进行 3～4min，接着立即用冷水冷却至 10℃以下，再整形，切去芯轴尖和柄轴，而后送去冻结。冻结后的带芯甜玉米分个地用聚乙烯袋进行防湿气密包装，不要留有缝隙。

②颗粒甜玉米。其是指用从玉米芯上取下的颗粒进行冻结后的产品。生产时将除去外皮和缨子的带芯甜玉米再用搓玉米机将颗粒取下。

烫漂时分带芯烫漂和搓粒烫漂，搓粒烫漂若用开水需 2min，用蒸汽需 2～4min；

带芯烫漂时有的颗粒烫漂不完全（只达半烫漂），等到粒搓下来后还需要补足烫漂。带芯全烫漂的情况下粒中全糖（蔗糖及还原糖）的含量减少20%～40%，而颗粒烫漂时全糖含量减少40 %～60%，从这一点上讲带芯烫漂的甜玉米品质较好。

烫漂后一边放入冷水中冷却，一边除去异物，沥水后放到流态化冻结装置中进行单体快速冻结，冻结后再包装，送进冻藏室中冻藏。产率为35%左右。

（3）蘑菇。

蘑菇菌体非常脆弱且易损伤，采摘后褐变快，品质容易降低，特别是手接触过的部分容易变色，所以尽可能不要拿菌伞，让菌伞由柄轻轻地支撑着。操作时应当特别注意，这是蘑菇的特点。因此采摘蘑菇的当天就要进行冻结，且采摘后应马上放在2～4℃温度下冷藏。

蘑菇的易变色是个大问题，色泽变化是由于蘑菇中的酚、过氧化物酶的含量非常多，作用于切断面及损伤的部分使其氧化且立即变色。水洗时由于氧化所生成的色素成分（酚化合物）逐渐溶出，因此洗过蘑菇的水会变成赤褐色的。

根据蘑菇伞径来确定蘑菇大小的标准：大（L）为35mm以上，中（M）为23～35mm，小（S）为23mm以下。留下的伞柄长度约为5mm，要顺着伞柄切成约7mm厚的片，然后充分水洗除去异物后再烫漂。

使用开水或者蒸汽进行烫漂。由于用蒸汽烫漂可溶性成分溶出少，所以产品的风味好。根据原料尺寸的大小，蒸汽烫漂所需的时间分别为L：180～300s，M：150s，S：105s。

烫漂后立即用冷水喷淋冷却，为了防止蘑菇冻结制品褐变，冷却沥水后的蘑菇浸于抗坏血酸水溶液（浓度0.5%）中就非常必要。

如何将变色控制到最小限度是难点。为了保证质量，从原料的收购到冻结的操作都快速进行是很重要的，此片状蘑菇的冻结应当在3～5min内进行完毕。不论大小，等整个蘑菇在20min内中心品温降低到－23 ℃，用IQF方式冻结后再进行包装。另外，利用液氮和干冰冻结也可以达到质量较好的目的，但成本较高。

冻结后用真空包装对于防止变色是有效的。冻藏的温度应当在－23℃以下为好，产率为35%～40%。

（二）水果速冻工艺

水果属植物性食品，有诱人的色、香、味及质地，能增进食欲，有助于食物消化吸收。水果中各种维生素及矿物质特别是维生素C和碱性矿物质，更具有不同于肉类等食品的特殊营养意义。所以，速冻保藏某些有特殊风味的水果，可在淡季调节市场或争取外销，有较高的经济价值。

速冻水果的质量取决于原料的性质和速冻工艺。水果的速冻流程为：

原料—预冷—清洗—分级—去皮、切分、去核—冻前处理—冷却—速冻—包装

1. 原料

速冻水果原料的状况与速冻产品的质量有密切的关系，用低质量的原料不可能加

工出高质量的速冻产品。水果的种类很多，但是适合于速冻的只有苹果、桃、梨、草莓、荔枝和樱桃等。

果实应当在最适宜的采收成熟度采收，过生或者过熟都不能得到高质量的产品。水果速冻后原有的色香味得不到提高，所以供速冻的原料以在其鲜食的成熟阶段进行采收为宜。果实的采收在国内多是人工进行，若管理得好，可以大大减少损伤，还可以凭感官鉴定适宜的成熟度后分别进行采收，减少原料的浪费，但效率低。国外发达国家普遍采用机械采收，可以节省人力和费用，但是机械采收是一次性进行，可能会产生原料成熟度不一问题，加工时还要进行挑选。

总之，用在达到食用成熟度时立即采收的水果，才能加工出优质的速冻水果产品。运到加工点的果实，尽管是经过分级挑选的，但是由于经过装卸运输等环节，一部分会产生机械损伤，甚至腐烂，所以运到加工场地后，还需要认真挑选，剔除次果、烂果。

2. 预冷

为了最大限度地保持水果原料的新鲜程度和原有的品质，采收后就必须在水果原料产地，在最短时间内，用人工方法将其冷却到规定温度，使水果维持其正常的生命活动，把呼吸作用与蒸发作用降低到最低水平。目前，国外有些国家为了加工高质量的速冻水果产品，已经把预冷作为水果采收后加工的第一道工序。而国内，有部分水果速冻厂对预冷这道工序的重视还不够，一般不设预冷工艺，因此影响了产品质量。

水果预冷方法一般有空气预冷、水预冷及真空预冷三种，我国多在高温冷藏库内采用冷气流强制对流的方法预冷水果，该方法简单易行，缺点是冷却速度较慢。

3. 清洗

水果在生长成熟期间以及采收后的储运中，经常会受到自然环境的污染、病虫害的侵袭，还会有农药的残留、杂物的混入、容器的不清洁等，使水果必须经过清洁、除杂。对草莓等浆果类原料应当采用小量洗涤方法，防止机械损伤及在水中浸泡过久，色泽和风味受到影响。

4. 分级

为了保证产品的质量和标准，减少损耗，适于包装，原料须进行大小重量分级，同时剔除不合格部分。

大小分级可以采用分级筛多层装置，各层筛孔根据果实类型分级，规格由上至下按级缩小孔眼，最大的果子留在最上层筛中，最小的果实穿过各层落到底部卸出。

5. 去皮、切分、去核

一般浆果类水果不需要去皮的，但大多数加工水果是要去皮的。果实去皮的方法有机械去皮（苹果）、热力去皮（桃）和化学去皮（橘子）等。

（1）机械去皮。

多数加工厂用机械去皮，去皮后再根据规格要求用机械或者人工方法进行切分并除核。樱桃类小型果实不需去皮，除核则采取冲击穿刺的机械装置进行。

（2）热力去皮。

一般用高压蒸汽或开水进行短时间的加热，使果实表皮突然受热松软并与内部组织脱离，然后迅速冷却去皮。

（3）化学去皮。

将桃子等放在3%氢氧化钠溶液中浸45～60s后取出，用水冲洗，并轻揉其表面去皮，再用流水冲洗，然后将去皮的桃片在2%柠檬酸溶液中浸数分钟，以中和残留的碱液，再用清水冲洗。

6. 冻前处理

（1）加糖处理。

水果加糖的目的如下：

①在相同低温状态下，糖液的冻结膨胀率比水小，加糖后可以防止冻结时形成的冰结晶对水果内部组织的破坏作用。

②减弱氧化酶的活性。

③由于糖的还原性，糖液使水果“穿上糖衣”，有效地控制空气的氧化作用。

④防止芳香成分的挥发。

⑤防止水果的干燥。

⑥保持水果原有的风味。

⑦保持维生素C。

⑧使果实更甜。

速冻易变色的新鲜水果，如苹果、杏、樱桃、桃、梨等，应当在速冻前使其在糖液中浸渍或在整个水果上撒满粉末糖并进行加糖处理。

水果加糖，一般用浓度为30%～50%的糖液。用量配比是2份水果加1份糖水。在水果中加入糖液后，可以放在0℃库房中存放8～10h，使糖分渗入水果，而后再进行速冻。速冻草莓可加砂糖处理，草莓与砂糖重量比为7∶3。草莓加糖后也需要存放一段时间，使砂糖吸收果汁而溶解，形成糖浆，起到糖液的作用。

由于水果的品种不同，其加糖量也就不同。糖液的浓度应当按需要定量配制。否则，加入超量的糖会造成果肉收缩而影响产品质量。

（2）添加维生素C。

某些水果在去皮、去核后会发生褐变。即使它们经过糖液浸泡，在储藏一定时间后仍会变色。为了防止这种褐变，保持其原有色泽，应当在糖液中添加0.1%～0.5%的维生素C。

桃和苹果的薄片浸渍于糖液中，经速冻后在储藏中也屡次引起颜色变褐，从而使产品质量下降。若在糖液中添加一定浓度的维生素C，则具有防止变褐的显著效果。

例如，将桃的薄片浸渍在含有0.2%维生素C的糖汁中，捞出后进行速冻，并放在涂石蜡的纸箱中，在−18℃的温度下冻藏两年也不会变色，而且味道也不错。

(3) 二氧化硫处理。

采用二氧化硫处理是为了防止水果的褐变。水果在去皮、切分后，应将其立即投入 50ppm 二氧化硫溶液中浸渍 2～5min，可抑制褐变。使用亚硫酸氢钠也有同样的效用，因为它会放出二氧化硫，而且使用方便。这种方法也经常用于冷冻果汁、果酱。但是，二氧化硫处理水果会使部分产品风味受到影响，所以，有些国家禁止使用。

(4) 柠檬酸处理。

水果中氧化酶的活性，可以利用降低 pH 来抑制，所以，提高水果的酸度可以防止褐变。食品中一般允许使用的酸类有柠檬酸、苹果酸等，因为这些酸都是水果中自然存在的酸，所以，使用得很普遍，特别是柠檬酸在果蔬加工中经常使用。柠檬酸能降低产品的 pH 从而控制氧化，还能与果实或者糖液中存在的铁和铜离子形成复合盐，这两种元素对催化果实中天然存在的单宁等化合物的转化反应的酶具有强有力的激活作用。故而一般在冷速冻果品的糖液中加入 0.5%的柠檬酸，不仅提高产品风味，还能保护果品色泽。

(5) 烫漂等处理。

有些水果不需加糖和维生素 C 等，而是进行烫漂等，如在速冻荔枝过程中要经过烫漂，温度在 100～110℃，且在 20s 内完成，然后在 3%的柠檬酸液中浸泡 3min 即可。

7. 冷却

水果经过冻前处理后，大部分不经过冷却而直接进行速冻，个别的需要冷却，如草莓经糖液浸泡后应当迅速冷却到 15℃以下。

8. 速冻

水果的速冻方法和蔬菜基本相同。冻结速度对水果的质量影响较大，冻结速度越快，质量越好，否则就差。

杨梅用普通的冷库冻结，产品往往具有土腥味。在冻结的当天，并没有产生这种怪味，但是将杨梅放在－20℃冻藏时，在几天之内，就会变味和变色。若用液氮速冻，可以防止以上变化。

将去皮或不去皮柑橘采用冷库冻结后，其苦味很强，几乎不能入口，这是由于在冻结时，果实组织受到损伤，甙类物质渗出而造成苦味。同样，若用液氮速冻，苦味可大大减轻。

香蕉不剥皮冻结时，具有冰激凌那样新颖的风味，若剥皮后采用普通方法冻结，不仅变味，而且产生褐变。若剥皮后装入聚乙烯塑料袋中，放入－70℃介质中浸渍，并在－20℃以下冻藏，基本可以防止褐变。

从以上例子可以看出，快速冻结具有防止水果变色和保持其特有风味的效果。

速冻产品的终温，应当接近冻藏温度或冻藏温度以下。

9. 包装

水果在速冻前，一般要用各种类型的容器包装，然后速冻。也有的产品可以先速冻后包装。前者的优点是防止产品干耗和氧化，缺点是冻结时间长；后者主要是用于一些带皮的水果，如荔枝等。

包装容器有马口铁罐、涂胶的纸板杯筒、衬铝箔的纸板盒或纸盒内衬以胶膜、玻璃纸、聚酯层及塑料薄膜袋等。常用的薄膜包装材料有聚乙烯、聚丙烯、聚酯、尼龙等。为了改善包装材料的性质，也常用两种材料构成复合薄膜。常用的是聚乙烯玻璃纸、聚乙烯涤纶薄膜、聚乙烯铝箔等。

10. 常见的几种果品速冻

（1）桃。

①原料。桃的品种繁多，其中白桃和黄桃最适于速冻加工。原料要求果实大小均匀，无压伤，无病虫害，成熟度在八成左右。

②分级。由于品种不同，其大小也不尽相同，加工时应按品种大小分若干等级。

③清洗。用清水洗去表面的脏物和残留的农药。

④剥皮。将清洗干净的桃放入 3%的氢氧化钠溶液中浸泡 1min 后捞出，在清水中剥皮，并用 2%柠檬酸溶液浸泡，再用清水冲洗干净。

⑤去核切分。将去皮桃迅速从中间切开去掉桃核。规格较大的切成 4 块，较小的切成两块。

⑥加糖处理。在浓度为 40%的糖水溶液（为了防止解冻后发生褐变，可以加入 0.1%的维生素 C）中浸泡 5min。

⑦单体速冻。捞出沥净水分迅速送入温度为－35℃的流化床中进行快速冻结。

⑧包装。定量真空包装有利于桃块的长期储藏。用塑料袋或者塑料盒、纸盒包装，每个包装可装 0.5kg 桃块。

⑨冻藏。在－18℃以下冻藏。

（2）草莓。

①原料。成熟的果实鲜红艳丽、柔嫩多汁酸甜适中，芳香宜人，且具有较高的营养价值。每 100g 果肉中，含维生素 C 在 60mg 以上，比西瓜高 14 倍，含糖近 10mg，胡萝卜素为 0.01mg，硫胺素为 0.20mg。另外，还含有蛋白质、多种矿物质等，有增食欲、助消化的作用，为老少皆宜的佳果。

草莓在常温下可储存 1～3 天，在 0～5℃的环境中可储存 1 周，气调储存期为 3～4 周，冻结加工处理后在－18℃的条件下储存期为 12 个月。

冻结加工对原料的品质要求比较严格。采摘时必须精心操作，注意不带露水采摘，因为带有露水的草莓采摘后容易变质。果实大小要均匀，果面的红色占 2/3，且坚实。果实无压伤及病虫害。运输时须轻拿轻放，箱不宜装得过满，防止阳光直接照射。

②分级。按果实的色泽和大小分级挑选。首先挑选出果面的红色占 2/3 的适宜冻结加工的果实，然后按下列直径分级：20mm 以下，20～24mm，25～28mm，28mm 以上。或者按重量分级：单果重量 10g 以上为 1 级；8～10g 为 2 级；6～8g 为 3 级；6g 以下为 4 级。次质草莓冻结加工后可以做草莓酱的原料。

③去蒂。由于草莓带蒂采收，冻结加工前需去蒂。去蒂时注意不要损伤果肉，一

手轻拿果实，另一手轻轻转动，即可去蒂。

④清洗。用凉水清洗 2～3 次，除去泥沙，脏物等。

⑤加糖处理。将预先配制好的浓度为 30%～50%的糖液倒入塑料槽中，然后将草莓放入其中，轻轻搅拌均匀，浸泡 3～5min，捞出后滤去糖液。

⑥速冻。将糖液浸泡过的草莓迅速冷却至 15℃以下，尽快送入温度为－35℃的流化床冻结，10min 后草莓中心温度达到－18℃。

⑦包装。冻结后的草莓应尽快在低温状态下包装，防止表面融化影响产品质量。包装材料采用塑料盒或者纸盒，使用塑料袋内真空包装或者用塑料袋直接包装（每个包装袋为 0.25kg 或 0.5kg），然后装入纸箱，每一纸箱装 20kg 货物。

⑧冻藏。在温度为－18℃的库房内堆积储存，每 5 层加一个木制底盘。

（3）葡萄。

①原料。葡萄的品种很多，其中以新疆、河北宣化的葡萄最佳，其含糖量最多，果实籽少、颗粒大、肉厚味美的葡萄适宜速冻。速冻加工要求原料新鲜，无损伤，无病虫害，无农药污染，果实大小均匀、整齐。

②清洗。用清水反复冲洗沥干净。

③脱粒。流态化冻结的葡萄，必须剪枝脱粒，脱粒时用剪刀剪去果蒂并注意不损伤果肉。

④分级。按大小分级。

⑤加糖处理。为了保持维生素 C 的含量，将颗粒状葡萄在浓度为 40%以上的糖水溶液中浸泡 5min，或者在淀粉糖稀糊中搅拌，捞出后放入容器中。

⑥单体速冻。在温度为－30℃以下的流化床中冻结 10min。流态化冻结装置使用一段时间后应当注意清洗传送带上的残留物，以保持清洁生产。

⑦按 0.5kg/袋包装，包装材料采用聚乙烯塑料袋，每一纸箱装 40 袋。

⑧冻藏储藏时必须保证温度不高于－18℃。堆货不宜太多，防止底层纸箱损坏。

（4）西瓜。

①原料。西瓜是人们喜爱的一种水果，旺季上市最大，但不宜储藏。单体速冻是储藏西瓜的一种重要手段。选择新鲜、个大均匀、籽少、八九成熟、瓜瓤色泽鲜艳、无损伤的西瓜做原料。运输和加工时应轻拿轻放，避免剧烈颠簸，防止日光暴晒。

②预加工。整个西瓜需用清水冲洗干净，然后切开去皮去籽。将瓜瓤切成菱形方块、圆块或者莲花瓣、梅花形等，其大小根据需要确定。加工时防止挤压，避免瓜汁流失。

③加糖处理。在浓度为 40%～50%的糖水溶液中浸泡 3min 或在西瓜块上直接撒糖。

④速冻。西瓜块适宜在振动流化床冻结装置中进行速冻。

这种装置的第一段为传送带，西瓜块表层很快被冻结，彼此间不互相黏结。第二段形成流态化冻结。由于在－35℃的条件下冻结，所以冻结产品质量好，色泽鲜艳。

⑤包装与冻藏。在低温状态下进行包装，采用袋装或者盒装。每个包装重量为0.25kg、0.5kg、1kg不等。然后装入纸箱，每一纸箱装20kg货物，放入−18℃堆垛冻藏，但要防止挤压。

（三）果蔬的冻藏

1. 冻藏的温度和时间

速冻果蔬和其他冻结食品一样，一般是冻藏温度越低，品质保持得越好，但同时要考虑设备费、电费、水费及其他费用等。一些果蔬一年收获一次，为了整年供应，希望速冻的果蔬能储藏一年，而不失原有的品质。根据国内外专家学者的研究结果，认为应在−18℃且相对湿度在95%～98%的条件下冻藏，大部分速冻果蔬一年内不会失去商品价值。−18℃是最经济的冻藏温度。

2. 冻藏时的变化

速冻果蔬在冻藏过程中产生物理、生物、化学等方面的变化，主要表现为冰结晶的成长、变色、变味等。

（1）冰结晶的成长。

速冻果蔬在冻藏中，冰结晶的成长使果蔬细胞受到机械损伤，使速冻果蔬的质量逐渐下降。为了防止果蔬在冻藏过程中冰结晶的成长，应当尽可能地快速冻结，使生成的冰结晶大小均匀；并尽可能降低冻结温度，提高结冰率；降低冻藏温度，降低各相（固相、液相、气相）的饱和水蒸气压差；尽可能防止冻藏库中温度的上下波动。

（2）变色。

果蔬在冻藏过程中，有时因氨气泄漏而造成食品变色，如红萝卜由红变蓝；洋葱、卷心菜、藕由白变黄等。凡在常温下发生的变色现象，在长期的冻藏中也都会发生，只是速度十分缓慢。

蔬菜烫漂不足，在冻藏中会变色；相反，烫漂时间过长，会立即变色，呈黄褐色。

速冻果蔬要尽量储藏在−18℃以下，温度过高，会出现明显的褐变。

（3）变味。

果蔬的香味是由本身含有的各种不同的芳香物质所决定的，这些芳香物质在加工过程中，若温度过高，则很快分解，香味消失。因此，水果在速冻前一般不经过烫漂处理；有的蔬菜，如甜椒、黄瓜等，如果经过烫漂，就失去原有的清香味。

果蔬在冻藏中，由于酶的作用会产生一些生物化学变化，使果蔬的味道恶变。例如毛豆、甜玉米等直接冻结时，即使在−18℃的低温中，2～4周内就会产生异味。这种变化主要是因为毛豆、甜玉米中的油脂在酶的作用下使酸值、过氧化值TBA等增加的结果。为了防止这些变化，在速冻前要先进行烫漂。又如杨梅在冻藏中产生异味，是由于冻结后，杨梅中的芳香油与羰基类化合物的平衡受到破坏的缘故，若冻藏温度降低，这种破坏作用就会减弱。

五、畜肉的冻结加工

(一) 畜肉类冻结的目的、方法及要求

1. 畜肉类冻结的目的

经过冷却的肉类，只能做短时间的储藏。因为冷却肉的温度在冰点以上，肉中的水分并未冻结，仅在一定程度上进行抑制微生物和酶的活动能力，并不能完全终止它们的作用。因此，肉类要做长时间的储存和长途运输，就必须采取冻结工艺。肉类冻结的主要目的，就是使肉体保持在冰冻的低温状态下，阻止肉体内部发生微生物和酶的各种生物、化学变化，防止肉类品质下降，以便做长期储藏并进行远途运输，同时也可以保障供给，调节市场需求。

2. 畜肉类冻结方法及要求

畜肉类的冻结方法一般以空气作为介质在冻结间进行。

胴体肉冻结一般采用非连续式的吹风冻结间。装载量多为 5～15t，大的可以装 20t。牛 1/4 胴体、猪半胴体、小牛胴体、羊和羔羊胴体可以用单钩或者双钩吊挂，在轨道上滑行，猪肉和牛肉的单位装载量为每平方米 200～300kg。

我国白条肉的冻结间大都采用强烈吹冷风冻结装置。在冻结间内装有干式冷风机，室内有吊运轨道以挂运肉体。采用纵向吹风的冻结间风速通常为 1.5～2.5m/s（装货后风速达 4～6m/s）。冻结过程快结束时可降低空气流速，这样既可以减少干耗，又能节省能量。

胴体肉纵向吹风冻结间如图 3-40 所示。空气流速一般为 2～3m/s，实际吹风断面为冻结间横断面的 82%～85%。由冷风机出来的低温气流遇到吊轨首端的胴体肉后，分别散流在胴体之间，所以吊轨首端的胴体肉首先被强烈的低温气流吹过，造成整个冻结间胴体肉冻结不均匀，致使首端和末端冻结时间相差可达 6h。

采用横向吹风冻结间如图 3-41 所示，这种系统空气流速是 0.5～1.5m/s，实际吹风断面为冻结间纵断面的 55%～60%。横向吹风冻结间冻结比较均匀，先被低温强气流吹过的胴体肉和最后散流吹过的胴体肉，冻结时间相差大约 1～4h。

为了使空气按一定方向流动，提高冻结效果，可以在冻结间内做假天花板。假天花板上开有 30mm 宽的条缝，条缝距吊轨中心为 90mm。假天花板距天花板 800～1400mm。这种假天花板可以设计成顶吹纵向吹风或顶吹横向吹风，冷风机（吊顶式或落地式）把低温空气送到假天花板上的空间，而后气流经条缝吹到冻结间的胴体之间，吸收胴体肉的热量，再重新被冷风机吸入。从条缝出来的低温空气流速达 5m/s，随着射流断面的增加，流速降低。吹经胴体肉臂部时，流速大约为 1.2m/s。这种冻结系统因低温空气是自上而下，首先吹到胴体肉的臀部，即胴体肉的最大厚度部位，所以冻结均匀效果比较好，如图 3-42 所示。在使用有假天花板的冻结间时，必须注意假天花板的严密性，否则，条缝出口空气流速会急骤下降。

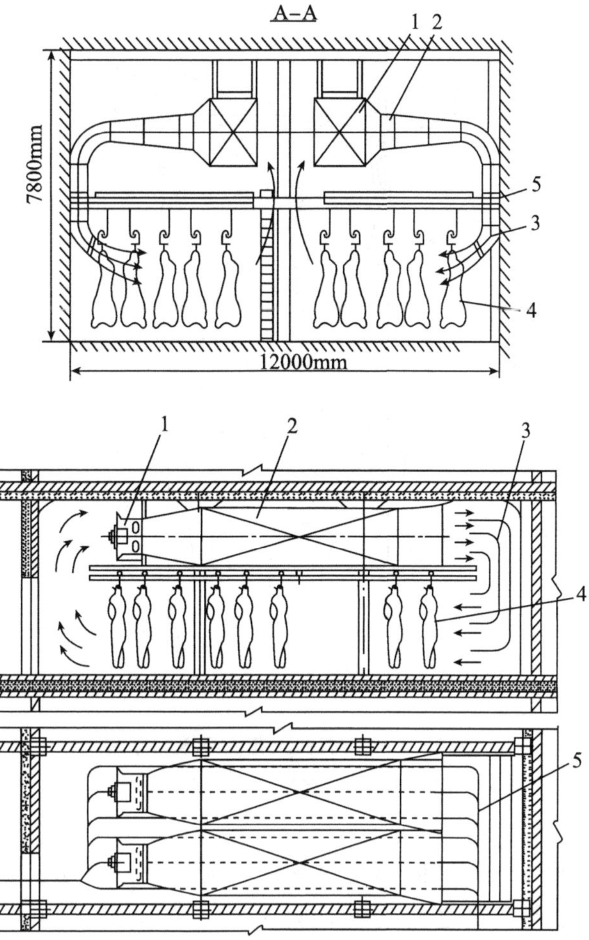

图 3－40　胴体肉纵向吹风冻结间

1—风机；2—空气冷却器；3—空气流向；4—胴体肉；5—吊轨

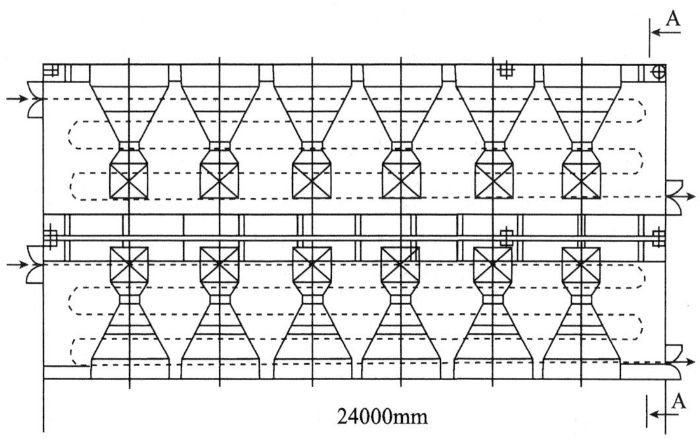

图 3－41　横向吹风冻结间

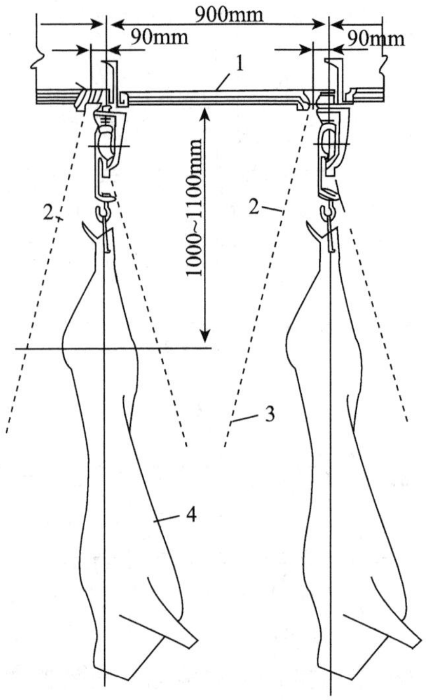

图 3-42 带有假天花板条缝的冻结间

1—假天花板；2—条缝；3—气流；4—胴体肉

有些肉联厂，胴体肉冻结间的配风采用喷射空气的方法。这种方法是：空气由安装在吊轨上面或者吊轨之间的专门送风道上的风嘴，由上向下吹向胴体。如图 3-43（a)、3-43（b）所示。从送风嘴出来的低温空气先吹到胴体肉的臀部，空气在冷风机中降温。

送风嘴的直径为 40～50mm 且排布在送风道上（每米分布有 6 个），冷风可以均匀地吹到全部胴体肉上，由此，保证了胴体肉冻结时间相同。从风嘴出来的风速达到 8～10m/s，而吹到胴体肉臀部时风速为 1～2m/s，冻结效果好。

图 3-43（c）是送风道之间有空气冷却器的冻结装置。该装置由风道和安装在风道下面的冷却蛇管组成。风道的送风管送出的低温空气是由冷风机冷却的，空气从送风管出来后，先喷射到冷却蛇管，然后再喷到胴体肉上。

两风道之间装有冷却蛇管的喷射空气冻结系统的优点是，它不仅存在对流换热，还存在辐射换热（胴体肉和冷却蛇管之间），因而强化了热交换，缩短了冻结时间，减少了干耗。

目前，我国冻结胴体肉经常采用的冻结间的形式是无风道风管送风，其优点是初次投资少，安装简单，管理方便。其缺点是冻结效果不佳。假天花板下送风冻结间，空气喷射式冻结间以及带有冷却排管的空气喷射冻结间虽然冻结胴体肉的效果好，但是初次投资大，安装复杂，操作管理不便。带冷却排管的空气喷射式冻结间

（冻结胴体肉效果最佳），安装管理不便，融霜也最困难，所以在我国采用的比较少。

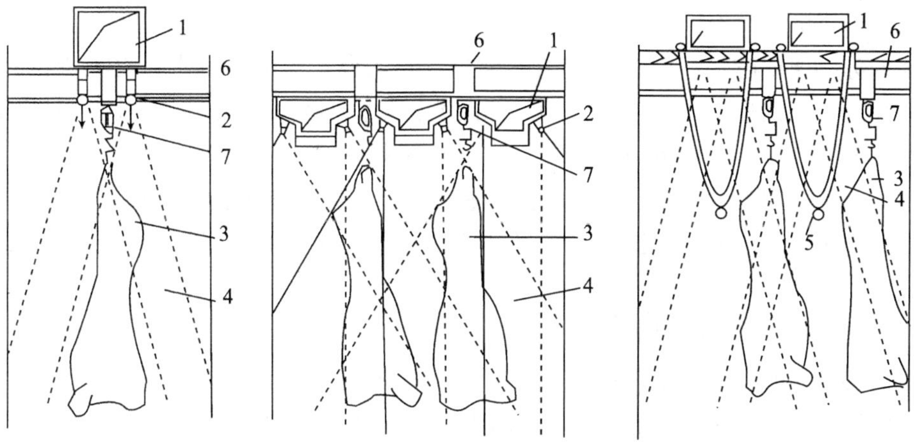

（a）送风道在吊轨上　（b）送风道在吊轨之间　（c）送风道之间有空气冷却器

图 3－43　带有空气喷嘴装置的冻结间

1—送风道；2—送风嘴；3—胴体肉；4—气流；5—冷却蛇管；6—吊轨梁；7—吊轨

对于肉类分部位精加工小包装产品，也可采用搁架式或平板式冻结装置等进行冻结。

影响肉类冻结速度的主要因素是冻结间的空气温度、空气流速、肉体的初温、终温及肉片的厚度和含脂量等。为了提高冻结速度、缩短冻结时间，冻结过程应符合下列要求。

①要充分挖掘制冷压缩机的制冷能力，严格操作管理，按照要求及时对冷风机进行冲霜，正确调整制冷系统的运转参数，以达到最佳制冷效果。

②合理吊挂肉体，较重和较肥的肉体应当挂在出风口处，较轻和较瘦的肉体可挂在中间或入风口处，以使冻结间的肉片在同一时间内冻结均匀。

③在进货前，冻结间必须进行冲霜和降温，进货过程越短越好，且应当一次进完。

④严格库房操作管理，及时关闭库门、灯。

⑤冻结间内货未出库时，不得再装热货，以免引起室内温度波动，影响冻结质量。

（二）畜肉类的两阶段冻结工艺

我国在 20 世纪 50 年代建设的冷库，均设计有冷却间，普遍采用在两个蒸发温度，即－15℃冷却系统和－33℃冻结系统下，先冷却后冻结的两阶段冻结工艺。也就是在肉类冷却完毕后，再立即送入冻结间进行冻结，所以又可称为有预冷的冻结。

冻结室温度一般为－25～－23℃，空气相对湿度以 90%左右为宜，空气流速为 2～3m/s，将冷却的白条肉由 0～4℃冻结到－15℃（指后腿中心温度）所需时间约为 20～24h。

在国外，如美国、英国和日本等仍然主张采用先冷却后冻结的两阶段冻结工艺。因为这种冻结工艺对牛、羊肉不易产生寒冷收缩现象，且解冻后肉的保水能力好，汁液流失少，肉的嫩度好。

肉的冻结速度越快，肉体内冰结晶越小，不仅质量提高，且干耗也减少。对大多数食品来讲，冻结速度为2～5cm/h即可以避免质量下降。实践证明，中等厚度的猪白条肉在20h内由0～4℃冻结至－18℃，冻结质量是好的。

供冻结用的肉类，以肥育良好的牲畜最为适宜，因为皮下脂肪能很好地预防干缩，而瘦畜的肉类，不宜冻结，因其在冻结和冷藏期间的重量损失较多，其商品外观的变化也较大。

(三) 畜肉类的直接冻结工艺

畜肉类的两阶段冻结工艺冻结时间较长，效率较低。直接冻结工艺是指将屠宰加工后的肉体不经冷却过程而直接送入冻结间，在一个蒸发温度为－33℃的冻结系统下冻结的工艺。

1. 白条肉直接冻结工艺的要求

(1) 肉胴体必须先放在凉肉间分级暂存，待累积到相当于一间冻结间容量时，一次性将其迅速地送入冻结间。凉肉间的容量至少为两间冻结间的容量。凉肉间内可以安装冷风机或者排风机，以便除去水分，并适当降低肉温。

(2) 进货前冻结间的冷风机必须冲霜，库温需降到－15℃以下时才可以进货。

(3) 在进货时，为了确保库内墙面不滴水，不产生冻融循环，要求边进货，边开冷风机供液阀进行供液降温。进货完毕后，要求冻结间的室温在0℃以下。

(4) 在冻结期间，为了充分发挥冷风机的工作效率，保证冻结质量，要求在肉温降到0℃时再一次进行水冲霜。

(5) 直接冻结工艺要求配备适应的冷风机的机器设备，以保证制取足够的冷量。这样，在低温和强大空气流速的作用下，肉体深处与肉体表面才能形成较大的温度差，以促使肉体深处迅速向表层散热。同时，由于肉体表面迅速冻结，导热系数随着冰层的形成而增大，更加快了肉体深处的散热速度，进而缩短冻结时间，使肉体温度能在16～20h内达到－15℃而完成冻结过程，达到快速冻结的目的，而且保证了冻结肉品质量。若冷量不足，肉体深处的热量长时间排不出来，则会引起酶和微生物作用的加剧，致使肉体深层腐败变质。

2. 直接冻结过程的分析

现以猪白条肉直接冻结过程曲线为例，分析说明直接冻结过程。从图3-44中可以清楚地看出整个冻结过程可以分三个阶段。

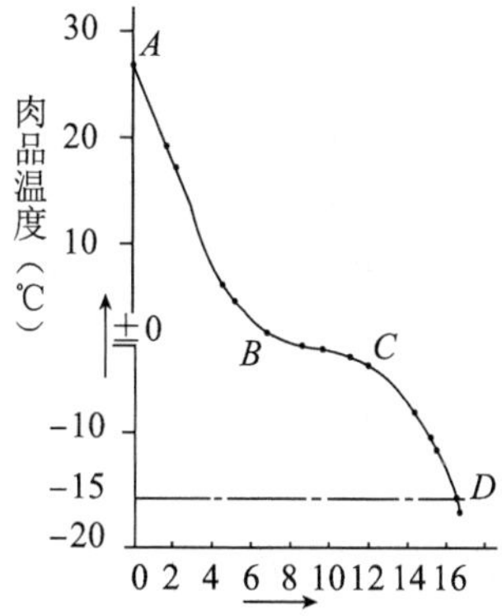

图 3-44　猪白条肉直接冻结过程中的温度变化曲线

第一阶段（曲线 *AB*）：猪胴体从初始温度冷却到肉品冻结点温度的过程。在这一阶段，室内的空气平均温度要高于全过程的空气平均温度。热量的交换形式是肉体表层对空气以对流换热为主，在冷空气流的直接吹风下，温度下降得较快，曲线陡直，肉体表面的温度近似于直线快速下降。这一阶段中空气温度和肉间风速是影响冷却过程的主要因素。

第二阶段（曲线 *BC*）：在这一阶段有大量的冰晶形成。室内空气平均温度接近于全冻结过程的空气平均温度。热量的交换主要以传导的方式进行，肉体中心的热量传导至表层后释放，热量的交换受肉体的导热系数的影响最大，肉体温度下降很缓慢，因而曲线较平。这阶段冻结速度主要取决于肉块的厚度及含水量的多少。

第三阶段（曲线 *CD*）：这一阶段室内空气平均温度低于全冻结过程的空气平均温度。因为肉体中已有 80%左右的水冻结成冰，导热系数增大，所以体内热量传导变快，肉表层对空气的对流换热也加快，所以肉体温度下降较快。但是由于室内的空气温度也在降低，与蒸发温度之间的温差在逐渐减小。所以，降温速度较第一阶段慢，曲线呈陡缓状态。室内的空气温度是影响这一过程的主要因素，且主要受蒸发温度的影响。

冻结全过程起主导作用的是空气温度。室内空气状态是随冻结过程的变化而变化的，不能恒定在某一点上，它是由蒸发温度和肉体温度的变化来决定的。

3. 直接冻结工艺的优缺点

（1）优点。

①冻结时间比两阶段冻结工艺缩短 40%～50%。

②干耗减少。完成冻结工艺后所产生的干耗量明显比两阶段冻结后产生的干耗量少，可降低 40%～45%。

③耗电量减少。经测定，直接冻结工艺每冻结 1t 肉，耗电量为 63 度，两阶段冻

结工艺每冻结 1t 肉，其耗电量为 80.6 度，直接冻结比两阶段冻结每吨肉省 17.6 度电。

④减少建筑面积，降低投资。以每日冻结 100t 肉的冷库为例，仅需两间供凉 40t 肉的凉肉间，不需要再建冷却间，约可减少建筑面积 30％。

⑤节约劳动力。不经冷却直接冻结，可减少转库时间和搬运量，节约劳动力约 50％。

因此，目前我国已广泛采用肉类直接冻结工艺。

（2）缺点。

①直接冻结工艺易使牛、羊肉体产生寒冷收缩现象。

②直接冻结工艺要求冻结间配置较大的冻结设备，制冷量比两阶段冻结工艺大，同时工艺要求较严格。

为解决直接冻结工艺产生的寒冷收缩问题，除电刺激外，还可以采取一种不完全冷却的折中办法，即把肉先冷却到 10～15℃的适中温度，直到僵直现象普遍发展，然后再进行直接冻结。

（四）畜肉类在冻结过程的变化

肉类中的水分冻结成冰，是冻结过程中的基本变化，也是引起各种物理变化、化学变化和生物化学变化的基本原因。

1. 物理变化

（1）肉的硬度变硬。

在冻结过程中，随着冻结水量的逐渐增多，肉体由软逐步地变为半软、半硬直至变硬。比如在－2.5℃时，冻结水量为 63.5％，肉呈半软半硬状态；而在－10℃，有 83.7％的水分冻结，肉体变硬。

（2）色泽变深而鲜明。

由于冻结过程中肉体表面水分蒸发，表层有色物质的浓度增加，且经过一定的时间后，肌红蛋白被氧化成红褐色的氧化肌红蛋白，所以冻结后的肉色泽变深。同时，由于冰结晶的形成，光线的散射和反射增加，使冻肉色泽变得鲜明。

（3）水分蒸发产生干耗。

当其他条件一定时，冻结干耗主要取决于冻结过程的时间长短。两阶段冻结的干耗损失主要在冷却阶段产生，总的干耗量约为 2.54％。直接冻结比两阶段冻结的干耗量大为减少，一般情况下（室温为－23℃，强烈吹风条件下，将肉体冻至－15℃），直接冻结过程的平均干耗为 1.66％左右。

肉品的品种不同，冻结干耗有很大差异，如羊肉为 2.19％，牛肉为 1.97％，猪肉为 1.66％，瘦猪肉为 2.08％，分割肉为 0.33％。

（4）冻结点下降。

肉的冻结点直接受肉内汁液的浓度影响而变化。由于冻结时肉表面水分蒸发，浓度增大，冻结点也随之下降。

(5) 冻结膨胀造成机械损伤。

肌肉组织内的水结冰时，体积增大约 9%～10%，故由冰晶体积膨胀所产生的冻结膨胀压力是很大的，细胞被挤压、变形甚至破裂，以致引起肉组织纤维的机械损伤。在解冻时细胞不能完全恢复到原来的形状，冰晶融成的水在解冻时也不能完全被吸收，以致造成肉汁流失，肉品质量下降。快速冻结可以使这一影响减小到最低程度。两阶段冻结和直接冻结相比较，直接冻结所形成的针状冰晶体更为细小，数量更多，且分布更为均匀，所以引起肌肉组织的破坏就小得多。

(6) 导热系数的变化。

肉体冻结后，导热系数也随着变化，这主要是由于肌肉中的水分产生相态变化，冰的导热系数要比水的导热系数大 4 倍，所以，当肉呈冻结状态时，其导热系数为冻结前生鲜状态的两倍多。

2. 生物化学变化

生物化学变化主要表现为蛋白质的冻结变性和胶体性质的破坏。引起这些变化的原因主要如下。

(1) 盐析作用。

由于肉的汁液中的水分部分冻结成冰结晶，致使肌肉细胞内脱水和水溶液浓缩，肉汁液的溶质浓度特别是盐的浓度增大，从而使蛋白质发生盐析作用而自溶液中析出。这种蛋白质的冻结变性，在初期是可逆的，但是时间过长，则变为不可逆。

(2) pH 变化。

盐析作用的发生使溶液中可溶性蛋白质逐渐减少，加之蛋白质在水分冻结过程中受到机械性能破坏。所以，溶液中蛋白质所起的缓冲作用减弱，溶液中氢离子浓度的增加，进一步促进了蛋白质的冻结变性。不可逆的蛋白质变性现象便破坏了蛋白质胶体性质。严重的蛋白质变性最终致使肌肉组织的纤维硬化，口感变坏。

在冻结非常迅速时，析出的冰晶体是微细的，均匀分布的，蛋白质分子没有凝聚的机会，可以减少蛋白质的变性。所以加快冻结速度对防止蛋白质冻结变性是有重要作用的。

3. 冻结对微生物、寄生虫的作用

−25～−18℃的冻结温度可以有效地抑制和杀灭肉中大多数的微生物，对猪肉、牛肉中的一些寄生虫具有杀灭致死作用。如寄生在猪肉内的旋毛虫在温度低于−17℃时，两天内就会死亡；钩绦虫在−18℃时，三天死亡；囊尾虫在−12℃时即可完全杀灭；肉中的弓型属类寄生虫在−15℃时，两天以上即可死亡。所以，冻结是一种保证食用猪肉安全的方法。

六、分割畜肉的冻结加工

所谓分割肉，是指将屠宰后经过兽医卫生检验合格的胴体，按销售规格的要求，按部位进行切割修整，经包装、冻结后的块肉。

根据国内外市场需要，猪、牛、羊胴体均可冷加工成不同规格的带骨分割肉、剔骨分割肉和去皮去脂分割肉等。

（一）冷加工分割肉的意义

与冻白条肉比较，冷加工分割肉具有以下意义。

1. 减少冷加工过程中的干缩损耗

冻结分割肉比冻结猪白条肉的干缩损耗要小，一般在0.3%～0.45%。这是因为分割肉经过包装，其体形规则，堆码整齐紧密，肉与空气的接触面积大大地减少。所以在冻藏过程中，分割肉的干缩损耗也比猪白条肉减少50%以上。

分割肉与白条肉在冻结和冻藏过程中干缩损耗的比较，如表3-17所示。

表3-17　分割肉与白条肉干缩损耗比较

肉的种类与等级	冻结干缩损耗（%）		在－15～－8℃温度下冻藏一个月的干缩损耗（%）
	－23℃	－18℃	
一等牛肉	0.78	0.88	0.18～0.28（平均为0.23）
二等牛肉	0.90	1.00	
一等羊肉	0.94	1.04	0.22～0.31（平均为0.26）
二等羊肉	1.00	1.10	
肥猪肉	0.59	0.69	0.18～0.22（平均为0.20）
瘦猪肉	0.90	1.00	
带骨分割肉	0.30	0.40	0.11
去骨分割肉	0.35	0.45	

2. 提高冻藏库的单位容积载重量

根据试验，冻结白条肉在冻藏时堆垛密度为400kg/m^3左右，而分割肉的堆垛密度可达650～800kg/m^3，可以提高冻藏能力近50%。当然，在生产实践中，应当注意其是否适应楼板的负荷。

3. 延长储藏期限

经包装的冻结分割肉比冻结白条肉可以储藏更长的时间。带包装的分割肉在－18℃冻藏一年左右，质量仍然很好。分割肉的平面布置如图3-45所示。

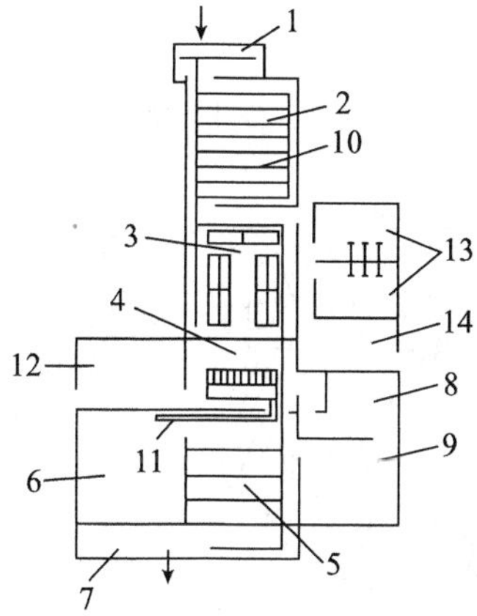

图 3－45　分割肉的平面布置

1—胴体接收；2—冷却储藏；3—加工间；4—包装间；5、6—分割肉、剔骨肉分别专用的冷却储藏间；7—发货间；8—冻结间；9—冻肉储藏间；10—吊轨；11—滚轮传送带；12—包装品仓库；13—更衣室；14—工作服存放间

4. 便于运输和装卸

由于包装规则，体形整齐，重量统一，故易于采用机械化运输和堆码。

（二）猪分割肉的原料要求、品名规格和技术要求

1. 原料要求

出口分割或者内销分割冻猪肉的原料，必须来自非疫区，经兽医宰前宰后检验，证明健康无病的猪胴体。公母种猪（包括改阉猪）不可用于生产分割肉。

挑选的原料应当无病无害，大小、肥度适中，以肌肉丰满、皮薄、臀圆、背宽、肉红为好。原料挑选工作必须设在兽医商品检验之后。

2. 品名规格

每片猪肉按不同部位可以分割成四块去皮、去骨、去皮下脂肪的肌肉（即分割冻猪瘦肉）。猪肉分部位规格如图 3－46 所示。

（1）颈背肌肉：指从第五、六肋骨中间斩下的颈背部位肌肉（简称Ⅰ号肉）。

（2）前腿肌肉：指从第五、六肋骨中间斩下的前腿部位肌肉（简称Ⅱ号肉）。

（3）大排肌肉：指在脊椎骨下约 4～6cm 肋骨处平行斩下的脊背部位肌肉（简称Ⅲ号肉）。

（4）后腿肌肉：指从腰椎与尾椎连接处（允许带腰椎一节半）斩下的后腿部位肌肉（简称Ⅳ号肉）。

按照销售的需要，胴体还可以加工生产大排、小排、肋排（俗称“三排”）、带骨方肉等分割原料肉。

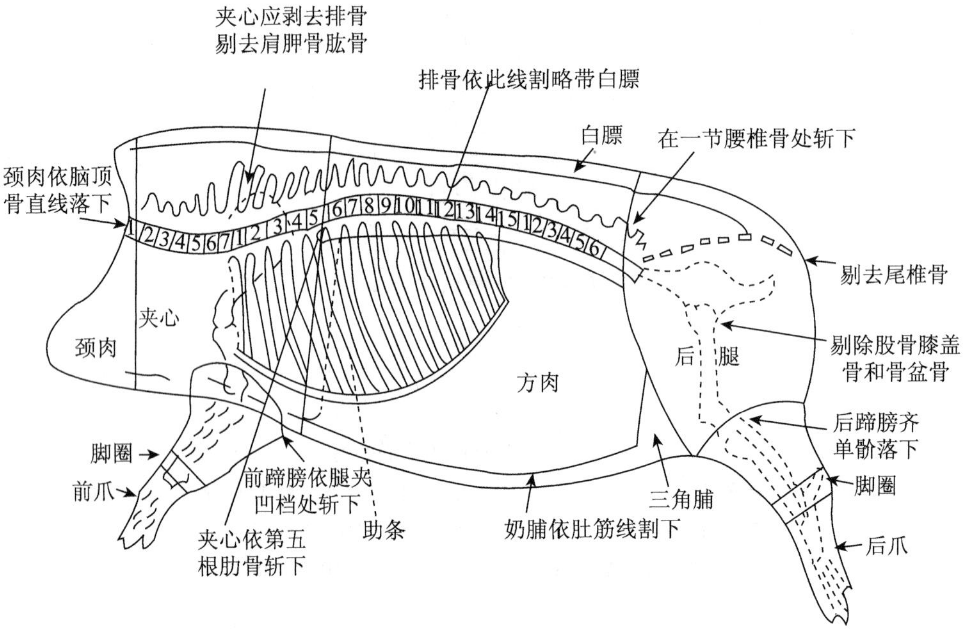

图 3-46　猪肉分部位规格

3. 技术要求

(1) 分割冻猪瘦肉分为三等级，即一级、二级、三级。分级规格如表 3-18 所示。

表 3-18　分级规格

	一级	二级	三级
重量	颈背肌肉≥0.8 前腿肌肉≥1.35 大排肌肉≥0.55 后腿肌肉≥2.20	每块肉的块形应保持基本完整，不带碎肉，重量不限	每块肉重量不限
修正要求	肌肉应保持完整，表层脂肪修净，肌膜尽量不破。Ⅱ、Ⅲ号肌肉允许保留腱膜。每块肉内部的筋、腱和脂肪不修	肌肉应保持完整，表层脂肪修净，肌膜尽量不破。Ⅱ、Ⅲ号肌肉允许保留腱膜。每块肉内部的筋、腱和脂肪不修	肌肉表层允许带脂肪，但厚度不超过 0.5mm。每块肉内部的筋、腱、脂肪不修

(2) 对分割肉加工车间的设施和卫生均有一定的要求，应当装设空调，使温度、湿度保持恒定。国外一般采用 10～15℃的室温，而我国多采用 15～20℃的室温、75%～85%的相对湿度。

(3) 分割肉加工允许有两种剔骨工艺，即冷剔骨与热剔骨。冷剔骨是指片猪肉在冷却后进行分割剔骨。冷剔骨的肉温大约为22～25℃。热剔骨是指片猪肉不经冷却过程而直接进行分割剔骨。采用热剔骨工艺时，必须有严格的卫生条件，保持均衡生产，不得积压，从原料进入车间到分割加工结束，要在30min内完成，生猪从电麻、刺杀放血工序开始，到加工成分割品肉进入冷却间的时间，应控制在1.5～2.0h内。

（4）分割肉在修整时，力求刀法平直整齐，保持肌膜完整。必须修割净伤斑、出血点、碎骨、软骨、血污、淋巴结、脓疱、浮毛及杂质。应当剔除严重苍白的肌肉及其周围有浆液浸润的组织。

（5）分割肉感官和理化指标。

分割肉的感官指标如表3-19所示，分割肉的理化指标如表3-20所示。

表3-19　　分割肉的感官指标

	感官指标
色泽	肌肉色泽鲜红或深红，有光泽；脂肪呈乳白色和粉白色
气味	应有猪肉固有的气味，无异味
组织状态	冷冻良好，肉质紧密，有坚实感
煮沸后肉汤	透明澄清，脂肪团聚于表面，具有特有香味

表3-20　　分割肉的理化指标

	一级	二级	三级
挥发性盐基氮，mg/100g≤	15	15	15
汞（以汞计），mg/kg≤	0.05	0.05	0.05

（6）包装。

预冷后，应当及时在包装间进行包装。为保证冷却后肉温不致回升，要求包装间温度在0～4℃，并且迅速包装，肉不得在包装间停留积压。

按产品规格用瓦楞纸箱做外包装，尺寸为62.5cm×41.5cm×12.0cm。内包装分大、小两种包装，分别用聚乙烯薄膜包装后装箱。

每箱净重为25kg（冻结后的净重）。每箱块数不限，箱内允许有一块补秤小块肉。箱内肉块排列整齐、美观，面层肉块的大小选择均匀。包装应当坚固、完整。纸箱底部必须封牢。箱外用塑料带三道式“廾”字形，扎捆牢固。箱外两侧必须标明肉的品名、重量、等级、企业名称、生产日期、储存条件。

（三）猪分割肉的冷加工技术

猪分割肉加工工艺流程一般为：选料—编号—部位分段—去皮及皮下脂肪—剔

骨—修整—验质—冷却—包装—冻结—冻藏。

1. 冷却

把修整好的各号分割肉平摊在镀锌铁盘内，要求分割肉的肌膜面向下，不要挤压，以便于散热。然后在有搁架的冷却间内进行快速冷却。鲜肉进库前库温应当保持在−4～−2℃，相对湿度在85%～90%，鲜肉进库后冷却间的空气温度要保持在0℃左右，在12～24h内使肉深层温度达到4℃以下。为了防止霉菌生长，冷却过程一般采用冷风机吹风，使库内空气保持干燥。

若在鲜肉进库前库温采取更低的温度，如−4℃，冷却过程维持在−2℃左右，并将肉进行翻动，便能加速冷却过程，保持肉品质量，延长储存期。

2. 冻结

用纸箱包装后冻结，因纸箱的导热系数小，影响冻结速度，冻结耗时较长。因此，冻结间温度越低越好，应当在−25℃以下，经72h，使肉块中心温度达−15℃以下。

如用铁盘结冻，所用时间可缩短到36h。采用平板冻结器，冻结速度可更快。

3. 冻藏

库温应在−18℃以下，肉温保持在−15℃以下，相对湿度控制在95%～98%，空气自然循环，储藏期为12个月。

七、畜肉副产品的冻结加工

（一）畜肉副产品的营养组成和用途

牲畜经过初步加工处理后，除白条肉体外，其副产品也占很大比例。生猪屠宰后副产品的比例如表3-21所示。牲畜供食用的副产品，大部分营养价值都很高，蛋白质和脂肪的含量几乎与肉相等。畜肉副产品的营养成分如表3-22所示。

表3-21　　生猪屠宰后副产品的比例

品　名	重量（kg/头）	占生猪比例（%）	品　名	重量（kg/头）	占生猪比例（%）
（一）活猪	73.81	100	4. 猪腰	0.17	—
（二）白条肉	48.2	65.3	5. 猪肚	0.9	—
（三）冻鲜类	8.38	—	6. 猪肺（不带肺管）	0.54	—
1. 猪头	4.2	—	7. 猪爪	1	—
2. 猪心	0.19	—	8. 沙肝	0.09	—
3. 猪肝	0.99	—	9. 猪舌	0.19	—

续 表

品 名	重量（kg/头）	占生猪比例（%）	品 名	重量（kg/头）	占生猪比例（%）
10. 猪尾	0.07	—	1. 猪鬃	0.01	—
11. 乳头	0.04	—	2. 猪毛	0.83	—
（四）碎肉类	1	1.35	3. 猪血	2.25	—
1. 槽头肉	0.83	—	（八）药物类	0.31	0.41
2. 里肉	0.06	—	1. 大脑	0.06	—
3. 门肉	0.05	—	2. 猪胆	0.08	—
4. 血肉	0.03	—	3. 猪膜	0.08	—
5. 检验肉	0.02	—	4. 猪胰	0.09	—
6. 其他	0.01	—	（九）其他类	0.2	0.27
（五）肠衣类	2.33	3.16	1. 猪蹄筋	0.18	—
1. 猪大肠	1.38	—	2. 其他	0.02	—
2. 猪小肠	0.95	—	（三）到（九）项	—	—
（六）油脂类	3.5	4.74	副产品	18.8	25.48
1. 板油	1.72	—	总计	—	—
2. 花油	1.56	—	（十）剥皮外加	6.81	9.22
3. 大肠油	0.09	—	1. 猪皮	5.51	—
4. 尿泡油	0.02	—	2. 铲皮油	1.3	—
5. 其他	0.02	—	（三）至（十）项	—	48.82
（七）鬃毛血	3.09	4.19	合计	25.61	

表 3-22　畜肉副产品的营养成分　　单位:%

副产品名称	水	蛋白质	脂肪	糖	灰分
舌	65.62	15.59	17.64	0.05	1.0
肺	79.89	15.21	2.47	0.56	1.27
心	71.07	17.55	10.12	0.8	0.95
肾脏	75.55	18.43	4.45	0.38	—
脾	75.47	17.77	4.19	1.01	1.56
肝	71.55	19.92	3.65	3.33	1.55

畜肉副产品有着极其广泛的用途。除大部分可供食用外，其他部分都是工业和医

药的原料。

畜肉副产品和肉类同样易腐败，需要及时进行冷加工，否则，就会腐败，失去原有的营养价值及食用价值。特别是有关副产品的各种内分泌腺体，若在短时间内不加以处理，其中所含的有效成分即被破坏，而失去其使用价值。

（二）食用副产品的冷加工技术

1. 品种

食品副产品包括头、蹄、尾、舌、耳、肠、胃、肾脏、蹄筋等。此外，心、脾脏、肝脏、肺等，虽然属食用副产品，但也是脏器药品原料。

2. 冷却

食用副产品的冷却按不同牲畜、不同品种分别装在镀锌的铁盘中，平摊在搁架上的不锈钢板上进行。盘内副产品的厚度不超过10cm。肾、心、脑及舌每盘只能放置一层，而且不能过于紧密。体积比较大的副产品，如胃、头等，可以用挂钩吊挂冷却。

副产品的冷却，最好利用专门的冷却间。冷却间内如有吊轨，应当设有多层的活动框架；如无吊轨，则应当设固定搁架。

副产品冷却时，对空气的温度、湿度及流动速度的要求与肉类冷却相同。冷却时间不应超过24h。经过冷却的副产品只能做短期保藏，若需长期储存，必须立即冻结，进行低温储藏。

3. 冻结

副产品经冷却后，应进行整形、装盘、包装，然后进行冻结。在实际生产中，也有些副产品不经冷却而直接装盘冻结，但铁盘不能太深，冻品的厚度不超过100mm，要求在24h内冻结完毕。

副产品的冻结应当在有搁架排管形式的冻结间中进行，也可以在白条肉冻结间中将冻盘放在框架上进行冻结。当副产品中心温度达－15℃时，即可出库。

采用立式平板冻结器冻结副产品效果很好。当平板温度为－30℃时，只需5～6h，即可使品温达－15℃以下。

4. 冻藏

经过冻结的食用副产品，在－18℃温度下可以保藏8个月。

（三）脏器药品原料的冷加工技术

1. 品种及质量要求

脏器药品原料主要包括以下几种：脑下垂体、胆汁、肾上腺、脑髓、脊髓、胃膜、甲状腺、胎盘、睾丸、气管、软骨、膀胱、卵巢、胸腺、乳腺、十二指肠和眼球等。

为了最大限度地保存各种腺体的有效成分，必须在放血停止后20～30min内摘取完毕。

在分离内分泌腺体时，必须去除附着的脂肪，但不可使器官受到损伤。摘取下来的各种脏器药品原料，应当按不同种类分别放置在经过良好消毒的不锈钢盘内，并且立即送往冻结间进行冻结。若不能及时送往冻结间，则应当暂时保存在特制的低温冷藏柜内。

2. 冻结

对脏器药品原料的冻结，最好采用快速冻结的方法，这对保全这些原料的有效成分是有利的。

3. 冻藏

脏器药品原料经冻结后，应当小心地从盘内取出，经包装后送入－18℃冻藏间储藏。

八、家禽的冻结加工

（一）家禽的冷加工技术

1. 家禽肉的冷加工工艺流程及其要求

家禽肉冷加工工艺流程是：宰杀—浸烫—拔毛—拉肠和去嗉囊—宰后检验—分品种（全禽、分割、熟制等品种）—复检、塞嘴包头—称重分级—冷却—包装—冻结—冻藏。

为了保证冻禽的质量，对送往冷加工的家禽肉有以下要求。

（1）禽体表面必须洁净，无残留羽毛、血迹或污物。

（2）放血彻底，体内不得有残留的瘀血。

（3）拉肠时不能将肠管、胆囊拉破，若破断时，应当及时用水冲洗，以免污染。体腔内不允许有粪便和胆汁。

（4）必须完整去掉嗉囊，颈部不能有积食和瘀血。

（5）出口禽肉不得进行二次冻结，否则肉颜色变深暗，外观不良，肉品质量降低。

（6）自宰杀加工到入冷时间不得超过 2h。

冻鸡的加工目前有全鸡（分净膛和半净膛）和分割鸡两种。

全鸡的加工工艺流程是：麻电宰杀—分离颈皮、拉去食管、气管—剪去颈皮—挖肫—挖心、肝、胆—去除肫皮和胸口腺体—真空吸水—挂鸡—揩血水。

分割鸡加工工艺流程是：宰杀—割翅膀—割腿—拆骨—剪骨—挖内脏—斩颈—挖油送骨。

全鸡和分割鸡加工规格及要求如表 3－23 所示。

表 3－23　全鸡和分割鸡加工规格及要求

品种		规格	加工要求
全鸡	半净鸡	特级重量为 1200g 以上，大级重量为 1000～1200g，中级重量为 800～1000g，小级重量为 600～800g	去头、脚和肠，留肺和肾，另将肝、颈洗净，用塑料袋包好，放在腹腔内
	净鸡	同上	去头、脚和内脏，留肺和肾

续 表

品 种		规 格	加工要求
分割鸡	鸡脚	分大级、小级和中级三种，大级重量在 20g 以上，小级在 20g 以下	大级、小级外形特征：白色（或灰白色），无黄色趾壳，揩除血污、血水，无残缺，修剪脚趾跟上个别黑硬斑，允许有少数红斑点。中级特征：灰花白色，无黄皮趾壳，无残缺，揩除血污、血水，允许有少数红斑点，允许有个别断脚但不能影响外观
	翅膀	大级每只在 50g 以上，小级在 50g 以下	外形特征：无残羽，无黄羽，无伤斑和溃烂，揩除血水、血污，允许有少数红斑点。个别伤在翅尖部位，允许修剪，最大范围不超过翅尖转弯关节处
	全腿	大级重量在 200g 以上 中级重量在 150g 以上 小级重量在 150g 以下	外形特征：无残羽，揩除血水、血污，允许有少数红斑点，但不密集，修剪个别伤斑，但应尽量保留腿皮，不影响外形美观
	带全鸡腿	大级重量在 220g 以上 中级重量在 180g 以上 小级重量在 180g 以下	外形特征与全腿一致，但要留尾泄殖腔和肾脏，从背壳中心分开，允许有少许偏差
	带骨胸产品	大级重量在 250g 以上 中级重量在 200g 以上 小级重量在 200g 以下	外形特征：无残羽，无血污，允许有少数红斑点，修剪掉伤斑、溃烂和炎症，摘除腺体和气管、食道等结缔组织
	去骨胸产品	—	规格要求：无残羽，无血水、血污，无任何残骨，修剪掉伤斑、溃烂和炎症，允许有轻度少数红斑，不分等级，每只胸肉卷成块状，允许有脂肪块一起卷，并将碎肉等包在其中
	鸡尾	大小均匀	外形特征：相当于全鸡中级以上之鸡尾，无残缺、无血污、血水，色泽淡黄，无发红现象，齐尾根剪下完整的鸡尾，有固有的尾脂腺气味

2. 家禽的冷却

宰杀和加工后的家禽，肉体平均温度在 37～40℃。具有这样高的体温和潮湿表面的禽体，十分适合于酶反应和微生物的生长繁殖。若不立即销售或作为加工原料使用，则应当及时进行冷却，使肉体温度降至 3～5℃。

家禽的冷却方法很多，可以在空气中、水中或冰水混合物中冷却，也可以进行混合冷却。

(1) 空气冷却。

在国内一般是在冷却间内将光禽吊在挂钩上进行空气冷却。也就是用架子吊挂冷却，将每一胴体都以其脚倒悬在横档上，相互不接触，空气流动通畅。吊挂冷却可以使冷却时间缩短为原来的10%～20%，冷却间的空气温度为2～3℃，相对湿度为80%～85%，风速为1.0～1.2m/s，经过7h左右，鹅、鸭的胴体温度便可以降低到3～5℃，鸡的冷却时间无须这样长即可达到冷却要求。但是在冷却过程中，因禽体吊挂下垂，往往会使禽体伸长，需要人工整形，以保持其外形丰满美观。禽体冷却干耗量约为1.5%～2%。

对于肝、心、颈皮、鸡尾、肫等产品，在常温25℃以上时要放在冷却间进行0.5～1h的冷却，避免肉变味。

隧道式冷却装置如图3－47所示。这种装置是由各个小的冷却室（单体）组装起来的。每个小冷却室中均单独设置冷风机。小冷却室的数量由宰杀生产的能力确定。空气在隧道中流动的方向是横向流动，被冷却的禽胴体放在多层小车上。

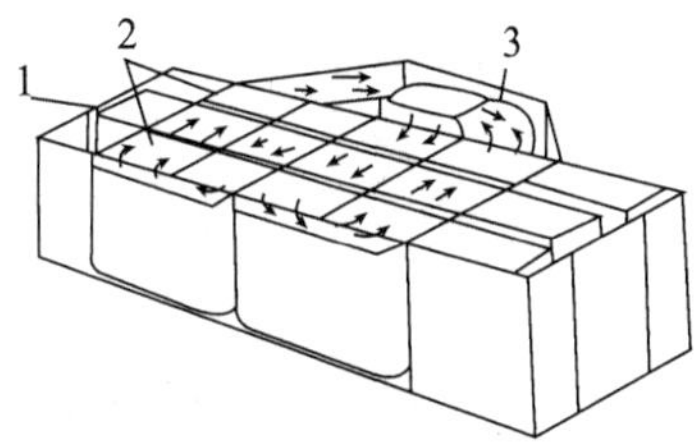

图3－47　隧道式冷却装置

1—隧道；2—小冷却室；3—风机

此外，目前也发展了低温吹风的连续冷却方法，该方法冷却速度快，禽体外观质量好。连续冷却法的第一区段，首先利用15℃的干空气吹15min，目的是吹去表面过多的水分，与此同时水分蒸发也有冷却效果。在第二区段，用－1～0℃的高速气流冷却75min，胴体温度冷却到10℃或10℃以下，恰好符合包装条件。包装后在－2℃的高速气流中，继续进行冷却，冷却时间为165min。全部冷却过程大约为4h。该方法冷却的禽胴体外观好看，而且包装袋内又无汁液渗出，冷藏期延长。

宰杀后的家禽，在直接冻结前要进行塞嘴、包头及整形工作。这样不仅可以防止微生物从口腔中侵入，而且可以使禽体美观。整形通常采用翻插腿翅法，也就是将双翅从关节以下反贴在禽体的背部，双腿从关节以下向臀部反贴，使双胫对称，双脚趾蹼分开并贴身。

用塑料袋包装禽体的操作方法是：将装入塑料袋中的禽腹部朝上，一手按住禽的胸口部位，一手伸入袋内，将两腿向胸部推，使其缩紧而形成球状，然后将塑料袋上的图案摆正，将袋口拉起，使禽体竖立，袋口绕紧后用玻璃纸胶带封口，再顺手在禽背上向胸口处推一下，把缩到尾部的皮肤推回原处，以防止冻结后颈根发红。

（2）水冷却。

水冷却有两种方式，即浸渍冷却和喷淋冷却。

①浸渍冷却。

浸渍冷却用水仅限于饮用水。浸渍冷却的优点：有漂白的效果，产品表面呈白色；冷却速度快；易实现流水作业；无干耗。缺点：微生物污染增加；禽胴体带水量多，如仔鸡平均增重5.5%～12%，有的甚至增重高达27%；包装后包装袋内渗出的水分逐渐增加，这不仅影响产品的外观且为微生物的生长创造了条件。

浸渍式水冷却装置如图3－48所示。这种装置是由水槽、带有冷却排管的大桶、倾斜传送带、管道和循环泵组成。

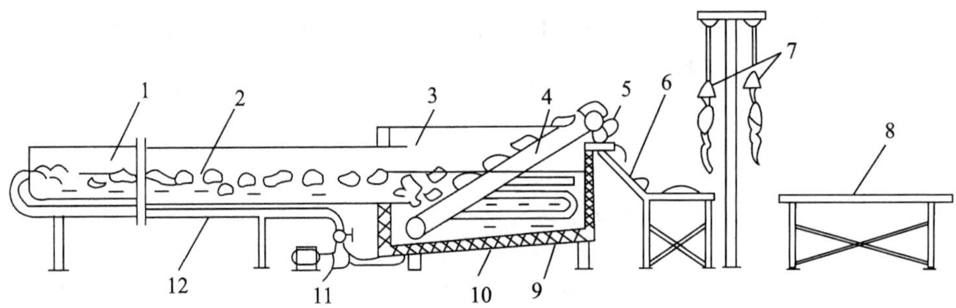

图3－48　浸渍式水冷却装置

1—水槽；2—禽胴体；3—大桶；4—倾斜传送带；5—减速器；6—禽胴体出口；7—传送链；8—包装台；9—冷却排管；10—桶的隔热层；11—循环泵；12—冷却管道

被冷却的禽胴体一面沿着水槽向前移动，一面被预冷，而后进入冷却大桶。冷却好的禽胴体由倾斜传送带从大桶中捞出。水是用设在大桶中的冷却排管冷却的。

该装置操作管理比较简单，但是它还存在着缺点，水槽中水温升高，为4～5℃，这会延长冷却过程。用冰水混合物冷却便可克服这一缺点。

冰水混合物冷却禽胴体的自动化装置如图3－49所示。这种装置由水槽、带有挡栅的传送带、提升机、电动机以及减速器组成。制冰机单独安装。该装置应用较为广泛。

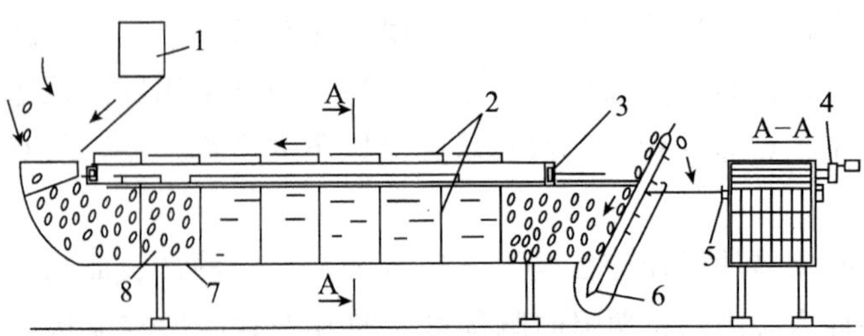

图3－49　冰水混合物冷却禽胴体的自动化装置

1—制冰机；2—挡栅；3—传送带；4—电动机和减速器；5—溢水口；6—提升机；7—水槽；8—小室

禽胴体从传送带上自动掉入大桶中，同时两个相邻的挡栅形成的条笼形小室里充满禽胴体和碎冰，每个挡栅把一定数量的禽胴体和冰推到水槽的末端并送入提升机。若禽胴体没有进入提升机，那么在挡栅抬起来时会将禽胴体托起来，一旦挡栅达到垂直的位置，禽胴体就会重新掉入水槽里。这时又被后面的一个挡栅推到提升机中。挡栅由上边的垂直位置转换成水平位置，是因为挡栅是从一面以铰链连接而倒向一边的。挡栅以水平的方向转到桶的始端，并渐渐打开再推动禽体和冰。

这种装置的优点是：挡栅可以拨动它前面的每一只禽胴体，无论是浮着的还是沉底的，都会被挡栅推向末端。

②喷淋冷却。

喷淋冷却的效果与浸渍冷却相同，但是需要较多的动力。采用喷淋冷却禽胴体增加重量比采用浸渍冷却大致降低 85%，如果喷淋水不循环使用，可减少微生物的污染，但耗水量大。

喷淋式冷却装置如图 3-50 所示。该装置可以用循环水也可以不用循环水。装置由小室、悬挂禽胴体的传送带以及离心喷雾的集管及管道组成。离心喷雾器是用于喷水的。喷雾器交叉布置在集管的格点上，且向传送带的轴倾斜。喷雾器与沿着放禽胴体的传送带形成了一个完整的水帘。

这种装置能保证禽胴体得到充分的洗涤，并且使胴体快速冷却，离心喷雾器的水压要达到 150～200kPa，集管的间距为 450mm。传送带的速度用减速器与变速器进行调节。禽胴体通过装置的时间是它冷却到 4～5℃所需要的时间。

在冷却结束之前，应当进行一次全面的质量检查，以防止不符合要求的胴体混入，特别应当注意检查有无破胆的胴体混入。轻微破胆时，由于输胆管破裂的口很小，胆汁一时不易流出，所以在初步加工后的检查中很难发现。但是经过冷却后，胆囊受肌肉收缩压力的影响，其胆汁便容易从肛门流出。采用吊挂式冷却，若出现此现象则很容易被发现。在质量检查时，若发现有不合要求的胴体混入时，应当一律剔除。

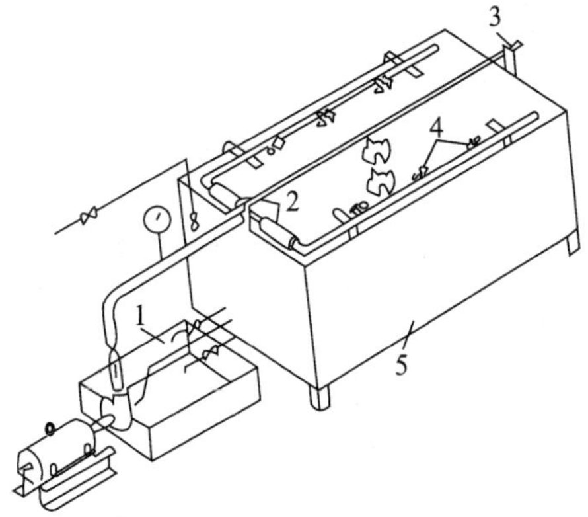

图 3-50 喷淋式冷却装置

1—管道；2—集管；3—带有挂钩的传送带；4—离心喷雾器；5—冷却室

3. 家禽的冻结

家禽的冻结一般都是在空气介质中进行的，采用搁架排管或强烈吹风等方式冻结。

冻全禽时，如果是用塑料袋包装的，可以放在带尼龙网的小车或吊篮上进行吹风冻结。没有包装的禽大部分放在金属盘内进行冻结，脱盘后再镀冰衣进行冻藏。分割禽也用金属盘冻结，然后脱盘包装。

如果是搁架式冻结间，则将金属盘直接放到管架上，盘与盘之间应当留有一定距离。向冻结间进货时，应当整批进入，一次进完，否则会引起冻结间温度波动，影响产品质量。

冻结间的空气温度一般在－23℃以下，最好在－25℃或者更低些，空气相对湿度在85%～90%，空气流动速度为2～3m/s。当禽体最厚部肌内温度达－16℃时，便可结束冻结过程。冻结过程中，禽体因水分蒸发而重量减轻。对于无包装禽肉冻结，干耗量一般为2%～3%。在相同的条件下，冻结的时间与禽的种类以及采用的方法有关。一般是鸡比鸭、鹅等快些，在铁盘内比在木箱内或纸箱内快些。

在上述温度、湿度和空气流动速度的条件下，各种禽的冻结时间如表3－24所示。

表3－24　各种禽的冻结时间

冻结时间（h）／禽的种类	冻结方法	
	装在铁盘内	装在箱内
鸡	11	24
鸭	15	24
鹅	18	36

采用过去的工艺，肉用鸡的冻结时间一般在18～24h。目前采用快速冻结工艺，即悬架连续输送式冻结装置，使吊篮在－28℃的冻结间内连续地运行，从不同角度受风吹，经3～6h冻结，禽体中心温度便可达到－16℃，而且冻结产品质量好，外形美观，干耗小（低于1%）。快速与慢速冻鸡的质量比较如表3－25所示。

表3－25　快速与慢速冻鸡的质量比较

项　目	慢冻鸡	快冻鸡
外观	禽体表皮干燥、发红	滋润、乳白色或微黄色
肌肉	发红	乳白色，微红
冻晶体	冰晶颗粒大	冰晶颗粒细小
干耗	30%左右	用塑料袋包装，基本无干耗，无包装时，干耗在2%以下
品味	肉老，走味	肉嫩，味美

4. 家禽的冻藏

(1) 家禽在冻藏间内的要求和冻藏条件。

冻禽在冻藏间的堆放形式分有包装和无包装两种。

①有包装冻藏：有包装的易于堆放，一般都是每 100 箱堆成一垛。为了提高冻藏间有效容积的利用率，每垛也可以堆放得更多些。在堆放时，垛与垛之间，垛与墙排管或者顶排管之间，应当留有一定的间距，最底层应当用垫木垫起，还要注意不得将箱子倒置。

②无包装冻藏：又分为块状和散状，块状是指多只禽胴体冻在一起，这种块体不容易码垛，且因其表面光滑，码垛时务必注意安全，要堆码牢固。块状码垛方法一般是用压缝法，如砌砖式，这种垛不可过小，要减少与空气的接触面，以减少水分蒸发，降低干耗。散状码垛时，因禽胴体经冻结后格外发脆，尤其是颈部较细，容易折断，所以在拿、放和堆垛时都要很小心，避免拿、放和堆垛时损坏禽体的完整。

堆垛后，可在垛的表面上镀一层冰衣把胴体包起来，从而隔绝胴体与空气的直接接触，这样不仅可以减少胴体在冻藏时的干耗，还可以适当延长保藏的时间。

冻禽垛镀包冰衣的方法很简单，即用喷眼很小的喷雾器将清洁的水直接喷洒到胴体的表面。在整个冻藏过程中镀包冰衣的次数视冻藏间的温度和冰的升华情况等而定，一般是 10～11 天镀一次冰。

无包装的冻禽在冻藏时是将其直接暴露在空气中，这种情况下被微生物和其他生物污染的机会较多，因而除在每垛最底层必须铺垫经过消毒处理的木板、席子等物外，还必须切实做好冻藏间内的日常卫生工作。

不论有包装或者无包装的冻禽，堆成的垛都必须是坚固稳定和整齐的，不得有倾斜现象。同时，不同种类和不同等级的胴体，不能混堆在一起，以防错乱。

冻藏间的温度保持在－18℃左右，相对湿度在 95％～100％，空气流动速度应当以自然循环为宜。在冻藏的过程中，冻藏间的温湿度均不得有较大幅度波动。在正常情况下，一昼夜内温度升降的幅度不要超过 1℃，否则会引起重结晶等现象，这对禽的长期冻藏极为不利。在－18℃温度条件下冻藏，鸡可以保藏 6～10 个月，鸭、鹅可以保藏6～8个月。无包装的冻禽，干耗较大，比如冻鸡经 6 个月的冻藏，干耗可达2％～3％；有包装的冻禽，干耗较小，约为 1％～3％。为了防止水分过度蒸发，可以将冻结后的禽体放在水中迅速浸润，使表面形成“冰衣”。还要定期在禽体表面用喷眼较小的喷雾器喷洒清洁水，这样干耗可明显下降。

(2) 家禽在冻藏期间的变化。

①干缩损耗。经较长时间冻藏后，特别是对于无包装的家禽胴体，由于水分的蒸发及冰晶的升华，肉体表面会出现点状、丝纹状、甚至周身性的肉色变淡现象，其表皮干裂成海绵状，出现本质样的脱水区，肌肉失去韧性，手触有松软感，这种现象也称风干或者发干。严重脱水的胴体，其肌肉的组织结构和鲜美可口的自然风味将受到很大破坏。

②色泽变化。胴体变色时有的表面变红，这是由于放血不当或冷却不良所造成；皮层上有棕色的斑点，这是由于损伤了表皮、冻结烧、骨头变暗的缘故。

表面发黑在冷却和冻结的家禽中都有可能发生。这是由于水分损失或表面层中的大冰晶所造成。

冻结烧可能是冻结家禽最常见的缺点。冻结烧的最初形式只是在外观上，在解冻后残留黄灰色斑点。进一步的冻结烧会发生其他质量方面的变化，如变味、发干、发硬等，这些缺陷都无法恢复。防止和减少冻结烧的主要方法是：将家禽胴体放在能防水汽的包装内；用稳定和适合家禽特性的储藏温度；冻藏间内保持较高的相对湿度。

解冻的幼禽在骨头和附近组织常呈现紫色，在烹煮后会转为棕色。冻结和解冻工序是指从骨髓细胞中释出血红蛋白并松弛骨组织，会使色素移动。烹煮加热时，血红蛋白转变为棕色的亚铁血红蛋白，但味道和香味不受影响。骨头变暗可以用液氮快速冻结或在快速解冻后立即烹煮的办法来解决。

③风味和香味的变坏。该现象主要由下列原因造成：饲料中不饱和甘油酯的存在；冷却时间或取出内脏缓慢；不适当的冻藏条件下被微生物污染；储藏温度高，储藏时间长，不适合的包装，严重的冻结烧等。

④脂肪酸败。由于储藏温度高，储藏时间长，不适合的包装或没有包装，严重的冻结烧等，会造成禽肉冻藏中脂肪酸败；或者由于冷却时间缓慢、冷却过程中微生物污染严重引起冻藏禽肉风味及滋味的变坏，并产生臭味，颜色变成污灰色、油黄色、污绿色，甚至肉品表面发黏、发霉。

九、鱼类的冻结加工

经过冷却或微冻的鱼类，酶和微生物的作用虽已受到一定的抑制，但它们的作用并未终止，还以一定的速度在继续进行。所以，冷却或微冻的鱼类都不能长期储藏，一般只用于鲜鱼运输、加工、销售前的暂时储藏。为了长期储藏，必须将鱼体的热量除去，使其温度降到－15℃以下。此时鱼体中有85％以上的水分已经冻结，微生物不能再繁殖，酶的作用也很微弱，因而能够长久储存。鱼的冻结速度越快，冻结温度越低，冻结鱼的质量就越好，储藏期也越长，而且鱼在解冻后接近新鲜状态，产品质量也较高。

（一）鱼类冻结前的清洗和整理工作

鲜鱼冻结前必须经过清洗和整理。

清洗：首先分开已腐败变质和受机械损伤的鱼和杂鱼，然后将鱼放在3～4℃的清洁水中洗涤，以清除鱼体上的黏液及污物（无鳞而多脂的鱼，如带鱼、鲳鱼等则不必清洗，因洗涤会使其在冷藏过程中因脂肪氧化而迅速变黄）。清洗时要轻拿轻放，在水中停留时间不得过长。

整理：需装盘的鱼，必须经过整理。整理得是否平直整齐，会影响鱼的质量和损耗。不整齐的鱼不仅堆装困难，且会相互缠绕在一起，在销售过程中容易断头、断尾，损耗要增加10%左右。

1. 鱼类整理的技术要求

(1) 两端鱼头整齐，鱼体不能弯曲，鱼头、鱼尾不能伸出盘外。

(2) 表面平整，露出的背部呈波浪形，防止两端或中部有高低不平现象，影响堆垛工作。

(3) 容易褪色的腹部要藏在鱼体中间，防止与空气接触。

(4) 首尾相互粘连，防止在脱盘或者搬运时部分脱落，影响定额重量。

(5) 冷加工的鱼类应当保持体形完整，不应使用铁钩操作，以免造成鱼体的机械损伤。

(6) 整理好的鱼应当立即运入冷库内暂存或冻结，以放止鱼体的质量下降。

(7) 鱼体装盘高度不能超出或者接近鱼盘高度，防止脱盘困难和损伤鱼体。

2. 各种鱼类的整理方法

(1) 对大黄鱼、小黄鱼等色泽容易消失的鱼类，在整理装盘时，一般分上、下两层（鱼体过小的可以分三层），底层背部向下，腹部向上；最上层则与之相反，这样鱼体腹部不与空气接触，保持本色，头尾位置错开，鱼体倾斜排列。

(2) 墨鱼背部的色素，与空气接触容易变红。整理装盘时，将贴在鱼盘四周的鱼的腹部向外，背部藏在鱼体中间。

(3) 对于扁形的淡水或者海水鱼类，一般习惯将其腹部藏入中间。整理方法与大、小黄鱼相同。

(4) 对于长条形的鱼类，如带鱼、鳗鱼等，在装盘时，将鱼体沿着鱼盘四周围成长圆形，背、腹位与黄鱼相同。在圈成长圆形时，应将头部圈入鱼体中间，尾部圈在外部。

(5) 虾类整理方法有长方形的盘装和圆形的篮装两种。装盘时，虾背放在盘的两端，其头部放在盘的中间。用小容量的盘装虾时，一般将虾整理成双层相同的两行。若采用篮装，虾的头部放在篮的中心，拱形的虾体整理成倾斜状折扇形，从篮底盘旋向上。

（二）鱼类的冻结方法和在冻结时的变化

1. 冻结方法

按照冷却介质的不同，鱼的冻结有以下三种方法。

(1) 吹风冻结法。

①搁架式冻结法。将鱼盘放在管架上，再用风机吹风，风速为1.5～2m/s，鱼盘与管架进行接触传热及鱼与管架间的冷空气对流换热而散失热量。冻结间的温度为−25～−20℃，相对湿度为90%～95%。定时改变空气流动的方向，以保证冻结间内各部位降温一致。但是风不能直接吹到鱼体上，以免引起鱼体因脱水过多而变白。该方法设备简单，温度均匀，耗电量少，但是用钢管多，劳动强度大。

②强烈吹风冻结法。目前采用隧道式空气冻结装置。库温为−25～−20℃，鱼体终温达到−18～−15℃。鱼块大小为40cm×60cm×（11～12）cm，每块鱼的重量为

15kg，放入冻鱼车的鱼盘内或者上轨（装鱼笼架）上，每辆鱼车装 20 盘鱼，冻鱼车双列布置，用冷风机强烈吹风，风速为 3～5m/s，冻结的时间在 8～11h 不等，一般是一日冻两次。现在经改进可以使冻鱼车在室内自动转动。

总之，隧道式冻结装置，冻结速度快，能力大，耗用劳力少，改善了操作条件。因此被渔业冷库广为使用。

③传送带式冻结法。生产性冷藏船上一般装有链式传送带冻结装置，如图 3－51 所示。

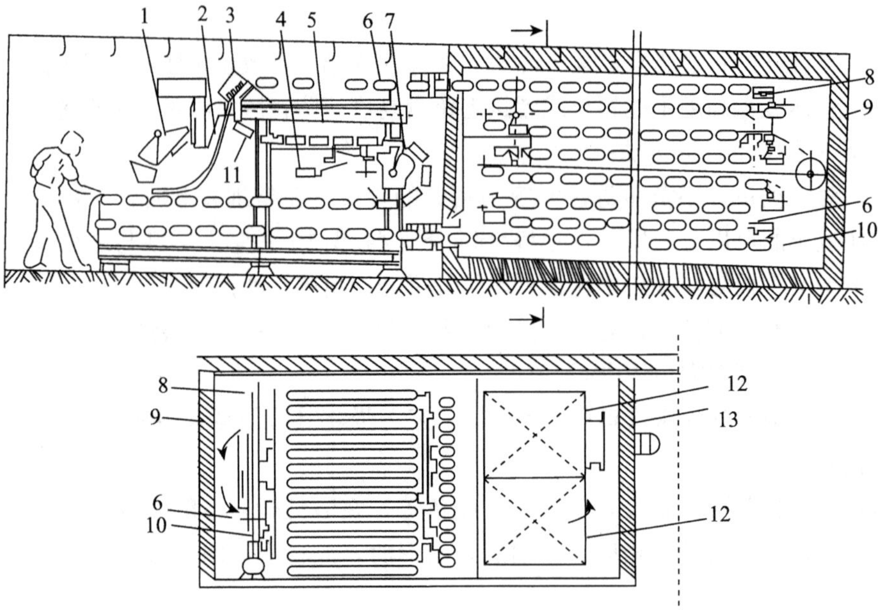

图 3－51　生产性冷藏船用冻结装置

1—称量漏斗；2—回盖导向器；3—盖电加热器；4—卸货传送链；5—模子电加热器；6—洗涤器；7—送传链；8—模子；9—冻结室；10—主动轮；11—导向轮；12—蒸发器；13—带电机的轴流风机

链式传送带冻结装置主要有传送链、铝质荷载铸模、两台冷风机且每台冷风机配有三台轴流风机。向模子里装、卸货都在传送带上进行，模子固定在传送链上。

传送链由两条距离为 122mm 的平行链条组成。每一链条在冻结室内的长度为 72m，在冻结室外有 14m。传送链设置在 20 个轮子上，它由电动机通过变速器带动，速度可以在 0.005～0.008m/s 内变化。

模框沿长度方向分为两部分。在模子下面有肋（肋距和高均为 25mm），模子两端有榫耳，用来固定链条的机械爪和沿导向器自由滚动的脚轮。带有肋片的模盖用弹簧和卡子压在模子上，打开锁后再取下盖子。因此盖子靠弹簧压在模子中的鱼体上。

冻结室内有两台冷风机，空气由冷风机下部被风机吸入后冷却，变成冷风后从上部吹向冻结室的上部分，接着双冲到冻结室的下部分，再转到冷风机的下部重新被风机吸入冷却。融霜时，在向冷风机送热氨之前，先把传送带和冷风机间的隔板升起，再用专门的立帘把冻结室与冷风机分开。在热氨蒸汽进入冷风机和开动风机之后，空气就通过冷风机的上部沿隧道进入冷风机的下部，经过风机重新回到冷风机的上部，这样就大大简化了融霜过程。

先用两条传送带将准备冻结的鱼品装进称量漏斗里，当其重量达到要求时，传送带就自动停止，中止向漏斗装鱼。当漏斗把鱼卸完之后，传送带又自动开启，开始向称量漏斗装第二份鱼。用手工把模子的鱼摆平后，就用带弹簧的盖子盖上。盖好的模子经过下面的密封孔进入冻结室。模子经上面密封孔从冻结室出来后，用电加热器加热盖子，用专门的设备将盖子的锁打开，把盖子取下来。而后盖子沿着导向器被送到装货处，除去盖的模子绕导向轮把模子的底向上靠在第二个加热器上，以达到使底加热的目的。模块（冻鱼块）脱出后，空模子绕过后边的导向轮时，穿过洗涤器被海水冲洗，翻转过来，重新送去装鱼。

为了防止传送机械过载，装置设有自动控制设备。这种冻结装置是比较现代化的，除了称量每份鱼的增减和摆平模子的鱼以及把盖放在模子上用手工操作外，其余都是机械化。

上述冻结装置的机械特性：生产能力为 2t/24h；容量为 2000kg；模子为 100 只；冷风机的表面积为 $1800m^2$；冻结室的空气温度为－34℃；空气流速为 4～5m/s；风机为 6 台；送风量为 $25m^3/s$；功率为 29kW；冻结时间为 3.2～4.2h；鱼的冻结终温为－15℃及以下，外形尺寸为 10200mm×6000mm×2700mm；重量为 16000kg。

④螺旋式冻结法。螺旋式冻结法主要是通过螺旋式冻结装置来完成冻结任务的。它由隔热结构、蒸发器、风机、洗涤及干燥链条的设备、张紧设备与卸货台组成。这种装置有单筒和双筒两种形式。双筒螺旋式冻结装置如图 3－52 所示。

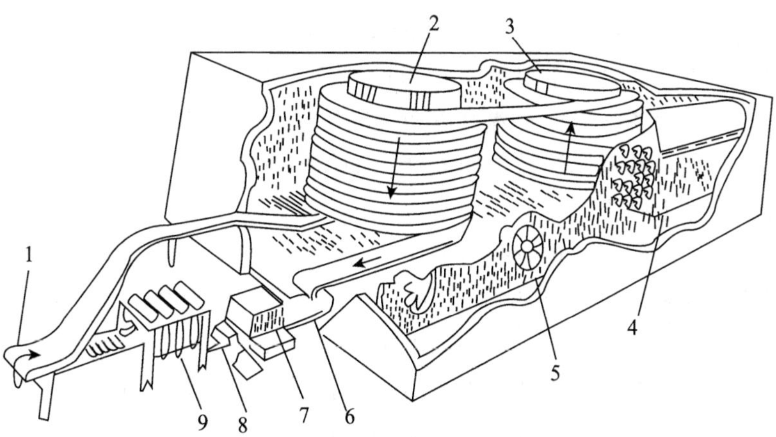

图 3－52　双筒螺旋式冻结装置

1—链条翻转设备；2、3—滚筒；4—蒸发器；5—风机；6—卸货台；
7—洗涤设备；8—干燥链的风机；9—张紧设备

传送带围绕着滚筒转动。用特制的构件使链条沿边布置，构件被元枢轴做十字连接。在构件里边有水门，用它来压紧或者拉开链条。链条绕在直径为2m的滚筒上，这种链条的特点是，当它在冻结器内移动时，产品都停留在链条上，这样可以在同一条链条上冻结各种不同的产品，且冻结时间相同。

滚筒的转动可以用电力传动或者液压传动。这种传动不需要中间轴、轴承和传动器。用改变向液压传动器供液的数量及供液的次数来控制滚筒的速度。传送带的速度取决于鱼在冻结室里冻结的时间。

蒸发器和轴流风机与冻结室并列（纵向或者横向）安装。冷空气在冻结室内从上向下或者从下向上直吹产品。空气在冻结室内相继通过各层鱼，其逐渐达到饱和，可以降低鱼的干耗。在螺旋式冻结装置中冻结的鱼比在一般空气冻结装置冻结下干耗量减少40%～50%。

冻结装置内安装了自动设备来洗涤和干燥链条。先用热水和消毒液喷淋链条，再用热水洗涤，然后用风机吹干。因为温度的变化和磨损，链条的尺寸要发生改变。所以链条洗涤和烘干后必须通过张紧装置来调整其长度。为了减少链条在冻结室内的磨损，专门设置了翻转链条的设备。冻结好的鱼可用装有尼龙刀的卸货爪从链条上取下来。

该冻结装置操作简单，卫生条件好，冻结快，干耗少。螺旋式冻结装置的机械特性：容量为550kw；蒸发器表面积为750m^2；冻结室的空气温度为－35℃；空气流速为5m/s；送风量为10m^3/s；风机电机功率为15kw；冻结时间为0.1～0.3h；鱼体冻结终温为－15℃及其以下，外形尺寸为5400mm×3000mm×2750mm；重量为10500kg。

（2）平板接触冻结法。

①卧式平板冻结器。把鱼装在鱼盘中，鱼盘尺寸一般为375mm×595mm×75mm，每盘鱼重为10～12kg。鱼盘平放在冻结平板上，开动油压系统，并使平板与食品贴紧的接触压力为6.87～29.42kPa，然后关好进货门，对平板供液降温制冷，使与平板接触的鱼货迅速冻结。当鱼货厚为60～80mm，氨蒸发温度为－33℃时，经2～3个小时即可将鱼冻好，冻结终温小于或等于－15℃。多数卧式平板冻结器是用人工或机械装卸的非连续式生产设备。传动装置可以布置在冻结器的上部或者下部。由特殊阀门控制食品加压，它能自动地把油从液压站放入油压室，产品冻结过程中体积增大时，阀可以调节加在食品上的压力。

②立式平板冻结器。将鱼货装入各平板之间的空间，向平板机供液降温制冷，鱼货由两面平板迅速吸热而冻结成块，并且每块的厚度一般为80～100mm，重量一般为20～25kg，冻结时间为3～4h，冻结终温小于－15℃。

用立式平板冻结器冻结鱼是指用专门的分装漏斗与传送带将鱼装入冻结平板之间的空隙内。当冻结器装完货后冻结平板就移动到一定位置。冻结平板的间距由预先放在平板间的模板盒确定或者由鱼的冻块厚度来决定。鱼的冻块对冻结平板的压力由液压设备来调节。

立式平板冻结器适用于冻结 65mm、80mm、100mm 厚的重为 30～50kg 的整条鱼或者鱼片或者鱼块。冻结时平板之间先放进空的涂蜡纸箱，外罩涂塑料的纸袋或者塑料袋，然后装入鱼片或者鱼块或者去头及去内脏的整条鱼。而且，立式平板冻结器的出货形式是多样的：有从上面出货的，有从下面出货的，也有从侧面出货的。若从上面出货，冻结器设有升起的平板；若从下面出货，冻结器设有移动货物的平台或可张开的两扇底门；若从侧面出货，冻结器的侧壁可以打开。

总之，用平板冻结器冻结鱼或其他食品时，必须使食品与平板紧贴，如果有空隙将会使冻结速度明显下降，具体情况如表 3-26 所示。冻结时间随食品表面与平板间的放热系数以及食品的厚度而改变，如表 3-27 所示。

表 3-26　　空气层厚度对冻结速度的影响

空气层厚度（mm）	冻结速度比	空气层厚度（mm）	冻结速度比
0	1	5.0	0.405
1.0	0.6	7.5	0.385
2.5	0.485	10	0.360

表 3-27　　食品厚度与放热系数对食品冻结时间的影响

食品厚度（mm）	食品与平板间的放热系数（kJ/m²·h·℃）			
	83.72	167.44	251.16	334.88
50	3.5	3.0	1.5	1.3
75	5.6	3.4	2.7	2.4
100	8.0	5.1	4.2	3.6

卧式或者立式平板冻结器的平板是由钢或者铝合金制成的金属板，板内配好蒸发管并连成通路。制冷有直接制冷，就是以氨为制冷剂直接吸热蒸发，当液氨蒸发温度为－33℃时，平板的温度可以在－31℃以下；制冷也可间接制冷，就是以氯化钙盐水为载冷剂间接吸热制冷，当盐水温度为－28℃时，平板的温度可在－26℃以下。

卧式平板冻结器可以冻结已包装的食品，对于体形较小的水产品较为适宜。立式平板冻结器，操作简单，适用范围较大，可以冻结各种中小型鱼货，但是不能冻结已包装的食品和大型鱼货。

（3）盐水冻结法。

用盐水作为介质来冻结鱼类，可分为接触式冻结和非接触式冻结两种。

①接触式冻结。该方法是将浓度为 22.4%的低温盐水直接与鱼体接触，利用盐水的对流换热，使鱼体迅速冻结。它分浸渍式与喷淋式直接冻结。浸渍式是用铁丝笼装鱼并将其浸入温度为－18℃的氯化钠盐水中，在盐水搅拌器的作用下，使鱼体温降到

－15～－14℃。喷淋式冻结法是将－20℃左右的氯化钙盐水，以喷淋或者喷雾方式迅速喷注到鱼体上，这种方法的最大优点是鱼体冻结迅速，耗冷量少，冻结的时间一般为1～3h，在冻结过程中没有干耗。缺点是盐水会稍侵入鱼体表面，使鱼味变咸，鱼体变色，成形不规则。因而影响了食品的商品质量。因此，可以用不透水塑料薄膜将食品包装后再浸渍冻结，这样便可以防止盐分的渗入。若盐分渗入鱼体的厚度在1～3mm，可以剥去鱼皮，但鱼肉的质量仍是好的。

盐水在食品表面的放热系数一般可取值如下：

盐水时静止，$\alpha=350\text{w/m}^2\cdot℃$；

盐水流动时，$\alpha=230+1420\cdot\omega\text{w/m}^2\cdot℃$；

式中，ω——盐水的流动速度（m/s）。

盐水浸渍冻结装置如图3－53所示。

这种冻结装置的盐水池用钢板隔开两部分，一部分配置蒸发器将盐水的温度降低到所要求的低温；另一部分盛放盐水。将需要冻结的较小的鱼装在金属网内再放入盐水中，在搅拌器的作用下使低温盐水在蒸发器和鱼体之间进行循环，从而将鱼冻结。为了防止鱼体浮在盐水表面，盐水池面配有盖板，同时也是为了加快冻结的进行。由于盐水对设备有腐蚀等，法国在20世纪70年代研究出另一种盐水浸渍冻结装置，如图3－54所示。

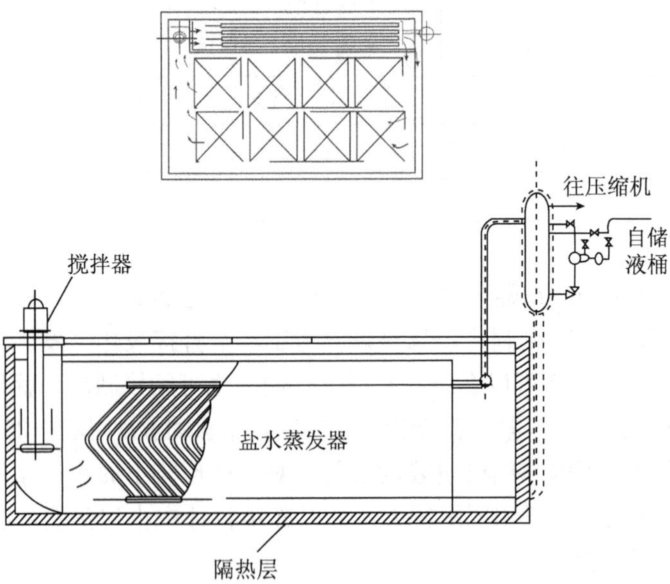

图3－53　盐水浸渍冻结装置

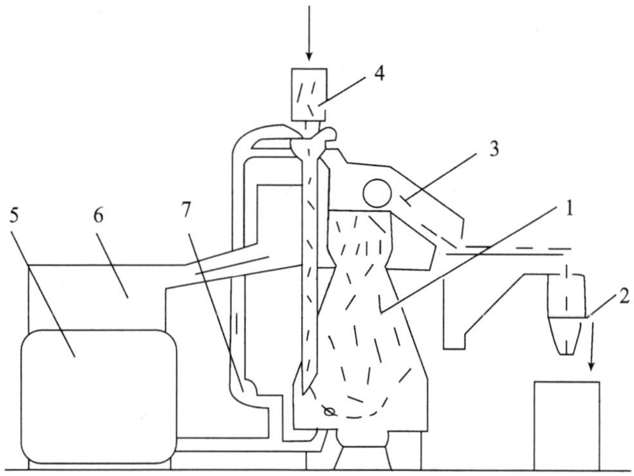

图 3-54 盐水沉浸冻结装置

1—冻结器；2—冻鱼出口；3—滑道（分离器）；4—进料口；
5—盐水蒸发器；6—除鳞器；7—盐水泵

该装置由玻璃钢制成，不会被盐水腐蚀。盐水温度为－20～－19℃，对于每条约25～40kg的沙丁鱼，从初温4℃冻至－13℃，仅需15min。且食品无干耗，可以连续生产，据法国资料介绍，其成本为排管冻结成本的一半。

这种装置的工艺流程如下：鱼在进料口与来自盐水泵的冷盐水一起经进料管再进入装置的底部。冻结后，鱼体密度减小，浮至水面，随着盐水流到冻结装置上部，再由出料机构将鱼送至滑道，分离盐水后，鱼被送至出料口。

盐水流程如下：用盐水泵将被冷却排管冷却后的冷盐水送至进料口，经进料管进入冻结器。吸收鱼体热量后，盐水温度升高，密度减小。所以，在冻结器中，冷盐水在下面，温度较高的盐水在上面。温度较高的盐水溢出冻结室后，即与鱼体分离进入除鳞器，除去鳞片等杂物的盐水返回盐水箱，经蒸发器冷却后再次被打出，如此反复循环。

喷淋冻结装置指在长120m、宽1.2m的隔热隧道内设自动吊轨，食品装在吊笼内进行食品冻结。冻结一般分为三个阶段，第一阶段由喷射管喷淋0℃左右的盐水并对冻品进行清洗与冷却；第二阶段喷淋－20℃的盐水进行冻结；第三阶段喷淋冷淡水，快速洗去食品表面的盐分，尽量保持食品原有的风味。

②非接触式冻结。将鱼放在容器中（如我国将0.8～1.0mm镀锌钢板制作成冻鱼桶，鱼块的重量为25kg），再将容器放在低温的盐水中，不让鱼体与盐水直接接触。这种方法的优点是：冻结速度快，冻结时间短，没有干耗，质量好。其缺点是：盐水对设备的腐蚀性较大，使用寿命短，操作较麻烦，并要注意防止盐水漏入鱼货中。

2. 鱼体在冻结时的变化

鱼体在冻结过程中，会发生物理变化和化学变化。

(1) 鱼体变得坚硬。这是由于鱼体水分大部分被冻结成冰所致。

(2) 体积增大，密度减小。

(3) 由于水分蒸发，使鱼体产生干缩损耗，重量减轻。

(4) 鱼体内血红素破坏及光线对冰晶的折射使鱼体色泽较鲜明。

(5) 在冻结过程中，肌肉细胞组织结构因水分结冰而受到不同程度的破坏。这种破坏的程度与冻结速度的快慢有关。

(三) 冻鱼的脱盘和包冰衣

冻结完毕后的鱼应当立即脱盘和包冰衣，然后进行冻藏。脱盘和包冰衣的场所应是阴凉的，并具有良好的给、排水条件。

1. 冻鱼的脱盘

现在大多数采用浸水融脱的脱盘方法，即将鱼盘放在一个常温的水槽中，将鱼盘浮在水中（注意鱼盘的面向上，盘内不浸水），使鱼块与盘冻粘的地方融化脱离，然后立即将盘反转，倾出鱼块。有些冷库则采用机械脱盘装置，它是一个可以移动的翻盘机械，可以将经过水槽后的鱼盘推到脱盘机的台板上，由翻板旋转动作将鱼盘翻到滑板上，使鱼和盘分离。

2. 冻鱼的包冰衣

脱离了盘的冻鱼块在进入冻藏间前必须立即包冰衣，其目的是使鱼体与外界的空气隔绝，以减少干耗，防止鱼体产生冰晶升华、脂肪氧化及色泽消失等变化。冻鱼包冰衣是冻鱼工艺的重要工序，也是保持冻鱼质量、延长保存时间的重要环节。

包冰衣操作是指将脱盘的鱼块立即运入一个水槽内浸泡3～5s，再让其滑到一条滑道上，除去过多的水分，体外很快凝结成一层冰衣。包冰衣前，鱼体温最好在－15℃以下。包冰衣槽的水应当预先冷却至5℃左右的清洁水。水槽上还应当有补充冷却水和排水装置。补充的冷却水量随冰衣厚度和损耗情况而定。

若需要用坚厚的冰层保护鱼冻品，可以在冻结过程加水，使鱼类完全冻结在冰块中间。如对虾的冻结有时也可采用这种包冰衣的工艺。

本章小结

本章介绍的内容可以分为两个部分：第一部分是有关果蔬、畜肉的内容，以及鱼类的冷却加工的方法；第二部分介绍了食品冻结的基础理论以及在此过程中食品本身所发生的变化，以及各细类商品（果蔬、分割畜肉及其副产品、家禽、鱼类）的冻结加工的方法、所用的设备以及过程。

复习题

1. 简述食品冷却加工的方法。
2. 简述食品产生冰结晶的条件。
3. 简述食品冻结加工过程中所用的设备。

第四章　冷库

冷库是保证新鲜食品长期供应市场、调节食品工业随季节变化而产生的不平衡、提高人民生活水平所不可缺少的设施。搞好冷库的建设，进行良好的管理工作，对保证冷藏货物的质量和提高企业的经济效益非常重要。

第一节　冷库概述

一、冷库的分类

冷库是在低温条件下保藏货物的建筑群，它是以人工制冷的方法，对易腐物品进行冷加工和冷藏的建筑物，以最大限度地保持食品原有质量，供调节淡旺季节、保障市场供应、执行出口任务和长期储存之用。

目前，我国的冷库分布在不同的行业，种类也比较繁多。为了更好地开发、利用和管理冷库，有必要对各种冷藏库进行分类。冷库分类的方法很多，根据不同的分类方法可以从不同的角度反映出冷库的特性。

（一）按冷库使用性质分

1. 生产性冷库

生产性冷库主要建在食品产地附近、货源较集中的地区和渔业基地，通常是鱼品加工厂、肉类联合加工厂、乳制品加工厂、禽蛋加工厂、蔬菜加工厂、各类食品加工厂等企业的一个重要组成部分。这类冷库配有相应的屠宰车间、理鱼间、整理间，并且有较大的冷却、冻结能力和一定的冷藏容量，食品在此进行冷加工后，经过短期储存便运往销售地区，直接出口或运至分配性冷藏库做较长期的储藏。由于它是从事大批量、连续性的冷加工的生产方式，加工后的物品必须尽快运出，所以要求建在交通便利的地方。为了便于冷冻品外运，商业系统对1500t以上的生产性冷库均要求配备适当的制冰设备和冰库；由于水产冷库供应渔船用冰，所以具有较大的制冰能力和冰库。3000t生产性冷库配套能力示例如表4－1所示。

表 4－1　　3000t 生产性冷库配套能力示例

生产能力	水产冷库	商业冷库
冷藏（t）	3000	3000
冻结（t/d）	120～180	45～60
制冰（t/d）	120～130	15
储冰（t）	3000	300

2. 零售性冷库

零售性冷库一般建在工矿企业或者城市的大型副食店、菜场内，供临时储存零售食品用，其特点是库容量小、储存期短，其库温随使用要求不同而异。在库体结构上，大多采用装配式组合冷库。随着生活水平的提高，其占有量将越来越多。

3. 中转性冷库

中转性类冷库主要是建在渔业基地的水产冷库，它能进行大批量的冷加工，并且可在冷藏车、船的配合下起中间转运作用，向外地调拨或者提供出口。比较大的中转性冷库可发展成冷藏配送中心。

4. 分配性冷库

分配性冷库主要是建在大中城市、人口较多的工矿区和水陆交通枢纽处，专门储藏经过冷加工的食品，用来调节淡旺季节、保证市场供应、提供外贸出口和做长期储备之用的冷库。它的特点是冷藏容量大并考虑多品种食品的储藏，但是冻结能力较小，仅用于长距离调入冻结食品在运输过程中软化部分的再冻结以及当地小批量生鲜食品的冻结。由于这类冷库的冷藏容量大，进出货比较集中（整进零出或整进整出），故而要求库区能与铁路、主要公路、码头相通，做到运输流畅，吞吐迅速。

5. 综合性冷库

综合性类冷库设有较大的库容量，有一定的冷却和冻结能力，它能起到生产性冷库以及分配性冷库的双重作用。是我国普遍应用的一种冷库类型。

（二）按容量大小分

1. 大型冷库

大型冷库的冷藏容量在 10000t 以上，生产性冷库的冻结能力为每天 120～160t，分配性冷库的冻结能力为每天 4 0～80t。

2. 中型冷库

中型冷库的冷藏容量在 1000～10000t，生产性冷库的冻结能力为每天40～120t，分配性冷库的冻结能力为每天 20～60t。

3. 小型冷库

小型冷库的冷藏容量在 1000t 以下，生产性冷库的冻结能力为每天 20～40t，分配性冷库的冻结能力为每天 20t 以下。

（三）按使用库温要求分

1. 保鲜库

温度一般在0～5℃。主要用于鲜肉、乳品、鲜蛋、果蔬的保鲜。它使食品处于较低的温度，而温度又不低于0℃，在这种情况下，食品可以尽可能保持新鲜。

2. 冷藏库

温度一般在－20～－10℃。主要用于食品的冷藏，不定期地将部分食物放入冷库，同时又要不定期地将另一部分食品移出冷库，对食品的冷藏时间没有具体要求，且库温保持在－18～－15℃。

3. 低温库

温度一般在－25～－22℃。主要用于库温在－25～－22℃时的食品储藏。只有在这个温度下，食品才不会变质。低温库的特点是不定期地逐步将食品放入冷库储藏一段时间，对这段时间内的库温没有特殊的要求，当冷库的温度达到－25℃，且待冷库内的温度稳定后，对冷库的温度要求将会十分严格。

4. 速冻库

库温一般在－30℃以下。主要用于食品的速冻，如速冻水饺、速冻蔬菜等，要求在限定时间内迅速将食品冻结。

（四）按结构类别分

1. 土建冷库

土建冷库的建筑物主体一般为钢筋混凝土框架结构或者混合结构。土建冷库的围护结构属于重体性结构，热惰性较大，库温易于稳定。土建冷库是目前我国冷库的主要类型。

2. 装配式冷库

装配式冷库是近年发展起来的一种拼装快速简易的冷藏设备，它与传统的土建冷库相比有以下优点：具有良好的保温隔热和防潮防水性能。使用温度可在－50～＋100℃。重量轻，不易霉烂，阻燃性能好，抗压强度高，抗震性能好。组合灵活，安装方便，可根据用户需求配置制冷机组和制控元件。

装配式冷库一般为单层库，其库体是钢框架轻质预制隔热板装配结构，其承重构件多为薄壁型钢材制作，因除地面外其所有构件按统一的标准在专业工厂预制，在工地现场组装，所以施工速度快，建设周期短。目前装配式冷库的发展速度很快。

装配式冷库一般有两种建筑结构形式：室内型、室外型。

室内型：设于室内，采用可拆装结构。由顶板、墙板、底板组成。采用偏心钩连接或黏结连接，无框架。适用于2～20t的冷库。

室外型：为独立建筑，有基础、地坪、站台、机房等辅助设施。库内净高大于3.5m。常用金属框架，也可用钢筋混凝土框架。

3. 覆土式冷库

覆土式冷库的洞体多为拱形结构，有单洞体或者连续拱形式。一般为砖石砌体，并以一定厚度的黄土覆盖层作为隔热层。由于它具有因地制宜、就地取材、造价较低、施工简单、坚固耐用等优点，在西北地区得到较大发展。

4. 山洞式冷库

山洞式冷库的洞体岩层覆盖厚度一般不小于 20m，连续使用时间越长，隔热效果越佳，热稳定性能越好。

二、冷库的组成

冷库，尤其是大中型冷库是一个建筑群，这个建筑群的主体叫作主库，除主库之外，还有其他生产设施和附属建筑。

（一）主库

主库主要由下列单元组成。

1. 冷却间

冷却间是用来对进库冷藏或需先经预冷后冻结的常温食品进行冷却的。水果、蔬菜在进行冷藏前，为除去田间热，防止某些生理病害，应当及时逐步降温冷却。

鲜蛋在冷藏前也需要进行冷却，以免骤然遇冷时，内容物收缩，蛋内压力降低，空气中微生物随空气从蛋壳气孔进入蛋内而使鲜蛋变坏。另外，肉类屠宰后也可加工为冷却肉（中心温度 0～4℃），可以短期储藏，肉味较冻肉鲜美。对于采用两次冻结工艺的食品，也需要将屠宰处理后的家畜胴体送入冷却间冷却，使品温由 35℃降至 4℃后再进行冻结。冷却间的室温为－2～0℃，食品达到冷却要求的温度后称为“冷却物”，将其转入冷藏间。当果蔬、鲜蛋的一次进货量小于冷藏间容量的 5%时，可以不经冷却直接进入冷藏间。

2. 冻结间

将需长期储藏的食品由常温或者冷却状态迅速降至－18～－15℃的冻结状态，达到冻结终温的食品称为“冻结物”。

冻结间是借助冷风机或者专用冻结装置用以冻结食品的冷间，它的室温为－30～－23℃（国外也有采用－40℃或更低的温度）。冻结间也可以移出主库而单独建造。

3. 再冻间

它设置在分配性冷库中，供外地调入冻结食品中品温超过－8℃的部分在入库前再冻结。再冻间冷冻设备的选用与冻结间相同。

4. 冷却物冷藏间

冷却物冷藏间又称高温冷藏间，室温为－2～4℃，相对湿度为 85%～95%，这因储藏食品的不同而异。它主要用来储藏经过冷却的鲜蛋、果蔬。由于果蔬在储藏中仍然有呼吸作用，库内除保持合适的温、湿度条件外，还需要引进适量的新鲜空气。如储藏冷却肉，储藏时间不宜超过 14～20 天。

5. 冻结物冷藏间

冻结物冷藏间又称低温冷藏间，室温在－25～－18℃，相对湿度在 95%～98%，用来储藏较长期的冻结食品。在国外，有的冻结物冷藏间温度有降至－30～－28℃的趋势，在日本，将冻金枪鱼放入－50～－45℃超低温的冷藏间。

以上五类冷间的温度和相对湿度，应当根据各类食品冷加工或冷藏工艺要求确定，一般按冷藏库设计规范推荐的值选取。

6. 两用间（通用间）

它可以兼作冷却物或冻结物的冷藏间，机动性较大，这是通过改变冷间内冷却面积来调节室温的。但由于使用条件经常变化，且容易造成建筑物的破坏，所以目前国内已很少设置。这种变温冷藏间采用装配式组合冷库较适合。

7. 气调保鲜间

气调保鲜间主要是针对水果、蔬菜的储藏而言的。果蔬采摘后，仍然保持着旺盛的生命活动能力，例如，呼吸作用即生命活动最明显的表现。在一定范围内，温度越高，其呼吸作用越强，衰老越快，所以多年来在生产上一直采用降温的办法来延长果蔬的储藏期。目前国内外正在发展控制气体成分的储藏，简称“CA”储藏。就是在果蔬储藏环境中适当降低氧气的浓度并提高二氧化碳的浓度，来抑制果蔬的呼吸强度，延缓成熟，达到延长储藏的目的。一般情况下，气体成分的控制为 O_2：2%～5%，CO_2：0～4%。控制气体成分的方法有两种：自然降氧法和机械降氧法。自然降氧法是用配有硅橡胶薄膜的塑料薄膜袋盛装物品，靠果蔬本身的呼吸作用来降低氧气并提高二氧化碳的浓度，并利用薄膜对气体的透性，透出更多的二氧化碳，补入消耗的氧气，起到自发气调的作用。而机械降氧法是利用制氮机、二氧化碳脱除机来改变室内空气成分，达到气调的作用。

8. 制冰间

它的位置宜靠近设备间，水产冷库常把它设于多层冷库的顶层，以便于冰块的输出。制冰间需要有较好的采光和通风条件，要考虑冰块入库或者输出的方便，室内高度要考虑提冰设备运行的方便，并要求排水畅通，以免室内积水和过分潮湿。

9. 冰库

冰库一般设于主库靠制冰间和出冰站台的位置，也有与制冰间一起单独建造的。如果制冰间位于主库顶层，冰库可设在它的下层。冰库的库温为－4℃（盐水制冰）或者－10℃（快速制冰）。冰库内壁敷设竹料或者木料护壁，以保护墙壁不受冰块的撞击。

10. 穿堂

穿堂是食品进出的通道，起到沟通各冷间、便于装卸周转的作用。库内穿堂分为低温穿堂和中温穿堂两种，分属高、低温库房使用。现今冷库中较多地采用库外常温穿堂，将穿堂布置在常温环境中，通风条件好，改善了工人的操作条件，也能延长穿堂使用年限。

常温穿堂的建筑结构一般与库房结构分开。

11. 电梯间

它设置于多层冷库，作为库内垂直运输之用，它的大小、数量及设置的位置视吞吐量以及工艺要求而定。一般按每千吨冷藏量配置 0.9～1.2t 电梯容量，同时应当考虑检修；通常小于 5000t 的冷藏库配两台 3t 货梯，5000～9000t 的冷藏库配 2～4 台 3t 货梯，而 10000t 冷藏库配 3～4 台 3t 货梯。在电梯间上部设有电梯机器间，内装电梯的电动机及滑轮组。

12. 冷库站台

冷库站台供装卸货物之用。有铁路专用线的大中型生产性和分配性冷库均应分别设置铁路站台和公路站台。

铁路站台最普通的形式是罩棚式，在气温高或者多风沙地区宜建封闭式站台。铁路站台应高出轨面 1.1m，冷库铁路站台的宽度和长度如表 4－2 所示。

表 4－2　冷库铁路站台的宽度和长度

冷藏库规模（t）	站台宽度（m）	站台长度（m）
大型（10000）	9	220
大中型（5000）	7～9	220
中小型（1500～4500）	7	128

公路站台是汽车用的装卸站台，它可布置在冷库与铁路站台相对的另一面，或者与铁路站台连接。小型冷库只设公路站台。公路站台应当高出路面 0.9～1.1m，与进出最多的汽车高度相一致。按每 1000t 冷藏容量 7～10m 的长度设置，宽度根据货物周转量的大小、搬运方法不同而定。一般公称容积小于或者等于 4500m^3 的冷库的站台宽度为 4～6m；公称容积大于 4500m^3 的冷库的站台宽度为 6～8m，若采用手推车作业时取 4～6m，采用电动叉车作业时取 6～8m。

13. 其他

其他如挑选间、包装间、分发间、副产品冷藏间、饮品冷藏间、楼梯间等。

（二）制冷压缩机房及设备间

1. 制冷压缩机房

它是冷库主要的动力车间，安装制冷压缩机、中间冷却器、调节站、仪表屏以及配用设备等。目前国内大多将制冷压缩机房设置在主库邻近，但属于单独建造，一般采用单层建筑。国外的大型冷库常常把制冷压缩机房布置在底层，以提高底层利用率。对于单层冷库，也有在每个库房外再分设制冷机组，采用分散供液方法，而不设置集中供冷的压缩机房。

2. 设备间

它安装有卧式壳管式冷凝器、气液分离器、储氨器、低压循环储液桶、氨泵等制冷设备，其位置紧靠制冷压缩机房。在小型冷库中，因机器设备不多，压缩机房与设备间可以合为一间，水泵房也包括在设备间内。

3. 变、配电间

它包括高压配电间、低压配电间、变压器间（大型冷库还设有电容器间）。变、配电间应当尽量靠近负荷大的机房间，当机房间为单层建筑时，一般多设在机房间的一端。变压器间也可以单独建造，高度不得小于 5m，要求通风条件良好。在小型冷库中，也可以将变压器放在室外架空搁置。变、配电间内的具体布置视电器工艺要求而定。

4. 锅炉房

锅炉房应当设置在全年主导风向的下风向，并尽可能地接近用气负荷中心。它的容量应当根据生产和生活的用气量（并考虑同期使用系数，管网热损失等）确定。锅炉房属于丁类生产厂房，其建筑耐火的等级不低于二级。

（三）生产厂房

1. 屠宰车间

它的任务是为宰杀生猪加工成白条肉提供空间，建设规模根据班宰能力分为四级，其根据建库地区正常资源和产销情况来确定。根据冷库加工对象的不同，还可以设清真车间（或大型牲畜车间），宰鸡、宰兔车间。

2. 理鱼间或整理间

理鱼间是供水产品冻结前进行清洗、分类、分级、处理、装盘、过磅、包装等工序的场所，一般按每吨冻鱼配 10～15m^2操作面积计算，若处理虾、贝类则根据具体操作方式适当扩大。果蔬、鲜蛋在冷加工前在整理间进行挑选、分级、整理、过磅、包装，以保证产品的质量。理鱼间或整理间都需要有良好的采光和通风条件，地面要便于冲洗和排水。

3. 加工车间

商业冷库常设有食用油加工间、腌腊肉加工间、熟食加工间、副产品加工间、肠衣加工间、制药车间等。

水产冷库常设有腌制车间、鱼粉车间等。

4. 其他

其他如化验室、冷却塔、水塔、水泵房、一般仓库、汽车库、污水处理场、铁路专用线、修理间等。

（四）办公、生活用房

办公、生活用房包括办公楼、医务室、职工宿舍、俱乐部、托儿所、厕所、浴室、食堂等。

（五）其他

危险品仓库是单独建造的专储汽油、酒精、丙酮、制冷剂等易燃、易爆物品的库房，它应当距其他建筑 20m 以上。另外还有传达室、围墙、出入口、绿化设施等。

三、冷库的特点

（一）冷库建筑的特点

冷库建筑不同于一般的工业与民用建筑，主要表现在它不仅受生产工艺的制约，更主要的是还受冷库内外温度差及水蒸气压力差的制约，以及由此引发的温度应力、水蒸气渗透和热量传递的制约。它需要为易腐食品保持原有的色泽、味道及营养价值提供必要条件——“冷”。按冷库使用性质的不同，库房温度一般相对稳定在 0～40℃的某一温度，使建筑物的内部经常处于低温条件下，而建筑物外部则随室外环境温度的变化经常处于周期性波动之中（如昼夜交替的周期性波动和季节交替的周期性波动），再加上冷库生产作业需要经常开门导致库内外的热湿交换等，促使冷库建筑必须采取相应的技术措施，来适应冷库的特点。这也是冷库建筑有别于普通建筑的特点所在，具体体现在以下几个方面。

1. 冷库既是仓库又是工厂

冷库是仓库，有仓储的功能，且载货量、吞吐量大，库温低；冷库又是工厂，必须要满足各种不同食品冷加工生产工艺流程的合理要求，受生产工艺流程的制约。它与库内外运输条件、包装规格、托盘尺寸、货物堆装方式、设备布置等有关。

2. 冷库在“门、窗、洞”方面的特殊性

为了减少库内外温度和湿度变化的影响，冷库库房一般不开窗。孔洞尽量少开，工艺、水、电等设备管道尽量集中使用孔洞。库门是库房货物进出的必要通道，但也是库内外空气热湿交换量最显著的地方，由于热湿交换使门的周围产生凝结水及冰霜，多次冻融交替作用将使门附近的建筑结构材料受破坏。所以，在满足正常使用的情况下，门的数量也应尽量少。《冷库设计规范》(GB 50072—2010）规定，面积在 1000m^2以下的冷藏间可只设一个门，在 1000m^2以上的冷藏间可最多设两个门。同时，在门的周围应采取措施，如加设空气幕、电热丝等。

3. 冷库需要减少冷桥现象

冷桥是传递热量的桥梁。在相邻但库温不同的库房或者库内与库外之间，由于建筑结构的联系构件或者隔热层中断等都会形成“冷桥”。在冷库围护结构的隔热层中，有热导率比隔热材料的热导率大得多的构件（如梁、板、柱、管道、支架等）穿过或者嵌入其中，以及管道穿墙处松散、隔热材料下沉脱空等，这都是比较典型的冷桥。由于冷桥的形成，在冷桥处容易出现结冰、霜、露现象，若不及时处理，该现象逐渐加重，致使冷桥附近隔热层和构件的损坏。所以说，冷桥是冷库土建工程破坏的主要原因之一。因此，为防止热量传递影响库房温度和防止建筑结构的损坏，在设计、施工和使用时应当注意尽量减少冷桥的形成，出现冷桥的地方，必须及时处理。这也是与普通建筑不同的地方。

4. 冷库需要有隔热、隔汽和防潮的结构

隔热冷库库房温度一般较库外环境温度低（北方的高温库在冬季除外），而且受外界环境温度波动的影响，导致库内温度产生波动。这时，需要用制冷的方法来补充库房所需冷量，维持冷加工和储藏所需的低温功能。为了减少冷量的损耗，减少或者阻止外界热量通过库房的围护结构进入库内，需在冷库建筑的围护结构上设置具有隔热性能的隔热层，而且要有一定的厚度和连续性。

围护结构设置隔热层可以减少热量的传递，但水蒸气的渗透以及水分的直接浸入将导致隔热材料受潮，使材料的热导率大大增加，隔热性能降低。因此，在冷库围护结构中应当增设隔汽层以减少蒸汽的渗透，增设防潮层以防止屋面水、地下水、地面水、使用水浸入隔热层。

5. 冷库需要有防热辐射的结构

为减少太阳热辐射的影响，冷库表面的颜色要浅，表面光滑平整，尽量避免大面积的日晒。屋顶可采取措施，如架设通风层来减少太阳热辐射直接通过屋面传入库内影响库温。

6. 冷库需要有地坪防冻的措施

冷库地坪虽然铺设了与库温相适应的隔热层，但是它并不能完全隔绝热量的传递，只能降低其传递的速度。当冷库降温后，库温与地坪下土层之间会产生较大的温差，土层中的热量就会缓慢地通过隔热层或者冷桥传至库内，也可以说冷量由库内传至土层，使土层温度降低。低温库房的温度常年在0℃以下，如果地坪下的土层得不到热量的补充，将使0℃等温线（冰点等温线）逐渐移至土层中，使土层中的水分受冻成冰。由于温差的存在以及冰晶的形成，土壤上、下层之间产生了水蒸气压力差，使下层土壤中的水蒸气不断地向上层移动，导致冰冻体逐渐扩大。随着时间的推移，0℃等温线不断向土层深入，土层中的冰冻体也不断地加大，水分结冰产生的体移膨胀力最终将引起地坪冻臌或者地基冻臌现象（见图4－1），危及建筑结构安全。所以，低温冷库的地坪除了设置隔热层、隔汽层防潮层之外，还需要采取地坪防冻措施，使地坪下的土层温度保持在0℃以上。冷库地坪冻臌现象还与土壤的结构有关：粗质土壤（包括砾石、粗沙等）不会引起冻臌现象；而在细质土壤中（如细沙、黏土、淤泥等）容易引起冻臌现象。

（二）冷库结构的特点

结构主要是指承担建筑物各部分质量和建筑物本身质量的主要构件，比如屋架、梁、楼板、柱子、基础等，这些构件构成了建筑的传力系统。

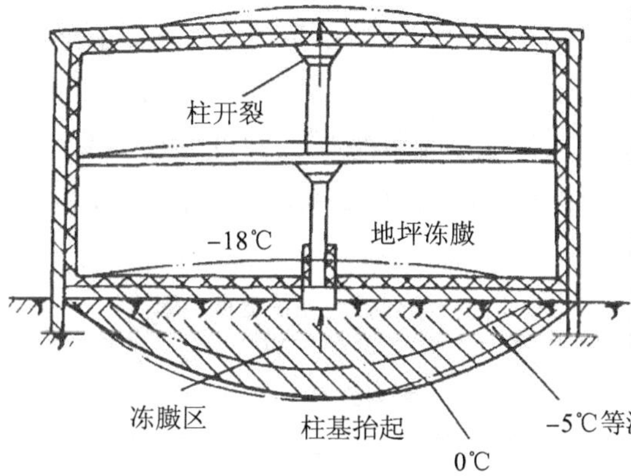

图 4－1　地坪冻臌示意

1. 冷库结构类型

按承重部分组成的材料不同，一般可分为以下几种结构类型。

(1) 钢结构。主要承重构件（如梁、柱、桁架等）由各类型的钢材组成的叫作钢结构，在冷库建筑中多用于大型装配式冷库。

(2) 钢筋混凝土结构。主要承重构件由钢筋混凝土组成，比如钢筋混凝土梁、板、柱、基础等组成的钢筋混凝土框架系统，此类系统多采用于单层冷库，而多层冷库多采用钢筋混凝土无梁楼盖结构。

(3) 砖混结构。主要承重部分由砖、钢筋混凝土梁、板组成，比如砖墙、砖柱、钢筋混凝土梁、钢筋混凝土板等。较大型冷库一般不采用此结构，单层小型冷库如采用砖混结构时，应当采取措施防止因冻融循环而损坏结构。

(4) 砖木结构。主要承重部分由砖木组成，比如砖墙、砖柱、木楼板、木屋架等。这类结构在冷库中很少使用。

2. 冷库结构的特点

由于冷库库房具有低温的特殊性，因此冷库结构也有较一般建筑不同的特点。

(1) 载荷冷库。库房主要用于存放食品，其载荷大，活载荷可达 $1\sim3t/m^2$。

(2) 温度内力。冷库建筑结构在冷间降温后，由于建筑材料的热胀冷缩，产生垂直或者水平方向的胀缩变形，在构件之间的相互约束作用下产生温度内力，若设计不当，易产生裂缝。必须加以注意，采取必要的措施，减少温度变化作用对结构引起的破坏。

(3) 建筑材料。冷库库房经常处于低温潮湿或者冻融频繁的环境下，因此建筑结构所采用的材料应当耐低温、耐湿、抗冻性能好。一般多采用钢筋混凝土结构。钢筋混凝土构件除应当保证结构上的安全、耐久要求外，还要考虑受冻融、炭化、风化以及化学侵蚀等影响，冷间内钢筋混凝土受力钢筋宜采用Ⅰ、Ⅱ级热轧钢筋；冷间钢结构构件应当按现行国家标准《钢结构设计规范》（JB 50017－2014）中的规定选用钢材。

(4) 锚系梁的设置。库房外墙与库内承重结构之间每层均应当设置锚系梁。锚系梁间距可为6m。墙角处不宜设置，且墙角至第一个锚系梁的距离不宜小于6m。墙角砖砌体应适当配钢筋。

(5) 钢筋保护层厚度。冷间内钢筋混凝土构件的受力钢筋保护层厚度应当符合《冷库设计规范》(GB 50072—2010) 的规定要求，如表4-3所示。

表4-3　冷间内钢筋混凝土保护层最小厚度　单位：mm

<table>
<tr><th>序号</th><th colspan="3">构件名称</th><th>保护层
最小厚度</th></tr>
<tr><td rowspan="4">1</td><td rowspan="4">板（包括无梁楼板）</td><td rowspan="2">厚度>100</td><td>板面钢筋</td><td>15</td></tr>
<tr><td>板底钢筋</td><td>25</td></tr>
<tr><td rowspan="2">厚度≤100</td><td>板面钢筋</td><td>15</td></tr>
<tr><td>板底钢筋</td><td>20</td></tr>
<tr><td>2</td><td colspan="3">梁</td><td>30</td></tr>
<tr><td>3</td><td colspan="3">柱</td><td>35</td></tr>
</table>

注：钢筋混凝土预制插板墙的柱和板的保护层厚度不受此限制。

(6) 伸缩缝的设置。库房现浇钢筋混凝土楼板温度伸缩缝间距不应大于50mm，在有充分依据或者可靠措施的情况下，伸缩缝间距可适当增加。

(7) 降温要求。钢筋混凝土结构及砖混结构的库房，投产前必须逐步降温，每日降温不得超过3℃，当库房温度降至4℃时，应保温3～4天，然后再继续降温。

第二节　冷库的规划与设计

一、冷库的选址

(一) 冷库选址的总体原则

冷库建设的第一步即冷库的选址。有时候，新建一个冷库项目，在做可行性分析报告之前就要考虑冷库的选址。库址选择是否合理，关系工程的建设速度、基建投资和投产后的管理以及经济效益。所以，选择库址要根据冷库的性质、规模、建设投资、发展规划等条件，结合拟选地点的具体情况，审慎从事、择优确定。

(二) 冷库选址的具体条件

为了正确地选择库址，一般应考虑以下具体条件。

1. 经济依据

首先要考虑当地在原料、材料、能源、用水及其他资源的供应方面，以及在生产协作、货运、销售市场等方面是否具备建库的有利条件。冷库应当根据其使用性质，在产地、货源集中地区或者主要消费区选址，力求符合商品的合理流向。在总体布局上，不应布置在城镇中心区以及其饮用水源的上游，应尽量选在城镇附近。

2. 地形地质

选址时应当对库址的地形、地质、洪水位、地下水位等情况进行认真调查或者做必要的勘测分析。选址应当本着节约用地、少占农田、不占良田的原则，尽可能利用荒地、瘠地和坡地，不应片面地强调库址的平坦。基地面积以能满足使用要求并且适当考虑今后扩展余地为原则，不宜圈地过多，避免多征少用或者早征迟用。同时还应当注意少拆迁或不拆迁民房，力求用地紧凑。库址外形简单且需要具备良好的地质条件，要求土质均匀，多层冷库库址的地耐力应当不小于 $15t/m^2$；并不得在崩塌、滑坡层、流沙层、淤泥层、断层、沼泽、溶洞、古坟、有开采价值的矿藏上、采石场旧址等地选址。地下水位要低，其最高水位应当尽可能在拟建冷库的地下室地坪以下，并且必须在冻结线以下。库址的标高应当高出附近河流的最高洪水位 0.5m，以便生产废水、生活污水、地面雨水等能自流排放。选址时还应当注意与城镇规划的及现有的公路标高相适应，与铁路、河流、码头的标高相适应，避免大填大挖，尽量减少土方的工程量。多层冷库不宜选在烈度 9 度以上的地震区；若必须在地震区建库时，应当以中小型为主，分散设置，尽量选在对抗震有利的地段，并做好基础处理，采取相应的抗震设防措施。

3. 水源

冷库是用水较多的企业，水源是确定库址的重要条件之一。所以库址附近必须保证有充裕的水源。水源一般取用江河水或者深井水（应当掌握其水量、水质情况），如库址的水源充沛，冷却水可采用一次用水，但大多数情况还是采用循环用水。小型冷库在没有天然水源时可采用自来水循环使用。屠宰和生产加工用水必须符合饮用水的标准。沿海地区的冷库在缺乏淡水的情况下也可以用海水作为冷却水，但应当注意解决设备防腐蚀和管道寄生贝藻类问题。

4. 区域环境

冷库的库址周围应当有良好的卫生环境，所以选址时应当考虑当地城市建设的远期发展规划，了解库址周围环境的卫生情况以及今后污染的可能趋势。库址应当远离产生有害气体、烟雾、放射物质、粉尘、臭气或者对地下水有严重污染的厂矿企业，尽量选择在工业区的上风地带，并且宜位于污水处理场排出口的上游。库址不应设在受污染河流的下游和传染病院附近。冷库的卫生防护距离必须符合我国《工业企业设计卫生标准》（GB Z1－2010）的规定。另外，还需了解本地区的水利规划，避免选在大型水库（包括拟建者）的下游以及受山洪、内涝或海潮严重威胁的地段。

5. 电源

冷库供电属于第二类负荷，需要有一个可靠的、电压较稳定的电源。应当力求缩短新建高压输电线路至电源接头点的距离。若附近没有电源，一般应另选库址，不考虑自设发电设备供电（边远地区除外）。所以，选址时应当对当地电源及其线路供电量做详细了解，并且与当地电业部门联系，取得供电证明。

6. 交通运输

必须考虑选址附近具有便利的水陆交通运输条件，以便货源调入和调出。大中型冷库要求附近有船舶码头或者有铁路通过，并且接轨方便或可以与附近企业接轨，力求缩短铁路专用线的长度。选址时应当向有关部门了解修建专用线的可能性，并取得可以接轨的证明。中小型冷库以公路运输为主，所以选址应尽量靠近公路，以缩短库外新建道路的长度。应尽量避免修建桥涵和隧道。

此外，还要了解附近有无热电厂和其他热源可以利用；附近有无居民点、中小学、公用生活设施，工人上下班交通是否方便等。

库址选定后，要尽快取得城建部门同意征地建设以及卫生部门同意污水排放的文件，铁道部门同意接轨及水运部门同意建设码头的文件，水电以及热源供应部门同意供给水、电、热能的文件，并且完成技术勘测，取得水文地质、工程地质、钻探等资料，做出 1∶500 比例的库址地形图，以便完成报批手续及开展设计工作。

二、冷库的总体设计

冷库的库址一经选定，应当立即根据现有资料拟出总平面布置方案和草图，以供技术勘测，征地以及征求城建部门意见所用。待技术勘测工作全部完成，地形、地质、土壤、水文等资料齐全后，再结合城建等有关部门的意见，修改方案后，绘出正式的总平面布置图。

生产性冷库总平面布置如图 4－2 所示。

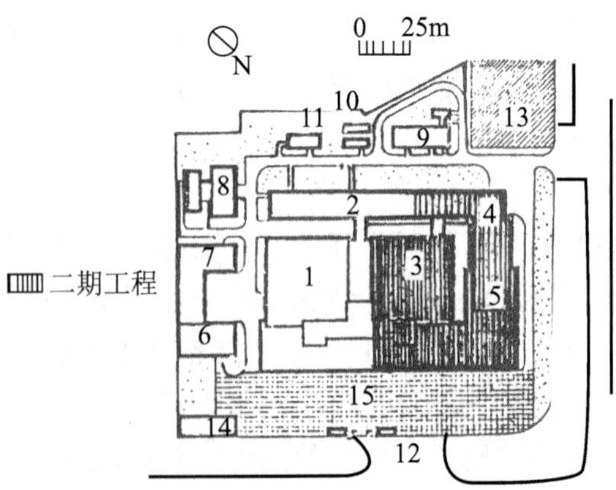

图 4－2　生产性冷库总平面布置

1—冷却物冷藏库；2—机房；3—冻结物冷藏库；4—制冰、储冰间；5—冻结间、理鱼间；6—办公区、仓库；7—机修间、车库；8—浴室；9—锅炉房；10—循环泵房；11—木工房；12—传达室、业务办公区；13—职工生活区；14—商店；15—停车场

（一）冷库总体设计的原则

1. 安全防护

冷库中的低温环境对人伤害极大，应当避免长时间在低温下作业，避免面对或者背对风操作。合理设置货架布局以及冷间布局，将使操作流程连贯顺畅，加快作业节奏，缩短库内的停留时间。同时防护措施应当配备完善。尤其要做好防护服的设计，使之与不同冷库业操作和不同冷间环境相适应。

同时冷库内作业存在很多的危险，诸如库门反锁、制冷剂泄漏、微生物污染等。所以在设计上应当充分考虑这些潜在的因素，为操作人员作业提供安全保障。

2. 通行顺畅

（1）通道入口。

所有通道出入口应当尽量保持平整，减少一定角度的坡面以及台阶的存在。搬运冻货物，无坡度与无台阶的出入口是最为便捷的，这对于大流量的货物进出尤为重要。

（2）通道。

所有通道应当尽量宽敞，便于货车及人员通行。为避免不必要的碰撞，应当减少通道的转弯，如必须使用转弯，应当尽量加大转弯处转角。通道中装有吊轨的，须注意悬挂胴体，避免与通道两侧货架摩擦。通道两侧应当避免放置冷冻设备，防止产生碰撞或者在制冷过程中对出入通道的人员产生不必要的伤害。

（3）地面。

由于库内外温差很大，所以容易产生水汽，最好采用平整防滑的地面，避免局部积水或者地面凹凸不平。对于有坡度的地方，必须安置扶手，并在下坡方向增大摩擦系数。

3. 装卸便利

正确地确定货架设施高度对于货物装卸具有重要的意义，设计得太高，人在操作时就要抬起上臂，时间久了，会引起肩膀酸痛。设计得太低，操作时就要低头弓背，时间一长，就会颈酸背痛，积劳成疾。对于手动操作来讲，货架的深度设计也很重要。因此，高度和深度的设计必须与操作者人体尺寸相适应。

（1）搁架。

搁架的高度应当适中，既适于机械操作又适于操作人员手工装卸货物，对于多数需手工操作的作业来说，供使用的梯子尽量宽大坚固，货架的深度也不宜过深，便于手工操作。

（2）吊轨。

吊轨的吊钩高度不宜过高，尽量避免作业者举手作业，有条件可以设置台阶。

4. 标识醒目

库房内外应当尽可能提供多种标志和信息源，以适合操作人员作业。如以各种符号和标志给作业者提供库内环境的信息，使人们最大范围地感知其所处环境的空间状况，从而减少对于阴冷环境的紧张感和产生危险的可能性。

标识系统的设计要醒目明确，图案与背景要有清晰的对比度，图形采用粗对比明显的闭合曲线轮廓，若冷库内冷色调颜色居多，可采用对比强烈的暖色色调来增加鲜明感。

（二）冷库总体设计的要求

1. 冷库总体设计的依据

冷库总体设计的依据是冷库要满足所要进行的生产工艺，保证生产流程的连续性。为此，应当将所有建（构）筑物、道路、管线等按生产流程进行联系和组合，尽量避免作业线的交叉和迂回运输。具体来讲，就是要从满足食品冷冻冷藏工艺要求和便利产品运输出发，布置各车间和库房的相互位置。

2. 冷库总体设计的要求

冷库总体设计应当按批准的设计任务书进行。这项工作包括对冷库区内所有建（构）筑物、道路、铁路专用线、工程管线、码头、绿化设施等进行总体设计和竖向设计。具体任务如下：

①确定库区建筑物、室外场地、道路、铁路、码头及工程技术管线的标高，并使库区内外各工程的标高能互相衔接。

②拟定库区的排水方式，包括采取有效的防洪排涝措施。

③按设定的不同标高平整场地，确定土石方工程量。

在具体做法上要结合城镇规划、库址地形及地质、生产工艺流程、卫生、防火、劳动保护、交通运输等要求研究确定，在满足使用要求及节约用地的原则下，力求做到各建（构）筑物布置紧凑，生产流程组织合理，交通运输方便，工程管线最短，有利于施工操作且便于生产管理。

3. 主要技术经济指标

总平面布置要注意将近期建设与远期发展相结合，除已确定建筑的第二期工程可在总平面布置中预留用地外，应当避免过早过多地征用土地。总平面布置的主要技术经济指标如下：

①库址占地面积。

②建筑物占地面积。

③构筑物占地面积。

④露天仓库及操作场地占地面积。

⑤铁路、道路、人行道占地面积。

⑥土石方工程量。

⑦库区土地利用系数。

⑧建筑系数。

对于生产性冷藏库，库区土地利用系数应当控制在不小于40%，建筑系数应当控制在不小于30%。分配性冷藏库和水产冷藏库库区土地利用系数应当控制在不小于

70%，建筑系数则应当控制在不小于50%。

变配电间、机房、锅炉房等建筑物应当尽量布置在负荷中心区附近。厂前区的布置应当与城市规划及周围的环境相协调。

水产冷藏库是渔业基地的一个重要组成部分，它的总平面布置要与基地规划结合考虑。为了缩短运输距离，减少往返运输，其主库位置一般应靠近卸鱼码头。

（三）冷库总体建筑设计

1. 库区划分

冷库厂区各建（构）筑物按使用性质和卫生防护要求可以分为生产区、原料区、行政福利区和隔离区，生产性冷库库区划分如表4-4所示。布置时应注意做到功能分区明确，运输管理方便，协调生产，方便生活。对于生产性冷藏库，应根据库址的自然条件和卫生防护要求，将产生污染的原料区、隔离区、生产区的锅炉房、煤场等布置在库区的边缘或夏季主导风向的下风带。职工住宅区应尽量与生产区分开建设，最好布置在屠宰车间及原料区的上风地带。

表4-4　生产性冷库库区划分

类别	组成部分
生产区	冷库、单独建造的冻结间、机房、制冰间、冰库、变配电间、工人休息室、烘衣更衣室、铁路专用线、水塔、冷却水池、机修间、洗衣间、仓库等； 整理间（蛋品、果蔬）、理鱼间（水产）、候宰间、屠宰车间、副产品加工间、复制间、分割肉间、化验室、锅炉房、水泵房等
原料区	码头、卸鱼场、卸猪站台、验收分级栏、饲养栏、断食栏、喂食栏、病猪栏、饲料仓库、煮饲料间、动物饲料加工间等
行政福利区	办公楼、医务室、食堂、浴室、集体宿舍、家属宿舍、招待所、托儿所、哺乳室、厕所、自行车棚等
隔离区	危险品仓库（氨库或汽油库）、汽车库、急宰间、工业油加工间、皮毛晒场、污水处理场等

注：分配性冷库的划分可按上表除去有关屠宰的建（构）筑物。

2. 建筑物的布置

（1）建筑物布置总体要求。

为了节约用地，紧凑地布置建（构）筑物、道路、铁路、工程管线的位置，在满足生产、卫生、防火、防震、防尘、防噪声、日照、通风等条件的要求下，应当采取措施合理缩小区与区、房与房之间的距离。如统一规划，防止各区各自留有余地，合理地减少防火、防震、卫生防护间距等。要充分利用零星边角碎地，布置次要建（构）筑物和堆场。凡是生产性质、防火、安全、卫生要求、动力供应、运输条件相类同或者联系密切的建（构）筑物应当尽可能集中布置或合并向多层发展。

建筑物的布置要符合通风、采光、防尘等要求，如机房、锅炉房以及能产生大量热量、烟尘、噪声的车间应当布置在通风良好的地段，并远离办公楼、居住区，其长轴最好与夏季主导风向垂直或者不小于45°布置。库区内生产车间与办公室生活用房，应当分区规划，避免交错布置，以利于文明生产。办公生活区内各建筑物的布置，要考虑生产区的噪声干扰以及建筑物高度与日照的关系，并且有供职工文体活动的场地和建造必要的设施。对库区内的环境要进行绿化和美化设计。

（2）各建（构）筑物的卫生防护间距。

各建（构）筑物的卫生防护间距必须按照《工业企业设计卫生标准》（GB Z1—2010）的有关条文执行，也可结合实际情况，参照表4-5确定，冷库库区各建（构）筑物卫生防护距离如表4-5所示。

表4-5　　冷库库区各建（构）筑物卫生防护距离

序号	建（构）筑物名称	最小距离（m）
1	急宰间、工业油加工间——验收分级栏、饲养栏	30
2	急宰间、工业油加工间——冷库及各食品生产间、库区办公楼、食堂	70
3	急宰间、工业油加工间——住宅区	150
4	污水处理场——验收分级栏、饲养栏	30
5	污水处理场——一般非食品生产车间	50
6	污水处理场——冷库及各食品生产车间、库区办公楼、食堂	100
7	污水处理场——住宅区	150
8	锅炉房、煤场——验收分级栏、饲养栏	20
9	锅炉房、煤场——一般非食品生产车间	20
10	锅炉房、煤场——屠宰车间	20
11	锅炉房、煤场——冷库及各食品加工间	30
12	验收分级栏、饲养栏——屠宰车间	20
13	验收分级栏、饲养栏——一般非食品生产车间	30
14	验收分级栏、饲养栏——冷库及熟食、食用油加工间	50
15	验收分级栏、饲养栏——住宅区	50

“三废”处理的设计应当按相关标准执行。有生产污水排出的屠宰车间宜布置在住宅区下风向处；锅炉房要设置集尘器，加高烟囱，以减少烟尘危害；并且采取利用自然地形、种植树木草坪等措施，以减小卫生防护间距。

3. 建筑物及堆场的防火间距

冷库区内的建筑物及堆场的防火间距应当按照《建筑设计防火规范》（GB 5001—

2014）执行。冷库建筑物的耐火等级取决于建筑物构件的材料及做法；现有冷库的各类建筑物，如冷库、机房、变配电间、一般车间、仓库、办公室等，其耐火等级为2～4级不等。

冷间建筑的耐火等级、层数和面积如表4-6所示。

表4-6　　冷间建筑的耐火等级、层数和面积

<table>
<tr><th rowspan="3">冷间建筑耐火等级</th><th rowspan="3">最多允许层数</th><th colspan="4">最大允许占地面积（m²）</th></tr>
<tr><th colspan="2">单层</th><th colspan="2">多层</th></tr>
<tr><th>冷间建筑</th><th>防火墙隔</th><th>冷间建筑</th><th>防火墙隔</th></tr>
<tr><td>一、二级</td><td>不限</td><td>6000</td><td>3000</td><td>4000</td><td>2000</td></tr>
<tr><td>三级</td><td>3</td><td>2000</td><td>700</td><td>1200</td><td>400</td></tr>
</table>

（四）冷库库区的交通运输设计

冷库库区的铁路专用线、道路、码头，应当分别按我国铁路、工矿道路、港口有关设计规划执行。

1. 铁路专用线的设计

铁路专用线布置既要做到经济合理，又要同库区总平面有良好配合，以便于车间布置，力求做到线路短而且纵坡小，有效直线段长，曲线半径大，弯道短，转折角小，用地省，工程量小。同时，还应该满足以下要求。

（1）进入库区的铁路专用线一般应设机车回车线，其需要的长度为55m。

（2）站台铁路线股道数，应当根据运输量及具体方式而定，铁路双股线之间标准距离为5m，站台宽度为7～9m；站台边缘顶面应当高出轨顶1.1m，站台边缘距铁路中心线的水平距离为1.75m；站台长度一般为220m。当受地形等条件限制时，可适当缩短，但不应少于128m；站台边缘距站台柱的净距不应小于2m。

（3）库区内铁路作业线的有效长度（即警冲标两点之间的距离），应当能满足货物装卸运输及车辆调度等方面的要求。大型冷藏库，它相当于一大列机械保温列车（23节、410m）的调车长度，而中型冷藏库则为一小列机械保温列车（12节、204m）的调车长度。一小列机械保温列车的作业线长度最小为250m，用9号道岔则从末端警冲标志到线路终点的长度为107.8m。铁路专用线进入库区后，应当设在平直的线段上；若受地形限制，则允许其设在坡度不超过2.5%的坡段上。

2. 库区内道路的设计

库区内的道路一律按三类企业标准设计，库区内道路的主要技术指标如表4-7所示。

表 4-7　　库区内道路的主要技术指标

<table>
<tr><th colspan="2">项目</th><th>汽车道</th><th>电瓶车道</th></tr>
<tr><td colspan="2">计算行车速度（km/h）</td><td>12～16</td><td>5～8</td></tr>
<tr><td rowspan="2">路面宽度</td><td>单车道（m）</td><td>3.5</td><td>2</td></tr>
<tr><td>双车道（m）</td><td>大型库为 6 或 7，中小库为 5.5 或 6</td><td>3.5</td></tr>
<tr><td rowspan="2">路肩宽度</td><td>单车道（m）</td><td>1.5</td><td>—</td></tr>
<tr><td>双车道（m）</td><td>1.0</td><td>—</td></tr>
<tr><td colspan="2">平曲线最小半径（m）</td><td>—</td><td>—</td></tr>
<tr><td rowspan="3">最小转弯半径</td><td>单车（m）</td><td>9</td><td rowspan="2">5</td></tr>
<tr><td>带一辆拖车（m）</td><td>12</td></tr>
<tr><td>≥15t 平板车（m）</td><td>15</td><td>7</td></tr>
<tr><td rowspan="3">最小视距</td><td>会车视距（m）</td><td>30</td><td rowspan="3">10</td></tr>
<tr><td>停车视距（m）</td><td>15</td></tr>
<tr><td>交叉口停车视距（m）</td><td>20（条件限制取 15）</td></tr>
<tr><td colspan="2">最大纵坡（%）</td><td>6</td><td>4～5</td></tr>
</table>

库区的人行及货运道路应当尽量避免与铁路专用线平面交叉，生活区的行车道路更要注意安全。道路与相邻建（构）筑物的距离应当尽量取小（见表 4-8），以节约用地。但库区道路网的布置也应当考虑卫生、防火等方面的要求，使救护车、消防车能开到出事地点，此外还需要考虑工程管线的设置及绿化用地的要求。

表 4-8　　道路与相邻建（构）筑物的最小距离

<table>
<tr><th colspan="2">道路路面边缘至相邻建（构）筑物</th><th>最小距离（m）</th></tr>
<tr><td rowspan="3">建筑物外墙</td><td>无出入口时</td><td>1.5</td></tr>
<tr><td>有非机动车、电瓶车出入时</td><td>3～4.5</td></tr>
<tr><td>有汽车出入时</td><td>6～8</td></tr>
<tr><td colspan="2">围墙</td><td>1.5</td></tr>
<tr><td colspan="2">铁路中心线（标准轨）</td><td>3.75</td></tr>
<tr><td colspan="2">乔木</td><td>0.75～1</td></tr>
</table>

库房的公路站台设计最好符合下列规定：第一，公称容积大于 4500m^3 的冷库的站台宽度为 6～8m，公称容积小于或等于 4500m^3 的冷库的站台宽度为 4～6m；第二，站台边缘顶面高出站台下地面 0.9～1.1m。

对于装卸任务较多的公路站台，其正前方应当设置回车场，以便车辆掉头。回车场可以根据地形，并结合周围场地的情况，做成各种形式（如直角式或斜列式）。大中型冷库回车场的面积应当不小于 20m×20m，小型冷库回车场的面积则不小于 15m×15m。回车场地坡度以 0.5%～1%为宜。考虑防尘、防震等要求，库区内道路以及回车场采用水泥混凝土路面。通道、引道可以采用泥结碎石路面。

3. 冷库专用码头的设计

对于渔业基地的冷库，应当根据地质、水文、气象、潮汐以及停泊渔船和运输船只的吨位等方面的资料，妥善合理地选择码头形式，确定码头泊位及岸线长度。对于有条件利用内河水运的冷库，在选址时应当收集有关水路运输的资料。在总平面设计时，注意把装卸码头的位置布置在河床稳定、河道平直且开阔的河段上，以便船只的回转和停泊。

（五）冷库冷却系统的选择

冷库冷却系统的选择主要是冷库压缩机与蒸发器的选用。一般情况下，小型冷库选用全封闭压缩机。因为全封闭压缩机功率小，价格相对便宜；中型冷库一般选用半封闭压缩机；大型冷库在选用半封闭压缩机时，也可以考虑选用氨制冷压缩机，因为氨制冷压缩机功率大，并且可一机多用，但是冷库安装及管理比较烦琐。在选用蒸发器时，高温冷库以冷风机蒸发器为主，其特点是降温速度快，但是易造成冷藏品的水分损耗；中、低温冷库以无缝钢管制作的蒸发排管为主，它的特点是恒温效果好，并能适时蓄冷。

三、冷库的布置

（一）布置原则

冷库的布置根据冷库的用途、允许占用土地的面积、生产规模、食品冷加工以及冷藏的工艺流程、库内装卸运输方式、设备与管道的布置要求，来决定冷库的建筑形式（单层或者多层）；确定各冷间、穿堂、楼电梯间等部分的建筑面积与冷库的外形；并且对冷库内各冷间的布置以及穿堂、过道、楼电梯间、站台等部分的具体位置等进行合理的设计。一般来说，冷库的布置应当满足以下基本要求。

（1）工艺流程顺畅，不交叉，生产和进出库运输线路通畅，不干扰，路线较短。

（2）符合厂（库）区总平面布局的要求，与其他生产环节和进库物资流向衔接协调。

（3）高低温分区明确，尽可能各自分开。

（4）在温度分区明确、内部分间和单间使用合理的前提下，缩小绝热围层的面积。

（5）适当考虑扩建和维修的可能。

在建筑平面布置中，可以充分运用穿堂作为连接各部分的纽带，衔接前后工序的桥梁与物资流通的渠道。巧妙地运用穿堂，可以使建筑平面布置灵活多变，适应不同客观条件的要求，从而取得有利生产、方便管理、延长冷库使用寿命等多方面的效果。

（二）温度分区

冷库各类库房的温度大致上可以归结为等于或者大于0℃的高温库房、温度低于0℃的低温库房。其中有的库房温度比较稳定，比如冷藏间；有的库房温度可能在0℃上下一定范围内波动，比如采用直接冻结工艺的冻结间。由于库内外热湿交换程度不同，如高温库房只发生凝水结露现象，而低温库即可能产生凝水、结冰现象，甚至发生冻融循环，因此，在建筑平面布置上应当根据各类库房的温度要求及热湿交换状况分开布置，以避免相互影响，这种处理方法，习惯上称为温度分区。

常用的温度分区方法有两类：①分开处理，即将高温库与低温库分为两个独立的围护结构体；②分边处理，将高温间组合在一边，将低温间组合在另一边，中间用一道绝热墙分开。在有条件的地方，应首先考虑第一种处理方法。

（三）冷库的合理布局

冷库的布置应当考虑冷却间、速冻间、冷藏间、冻藏间、回笼间、过道走廊（穿堂）、接收台、升降机间与楼梯间等最合理的配置。

（1）回笼间一般不布置冷分配设备，但是其外墙应当敷有足够的绝热材料。采用常温穿堂，可以防止滴水，改善劳动条件，但必须装有风幕，以减少库门开启时的耗冷量。

（2）风幕（空气幕）是利用空气射流原理，用机械方法，在冷库的门扇开启时，用鼓风机使空气以一定的角度（喷射角$\alpha=15^{\circ}\sim25^{\circ}$）强制循环，在门洞的正面造成一股匀速类似于屏障的扁平风幕，用来隔绝或者减少库内外冷热空气的对流交换，减少库内耗冷量。目前，冷库库门上安装风幕的已相当广泛。

（3）高温库房与低温库房，应当分区布置（包括上下左右）。把温度相同的库房（冷间）布置在一起，以减少绝热层厚度并保持库房温度相对稳定。在多层楼冷库中，属于生产性库房（如分选间、冷却间，速冻间等），暂存性库房（如冷却物短期储藏间，收发间）一般多布置在底层。第二层以上，一般都是储藏性库房。多层楼冷库的层数，以不超过七层为宜，因为土壤荷重不超过0.15～0.25MPa，这样可以降低对桩基的要求。同时当层数超过七层时，接收台的长度将不够使用，底层的面积也不够布置全部生产性库房与暂储性库房。

（4）冷库的建设场地，应当选择交通方便的地方，在布置冷库时，必须配置足够的货运工作场所，并且尽可能缩短运输路线。

（四）冷库的平面布置

1. 低温冷藏间和冻结间

为了便于冻结间的维修、扩建与定型配套及延长主库的寿命，通常将冻结间移出主库单独建造，同低温冷藏间分开，中间用穿堂连接。这样，有利于低温冷藏间的管理和延长使用期限，但占地面积大，一次性投资多。

2. 冻结物冷藏间和冷却物冷藏间

多层冷库把同一温度的库房布置在同一层上；冻结物冷藏间布置在一层或一层以

上的库房内；冷却物冷藏间如果布置在地下室，则地坪不需要采取防冻措施；若布置在地上各层，则可减少冷量的损失。

单层冷库要合理布置不同温度的冷藏间，使冷区、热区的界限分明。

（五）冷库的立面布置

单层冷库和多层冷库小型冷库一般采用单层建筑，大中型冷库一般采用多层建筑。多层冷库的层数一般为 4～6 层，布置时，首先要按生产工艺流程和制冷工艺流程，一般把冻结间布置在底层，从而便于生产车间的吊轨接入冻结间。把制冰间布置在顶层，有利于冰的入库与输出，制冰间的下层设置储冰库，冰可以通过螺旋滑道进入储冰库。地下室可用作冷却物冷库或者杂货仓库。为了减少冷库的热渗透量，无论是多层冷库还是单层冷库，都应当建成立方体式的，尽量减少围护结构的外表面积，其长宽比通常取 1.5∶1左右。

（六）冷库冷间的设置

为了缩小冷库外围结构的表面积，冷库的建筑物外形最好呈正方形。冷库的坐向（方位）不同，太阳辐射的热量是不同的。在确定冷库建筑物的形式、坐向时，必须因地制宜地进行。

我国多层楼冷库多采用无梁楼盖的结构形式，是钢筋水泥现浇结构，柱网布置为 6m×6m，层高为 4.2～4.8m。单层冷库的层高为 4～5m。采用稻壳绝热的平屋顶冷库，要设置阁楼层，阁楼层高度为 2.5～3m。

冷库根据储藏产品的种类、加工工艺条件、储藏温度、储藏量等而设置各种不同的冷间，比如冷却间、速冻间、冷藏间、冻藏间、过道走廊等。根据需要可以设置接收台、楼梯间、升降机间及机器房、办公室等。冷却间温度为－2～2℃，目的是降低产品温度。速冻间温度为－28～－23℃，目的是使产品快速冻结，比如使肉类、鱼类、禽类、果蔬等食品速冻。冷藏间温度为 2～4℃，目的是将已冷却食品的储藏。冻藏间温度在－18℃以下，目的是将已冻结食品的储藏。通用间温度在 0℃左右或－15℃左右，可冷冻或冷藏食品。

（七）冷库机房的设置

冷库机房主要设置在建筑物旁侧的附属建筑物中，机房通常划分为压缩机间、附属设备间等。

1. 压缩机房和附属设备间的布置

（1）设备布置应当符合工艺流程、安全规程以及操作方便的要求，并且需要有适当的空间，以便设备部件的拆卸与检修，同时亦应尽可能布置紧凑，充分利用机房的空间，以节省建筑面积。

（2）机器间内主要操作通道的宽度应为 1.5～2.5m，压缩机突出部分到其他设备或者分配站之间的距离不应小于 1.5m，两台压缩机突出部位之间的距离不应小于 1m，且能有抽出曲轴的可能，非主要通道的宽度不小于 0.8m。

（3）设备间内的主要通道的宽度不应小于 1.5m，非主要通道的宽度不应小于 0.8m。

(4) 水泵和油处理设备不宜布置在机器间或设备间内。

2. 压缩机、附属设备和管道的选择

(1) 压缩机应根据各蒸发温度机械负荷的计算值分别选定，不另外设置备用机。

(2) 对于选用的活塞式压缩机，当冷凝压力与蒸发压力之比大于 8 时，应当采用双级压缩；当冷凝压力与蒸发压力之比小于或者等于 8 时，应采用单级压缩。

(3) 选配压缩机时，其制冷量宜大小搭配。

(4) 压缩机房内压缩机的系列不宜超过两种，如仅有两台机器时，应选用同一系列。

(5) 选用压缩机时，应当根据实际使用工况，对压缩机所需功率进行计算，由制造厂选配适宜的电机。

(6) 制冷装置中的中间冷却器、油分离器、冷凝器和贮液器等辅助设备的选择，均应与设置的氨压缩机制冷量相适应。

(7) 制冷系统的管子应采用无缝钢管，其质量应当符合现行国家标准的要求，应当根据管内的最低工作温度选用钢号；管道的设计压力应采用 2.5MPa（表压）。

(8) 制冷管道系统应采用氨专用阀门和配件，其公称压力不应当小于 2.5MPa（表压），并不得有铜质和镀锌、镀锡的零配件。

3. 管道和设备的保冷、保温与刷漆

(1) 凡管道和设备导致冷损失的部位及将产生凝结水滴的部位和形成冷桥的部位，均应对其进行保冷。

(2) 穿过墙体或楼板等处的保冷管道应采取相应的措施，不使保冷结构中断。

(3) 融霜用热氨管应保温。

(4) 制冷系统管道和设备经排污、严密性试验合格后，均应当涂防锈底漆两道，色漆两道（有保冷层或保温层的在其保护面层的外表面涂色漆两道）。光滑排管可仅刷防锈漆两道。

(八) 冷库的隔热与防潮

冷库的主要用途是用来冷加工和储藏冷加工后的易腐食品，因此必须保证库内温度均匀并且处于一定的低温下，除了利用机械制冷外，冷库外围的建筑结构要敷设一定厚度的隔热材料以减小冷库内的冷量损失，这是冷库建筑中一项十分重要的措施。冷库的外墙、屋面、地面等围护结构及有温差存在的相邻库房的隔墙、楼面等，均要做隔热处理。

由于库外环境温度处于昼夜或者季节的周期性波动之中，加上冷库操作经营等的需要，库门经常开启关闭，库内外的热湿交换频繁发生，外界空气的入侵不仅会带进热量而且还带进水分，这不但影响库内温度波动，析出的水分将在低温的围护结构表面凝结成水或者冰霜，导致隔热材料受潮、腐蚀与变质，降低隔热层的隔热性能，还会引起建筑材料如钢筋、木材等的腐蚀。同时由于冷凝器结霜的增加，增加了除霜次数，使冷藏间温度不能保持稳定，影响储存货物的质量，增加运营成本。因此冷库的建筑除了具有一般建筑结构的特点外，还要考虑保温隔热、防潮等特殊要求。

隔热材料的热物理性质，会直接影响库内食品的冷冻加工过程和制冷设备的冷负荷，影响冷库的经营费用。冷库用的隔热保温材料的主要热物理性质是热导率和密度。工程上把热导率小于 0.2W/(m・K)的材料称作热绝缘材料。

由于冷库内外温差较大，在围护结构的两侧存在水蒸气分压力差，库外高温空气中的水蒸气将穿越隔热保温材料向库内渗透，同时也侵入隔热保温层内部，使其隔热性能显著地降低。为了确保隔热材料的隔热性能，必须在围护的结构上设置阻汽层，隔绝或者减少水蒸气的渗透。

(1) 消除冷桥影响的方法。

隔热与防潮的方法在冷库围护结构绝热层中，有热导率比绝热材料的热导率大得多的构件，如梁、板、柱与管道及其吊卡支架等穿过或嵌入其中，使绝热构件形成缺口或不严密的薄弱环节，习惯上将这些构件称为冷桥。冷桥在构造上破坏了绝热层与隔气层的完整性与严密性，容易使绝热材料受潮失效，墙、柱所形成的冷桥可以使地下的土壤冻结，危及建筑结构的安全。暴露在空气中的冷桥往往在其表面产生凝结水或冰霜。如果水、冰、霜发生冻融循环，则影响冷库的使用和安全，因此，对冷桥必须引起高度重视。

一般来说，消除冷桥影响的方法有两种。

①如图 4-3 (a) 所示，隔热防潮层设置在地坪、外墙以及屋顶上，把能形成冷桥的结构包围在里面，称为外置式隔热防潮系统，其特点是隔热防潮性能最佳，造价较便宜；

②如图 4-3 (b) 所示，与外置式相反，隔热防潮层设置在地板、内墙、天花板上，称为内置式隔热防潮系统。当墙壁与天花板需要经常清洗时，常采用这种结构。

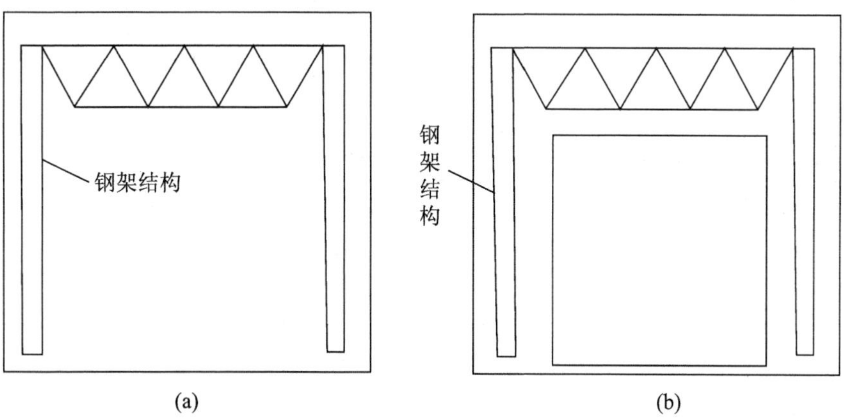

图 4-3 消除冷桥的方法

在布置隔热防潮层时，应当注意以下因素：

①合理布置围护结构的各层材料，把密实的材料层（材料的蒸汽渗透系数小）布置在高温侧，热阻和蒸汽渗透系数大的材料布置在低温侧，使水蒸气“难进易出”。

②合理布置隔气层，对于能保证常年库温均低于室外温度的冷库，将隔气层布置在温度高的一侧；对于时停时开的高温库，则双面都设隔气层。

③要保持隔气层的完整性，处理好接头。

④做好相应的防水处理。

（2）常用的隔热材料与防潮材料。

对低温隔热材料通常有如下要求：①热导率小；②吸湿性和含湿量小；③密度小，且含有均匀的微小气泡；④不易腐蚀变质；⑤耐火性、耐冻性好；⑥无毒、无臭；⑦在一定的温度范围内具有良好的热稳定性；⑧价格低廉，资源丰富。

实际上要完全满足上述要求的隔热材料是很少的。表 4－9 给出了一些常用的低温隔热材料的物性，选用时应根据使用要求、围护结构的构造、材料的技术性能及其来源和价格等具体情况进行全面的分析后做出选择。常用的防潮隔汽材料有沥青、油毡、沥青塑料防水材料、塑料薄膜等。

表 4－9　　常用低温隔热材料的物性

材料名称	密度 (kg/m^3)	热导率 5[W/(m·K)]	防火性能	蒸汽渗透系数 [g/(m·h·Pa)]	抗压强度/Pa
聚苯乙烯泡沫塑料	20～50	0.029～0.046	易燃，耐热 70℃	0.00006	1.764×10^5
聚氯乙烯泡沫塑料	45	0.043	离火即灭，耐热 80℃	—	1.764×10^5
聚氨泡沫塑料	40～50	0.023～0.029	离火即灭，耐热 140℃	—	$(1.96\sim14.7)\times10^5$
沥青矿渣棉毡	<120	0.044～0.047	可燃	0.00049	—
矿渣棉（一级）	100	0.044	可燃	0.00049	—
矿渣棉（二级）	150	0.047	可燃	0.00049	—
沥青膨胀珍珠岩块	300	0.081	难燃	0.00008	1.96×10^4
泡沫混凝土	<400	0.151	难燃	0.0002	—
加气混凝土	400	0.093	不燃	0.00023	1.47×10^4

四、冷库的建筑方案

冷库的建筑方案是根据冷库的性质、生产规模、工艺流程、设备安装以及所用建筑材料等条件并结合库址的具体情况（地下水位、地质、地形等）而确定的。

（一）冷库建筑形式的确定

1. 冷库的建筑形式

目前我国采用的冷库建筑形式大致有三类：一是较大跨度的单层土建式冷库；二是较大跨度的单层装配式组合冷库；三是适当跨度的土建式冷库。对于生产性或者综合性冷库的建筑层数，应当根据屠宰加工工程方向确定，若为竖向布置时应当采用多层土建式建筑，若为水平布置时采用单层（土建式或装配式）建筑。对于货物进出频繁的中型冷库均宜单层（土建式或者装配式）建筑。对于小型冷库现普遍采用单层装配式。

2. 各种建筑形式的优缺点

（1）土建式冷库和装配式冷库的优缺点。

土建式冷库的优点：①初投资较省；②便于就地取材；③热惰性较大，库温较稳定。

土建式冷库的缺点：①建造周期长；②不允许快速降温和反复变温；③施工较复杂；④不便于维修；⑤占地面积大。

装配式冷库的优点：①建造周期短，占地面积少；②可实行快速降温和允许反复变温；③施工简单，质量可靠；④不易产生霉菌，无冻融危害。

装配式冷库的缺点：热惰性小，库温稳定性差。

（2）单层和多层冷库（土建式）的优缺点。

单层土建式冷库的优点：①建筑和结构比较简单，柱网布置灵活，有利于采用预制装配式构件，施工方便，投产快；②易于实现装卸运输的机械化和自动化；③货物进出方便，便于迅速吞吐；④基础处理比较简单，地坪承载能力大，提高了单位面积的载货量；⑤能采用较大的跨度，可减少柱子所占面积，扩大了建筑面积利用系数。

单层土建筑冷库的缺点：①占地面积大；②冷库外围护结构表面积大，故隔热材料用量较多，耗冷量和食品干也耗较大；③对于低温库房，地坪防冻处理的工程量大；当冷库建在地下水位高的地方，处理不当容易造成地坪冻臌。

多层土建式冷库的优点：①占地面积少，能节约用地；②单位面积的土建造价低，投资费用较少；③机器设备费用和经营管理费用相应减少；④能合理利用多层位置，如地下室可用作冷却物冷藏间，屋顶阁楼层可用作制冰间等。

多层土建式冷库的缺点：①库房垂直运输量大，货物进出和操作管理都不如单层冷库方便；②楼层高度受楼板载荷能力的限制，各冷间的容积利用率较低；③多层冷库建在地耐力较差的地基上时，基础施工较复杂，造价较高；④采用预制装配构件时，需用较大施工设备，施工期较长。

3. 冷库建筑层高的确定

随着冷藏食品包装容器的改进，现正逐步采用标准容器包装，适用于搬运和堆码工作的完全机械化，所以单层冷库的层高可以达到 8～15m，其建造已日趋广泛。根据国际制冷学会估计，1965 年以来，世界上新建的冷库中单层冷库占 70%左右，而且其中的大多数是采用装配式结构。

在冷库建筑中，2～3层的建筑是不适宜的。因为2层以上的冷库，垂直运输需要装设电梯，但是2～3层冷库的电梯利用率较低，在投资和设备使用上都不经济。由于冷库的动载荷很大，7层以上的冷库须要大大增加基础投资，造价也较高，同时垂直运输量也增大。所以，多层冷库的层数通常宜采用4～6层。同时，冷库主体建筑最好能接近于正方体，以减少外围护结构的表面积。

库房的层高应当根据使用要求和堆货方法确定，并考虑建筑统一模数。目前国内冷库堆货高度在3.5～4m，且单层冷库的净高一般为4.8～5.0m，采用巷道或者吊车码垛的自动化单层冷库不受此限制。多层冷库的冷藏间层高应当不小于4.8m，当多层冷库设有地下室时，地下室的净高应不小于2.8m。冻结间的层高根据冻结设备和气流组织的需要确定，一般层高为4.2～4.8m（建筑净高为3.8～4.3m）。冻结间与冷藏间设于同一层内时，其高度可按后者确定。盐水制冰车间的建筑层高可取6.7m，人工堆冰的冰库建筑层高一般在4m以上，采用机械堆冰时可取5～10m。

（二）影响冷藏库容量的因素

1. 冷藏库的平面几何形状

食品冷藏都有一定的保质期，为了保证库存食品的质量，应当按先进先出的原则进行储存管理，所以冷藏间内必须设置通道。库房宽度在10m以内的可在一侧留通道，宽度在10～20m的则在库中央留通道，当库房宽度超过20m时，每10m宽增加一条通道，以便货物的分垛装卸。手工搬运的通道宽度为1.2m，机械搬运的通道宽度为1.8m，货垛之间还应当留有0.3～0.6m的间距，这样不仅装卸货物方便，还使得冷藏间内的空气能够通畅地自然流动，缩小区域温差。

通道的设置势必影响冷藏间面积的利用，一般地讲，将冷藏间面积布置成正方形或接近正方形，面积的利用率最高。

2. 冷藏间的净高

在冷藏间有效使用面积不变的情况下，有效容积取决于有效堆货高度。有效堆货高度由冷藏间净高减去平顶（或者梁底表面）与顶管的距离、顶管的高度、货垛与顶管的距离以及垫木高度而得。可见冷藏间的净高越大，其容积使用率也就越大。但是冷藏间的净高也受冷库楼板载荷、库内的区域温差、装卸设备等因素制约。目前我国冷藏库堆码高度一般采用下列数据：

（1）30t以下的生活服务性冷藏库堆码高度为1.8～2.0m。

（2）300t以下的小冷藏库堆码高度为2.5～4.0m。

（3）500～1500t的冷藏库堆码高度为3.3～4.2m。

（4）1500t以上的冷藏库堆码高度为3.8～4.5m。

3. 使用的冷分配设备

由于货垛与冷分配设备之间要保持一定的间距，所以，大小相同的冷藏间如果设置不同的冷分配设备，它们的有效容积也不一样。对于冻结物冷藏间来说，采用集中或者满铺布置的顶管时，它的容积使用率最高；而对于冷却物冷藏间来说，容积利用率则以采用带均匀送风道的冷风机为最高。至于冻结间，纵向吹风式的容积利用率则比横向吹风式较高，使用吊顶式冷风机的容积利用率比落地式冷风机较高。

（三）冷库保温材料的选择与敷设

冷库保温材料的选用必须因地制宜，既要有良好的隔热性能，又要经济实用。冷库隔热材料分为几种类型，一种是加工成固定形状及规格的板块，有固定的长度、宽度和厚度，可以根据库体安装的需要选择相应规格的库板，高、中温冷库一般选用10cm厚的库板，低温冷库及冻结冷库则一般选用12cm或15cm厚的库板；另一种冷库可以用聚氨酯喷涂发泡，把材料直接喷到待建冷库的砖或者混凝土仓库中，定型后既防潮又隔热。隔热材料有聚氨酯、聚苯酯等。聚氨酯不吸水，隔热性较好，但是成本较高；聚苯酯吸水性强，隔热性较差，但其成本较低。现代冷库的结构正向装配式冷库发展，制成包括防潮层和隔热层的冷库构件，并做到现场组装，其优点是施工方便、快速且可移动，但造价比较高。

（四）电梯和电梯间的设计

1. 电梯运载能力的计算

载货电梯运行速度一般为0.25～0.7m/s。一般四层冷藏库的电梯一个小时可以上下工作10～12次。若运载的货物不是单一品种时，计算电梯的运输能力以主要货物为标准计算。如采用手推车运输白条猪肉的冷藏库，一台三吨的电梯厢内可以同时容纳六部运载小车，每部车载白条肉10片，每片平均重25kg，电梯的工作效率为10次/h，则其运输能力为0.025×10×6×10=15t/台·h，采用托货板载货，铲车运输时，应当根据具体情况确定。

设置电梯的数量，主要根据电梯的实际运载能力和吞吐运输的具体要求而定。从铁路冷藏列车或冷藏船装卸货物，装卸的时间是有限制的，电梯数量要能满足限定时间内装卸的要求。但是在计算时，应扣除底层不需用电梯的货量。对没有规定装卸时间要求，还是零进零出的冷藏库，电梯数量应不少于两台。对于吞吐量特别大，设在港口的整进整出的对外贸易分配性冷库，电梯数量可根据实际要求适当配置。

2. 轿厢的选择

目前冷藏库内的地面水平运输工具正向机械化发展，铲车就是用得最多的机械化工具。铲车的使用对电梯轿厢的选择就提出了新的问题。使用手推车时，车、货可以同时进电梯轿厢，能充分利用轿厢的进深，且最大的轿厢可以同时容纳两排共六部手推车。若使用载重量为1.0～1.2t的国产铲车，其自重为1.7～1.9t，有的甚至达2.4t，则不能考虑铲车带货进入电梯轿厢。虽然托货板载货的数量比手推车载货量要大些，但是不能充分利用轿厢的进深，所以应当根据运输工具的种类选择轿厢的规格，一般采用手推车时，轿厢的进深可以大些，采用铲车时，轿厢的尺寸则宜宽不宜深。但是若能在轿厢的相对两侧同时作业，可以按两排托货板的尺寸选择轿厢，但电梯布置设计时应当考虑能进行两侧作业。

一般载重量为 2t 的轿厢尺寸有（以 mm 为单位）：2000×2500、2500×2500、2000×3000；载重量为 3t 的轿厢尺寸有（以 mm 为单位）：2000×3000、2500×2500、2500×3500、3500×4000。根据冷藏库使用的运输工具选择轿厢尺寸，能比较充分地发挥电梯的使用效率。

3. 电梯间的设计

多层库储存的食品必须利用电梯上下运输。电梯上下工作的效率主要取决于对电梯的每次装卸作业的速率。而影响装卸作业速率的因素是多方面的，电梯间对货物的运输是否顺便是主要因素之一。基本要求是：电梯的位置要安排适当，电梯门要尽可能靠近冷库门，以方便水平运输工具来回运输。

电梯间的穿堂应当有足够的宽度，一般不小于 5m，为适应机械运输宜增加到 7m。这样水平运输工具相互阻碍的情况就可以减少。

根据使用铲车的特点，电梯在穿堂中的布局可采用电梯四周均无障碍物方案，来提高装卸作业的效率。

（五）制冰系统的设计

1. 制冰间

工程制冰方法有盐水制冰、桶式快速制冰及沉箱式快速制冰等。若采用快速制冰方法的制冰间，对建筑物的要求比较简单，关于盐水制冰的制冰间设计布置如下。

(1) 制冰间的尺度与设备的关系。盐水制冰是在低温（一般为－10℃）的盐水池中，将冰桶中的水冻结成冰。制冰所用的设备是制冰池、融冰池、倒冰台、倒冰架、吊车、加水箱和冰桶。有的还有液压推进装置。冰桶一般有三种规格：50kg、100kg、125kg。因为盐水制冰设备目前尚无统一型号，所以制冰间的尺寸各不相同。

(2) 倒冰台。倒冰台包括钢筋混凝土台架结构以及台面板（以木或竹制）。台架结构可以是平的，台面板则以倒冰架为起点略向下倾斜。冰从桶中倒出后滑撞所及的墙面都需要加防撞板。

倒冰台的宽度（从倒冰架中线到对墙之间距离）不宜小于 3m。倒冰台的水可以通过地漏溅落至台架下，然后排出，地漏的位置注意距离储冰间外墙不小于 1m。

2. 冰库（储冰间）

一般把专门用于储冰的冷藏库称为冰库。储冰容量的计算方法与冷藏库容量的计算方法相同。冰库设计时要注意确定地面的标高、地面排水以及碎冰清除等方面的问题。

3. 滑冰道

滑冰道是制冰厂内用来输送冰块的建筑物。它是借助于冰块的重力，在具有一定坡度的滑道内，自行滑动运输冰。该输送方式的特点是不需要消耗动力，利用起点与终点高差冰块所具有的位能来克服冰块与滑道之间的摩擦阻力，达到运送目的。

一般滑冰道分为水平输送和垂直输送两类。滑冰道的结构形式很多，有木结构、钢筋混凝土结构及钢结构等。几种结构形式各有其优缺点，使用中可根据使用情况和当地具体条件进行选择。

（六）机房的设计

压缩机间、设备间、变配电间、水泵房及油料房、工具房、工人值班休息室等组成机房。这种组合的建筑设计应当与制冷、供电、供水等的设计紧密配合。下面主要介绍压缩机间和配电间的设计。

1. 设计规范

（1）氨压缩机房的防火要求应当符合现行建筑设计防火规范中火灾危险性乙类建筑的有关规定。

（2）氨压缩机房的自动控制室或操作值班室应当与机器间隔开，并应设固定观察窗。氨压缩机房屋面应采取隔热或保温措施。

（3）机器间的墙裙、地面和设备的基座应当采用易于清洗的面层。

（4）变、配电室与氨压缩机房毗邻时，共用的隔墙应当采用耐火极限不低于 4h 的非燃烧体实体墙，而且要抹灰。该墙上只允许穿过与配电室有关的管道、沟道，其孔洞周围应采用非燃烧性材料严密堵塞。

（5）氨压缩机房和变配电室的门应当向外开启，不得用侧拉门。配电室可以通过走廊或套间与氨压缩机房相通，走廊或者套间门的材料应为难燃烧体，并应有自动关闭装置。配电室与氨压缩机房共用的隔墙上不宜开窗；若必须开窗时，应当用难燃烧的密封固定窗。

2. 对建筑设计的要求

（1）机房高度。最小型的冷库机房，高度一般不宜低于 4m。500t 以上的冷库，机房高度应当不低于 5m，大中型冷库机房高度应当不低于 6m。

（2）平面尺度。设备台数少的小型冷库，压缩机间宽度一般不宜小于 4.5m；布置有两排压缩机的宽度为 7～9m。长度方向宜留有适当余地。

（3）通风采光条件。压缩机间设备发热量比较大，夏天温度较高，一般应当有较好的自然通风。两面侧墙应当开窗，有可能的话两端墙也应当开窗。窗的采光面积通常不小于地板面积的 1/7。但是要注意在炎热季节里不宜有强烈阳光直射入内。机房侧窗最好分为高低两排，将高低窗之间的墙面留供装设沿墙管道之用。

氨压缩机房应当设事故排风装置（包括辅助设备间）、换气次数为 8 次/h，排风机宜选用防爆型。

（4）出入口。要有两个以上的出入口，其中的一个出入口宽度不应当小于 1.5m。开门位置应考虑设备进出的方便，门应朝外开。

第三节 冷库的合理使用

一、入库前的准备工作

1. 对入库食品的要求

(1) 鱼类、肉类食品。

凡进入冷库保藏的鱼类、肉类食品，必须新鲜、清洁且经检验合格。鱼类要冲洗干净，按种类和大小装盘；肉类及其副产品要求修割干净、无毛、无血、无污染。食品在冻结前必须进行冷却和冻结处理工序，在冻结中不得有热货进库。食品在冷却过程中，库房的温度保持在－1～0℃。当肉体内的温度（对于白条肉是指后腿肌肉厚处的温度）达到0～4℃时冷却即完成。食品冻结时，库温应当保持设计要求的最低温度，当肉体内部温度不高于冻藏间温度3℃时，冻结即告完成，若冻结物冷藏间温度为－18℃，食品冻结后温度必须在－15℃以下。

(2) 果蔬食品。

果蔬入库前要进行挑选和整理。挑选工作要仔细且逐个进行，将带有机械损伤、虫伤及其成熟度不同的果蔬产品分别剔除筛选，因为果蔬中含有大量水分与营养物质，有利于微生物生存，而微生物侵入果蔬体内的途径主要是通过果蔬的机械损伤或虫伤的伤口处，微生物侵入后，果蔬很快会腐烂变质。此外，不同成熟度的果蔬也不宜混在一起储藏，因为较成熟的果蔬，再经过一段时间储藏后会有过熟现象，其特点是果体变软，即将开始腐烂。

果蔬经过挑选后，质量好的、可以长期冷藏的应当逐个用纸包裹，并装箱或装筐。包裹果蔬用的纸不要过硬或者过薄，最好是用对果蔬无任何不良作用并经过化学药品处理的纸。有柄的水果在装箱（筐）时，还要特别注意勿将果柄压在周围的果体上，以免其他果实的果皮被碰破。在挑选整理过程中，要注意轻拿轻放，以防因操作不慎而使果体受伤。

(3) 其他食品。

在食品到达前，应做好一切准备工作。在入库过程中，不得混放有强烈挥发性气味或腥味的食品、要求不同储藏温度的食品，以免相互感染、串味。需要经高温处理的食品应用专库储藏，对变质腐败、有异味或者不符合卫生要求的食品，患有传染病的畜禽商品，经过雨淋或者水浸泡过的鲜蛋，用盐腌或者盐水浸泡（已做防腐处理的库房和专用库除外），没有严密包装及流汁流水的食品等不得入库。

2. 入库前对冷库的要求

冷库应当具有可供食品随进随出的条件，并具有完备的清洁、消毒的能力；冷库外围、走廊、汽车或者火车的月台、辅助和附属车间等场所，都应当符合卫生要求；

冷库要具有通风设备，可以随时除去库内异味；库内的运输设备以及所有衡器如地秤、吊秤等都要经过有关单位的检查，保证完好、准确，冷库内应有完备的消防设施。

3. 对库内运输工具的要求

冷藏室中的所有运输工具和其他一切用具都要符合卫生要求；所有的手拉车都要保持干净，并将运输不同种类食品的手拉车区分开来；运输工具要定期消毒。

二、冷库的合理使用

冷库担负着果品、蔬菜、畜产品、水产品等易腐食品及饮料和部分工业原料等商品的加工、储藏任务，为了充分发挥冷库的冷藏、冻结能力，确保安全生产，保证产品质量，除了按设计要求合理使用冷库外，还应做好冷库的维护工作。

1. 正常使用冷库，保证安全生产

(1) 要特别注意防水、防潮、防热气、防跑冷、防逃氨等。

严格把好“冰、霜、水、门、灯”五关。穿堂和库房的墙、地坪、门、顶棚等部位有了冰、霜、水等要及时清除；库内排管与冷风机要及时扫霜、融霜，以提高制冷性能、节约用电，冷风机水盘内不得有积水；未经冻结的热货不得进入冻结物冷藏间，防止冷库损坏，保证商品质量；要看管好冷库门，商品进出时要随手关门，库门若损坏要及时维修，做到开启灵活、关闭严密；风幕应当运转正常。

(2) 要认真做好建筑物的维护与保养。

为防止建筑物的冻融循环、冻酥、冻臌，冻结间与冻结物冷藏间温度应当保持在−5℃以下，防止冻融循环；冷却物冷藏间应当保持在露点温度以下，避免库内滴水受潮；为了保护地坪，防止冻臌，不可以把商品直接铺在地坪上冻结，不得在地坪上摔击脱钩或者脱盘，不准倒垛拆桩；商品堆垛、吊轨悬挂，其质量不得超过设计负荷，以防止损坏建筑物；没有地坪防冻措施的冷却物冷藏间，在使用中应当防止地坪冻臌；冷库地下自然通风管道应当保持畅通，不得积水、有霜，不得堵塞，地下防冻加热油管要有专人负责，每班检查一次并做好记录；要定期对建筑物进行全面检查，发现问题及时修复。

(3) 要经常维护电器线路。

库内电器线路要经常维护，防止发生漏电事故，出库房时要随手关灯。

(4) 要严格执行库房货位的间距要求。

商品堆垛必须安全牢固，便于盘点、检查，且进出库方便。商品货位的堆垛与墙、顶、排管和通道的距离都有一定的要求（见表 4－10）。

表 4-10　　库内货跺距建筑物、设备的距离

<table>
<tr><th>项目</th><th>距离（m）</th><th>项目</th><th>距离（m）</th></tr>
<tr><td>货垛与下列建筑物表面及设备之间的距离（m）</td><td>—</td><td>冷间内走道宽度（m）</td><td rowspan="7">手工搬运：1.20
机械搬运：1.80</td></tr>
<tr><td>距冻结物冷藏间平顶</td><td>0.20</td><td rowspan="2">库房宽度在 10m 以内时，在一侧留走道</td></tr>
<tr><td>距冷却物冷藏间平顶</td><td>0.30</td></tr>
<tr><td>距管顶下侧</td><td>0.30</td><td rowspan="2">库房宽度在 10～20m 时，在库房中央留走道</td></tr>
<tr><td>距管顶横侧</td><td>0.20</td></tr>
<tr><td>距无墙管的墙</td><td>0.20</td><td rowspan="2">库房宽度超过 20m，每 10m 宽留一走道</td></tr>
<tr><td>距墙管外侧</td><td>0.40</td></tr>
<tr><td>距风道喷风口中心（下侧）</td><td>0.30</td><td>—</td><td>—</td></tr>
<tr><td>距冷风机周围</td><td>1.50</td><td>—</td><td>—</td></tr>
<tr><td colspan="2">墙管、顶管与下列建筑物的距离（m）</td><td colspan="2">货垛如需按批次堆存时，垛间距离（m）</td></tr>
<tr><td>翅片式墙管与墙壁表面</td><td>0.20</td><td>鲜蛋类（箱装者可取“距离”中较小的数值）</td><td>0.30～0.40</td></tr>
<tr><td>翅片式顶管与平顶或梁底表面</td><td>0.30～0.40</td><td>果蔬类（箱装者可取“距离”中较小的数值）</td><td>0.30～0.40</td></tr>
<tr><td>光滑墙管与墙壁表面</td><td>0.15</td><td>其他</td><td>0.10～0.15</td></tr>
<tr><td>光滑顶管与平顶或梁底表面</td><td>0.25～0.4</td><td>—</td><td>—</td></tr>
</table>

2. 合理码垛，提高冷库利用率

对食品进行合理码垛，正确安排，能使库房增加装载量，即提高单位容积的装载量和充分利用有效容积。具体有以下措施。

（1）在安全荷载能力下，合理码垛冷库楼面单位面积上所允许的装载量为冷库的安全荷载能力，提高单位容积的装载量必须以冷库楼面允许的安全负荷和食品保管质量要求为前提。冷库荷载标准如表 4-11 所示。

表 4-11　　冷库荷载标准

序号	房间名称	活荷载（kg/m^2）	序号	房间名称	活荷载（kg/m^2）
1	人行楼梯间	350	5	冻结物冷藏间	2000
2	冷却间、冻结间	1500	6	制冰间	200
3	运货穿堂、站台、收发间	1500	7	储冰间	900
4	冷却物冷藏间	1500	8	装隔热材料的阁楼	100

注：（1）单层库房冻结物冷藏间堆货高度达 6m 时，地面均布活荷载可采用 $300kg/m^2$。

（2）h 为堆冰高度。

（3）表中序号 2～5 项适用堆货高度不超过 5m 的一般库房，并已包括铲车运行载荷在内；储存冰蛋和桶装油脂等重大的货物时，其楼面和地面活荷载可按实际情况确定。

（4）楼板下有吊重时，按实际情况另加。

（2）提高单位容积载货量，根据不同食品容重不同正确安排食品，合理提高食品堆码的密度。各类冷冻食品的单位平均密度值，如表 4－12 所示。

表 4－12　各类冷冻食品的单位平均密度值

食品名称	单位平均密度（kg/m^3）	食品名称	单位平均密度（kg/m^3）
冻猪肉	375	冻羊肉	300
冻鱼	450	冻肉或副产品（块状）	650
冻家禽（箱装）	350	冻小鱼（箱装）	350
鲜蛋（箱装）	320	冻鱼（箱装）	300
新鲜水果（箱装）	340	冻鱼片（箱装）	550
冰蛋（罐装）	550	动物油脂（箱装）	630
冰块（桶制冰块）	800	动物油脂（桶装）	540
罐头食品	600	其他食品	300
冻牛肉	400	—	—

（3）充分利用有效容积，扩大货堆容量。

三、冷库的节能

在整个冷链过程中，物品都要求储存在一个合适的低温环境下，其中停留时间最长的就是冷库。冷库是冷链系统续接初期产品温度急降后的一环，也是低温产品在冷链系统中停留时间最长的场所，因此在低温物流管理中，产品品质有着重要的地位。冷藏室作为食品（货物）保管的储藏空间，附设食品的保管设备和保持温度稳定的制冷装置，以及出库、入库设备。冷库是保护易腐食品免遭风雨侵袭，并以适当的温度保管和储藏为目的的建筑物，可短期和长期保管食品。为调节食品的生产和消费季节，延长易腐食品的寿命而建造冷库。冷库不仅能保管易腐食品，还必须具备高效、经济地进行食品出入库的设备；同时还应谋求满足库存管理、寄存食品用户各种要求的事务管理的快速化和合理化。因此，提高整个冷库的管理效率，可以有效提高储藏产品的品质，降低整个冷链成本，提高能量效益。

（一）节能冷库的条件

1. 完整的库体结构

完整的库体结构是保证冷库具有基本功能的前提条件，要求冷库的围护结构、门、管道孔和地坪等都具有良好的保温性能，没有破损。

2. 合理的生产工艺

生产工艺是冷库制冷工艺的服务对象，陈旧落后的生产工艺也会造成先进的制冷系统能耗的增大，只有采用先进合理的生产工艺，冷库制冷工艺的节能才会成为可能。

3. 合理的制冷系统

合理的制冷系统应满足冷库制冷负荷的各种变化，避免出现“大马拉小车”的浪费或“小马拉大车”无法制冷的情况，只有合理的制冷系统才能通过各种组合来满足灵活使用的需要。冷库制冷系统中所涉及的主要设备应当具备优越的性能。先进设备的应用是实现冷库节能的前提。

4. 控制系统

先进的控制系统涉及传感器、执行器、各种仪表和各回路控制程序，这些元器件的选用和程序设计必须具有针对性、灵活性和经济性，其使用效果必须实用可靠。控制系统的可靠性和先进性是实现冷库节能的关键。

5. 管理科学化

冷库节能最终将体现在运行效果中。运行管理要有一套科学、严格的规章制度和标准。严格执行规章，可使各项服务都达到高水平，节能效果也就十分明显。严格的运行管理是实现冷库节能的保障，其中，对工作人员进行技术和素质培训，提高管理和操作水平是非常重要的环节。

（二）冷库的自动控制

自动控制可以对冷库和制冷系统的各项相关参数进行检测和采集，并分析判断，从而对相关设备实施实时有效的控制。自动控制的特点就是进行实时监控，保证和修正系统设备的工作状态。采用自动控制可保证制冷装置的安全和可靠运行，提高产品品质，减轻工人劳动强度，提高劳动生产率，从而达到节能目的。采用自动控制通常可节能 20%左右。

冷库的相关参数是随着冷库所处的状态及其作业的变化而变化的，相关设备的运行状态也必须随着这些变化而变化。如果出现了运行偏差或者运行结果不理想，就要及时进行纠偏和调整，使所有设备和整个系统都处于最佳运行状态，从而达到安全高效运行和节约能源的效果。要做到这一点，首先要了解各相关参数设备的运行状态和变化趋势，然后据此做出相应的设备运行状态调整措施并发出具体的指令，使相应设备及时响应并在最合理的状态下运行，这一切只有采用自动控制系统才能达到较理想的效果。

（三）冷库的节能途径

从整个系统的能耗考虑，冷库的能耗主要包括两部分。冷库因保证低温环境所需要的能量和产生冷量的制冷系统所需要的能量。从节能角度出发，需要对这两部分能耗进行控制。

1. 减小库房冷损耗

良好的围护结构是保证低温环境的前提。在建设冷库时，可以采用热导率较小和有一定厚度的材料，并注意围护结构的完整性，尽量避免冷桥和穿墙孔的产生，这样可以减小库外热量向库内的传递，减小围护结构的冷负荷。

（1）采用合适的冷藏温度。

合适的冷藏温度是保证储藏货物品质的前提，也是系统节能的一个方面。合适的冷藏温度，可以降低库内外温差，减少冷负荷量。

（2）减小冷库门的冷损耗。

冷库门要随开即关，这是每个冷库管理都有的规定，但是没有一座冷库能完全做到，这是有客观原因的。开门损失的热负荷是很大的，库门开启时间延长一倍，冷损耗会增加数倍。并且开门时间较长，还会使库外的高湿空气入侵，在门洞处结霜、结露，从而破坏库体结构。解决冷库门即时开关的最好办法也是自动控制，如果开门时间过长即可自动关闭，其节能效果也很可观。

库门面积，特别是库门高度对冷损耗的影响相当大。研究表明，对于冷气外泄，冷库门的高度比其宽度影响大得多，因此应尽量降低其高度。

冷库门的电加热丝功率有防结露和防冻结两种选择，不同使用温度的冷库门电加热丝的配置功率也不同，选配合适的加热功率可节能2%。

为了减少门洞所造成的能量损失和结构破坏，可以在门洞处设置门厅或风幕，减少库外高温、高湿空气的入侵，减小冷负荷，提高系统效益。

（3）库房照明控制。

库房照明按冷库制冷设计手册的规定是1.8～5.8w/m^2，但在实际工程中往往超过该数据，有的甚至在10w/m^{2}左右。如果忘了关灯，不但浪费照明电能，还会增加冷藏间和制冷系统的热负荷。此时增加一个简单的自动控制就可避免出现浪费，即当冷库门关闭5～15min后，如果照明灯还亮着，则自动关闭照明。照明延时的时间应超过工人在内一次作业的时间，避免误关灯；万一出现误关灯的情况，须借助库房长明灯和冷库门的安全设置，以保障操作人员的安全。

（4）尽量使用机械化操作。

使用机械化操作可避免大量工人同时入库操作，否则会造成库内的热负荷瞬间增大，从而使库内的温度波动增大，降低储藏效果，同时也会增大冷负荷，对系统节能工作极为不利。

（5）采用封闭式月台。

采用封闭式月台的方案，既能最大限度地保证冻品的质量，又可以明显地减小由于温差而从外界进入冷库的热负荷，还能大大地减少进入冷藏间的水分；既减少了除霜频率，又提高了制冷效率。然而，采用封闭式月台也会增加相应的土建费用和进出货的难度。

2. 减小制冷系统能耗

典型中等规模冷库制冷系统中各部分的能耗分布如下：压缩机的功耗为78 %；冷库内风机能耗为15%；冷却水泵能耗为4%；制冷剂泵能耗为1%；其他能耗为2%。

从能耗分布可知，节省制冷系统的能量应从压缩机和冷风机入手，主要措施如下：避免在一天中最热的时段开启制冷压缩机。当库外温度较高时，会增大冷凝温度，升高压缩机的排气压力，增大压缩机功耗，浪费能源，减小换热器换热温差，减小换热器的温差可以降低冷凝温度，提高蒸发温度，提高制冷系统的效率，达到节能效果，但是这要增大换热器的面积。

(1) 设定合适的控制精度。

控制精度可以影响制冷机组的运行时间，但应按储藏食品和不同的储存期的要求来设定控制精度。从节能的角度出发，只要不影响食品的品质，控制精度宜取低不取高，不必片面追求高精度控制。

除了原有的库房温度设定值之外，对于多个冷藏间的库房温度控制，宜加设库温超限控制值。这种双因素的库房温度调节，能使制冷系统按需要投入运行，不会因为个别库房的温度偏离而过早投入运行；还可以根据当时的实际情况使冷藏间或制冷系统不过早地停止运行，充分利用现有能量并避免设备或系统的频繁启停。

减少不同蒸发温度冷间的并联运行。由于同一系统的制冷压缩机只能在同一个蒸发温度下运行，所以不同蒸发温度的冷藏间如果并联运行，就会使相对蒸发温度较高的库房处于高耗能运行状态，该冷藏间热负荷越高，其能耗就越高，应当尽量避免这种情况的出现。需要注意的是，在氟利昂制冷的双温冷库中，在高温库回气管上加背压阀以及在低温库回气管上加单向阀都是不节能的做法，不值得提倡。

(2) 调节制冷系统的有关参数。

多点温度参数的库房温度调节：库房温度理想的控制方式是以库房的平均温度、冷风机的进风及其出风温度为输入参数，编制适当的控制程序，通过可编程控制器（PLC）进行调节从而达到节能的要求，也能满足某些库房高精度温度调节的需要。

变蒸发温度调节：蒸发温度以库房热负荷以及制冷系统制冷量为参数进行调节，使压缩机的制冷量与热负荷达到一个动态的平衡点，既能达到节能的目的，还能使能量调节更为合理。但在实施变蒸发温度调节时，很难控制制冷剂节流装置，只能在小范围内调节。

变流量调节：制冷剂流量与空气流量参数的调节都是与库房冷分配设备制冷量以及库房温度直接相关的调节，也是冷库节能自控应予以重视的内容之一。通过变流量调节可以有效地减小风机或泵的功率，一般可以节能4%。

相对湿度调节：对于高相对湿度冷库的调节，要尽量降低蒸发器表面与库内空气的平均温差，有必要时可采用制冷剂间接制冷系统，此外还可采用空气融霜和把融霜水还原给库房的制冷系统。对于要求低相对湿度冷库调节，要在达到相对湿度要求的同时减小冷库的热负荷，同时要避免气流组织控制时带入不必要的室外热湿负荷。

(3) 蒸发器的融霜控制。

冷风机运行中，由于霜层的逐渐增厚，传热系数下降，风量减少，风机功率增加，冷风机产冷量急剧下降。根据有关试验，当蒸发器管内外温差 $\triangle t=-10$℃时，如果装置没有采取任何除霜措施，一个月后蒸发器的传热系数大约只有原来的70%。因此，冷风机运行一段时间后，必须融霜。

蒸发器表面结霜除了增加冷库的热负荷外，还会降低蒸发器的表面传热系数，降低蒸发器的性能，增加制冷的能耗。目前冷风机融霜基本采用半自动控制或者定时融霜控制，这会造成融霜过程热量过多而使冷库内的温度波动。为了减少这种热负荷，达到节能目的，冷风机的融霜应当做到全自动控制。要有合适可靠的霜层传感器或差压变送器（在某些情况下也可采用电流变送器）来感知最佳的融霜时间；要有合理的融霜程序；还要有冷风机翅片感温器，防止过多加热；应研究和采用更有效的冷风机融霜方法。

实时计算控制，前面已经分析到为确保系统最佳节能运行，在采用自动控制时，最好能实现实时控制，这样可以随时调节制冷系统的工作负荷，实现最优化运行，达到节能目的。

在冷库节能工作的实施中，自动控制起到了十分重要的作用。不少单位在节能自控运行方面投入较大并取得了相当不错的成效。以某公司的产品及其在若干工程中的实施为例，其节能综合措施和成效可基本归纳如下：电子膨胀阀的应用，可节能10%；按需融霜功能，可节能5%；夜间回置的库温设定，可节能4%；冷风机风扇运行控制，可节能3%；冷库门防结露丝控制，可节能2%；压缩机组和冷凝风扇控制，可节能10%。以上六条措施的综合节能效果可达15%～34%。

随着冷库在冷链系统所起的作用越来越重要，其节能成为重要的研究课题。实现制冷机组自动调节可以有效地减少机组自身的能耗，并能保证一个良好的冷库的温度环境，有利于保证储藏货物的品质。

第四节　冷库的管理

一、冷库的仓储管理

（一）冷货堆垛

库内堆垛严格按仓库规章进行，并合理选择货位。将存期长的货物存放在库的里端，存期短的货物存放在库门附近，易升温的货物存放在接近冷风口或者排管附近。根据货物或包装形状合理采用垂直叠垛或者交叉叠垛。货垛要求堆码整齐、货垛稳固、间距合适。货垛不能堵塞或影响冷风的流动，避免出现冷风短路。堆垛完毕应在垛头上悬挂货垛牌。

堆垛间距要求如下：

①低温冷冻库货垛距顶棚0.2m；

②高温冷藏库货垛距顶棚0.3m；

③距顶排水管下侧0.3m；

④距顶排水管横侧0.3m；

⑤距未装设墙冷排管的墙壁0.2m；

⑥距冷风机周围1.5m。

拆垛作业时应当从上往下取货，禁止从垛中抽取。取货时要防止货物冻结粘连时强行取货而扯坏包装的情况发生。

（二）严格掌握库房的温度、湿度

根据食品的自然属性以及所需要的温度、湿度选择库房，力求保持库房温度、湿度的稳定。冻结物冷藏间的温度要保持在－18℃以下，库温只允许在进、出货时的短时间内波动，正常情况下温度波动不得超过1℃；在大批冻藏食品进、出库过程中，一昼夜的升温不得超过4℃。在通常情况下，冷却物冷藏间库房温度升降幅度不得超过0.5℃，在进、出库时，库温的升高不得超过3℃。

对运来的温度不合要求的冷却或者冻结食品，允许少量进入冷藏间储藏，但应当保持库内正常储藏温度。若温度高于－8℃，应当在冻结间中进行再冻后方能进入冷库储藏。

为了减少食品的干耗，保持原有食品的色泽，对易于镀冰衣的食品，如水产品、禽、兔等，最好镀冰衣后再储藏。

（三）冷库的通风换气

按照货物所需要的通风要求，进行通风换气是为了保持库内合适的氧气和湿度，冷库一般采用机械通风，要根据货物保管的需要控制通风次数以及通风时间，若冷藏库每天通风2～4次，每次换气量为冷藏间体积的1～2倍，将使库内二氧化碳含量达到适合的范围，如表4－13所示。通风将外部的空气带入库内，也将空气中的热量、水汽带入库内，因而要选择合适的时间通风换气。

表4－13　冷藏货物二氧化碳含量控制表

品名	梨	青香蕉	柑橘	苹果	柿子	西红柿
二氧化碳容积百分比（%）	0.2～2	1.6	2～3	8～10	5～10	5～10

（四）认真掌握储藏安全期限

对冷藏食品要认真掌握其储藏安全期限，执行先进先出制度，并且经常进行定期或不定期的食品质量检查。若食品将要超过储藏期，或者发现有变质现象时，应当及时处理。根据我国商业系统的冷库使用和维修管理试行办法，冷藏商品保质期如表4－14所示。

表4－14　冷藏商品保质期

品名	库温	保质期
冻猪白条肉	－18℃	12个月
冻分割肉	－18℃	12个月
冻牛羊肉	－18℃	11个月
冻禽、冻兔	－18℃	8个月

续 表

品名	库温	保质期
冻鱼	−18℃以下	9个月
鲜蛋	−1℃	3～9个月
冰蛋（听装）	−18℃	15个月
冻畜禽副产品	−18℃	10个月
苹果	0℃	3～8个月
大白菜	1.5℃	3个月
蒜苗	0℃	2个月
冰激凌	−20℃	5～6个月

二、冷库的安全管理

安全管理包括设备安全管理、水电防火安全管理、库体安全管理和人身安全管理等诸多方面，这里特别强调的是库体安全和人身安全。气调库操作是一种危险性较高的工艺操作，气调库工作人员必须参加有关安全规则的学习，切实掌握安全操作技术。

（一）库体安全

由于气调库是一种对气密性有特殊要求的建筑物，库内、外温度的变化以及在气调过程中，都可能使围护结构两侧产生压差，虽然在气调库中考虑了如安全阀、储气袋等安全装置，但若不加强管理，就可能影响气调库的使用，甚至造成围护结构的破坏。在气调库的运行过程中，安全阀内应始终保持一定水柱的液面。考虑冬季运行时库外温度降到0℃以下，应采取防冻措施，可以在水中加入盐类物质，有条件时，也可以加入汽车用的防冻液，避免安全阀里的水冻结成冰。除防水、防冻、防火之外，还可以防止温变效应。在库体进行降温试运转期间绝对不允许关门封库，因为过早封库，库内温压骤降，必然增大内外压差，当这种压差达到一定限度之后将会导致库体崩裂，使储藏无法进行。正确的做法是当库温稳定在额定范围之后再封闭库门，进行正常的气调操作。

（二）人身安全

这里所说的人身安全是指出入气调库的安全操作。操作维修人员必须了解气调库内的气体不能维持人的生命，当人们进入气调库工作时，会导致窒息而死。因而要了解窒息的症状，懂得不同症状的危险程度。人在不同O_2浓度环境中的感觉和症状，如表4－15所示。

表 4-15　人在不同 O_2 浓度环境中的感觉和症状

O_2浓度（%）	人的感觉和症状（或自然现象）
21	所有呼吸功能正常
17	烛光熄灭，人有不适感觉
12～16	呼吸加剧，脉搏跳动加快，视觉和思维能力减弱，肌肉的协调动作略有受阻，如迅速离开此环境，恢复人的正常生命机能尚不难
10～14	仍有知觉，但已失去判断力，出现某些不感觉痛苦的症状，如发烧、皮下出血等，肌肉迅速达到疲劳极限，导致心脏受损而出现昏厥
6～10	恶心呕吐，两腿发软，不能站立、走路，甚至不能爬行，尽管本人可能意识到死亡的威胁，但已无能为力
6 以下	如处于静止状态，在 30～40s 内丧失知觉，如处于活动状态，丧失知觉的时间更短。有呼吸困难、透不过气的感觉，然后肌肉抽搐，紧接着呼吸停止，持续几分钟后心脏也停止跳动

三、冷库的卫生管理

食品进行冷加工，并不能改善和提高食品的质量，通过低温处理，抑制微生物的活动，可以达到较长时间保藏的目的。所以，在冷库使用中，冷库的卫生管理是一项重要工作。要严格执行国家颁发的卫生条例，尽可能地减少微生物污染食品的机会，以保证食品质量，延长保藏期限。

（一）冷库卫生的内容

1. 冷库的环境卫生

食品进出冷库时，都需要与外界接触，若环境卫生不良，会增加微生物污染食品的机会，所以冷库周围的环境卫生是十分重要的。冷库四周不应有污水和垃圾，冷库周围的场地和走道应当经常清扫，定期消毒。垃圾箱和厕所应当离库房有一定距离，并保持清洁。运输货物用的车辆在装货前应进行清洗、消毒。

2. 库房和工具设备的卫生

冷库的库房是进行食品冷加工和长期存放食品的地方，库房的卫生管理工作是整个冷库卫生管理的中心环节。

在库房内，霉菌较细菌繁殖得更快，并极易侵害食品。所以，库房应当进行不定期的消毒工作。运货用的手推车及其他载货设备也能成为微生物污染食品的媒介，应当经常进行清洗和消毒。库内冷藏的食品，不论是否有包装，都要堆放在垫木上。垫木应当刨光，并且经常保持清洁。垫木、手推车以及其他设备，要定期在库外冲洗、消毒。加工用的一切设备，比如秤盘、挂钩、工作台等，在使用前后都应当用清水冲洗干净，必要时还应当用热碱水消毒。冷库内的走道及楼梯要经常清扫，特别在出入库时，对地坪上的碎肉等残留物要及时清扫，以免污染环境。

3. 冷库工作人员的个人卫生

冷库工作人员经常接触多种食品，若不注意卫生，本身患有传染病，就会成为病原菌的传播者。所以对冷库工作人员的个人卫生应有严格的要求。

冷库作业人员要勤理发，勤洗澡，勤洗工作服，工作前后都要洗手，经常保持个人卫生。同时必须定期检查身体，若发现患传染病，应当立即进行治疗并调换工作，未痊愈时，不能进入库房与食品接触。

库房工作人员不应将工作服穿到食堂、厕所和冷库以外的场所。

（二）冷库卫生管理

1. 消毒

（1）消毒剂。库房内消毒有以下几种方法。

①漂白粉消毒。漂白粉可以配制成含0.3%～0.4%有效氯的水溶液（1L水中加入20g含16%～20%有效氯的漂白粉），在库内喷洒消毒，或者与石灰混合，粉刷墙面。配制时，先将漂白粉与少量水混合制成浓浆，然后加水至需要的浓度。

在低温库房进行消毒时，为了加强效果，可以用热水配制溶液（30～40℃）。用漂白粉与碳酸钠混合液进行消毒，效果较好。配制方法：在30L热水中溶解3.5kg碳酸钠，在70L水中溶解2.5kg含25%有效氯的漂白粉。将漂白粉溶液澄清以后，再倒入碳酸钠溶液。使用时，加两倍水稀释。在用石灰粉刷时，应当加入未经稀释的消毒剂。

②次氯酸钠消毒。可用2%～4%的次氯酸钠溶液，加入2%碳酸钠，在低温库内喷洒，然后将门关闭。

③乳酸消毒。每立方米库房空间需用3～5ml粗制乳酸，每份乳酸加1～2份清水，放在瓷盘内，置于酒精灯上加热，再关门消毒几小时。

④福尔马林消毒。在库温20℃以上的库房，可以用3%～5%的甲醛消毒（7.5%～12.5%的福尔马林溶液），空间喷射为0.5～0.06kg/m^3。在低温库房内喷射，其效果较差。每立方米空间可以用15～25g福尔马林，加入沸水稀释，与10%～20%的高锰酸钾一起置于铝锅中，任其自然发热和蒸发，闭门1～2天后，经过通风，消毒工作即完成。因为福尔马林气味很大，所以肉吸收其后不能食用。为了吸收剩余的福尔马林，可在通风时用脸盆等容器盛氨水放在库内。福尔马林对人体也有很大的刺激作用，使用时要注意安全。

（2）消毒和粉刷方法。库房在消毒粉刷前，应当将库内食品全部撤出，并清除地坪、墙和顶棚上的污秽，发现有霉菌的地方，应当仔细用刮刀或刷子清除。在低温库内，要清除墙顶和排管上的冰霜，必要时需将库温升至正温。

库房内刷白，每平方米消毒表面所消耗的混合剂约为300ml，在正温库房可以用排笔涂刷，负温时可以用细喷浆器喷洒，有时会出现一层薄溶液冻结层，经1～3天以后，表面会逐步变干。

冷库内消毒的效果根据霉菌孢子的减少数量来评定。故而，在消毒前后均要做测定和记录。消毒后，每平方厘米不得多于一个霉菌孢子。

(3) 紫外线消毒。此法不仅操作简单，节约费用，而且效果良好。每立方米空间装置功率为1w的紫外线光灯，平均每天照射3h，即可对空气起到消毒作用。

2. 除霉

霉菌最爱在阴冷潮湿的地方生长，由于它能适应较低的温度，所以在冷冻厂的冷却物冷藏间中危害最为严重。霉菌在冷库内生长后，孢子会到处飞扬，对于动物性食品和蛋品的质量影响很大。霉菌和致病菌不同，它本身是无害的，也不会产生毒素，但是生了霉菌后严重地损害了商品的外观，并加快了肉类、蛋品的霉烂变质。霉菌生长以后，肉眼都可以看到，所以除霉工作比消毒工作更受到企业单位的重视。

除霉方法有机械除霉法、物理除霉法和化学除霉法三大类。

(1) 机械除霉法。用机械进行打扫和铲除生霉的部分，要和其他除霉方法相结合。在机械除霉法中有一种空气洗涤法，就是在进风口处装一喷水器，空气在循环时通过水幕将霉菌的孢子洗去，该方法就像现在的湿式冷风机一样，可以起到减少霉菌的效果。

(2) 物理除霉法。利用温度、湿度、紫外光、高频电和铜丝网来除霉。

(3) 化学除霉法。化学除霉主要是利用抗霉剂。冷库用的抗霉剂有很多种，常常与粉刷材料混合在一起进行粉刷，消毒方法主要有以下几种。

①氟化钠法：在白陶土中加入5%的氟化钠（或者氟化铁）或者2.5%的氟化铵，配成水溶液粉刷墙壁。白陶土中钙盐的含量不应超过0.7%或最好不含钙盐。

②羟基联苯酚钠法：当发霉严重时，在正温的库房内，可以用2%的羟基联苯酚钠溶液刷墙，或者用同等浓度的药剂溶液配成刷白混合剂进行粉刷。消毒后，地坪要洗刷并且干燥通风后，库房才能降温使用。用这种方法消毒时，不可与漂白粉交替或混合使用，以免墙面呈现红褐色。

③硫酸铜法：将2份硫酸铜和1份钾明矾混合，取此1份混合物加9份水在木桶中溶解，粉刷时再加7份石灰。

④用2%过氧酚钠盐水与石灰水混合粉刷。

3. 除异味

(1) 冷库中产生异味的原因。

异味，即冷库中的食品在外界因素的影响下，通过物理化学的变化，产生的一种不正常的气味，天长日久，这种气味会黏附于冷库的墙壁、顶棚以及设备和工具上。冷库中产生异味，一般来说有以下几个方面的原因：

①冷库在未进食品前就有一种异味存在；

②入库前食品就有腐败变质现象，如变质的蛋、肉、鱼等；

③冷库通风不畅，温度、湿度过大，致使霉菌大量繁殖，产生霉气味；

④存放过鱼的冷库，未经清洗即存放肉、蛋或水果、蔬菜等食品，致使气味感染而变质；

⑤制冷管道泄漏后，制冷剂（氨）侵蚀到食品中导致异味产生；

⑥冷库中温度不下降，致使肉品变质腐坏产生腐烂味。这种情况多发生在鲜肉未冻结、未冻透即转库储藏；

⑦不同气味的食品存在一个库内，导致食品串味互相感染。

（2）防止异味产生的方法。

①入库冷藏的食品，必须经过检验，没有变质的方可入库存放。

②库房在进货前不得有异味存在。如果有异味，必须经过技术处理，排除异味后方可进货。

③平常要加强冷藏设备的维护，严禁倒堆卸货，防止因此砸坏管路或造成制冷剂外泄。

④食品在冷加工过程中，必须使库房保持一定的温度，不得将冻制食品进行转库或者存放；若库房温度降不下来，应当查找原因，待排除后再将食品入库。

⑤冷库内不得混合存放互相感染的食品。

（3）冷库排除异味的方法。

①臭氧法。臭氧具有强烈的氧化作用，不但能消除库房异味，还能抑制微生物的生长。采用臭氧发生器，可以实现对库房异味的排除。如果库内存放含脂肪较多的食品，则不宜采用臭氧处理，以免脂肪氧化而产生酸败现象。

②甲醛法。将库房内的货物搬出，用2%的甲醛水溶液（福尔马林溶液）进行消毒和排除异味。

③食醋法。装过鱼的库房，鱼腥味很重。不宜装其他食品，必须经彻底清洗排除鱼腥味后才能装入其他食品。一般清除鱼腥味的方法是采用食醋的方法。

具体方法：鱼出库后，将蒸发管组上的冰霜层清除干净，并且保持库房温度在－5℃以下，然后按库房每立方米容积用食醋量50～100g配制，再用喷雾器向库内喷射，先将库房门关闭严密，断断续续地开动鼓风机，让食醋挥发且在库内流动，使食醋大量吸收鱼腥味。一般经4～24h后打开库门，连续鼓风数小时可将醋味吹出库外。

若采用5%～10%的醋酸与5%～20%的漂白粉水溶液进行库内喷射，也能起到良好的消毒和排除异味的作用。

4. 灭鼠

鼠类对食品储藏的危害性极大，它在冷库内不但糟蹋食品，并且散布传染性病菌，同时还能破坏冷库的隔热结构，损坏建筑。所以，消灭鼠类对保护冷库建筑结构和保证食品质量有着重要意义。

鼠类进入库房的途径很多，可以由附近地区潜入，也可以随有包装的食品一起进入冷库。冷库的灭鼠工作应当着重放在预防鼠类进入。如在食品入库前，对有外包装的食品应当进行严格检查，凡不需带包装入库的食品尽量去掉包装。建筑冷库时，需要考虑在墙壁下部放置细密的铁丝网，以免鼠类穿透墙壁潜入库内。发现鼠洞要及时堵塞。

消灭鼠类的方法很多，可用机械捕捉、毒性饵料诱捕以及气体灭鼠等方法。用二氧化碳气体灭鼠效果较好。由于这种气体对食品无毒，用其灭鼠时，不需要将库内食品搬出。在库房降温的情况下，将二氧化碳气体通入库内，将门紧闭即可灭鼠。二氧化碳灭鼠的效果主要取决于气体的浓度和用量。如在 $1m^3$ 的空间内，用浓度为25%的二氧化碳0.7kg，或者用浓度为35%的二氧化碳0.5kg，一昼夜便可彻底消灭鼠类。二氧化碳对人有窒息作用，可能会造成死亡。操作人员需要戴氧气呼吸器才能入库充气或检查。在进行通风换气降低二氧化碳浓度后，方可恢复正常进库。用药饵毒鼠，需要及时消除死鼠。一般是用敌鼠钠盐来做毒饵，效果较好。

四、冷库的节能管理

（一）冷库耗能现状

冷库是冷藏业中的主要用电部门，所以，对于冷藏业来说，节能的核心部门就是冷库。目前，据不完全统计折算，冷库的制冷系统所耗能源，若每冻结1t白条肉平均耗电量约为110度（其中有的耗电指标高达180度/t，有的低的耗电指标也达到70度/t)；冻结物冷藏间冷藏1吨冷冻食品，平均耗电量为0.4度/天（其中有的耗电指标每吨高达1.4度/天，有些低的耗电指标每吨也达0.2度/天)；冷却物冷藏间冷藏1t食品，平均耗电为0.5度/天（其中有的耗电指标高达1度/天，有些低的耗电也达0.3度/天)。由此可见，在冷库内冻结和冷藏食品时，各种情况下的能源消耗由于地区之间、企业之间、冷库的设计状况以及管理水平等不同，存在着较大的差别，所以，冷库制冷系统通过技术改造和科学管理有很大的潜力达到节能。

（二）冷库节能措施

1. 及时进行冷藏食品的结构改革

（1）在市场推广销售冷却肉。从卫生角度出发，市场出售的新鲜肉都应当进行冷却，可达到明显的节能效果。推广销售冷却肉，不仅可以在外观、营养等品质方面保持肉的最佳质量，在能耗上也只有冻结肉的40%左右。

（2）肉胴体进行分割剔骨后的节能。改变过去白条肉冻结和冷藏的做法，将肉胴体进行分割剔骨，据统计资料介绍，肉胴体经剔骨、去肥膘处理后再进行冻结储藏，可以节省25%劳动力，50%冻结能耗，50%低温冷藏空间。

（3）冷藏肉食品包装后的节能效果。冷藏食品若无包装，在储藏时干耗较大，能量消耗也较大，而包装的冷冻食品在储藏期间的干耗基本上接近零。由于食品的干耗大大减少，从而减少蒸发器融霜次数，制冷压缩机的无效功率也降低到最小的程度，实际也就起到了节约能源的作用。

2. 采用新工艺、新技术、新设备的设计方案

（1）缩小制冷剂蒸发温度与冷库内温度的温差。当库房内温度一定时，随着蒸发温度与库房内温度温差的缩小，蒸发温度就会相应提高，此时，若冷凝温度保持不变，则意味着制冷压缩机制冷量的提高，也就是说可以在获得相同的制冷量的情况下，减

少电能的消耗。根据估算，当蒸发温度每降低 1℃，则要多耗电 3%～4%。另外，缩小温差值对降低库房内储藏食品的干耗也是极为有利的。因为小的温差值能使库房获得较大的相对湿度，可以减缓库房内空气中热负荷的交换程度，从而达到减少储藏食品的干耗，尤其对未进行包装处理的储藏食品，更应当采用小的温度差。

（2）根据不同的冷藏食品和不同的储藏期，确定相应的储藏温度值。针对各类食品，特别是肉食类在低温储藏期间的生化变化及嗜低温细菌滋生和繁殖被抑制的程度，可以确定最佳的储藏温度，不超过半年的低温储藏，一般采用的储藏温度为－18～－15℃；超过半年时间的储藏，应当采用小于或等于－18℃的低温；对于含脂肪量大的食品，如含脂肪较多的鱼类，为防止低温储藏期脂肪的氧化，应当采用低于－18℃的储藏温度，最好为－24～－20℃的储藏温度。由此可见，某些短时期储藏食品采取不同的储藏温度后，就相当于提高了制冷系统的蒸发温度，从而也就提高了制冷压缩机的制冷量。

（3）冻结间配用双速或变速风机。食品的冻结过程是不均匀的放热过程，相应地对冷却设备的需冷量亦是不均匀的。食品的冻结过程可分为三个阶段，第一个阶段：冷却阶段，食品的温度由大于 0℃降至 0℃左右；第二个阶段：冰晶生成阶段，食品的温度由 0℃左右降至－5℃左右；第三个阶段：冻结降温阶段，食品的温度由－5 ℃降至－15℃左右。从以上分析可知，食品冻结的三个阶段中，第二个阶段所需的制冷量最大，此时冻结间的所有设备需全部投入工作，而在首尾两个阶段，由于单位时间内热负荷较少，可以适当降低冷风机的风速，减少风量，以达到节约电能的目的。如果冻结间采用的冷风机仅是一种转速，不可调，那样就会影响冻结过程中循环风量和室内吹风速度的调节，从而增加电能的消耗。

（4）在冷库设计中减少冷库围护结构单位热流量的指标，低温冷库的外墙的单位热流量 q 一般为 11.63w 左右，若能将 q 降至 6.9w，则对于一座 5000～10000t 级的低温冷库，动力费可以下降 10%左右。当然，降低单位热流量指标，也就意味着要加厚围护结构的隔热层，提高一次性的投资费用，但与冷库经常运行费用的减少相比较，无论从经济角度还是从技术管理角度来考虑，采用降低冷库围护结构单位热流量指标还是合理的。

3. 加强科学管理

（1）填写工作日记。要坚持填写设备运行日记。主要填写内容是：压缩机、氨泵、水泵、风机等动力设备的启动及停止时间，每隔两小时记录各种制冷设备工作的温度、压力状况（如蒸发温度、中间温度、冷凝温度和压力、排气温度、吸气温度、膨胀阀前液体温度、水温、库温、室外温度、相对湿度等），以便检查各种设备的工作状态和工作效率。

（2）制定单位冷量耗电量定额。单位冷量耗电定额是考核压缩机操作管理是否正常合理的指标。压缩机的蒸发温度应当根据库房温度要求掌握。蒸发温度过低或者压缩机无负荷运转，都会导致单位冷量耗电量增加。而单位冷量耗电定额就是按库房设计温度要求达到的蒸发温度来计算的单位冷量耗电量。

(3) 制定单位产品耗电量定额。单位产品耗电量是按每吨产品耗电量来计算的。单位产品耗电量是衡量冷库耗电的综合指标，它不仅反映制冷设备的设计、运行和管理情况，而且还要反映冷库结构的设计、使用情况以及冷库储藏货物的管理情况（如库门的开启、人员进出时间以及货物进出时间等）。每座冷库的单位产品耗电量是不可能相同的，应当根据各自不同的情况制定单位产品耗电量定额。

4. 及时进行技术改造，淘汰能耗大的设备

科学技术在不断地发展，各种能耗低、效益高的设备会不断地出现。需要及时进行技术改造，用新技术、新设备替代老技术、旧设备。根据实际测定，各类旧型号的制冷压缩机单位轴功率制冷量普遍比新系列的制冷压缩机低，但能耗指标高。例如20世纪50年代生产的5—135/12和5—200/12这两种型号的氨活塞式制冷压缩机相比于8As—12.5氨活塞式制冷压缩机，单位轴功率制冷量分别低15%和4%。

5. 合理堆垛，提高库房利用率

对商品进行合理堆垛，正确安排，能使库房增加装载量，即提高库房的利用率(在设计许可条件下)。

(1) 改进堆垛方式或者提高堆垛技术可提高商品堆垛密度。例如冻猪肉的堆垛，四片井字垛头，平均储存库容为375～394kg/m^2；若为三片井字垛头，储存库容只能是331～338kg/m^2。由此可见，四片井字垛头比三片井字垛头能提高约13%的装载量。

近年来，有的冷库广泛采用金属框架堆放猪肉为垛头，中间进行分层错排填装，平均储存库容可达420～435kg/m^2左右。

(2) 充分利用有效容积。由于商品质量、批次、数量、级别等不同，在货源充足的情况下也会有部分容积利用不足，所以，在使用中应当采取勤整理、巧安排等办法，减少零星货堆，缩小货堆的间隙，适当扩大货堆容量，提高库房有效容积利用率。

6. 其他措施

(1) 节约用水。

节约用水既能节省水源，又能节省电能。

制冷系统用水主要是下列三个方面：冷凝器用水、压缩机汽缸冷却用水以及冷风机冲霜用水。为了节约用水，大多数都采用循环用水。

(2) 食品冷加工（冷却、冻结）工程中的节能措施。

①按产品品种和加工要求合理选择冷加工方法以降低能耗费用。

②合理设计气流组织，强制通风式冷却（冻结）间要按产品形式选择合理的空气流动方向。

③尽量避免使用有碍传热的包装。

④合理选择风速。间隙式隧道冻结装置内的空气流速以5m/s为最佳。

⑤合理的风量调节。食品在冻结过程中释放的热量是一个不均匀的放热过程。所以在冷却、冰晶生成、冻结降温三个阶段中所需的送风量及制冷量是不同的，因而在

冻结装置中配用双速或变速风机，可以达到节能目的。

(3) 冷藏库操作的节能措施

①合理设定冷库储藏温。应当根据储藏食品的种类和不同的储藏期来确定储藏温度，对于大多数的商品来说，冻结物冷藏库采用−25～−18℃的温度是适宜的。

②应采用节能型隔热层以减少冷间渗热量，有利于减小制冷装置运行电耗和降低储藏商品的干耗。

③减少门洞渗入热。为减少开门渗入热要确保门开启时间最短；在需要开启的冷藏门上方安装空气幕；在频繁出入的进出口处设置门斗；在门内装半透明、耐低温的柔性塑料门帘。

本章小结

本章介绍了冷冻冷藏过程中最基本的设施，冷库的分类、组成及特点，并对冷库的选址、总体设计及其布置做了详细的阐述。为了很好地管理冷库，还介绍了冷库合理使用的注意事项及其前期的准备工作。在冷库管理部分，分别对管理人员、仓储、安全、卫生与节能管理等做了阐述。

复习题

1. 简述冷库的分类。
2. 简述冷库的组成。
3. 简述冷库选址的注意事项。
4. 简述冷库卫生管理过程中的管理内容。

第五章　食品冷藏运输与销售

冷藏运输是保障食品冷链物流成功的关键环节，此环节既是冷冻食品产、供、销的中间环节，也是现代化冷链物流系统的核心部分。冷冻销售包括各种冷冻食品进入批发零售环节的冷冻储藏和销售，它由生产厂家、批发商和零售商共同完成。随着大中城市各类连锁超市的快速发展，各连锁超市正在成为冷冻食品的主要销售渠道，在这些零售终端中，大量地使用了冷冻销售陈列柜，它们成为完整的食品冷链物流中不可或缺的重要环节。

第一节　冷藏运输概述

一、冷藏运输的发展现状

随着改革开放的不断深入，我国经济的进一步快速发展，GDP平均增长10%以上，国民生活水平提高较快，刺激了易腐食品的消费，冷藏运输发展很快，主要表现在以下方面。

（一）易腐食品产销量的增长推动了冷藏运输运量的增长

城市人民生活水平的提高，导致了饮食结构的变化，水果、蔬菜等易腐食品消费比率快速增长，对其新鲜度的要求也随之提高，致使冷链市场规模不断增加。据中物联冷链委调研统计，2016年我国冷链物流需求总量达到12500万吨，同比增长13.3%。2016年我国冷链物流总额3.4万亿元，占整个社会物流总额的1.5%。冷链物流市场规模不断增加伴随而来的是食品冷藏运输量的激增，因此我国正处在冷藏运输的快速发展期。

（二）冷藏运输环境条件不断变化，开通“绿色通道”，促进冷藏运输结构的调整，公路冷藏运输得到更快发展

公路运输运输时间短，货物不用转运即可实现方便、快捷、灵活、“门到门”的运输具有风险小、货源组织容易等优点，高等级公路（一、二级和高速公路）的快速发展，促使冷藏运输的总运量中公路运输的比率迅速增长，我国公路冷藏运输的运量占陆路运输的运量的比率，2001年约为30%，2015年为70%～80%，而铁路冷藏运输的运量则逐年减少。

（三）冷藏运输市场的细分，运量较小的单批货物市场要求不断增长，引发了第三方物流企业的涌现

目前易腐货物运输向小批量、多品种方向发展，鲜活货物供销关系与供销方式都发生了变化。在市场经济条件下，经销商直接从农户或市场上采购，又直接销售给消费者或另一个经销商。同时，对运输的要求也有了提高。“速度快、质量好”成为冷藏货物运输首选的要求。同样刺激了与中、小批运量相适应的第三方冷链物流业的发展。飞机、汽车运输成了冷藏货物运输的首选交通工具。

二、冷藏运输的方式

目前，冷藏货物的运输有四种基本的运输方式，分别是公路冷藏运输、铁路冷藏运输、水路冷藏运输与冷藏集装箱运输。

（一）公路冷藏运输

公路冷藏运输是目前冷藏运输中最普遍、最常见的重要运输方式。一般有两种设备进行公路冷藏运输，一种是装有小型制冷设备的冷藏汽车，另一种是仅用隔热材料使车箱保温的保冷车。

对距离较短的运输，若中途不开门，就可以采用无制冷装置的隔热保冷车，还应当根据室外温度、隔热层的隔热效果与运输距离等因素将货物预冷，将运输途中的温度保持在所需的安全范围内。长距离的运输中热量的平衡取决于渗透过车厢内壁的热量以及渗透过地板由路面反射的热量。

1. 公路冷藏运输的特点

公路冷藏运输的主要优点是机动、灵活，实现“门到门”运输，特别适用于运输中短途货物，且速度较快、可靠性较高、对产品损伤较小。

鉴于汽车冷藏运输的灵活性，他们能够在各种类型的公路上进行运输，所以公路冷藏运输方式比其他冷藏运输方式的市场覆盖面都要广。

2. 公路冷藏运输的应用

公路冷藏运输在中间产品的运输方面也有较大的竞争优势，特别适用于配送短距离、高价值的产品。公路冷藏运输不仅可以进行直达运输，而且还是其他运输方式的接运工具并且可减少运输过程中的中转环节及装卸次数。

（二）铁路冷藏运输

铁路运输冻结食品时都采用具有良好隔热的冷藏列车。目前使用的冷藏列车主要有冰保温车与机械保温车两种。

冰保温车是在车厢的两端或者车顶加冰和盐来保冷的车辆，车厢内的温度在冬、春季可以保持为－8℃，夏季可以保持为 －7～－6℃，沿途可以在加冰站进行加冰。机械保温车是在车厢上装有小型制冷设备的车辆，车厢温度可以保持为－24～－18℃。

1. 铁路冷藏运输的特点

铁路冷藏运输的主要优势是以相对较低的运价长距离运输大批量货物。因此，铁

路冷藏运输在城市之间拥有巨大的运量与收入。现在世界上几乎所有的大都市都通铁路，铁路冷藏运输在国际运输中也占有相当大的市场份额。

2. 铁路冷藏运输的应用

铁路的地区覆盖面广，可以全天候不停运营，适应性强，具有较高的连续性、可靠性与安全性。但是因为受铁轨、站点等的限制，铁路冷藏运输的灵活性不高。发货的频率要比公路冷藏运输低。

（三）水路冷藏运输

水路冷藏运输的主要工具为冷藏船与冷藏集装箱。冷藏船上都装有制冷设备，船舱隔热保温，常用冷藏货仓来装运放在托盘上的或者集装箱中的货物。

1. 水路冷藏运输的特点

水路运输的主要优点是能够运输数量巨大的货物，特别适用于长距离、低价值、高密度、便于机械设备搬运的货物运输。

但是，水路冷藏运输的主要缺点是运营范围与运输速度受到限制。水路冷藏运输的可靠性与可接近性也较差。水路冷藏运输时其起始地与目的地都应接近水道，否则必须由铁路和公路补充运输。水路运输的最大优势是成本低。

2. 水路冷藏运输的应用

水路运输方式中的远洋运输是目前国际贸易的主要运输方式，特别是国际集装箱运输，以其高效、方便的特点在海运中占了重要的地位。

（四）冷藏集装箱运输

冷藏集装箱是具有良好隔热、气密性，且能维持一定低温要求，适用于各类易腐食品的运送、储存的特殊集装箱。

国际上集装箱尺寸和性能都已标准化，使用温度范围为－30～12℃，更通用的范围是－30～20℃。

冷藏集装箱装卸灵活、货物运输温度稳定，货物污染、损失低，适用于多种运载工具，装卸速度快，运输时间短，运输费用低。

按照运输方式可将冷藏集装箱分为海运和陆运两种。冷藏集装箱可用于多种交通运输工具进行联运，可以从产地到销售点，实现“国到国”直达运输，一定条件下，可将其当作活动式冷库使用，使用中可以整箱吊装，装卸效率高，运输费用相对较低。装载容积利用率高，营运调度灵活，使用经济性强。新型冷藏集装箱结构和技术性能更合理先进，有广泛适用性。

国际上冷藏运输的集装箱化也正以每年5%左右的速度增长。

三、冷藏运输的特征

与常温运输相比，冷藏运输具有以下特征。

（一）冷藏运输货物的易腐性

在冷藏运输过程中，若运输时间长且操作不规范，就会因为温度的变化使食品的品质逐渐下降。冷藏运输时储藏环境温度越低，食品的品质越能长久保持。在食品品质随时间推移而变化的过程中，温度是影响其品质最重要的因素之一。故在运输过程中需要保持低温的环境。

（二）冷藏运输装备要求的特殊性

一天之中气温会随着时间的变化而变化，在不同气温下，为保证冷藏食品在规定的低温范围内，冷藏设备的油耗量会随着温度的上升而增加，运输费用就会随之增加，因此在冷藏运输时必须额外考虑外界气温的变化。

（三）冷藏运输的时效性

由于冷藏食品的保质期较短而且要长时间运输，从而造成其品质下降甚至变质，那么此类食品被销售出去的概率将会降低，销量就会减少，从而造成损失。因此为了保证冷藏食品的品质，在货物到达销售端时，销售商往往会有时间窗的要求，即要求运输部门必须在规定的时段内送达。因此事先规划合理的运输路线，不仅可以降低运输部门的营运成本，也可以提高销售商的服务水平，高质量满足顾客的需求。

由于冷藏运输具有上述特殊性，其线路优化除考虑常温物流的运输成本以外，还要考虑运输过程中的冷藏食品损耗与运输时间窗的限制等因素。

四、冷藏运输的要求

地理分布、气候条件及其他许多条件因素常常会影响冷藏货物的运输，因此为了维持市场的供需平衡就要进行调度运输。

在冷藏运输过程中要注意满足以下要求。

（一）温度要求

食品预冷到适宜的储藏温度是易腐食品在低温运输之前要进行的预处理过程。将生鲜易腐食品在冷藏运输工具上进行预冷，则存在许多缺点：预冷成本成倍上升；运输工具上所提供的制冷能力有限，不能用来降低产品的温度，只能有效地平衡环境传入的热负荷，维持产品的温度不超过所要求保持的最高温度。

因此易腐食品在运输前应当采用专门的冷却设备和冻结设备，将温度降低到最佳储藏温度以下，然后进行冷藏运输，有利于保持储运食品的质量。

（二）湿度要求

运输过程中，冷藏食品的水分在食品和冷空气在热平衡状态下进行蒸发，特别是用能透过蒸汽的保护膜包装的或表面上并无任何保护膜包装的食品，其表面不但有热量散发出来，同时还有水分向外蒸发，造成失水干燥。因此，食品在运输的过程中湿度也是存在一定的要求的。

例如：水果、蔬菜中水分蒸发会导致其失去新鲜的外观，会出现明显的萎蔫现象，影响其柔嫩性和抗病性；肉类食品除导致重量减轻外，表面还会出现收缩、硬化，形成干燥膜，肉色也会发生变化；鸡蛋会因水分蒸发造成气室增大、重量减轻、品质下降。

因此，只有控制车厢内的相对湿度大于食品的水分活度才是合理的。相对湿度过高或过低对食品的质量及其稳定性都是不利的。在运输过程中，含水量少、水分活度低的干燥食品可在相对湿度低的车厢环境中储存，以防止吸附水分；含水量充足、水分活度高的新鲜食品应在相对湿度较大的车厢环境中储存，以防止水分散失。

（三）运输工具的要求

运输工具的质量直接影响冷藏运输的质量，也就直接影响冷藏货物的质量，因而运输工具是冷藏运输环节中最重要的设施。

不同的运输方式有不同的运输工具，但都应该满足以下几方面的要求。

1. 设有冷源

运输工具上应当具有适当的冷源，比如干冰、冰盐混合物、碎冰、液氮或机械制冷系统等，能产生并维持一定的低温环境，保持食品的品温，利用冷源的冷量来平衡外界传入的热量和货物本身散出的热量。

2. 具有良好的隔热性能

冷藏运输工具应当具有良好的隔热性能，这样能够有效地减少外界传入的热量，同时保持机械制冷所产生的冷源，避免车内温度的波动和防止设备过早地老化。

车辆或集装箱的隔热板外侧应采用反射性材料，并应保持其表面清洁，以降低对辐射热的吸收。在车辆或集装箱的整个使用期间应避免箱体结构部分的损坏，特别是箱体的边和角，要保持隔热层的气密性，并且应该对冷藏门的密封条、跨式制冷机组的密封、排水洞和其他孔洞等进行检查。

3. 具有温度检测和控制设备

运输工具的货物间必须具有温度检测和控制设备。温度检测仪必须能准确并连续地记录货物间内的温度，温度控制器的精度要求为±0.25%，为保证易腐食品在运输过程中的冷藏工艺要求，防止食品温度过分波动。

4. 车厢应当卫生并能保证货物安全

车厢内有可能接触食品的所有内壁必须采用对食品味道和气味无影响的安全材料。箱体内壁包括顶板和地板，要求这些顶板和地板光滑、防腐蚀、不受清洁剂影响，不渗透、不腐烂，便于清洁和消毒。

箱体内壁不应有凸出部分，箱内设备不应有尖角和褶皱，以便于脏物和水分的清除。在使用中的车辆和集装箱内的碎渣屑应及时清扫干净，防止产生异味污染货物并阻碍空气循环。

五、冷藏运输的管理

冷藏运输的组织管理工作是一项复杂细致而又责任重大的工作，必须对各种冷藏运输工具的特性、装车方法、易腐货物的冷藏条件、货源的组织、调度工作等加强管理。

（一）运输管理原则

无论选择何种冷藏运输方式，运输管理都必须坚持“及时、准确、经济、安全”的基本原则。

1. 及时

及时的原则是运输管理中的基本原则。按时把货物送到指定地点是最重要的，同时也是最难做到的。

而在实际的运输过程中经常出现货物迟到的现象，这对于企业的销售影响很大，甚至因此失去客户。尤其对于冷藏运输来说，不及时送到对于货物的质量有很大的影响。没有机械制冷装置的运输工具对货物质量的影响会更加显著。

2. 准确

在运输的整个过程中，要防止各种差错的出现。在冷藏运输开始之前，承运人应该掌握准确的装卸货点，核对联系人的姓名、电话等，防止冷藏货物长时间存放在运输工具上。

3. 经济

经济是运输的成本问题。在运输方式和路线的选择、运量和运价的确定等各个环节都要考虑运输成本。尤其是在高温季节，冷藏运输的运价都比较高，冷藏运输往往供不应求，价格很高，所以应该从运输组织的角度采用正确的包装、合理地组织货源、提高装卸效率、选用正确的运输方式等。

4. 安全

安全就是要顺利地把货物送到客户手中。就是要保证车辆的运行安全和货物的安全。对于车辆的安全来说，应该保持运输车辆良好的性能，选用驾驶技术好、经验多的司机。对于货物安全来说，要做好防盗、防损等措施。

（二）承运人的选择

在冷藏运输中，有一部分企业还是采用第三方冷藏物流公司进行运输的。在采用第三方运输时，最重要、最核心的工作就是承运人的选择。

承运人选择可以分为以下四步。

1. 问题识别

问题识别要考虑的因素包括客户要求、现有模式的不足之处以及企业的分销模式的改变。通常最重要的是与服务相关的一些因素。

2. 承运人分析

承运人分析主要包含过去的经验、企业的运输记录、客户意见等。

3. 选择决策

在决策的过程中应根据企业的实际要求选择一家最好的运输企业作为今后的承运人。可采用各种方式向多家运输企业发出合作意向，进行招标。

4. 选择后评价

企业做出选择之后，必须制定评估机制来评价运输方式及承运人的表现。评估技术有成本研究、审计、适时运输和服务性能的记录等。

（三）冷藏运输的发展趋势

随着食品冷藏业的迅速发展，冷藏运输的各个方面也得到发展，其发展趋势主要表现在以下几个方面。

1. 新材料、新技术普遍运用于冷藏运输

采用新材料、新技术，可提高冷藏运输设备的技术性能，保持易腐食品原有的质量；同时也降低其设备的造价和运输成本。

2. 采用新的制冷方法

积极应用新的制冷方法，利用不同的冷源。在冷藏运输中除了机械制冷外，一般还利用液化气体如液氮、液化二氧化碳、液化空气等来制冷。利用液化空气制冷的方法是向货物间喷射液化空气，以吸热而降低温度。这些新的制冷方法的引入，使得冷藏运输过程中温度的控制更为迅速和稳定。

3. 普遍采用冷藏集装箱

冷藏集装箱的迅速发展，实现了易腐货物的联运网络。冷藏集装箱广泛应用于各种运输方式。冷藏集装箱具有装卸效率高、人工费用低；调度方便，周转速度快，运输能力大；简化理货手续，大大减少了运输货损和货差等优点，可在世界范围内流通使用，并具有冷藏运输通用性和国际标准化。同时冷藏集装箱的尺寸和性能正日趋标准化、完善化。

总之，随着食品冷藏物流的地位与日俱增，作为冷链物流的一个重要环节的冷藏运输，目前正处在一个以保持食品品质和提高效率为中心的迅速发展阶段。为了保持食品在运输流通过程中具有的良好的品质，冷藏运输的方方面面将日趋完善。

第二节　汽车冷藏运输

一、冷藏汽车的发展历程

（一）冷藏汽车的起步阶段

在20世纪50年代后期，我国开始向苏联和东欧国家出口冷藏肉类和禽蛋类，用保温汽车加冰运输到铁路集运车站，再用铁路冰保车辆运抵目的地国家和地区。

20世纪60年代，我国实行计划供应水产、肉类、禽蛋等食品，商业部门开始在其商业机械厂设点改装冷藏汽车，为确保向城市居民供应冷藏肉、禽、蛋等易腐食品。但是基于数量和质量上不能满足需求，因而60～70年代先后从罗马尼亚、匈牙利等东欧国家以“补偿贸易”方式进口数百辆中型保温汽车，从意大利进口大型保温汽车。

20世纪70～80年代，为满足我国易腐食品出口到日本、中国香港等地的需要，又从日本、意大利、罗马尼亚等进口各种吨位的冷藏汽车。

20 世纪 70 年代中后期，机械行业开始涉足冷藏保温汽车生产，1981 年全国有 10 家企业改装冷藏保温汽车，年产量约 700 辆，其中冷藏汽车不足 10%。

（二）冷藏汽车的发展阶段

改革开放后，随着我国经济的发展和人民生活水平的提高，冷藏运输得到了快速发展，冷藏汽车的生产和贸易也得到了快速发展。冷藏汽车的用户也从计划经济时的商业、食品进出口、水产部门发展到大型食品商场和菜场，大型连锁超市，食品、乳制品和冷饮生产企业等，还相继出现了专门从事公路冷藏运输的现代物流企业。

2016 年我国冷藏车市场保有量达到 115000 辆，比 2015 年增长 21600 辆，同比增长 23.13%。由此可见，国内冷藏车的数量在逐年增加。未来我国冷藏车行业将会朝着轻型、多温保温、电动冷藏车方向发展。

二、冷藏汽车的类型

（一）机械制冷冷藏汽车

1. 机械组成和原理

机械制冷冷藏汽车带有蒸汽压缩式制冷机组，通常安装在车厢前端，称为车首式制冷机组。冷藏汽车属分装机组式，由汽车发动机通过传动带带动制冷压缩机，通过管路与车顶的冷凝器和车内的蒸发器及有关阀件组成制冷循环系统，向车内供冷。由驾驶员直接通过控制盒操作制冷机的工作和车厢内的温度。这种由发动机直接驱动的汽车制冷装置，适用于中、小型冷藏汽车，结构比较简单且使用灵活。

多数情况下，大型货车的制冷压缩机配备专门的发动机用汽油发动机以便利用与汽车发动机同样的燃油。

小型货车的压缩机与汽车共用一台发动机，压缩机与汽车共用一台发动机时，车体较轻，但压缩机的制冷能力与车行速度有关，车速低时，制冷能力小，通常用 40km/h 的速度设计制冷机的制冷能力。

空气冷却器采用强制通风方式，通常安装在车厢前端，冷风贴着车厢顶部向后流动，从两侧及车厢后部下到车厢底面，沿底面间隙返回车厢前端。

这种通风方式使整个食品货堆都被冷空气包围着，外界传入车厢的热流被冷风吸收，因而不会影响食品的温度。

运输冷却水果、蔬菜时，果蔬放出呼吸热，除了在货堆周围留有间隙以便利于通风外，还要在货堆内部留有间隙，便于冷风带走果蔬放出的呼吸热。运输冻结食品时，冷藏汽车壁面的热流量与外界车速、温度、风力及太阳辐射有关。行车时，空气流动的影响是主要的；停车时，太阳辐射的影响是主要的。

2. 机械制冷冷藏汽车的特点

机械制冷冷藏汽车的优点是车内温度可调，车内温度比较均匀稳定，运输成本较低。

机械制冷冷藏汽车的缺点是结构复杂，易出故障，维修费用高，初投资高，噪声大，大型货车的冷却速度慢，时间长，需要融霜。

3. 机械式冷藏挂车

机械式冷藏挂车又称作冷藏拖车，这种冷藏车具有如机械冷藏车的隔热厢体、制冷机组，并有较大承载能力的后轮和一定支撑力的小前轮。冷藏挂车的制冷设备由车下电源供电，通常采用机组式制冷系统，并整体安装。

我国机械式冷藏挂车的生产和应用已引起公路冷藏运输业的重视。美国开利冷冻公司，已将性能良好的开利凤凰制冷机组推广到我国冷藏挂车市场，有关工厂和运输部门已经采用。

另外，开利公司系列制冷机组，可以以单独机组控制多间冷藏半挂车或冷藏车的不同温度，使一辆冷藏车装载数种不同温度要求的货物。

（二）液氮制冷冷藏汽车

1. 液氮制冷冷藏汽车的结构原理

液氮制冷冷藏汽车如图 5－1 所示。

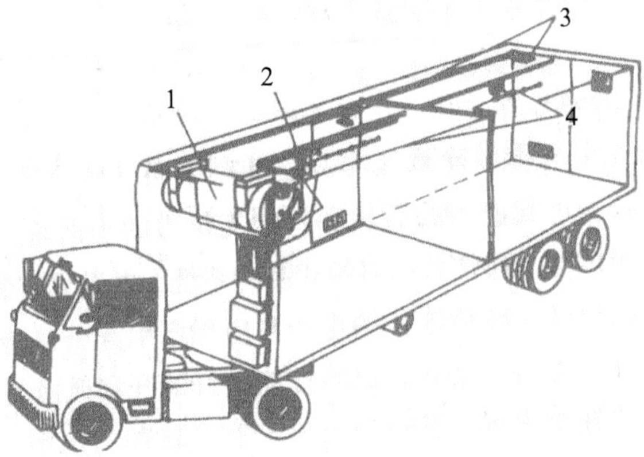

图 5－1　液氮制冷冷藏汽车

1—液氮储藏罐；2—喷嘴；3—门开关

这种冷藏汽车主要由液氮储藏罐、喷嘴及温度控制器组成。将货物装到冷藏车上后，通过控制器设定车厢内要保持的温度，而感温器则把测得的实际温度传回温度控制器。

2. 液氮制冷冷藏汽车的特点

液氮制冷冷藏汽车的优点是：（1）液氮低沸点（－196℃）特性使冷藏运输过程降温迅速，箱内可保持较低的温度，可调节到机械制冷根本不能达到的低温环境，温度调节性能好，箱内温度场分布均匀。（2）利用液氮的冷量和惰性以及兼有的制冷和气调的双重功能，可达到冷藏保鲜。挥发的气氮能抑制易腐货物新陈代谢，减少果蔬的干耗，保持货物较好的新鲜度。（3）液氮装置简单，初投资少，与机械式制冷比较，重量大大减小。缺点是：液氮成本较高；运输中液氮供给困难，长途运输时必须装备大一点液氮容器，减小有效容积。

液氮制冷冷藏车的缺点是液氮成本高，运输途中液氮补充困难，长途运输时必须装备大的液氮容器或几个液氮容器，减少了运输车辆的有效载货量。

（三）干冰制冷冷藏汽车

1. 干冰制冷冷藏汽车的原理

车厢中装有隔热的干冰容器，可容纳 100kg 或 200kg 干冰。制冷原理是干冰容器的下部有空气冷却器，通风使冷却后的空气在车厢内循环。吸热升华的气态二氧化碳由排气管排出车外。车厢中不会积蓄二氧化碳气体。

因为空气到干冰的传热是以空气冷却器的金属壁为间壁进行的，干冰只在干冰容器下部与空气冷却器接触的一侧进行升华。按照车内温度，恒温器调节通风机的转速，也靠改变风量调节制冷能力。

2. 干冰制冷冷藏汽车的特点

干冰制冷冷藏汽车的优点是设备简单、投资费用低、故障率低、维修费用少、无噪声等。

干冰制冷冷藏汽车的缺点是车厢内温度不够均匀；降温速度慢、时间长、干冰的成本高。

（四）蓄冷板制冷冷藏汽车

1. 蓄冷板制冷冷藏汽车的结构原理

蓄冷板制冷冷藏汽车利用蓄冷板进行降温，蓄冷板制冷冷藏汽车如图 5 - 2 所示。

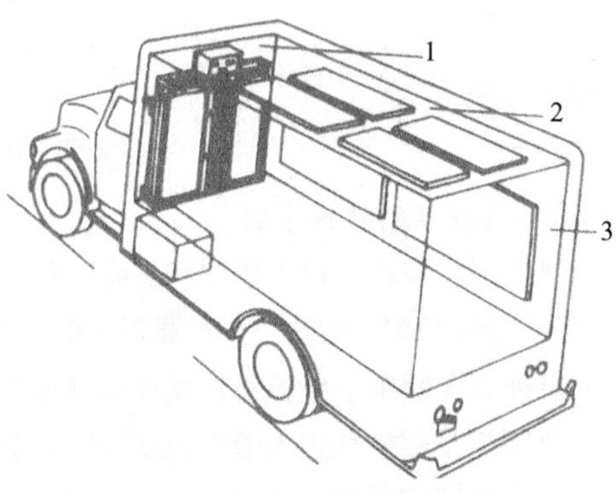

图 5 - 2 蓄冷板制冷冷藏汽车

1—前壁；2—厢顶；3—侧壁

蓄冷板制冷冷藏汽车的工作原理是在蓄冷板中充注低温共晶溶液，使蓄冷板内共晶溶液冻结，该过程就是蓄冷过程。将蓄冷板安装在车厢内，外界进入车厢的热量被共晶溶液吸收，共晶溶液由固态转变为液态。

常用的低温共晶溶液有乙二醇、丙二醇的水溶液及氯化钙、氯化钠水溶液。不同的共晶溶液有不同的共晶点，要根据冷藏车的需要选择合适合共晶溶液。共晶点应比车厢规定的温度低 2～3℃。蓄冷板可装在车厢顶部，也可安装在车厢侧壁上，以利于车厢内的空气自然对流。

蓄冷板的蓄冷方法通常有两种：一种是利用集中式制冷装置，即当地现有的供冷藏库用的或具有类似用途的制冷装置；另一种是借助于装在冷藏汽车内部的制冷机组，停车时借助外部电源驱动制冷机组使蓄冷板蓄冷。

2. 蓄冷板制冷冷藏汽车的特点

蓄冷板制冷冷藏汽车的优点是：设备费用比机械式制冷设备费用少，可以利用夜间廉价的电力为蓄冷板蓄冷，降低运输费用，无噪声，故障少。

蓄冷板制冷冷藏汽车的缺点是：蓄冷板的块数不能太多，蓄冷能力有限，不适用于长途运输冷冻食品，蓄冷板减少了汽车的有效容积和载货量，冷却速度慢。

（五）保温汽车

保温汽车不同于以上四种冷藏汽车，它没有制冷装置，只在壳体上加设隔热层，这种汽车不能长途运输冷冻食品，只能用于市内由批发商店或食品厂向零售店配送冷冻食品。

1. 冷藏保温汽车的品种

改革开放以来，随着社会经济的发展和人民生活水平的提高，我国城镇居民对易腐食品的消费量快速增长，致使适用于分配性运输的轻型冷藏保温汽车的需求增长大大高于中、重型汽车，而我国公路建设的快速发展，又使重型货物运输汽车的增长快于中型汽车。20 世纪 80 年代，我国冷藏保温汽车以中型车为主，2001 年冷藏汽车产销量中，重、中、轻、微之比为 17∶15∶64∶4，保温车产销量中，重、中、轻、微之比为 6∶21∶61∶12。以后轻、微型的比例还将增加，而中型车的比例还将缩小。

2. 冷藏保温汽车的附加功能

冷藏保温汽车的应用场合越来越广泛，用户对其附加功能的要求也越来越高。如厢体隔仓装置（将厢体一分为二或更多）是为了满足不同民族对食品的要求（如回民不食猪肉制品），以及对不同库温的易腐货物的冷藏运输要求；隔舱的厢体必须相应开侧门，长车厢为装卸方便也需开侧门；为减轻装卸劳动强度而在厢体后门处增设尾门起重装置；用作飞机食品运输的冷藏车增加液压举升装置；兼作流动售货的车辆或根据运输要求增设计量和测量的专用装置等。

三、冷藏汽车的发展趋势

（一）向功能化、技术含量高的方向发展

在冷藏汽车功能方面，市场越来越需要高技术含量、高附加值的产品。制冷装置、制热装置、液压举升装置、厢体隔仓装置、侧拉门装置、计量测量装置以及各种厢体的车身结构器材，都有广泛的市场前景。

（二）向环保方向发展

目前环保是世界性的课题，中、重型冷藏车由于其独立式制冷机组的噪声和排放的污染，其发展将受到限制。制冷剂应采用对大气环境污染小的制冷剂，冷藏车聚氨酯材料的发泡剂都必须由无氟材料来取代。目前，冷藏车的车箱内壁普遍采用玻璃钢材料，其中的玻璃纤维、树脂类等含苯类物质均对人体有害，都可能对所运食品产生二次污染。国际卫生组织规定，运输食品车辆的车箱内壁必须为不锈钢材料制造。向新型冷藏车发展，大大减少环境与食品污染是冷藏保温车发展的必然选择。

（三）向节能方向发展

目前使用的冷藏车车体隔热性能较差，由于隔热性能差，热负荷较大，造成了能源浪费。新研制的冷藏车应在提高车体隔热性能方面下功夫，通过采用整体发泡技术或三明治夹心预制板结构，提高车门的气密性，采用合理的隔热结构设计，使隔热性能及气密性能提高。车厢的隔热性能越好，冷藏汽车的经济效益和社会效益就越佳。

（四）向自动化与检测方向发展

冷藏车应具有不间断连续性温度监测功能，使温度控制系统保持在最佳工作状态，从而可以极大地减少燃料消耗，并大幅度降低部件出现故障的概率。冷藏车还应具有自动检查功能，在每天执行运输任务之前，自动检查制冷系统的性能是否处于良好状态，侦测出任何可能存在的功能故障。驾驶室内部应具有监视或外部远程监视功能，可以让驾驶员即时了解和控制温度。随着高等级公路和高速公路的不断增多，车辆的行驶速度提高，同时社会对冷藏车需求量的增加，我国冷藏汽车近 10 多年来发展速度很快，已成为易腐产品的主要运输工具。可以预计，今后几年我国冷藏车市场仍将会继续保持一定的增长速度。

第三节　铁路冷藏运输

一、铁路冷藏车概述

（一）铁路冷藏车的基本要求

铁路冷藏车种类较多，其使用冷源和设备配置均不相同，为保证易腐食品在运输时良好的品质，减少损失，对铁路冷藏车提出以下基本要求。

（1）应具有良好的隔热车体，车体隔热、气密性能好，这样可以减少车内与外界的热交换，保证车辆货物空间内所需空气温度的稳定。冷藏车的隔热性能以传热系数 K 表示，单位时间透过车体围护结构传入车内的热量越小，K 值就越小。

车内的隔热材料应采用热导率低、热容量大、防潮性能好、体积质量低而又有一定机械强度的新型材料。

（2）应具有运行可靠而又简单的制冷和加热设备，铁路冷藏车具有独立供应电力装置，可以建立车内外的热平衡，防止温度波动，保持易腐食品处于良好品质的温度条件下。

(3) 应具有可靠的检温仪表。这样可以正确反映车内的温度状况，便于调节控制，操作自动化。

(4) 应便于货物的装卸和管理，提高效率，降低成本。

(5) 应带有装货设备和通风循环设备。可以保证货物合理装载，保护车内温度分布均匀，并在必要时进行换气。

(二) 铁路冷藏车的降温制冷方式

1. 冰降温

冰降温是利用冰的融化热，使易腐货物温度保持在4～5℃。

2. 冰盐混合降温

冰盐混合降温是最通用的一种降温方法，大多数易腐货物都需要在－10～2℃的温度下储运。在冰中掺入一定百分比的盐，就能使车辆内保持此温度。

3. 冷盐水系统降温

此法可使车辆内温度保持在－12～－10℃，以便满足储运要求。

4. 机械制冷法

机械制冷法是最有效、最广泛使用的一种方法，此法可使车辆内温度保持在－25～6℃。

5. 干冰制冷

首先使空气与干冰换热，然后借助通风使冷却后的空气在车厢内循环，达到降温目的。

干冰制冷设备简单、维修费用少、投资费用低、故障率低、无噪声，被广泛应用于铁路冷藏车中。

此外，还有液氮和冷冻板等作为冷源的降温方式，由于装置简单、初投资少、降温速度快等特点，目前也逐步应用于铁路冷藏车。

二、铁路冷藏车的分类

铁路冷藏运输工具按其结构特征和车内设备的不同大致可分为保温车和冷藏车，自20世纪90年代末期以来，只具有隔热保温功能的保温车越来越少，因此，目前提到铁路保温车一般都指铁路冷藏车。其中冷藏车又可分为加冰冷藏车、冷板冷藏车、机械冷藏车。而铁路冷藏集装箱只是按照普通集装箱的运输方式试运过，因此尚无统计。

1. 加冰冷藏车

由于使用冰盐混合物冷却，因此只能在车内保持－8℃以上的温度，与我国冷库储藏冻货的温度（－18℃）相比是不适应的，再加上冰盐对轨道的腐蚀和铁路加冰站的逐渐萎缩，加冰冷藏车呈现出递减的趋势。

2. 冷板冷藏车

冷板冷藏车有两种：无制冷机组的冷板冷藏车和机械冷板冷藏车。前者利用地面上制冷机给车上冷板充电，后者利用车上制冷机给车上冷板充电。冷板冷藏车的温度控制可靠性较差，运用范围不如机械冷藏车广泛。

3. 机械冷藏车

机械冷藏车是目前在铁路冷藏运输中运用的主力车型，分为成组机械冷藏车和单节机械冷藏车。成组机械冷藏车一般有 B22、B23 等车型，而单节机械冷藏车一般则指 B10 车型。其中，从数量上来看，B22 型是我国主型的机械冷藏车，由一辆发电乘务组和四辆冷藏货物车组成，发电乘务组连挂在车组中部，各货物车可任意换位、掉头连接。

三、铁路冷藏运输的操作与管理

（一）运输期限的规定

易腐货物对运输期限都有一定的要求，与货物质量、品种、性质、环境、气候、采收季节、成熟度、加工处理方法等一系列的因素有关。因此要依据科学实验和实际经验以及有关的专业知识来确定。对于某些新鲜的产品，托运人要更好地掌握托运货物的性质。因此易腐货物的“容许运输期限”应由托运人提报，并在货物运单“托运人记载事项”栏内加以注明。

假设易腐货物的容许运输期限小于铁路规定的货物运到期限，那么可能货物还没到达目的地食品的质量就无法得到保证了。因此铁路部门规定易腐货物的容许运输期限至少须大于货物运到期限三日，发站方方可承运。运到期限因运输办理上的不同而有区别。

（1）一般整车货物的运到期限，按每 250 运价公里或其未满为 1 日计算；

（2）按快运办理的整车货物运到期限，按每 500 运价公里或其未满为 1 日计算。

因此，发站方应当分成两种方式进行办理，按快运计算的运到期限或按一般运输计算的运到期限与该批货物的容许运输期限相比较，视其是否符合规定来确定该批货物能否承运。

（二）冷藏货物的规定

托运人托运易腐货物时，货物的质量、温度、包装和选用的车辆必须按照“易腐货物运输条件表”和“易腐货物包装表”的规定进行。

易腐货物的初始质量和包装是优质运输易腐货物的重要前提。假设不能满足运输要求或不适用于提交运输而予以承运，那么必然造成货物损失，浪费了运输能力。

铁路在运输过程中不仅要对合同规定的义务应承担责任，而且还应当负责监督托运人、收货人承担合同规定的义务。抽查的货物件数可以根据具体情况确定。发站方也应认真检查或抽查装载货物的防护用品是否符合规定，具体做法可由发站方据实际情况自行决定。

近年来，曾因托运人使用麻袋、草袋装运青蒜，发生多起腐烂事故。因为青蒜之类货物呼吸旺盛，发热量大，质地娇嫩不耐挤压，必须使用有透气孔且耐压的包装。而麻袋、草袋之类包装，既不透气又无支撑力，不适合货物性质。因此，铁路应严格执行有关规章，加强对托运人的宣传、指导，有效地做好鲜活货物运输工作。当然在实际的工作中还要注意某些环节和自然条件对产品质量的影响。

（三）托运要求的办理

在冷藏车运输易腐货物时托运人应在货物运单“托运人记载事项”栏内具体注明“途中加冰”“途中制冷”“途中加温”“途中不加冰”“途中不制冷”“途中不加温”“不加冰运输”等字样。

1. “途中加冰”是指使用加冰冷藏车时，由沿途的加冰所按作业分工进行加冰。

2. “途中制冷”是指使用机械冷藏车时，要求按在运输途中规定的运输温度控制车内温度。

3. “途中加温”是指在寒冷季节运输怕冷、怕冻的易腐货物时，为使货物不因外界气温过低而造成冷害、冻害所采取的技术措施。

4. “途中不加冰”是指加冰冷藏车在装车地进行始发加冰后，沿途各加冰所不再加冰的运输方法。

5. “途中不制冷”是指使用机械冷藏车时，沿途不用开启制冷系统制冷降温。这实际上是将机械冷藏车当作无冷源保温车进行保温运输。

6. “途中不加温”是指用冷藏车装运易腐货物时，沿途不用开启机械冷藏车的电热器。

7. “不加冰运输”是指将加冰冷藏车用于装运易腐货物时，无论在发站还是在途中加冰所都不加冰的运输方法。这也是一种保温运输方法。

（四）铁路冷藏货物的装车与卸车

1. 车辆的预冷

用冷藏车冷藏运输易腐货物时，在装车前必须预冷车辆，待车内温度降低后，才能允许装车。冷藏车的预冷是指在装车前将车内温度冷却到规定的温度。

用冷藏车冷藏运输易腐货物时，首先要对车辆进行预冷，这个是保证易腐货物质量的一项重要的技术作业。这样就可以大大减少运输途中的冷消耗，有利于货物降温和保持合适的运输温度，也有利于提高冻结或冷却货物的质量。

铁路运输部门对加冰冷藏车和机械冷藏车的预冷做了不同的规定。

(1) 加冰冷藏车装运冻结货物预冷温度：车内应预冷到6℃以下，达不到时可预冷6h；装运冷却或未冷却货物，车内应预冷到12℃以下，达不到时可预冷3h。

(2) 机械冷藏车车内预冷温度：冻结货物为－3～0℃；香蕉为12～15℃；菠萝、柑橘为9～12℃；其他易腐货物为0～3℃。

由于外温高低、车种车型不同，以及所运易腐货物种类的差异，冷藏车的预冷温度和时间差别很大。

因而发站方对使用冷藏车装运易腐货物的有关技术作业过程，应进行完善的计划和安排，合理确定洗车、预冷、加冰、装车等项作业的时间标准，做好上、下班间的交接工作，避免盲目求快而使操作不合要求。

2. 冷藏货物的装车

（1）装车时间。

发站方、托运人、收货人应加强装车或者卸车的组织工作，缩短装车或者卸车时间。加冰冷藏车每辆装车或者卸车作业时间不得超过 3h。

（2）装车要求。

经预冷的冷藏车装车时，应采取措施，保持车内温度。货物装车完毕，机械冷藏车乘务员应检查车门关闭是否严密，并且及时记录车内温度和调温。使用机械冷藏车冷藏运输易腐货物，装车单位必须填写“机械冷藏车作业单”；使用加冰冷藏车时，装车单位必须填写“加冰冷藏车作业单”。

3. 冷藏货物的卸车

（1）卸车和交付。

冷藏货物的卸车和交付是运输过程的最终环节。运输质量的好坏在卸车时方可认定，卸车和交付作业本身也会直接影响货物的最终质量。

为了具体掌握车辆的装卸状况，便于划清责任和有针对性地改进工作，车站对本站负责的冷藏车卸车作业要派货运员监卸，卸车过程也应派人检查，确认货物质量，并对照运单、货票和冷藏车作业单填好“到站作业记录”的各项内容，重点是确认货物质量和交接温度。

对冻结货物卸车温度的检测，可在卸完车门部位的货物时在车内抽查 2～3 件货物，以所测货物的平均温度值作为交接温度记入作业单有关栏目内。对于机械冷藏车所装货物质量的检测，以及货物温度的测定，车站应会同机械冷藏车的机械长及收货人共同进行。收货人要求组织直接卸车时，应由收货人自卸，并要求组织不中断卸车作业，缩短车辆待卸时间。

（2）车辆清洁。

车辆的清扫、洗刷和消毒，是保持卫生状态良好、货物不受污染的重要手段。

如果车内残留不少货物碎屑，如碎肉渣、烂鱼虾、烂水果等，就会导致车内生霉、长蛆、发恶臭，产生严重的污染源和滋长大量的病原菌。有的加冰冷藏车，地板上的防水层被微生物侵蚀分解而产生糜烂，使防水层遭受破坏而失去功能，引起污水渗入车底隔热层内，使车体隔热性能恶化。

四、铁路冷藏运输存在的问题及解决对策

（一）铁路冷藏运输存在的问题

1. 不适应市场竞争的需要

长期以来，铁路部门对冷藏货物运输是依照普通货物运输的组织方式进行的，坐

等货主上门。货主向铁路申请要车，手续繁杂、审批环节多、配车时间长，运到期限难以保证，回空车无法控制，加之制冷加冰不到位，货损索赔时有发生，制约了铁路冷藏运输的发展。

新的《铁路技术管理规程》对冷藏车的规定与原规定相比变化不大，运输方式也没有大的改动。相对而言，公路运输具有明显的灵活性，能够迅速对市场需求做出反应，实现货物快速、及时运送，这成为货主选择这种运输方式的根本原因之一。

60%以上的铁路冷藏车为加冰冷藏车，运输路程短、修理费用高、使用率低。发达国家早在20世纪70年代就已停止生产使用这种车辆，但在我国这种车辆仍然是冷藏运输的主车型。这种加冰冷藏车无配属段，运输上没有专职调度掌握，车辆动态不明，要车、配车难，损坏失修严重，完好率不足60%。而机械冷藏车均为5节以上的成组车型，载重吨位大，难以适应小批量、多品种的市场需求。因此，目前的冷藏运输装备限制了冷藏运输的发展。

速度已成为当前市场对运输业的基本要求之一，各种运输方式都已认识到了提高运输速度的重要性，应采取各种途径加速货物的运送。铁路冷藏运输主要采用加冰冷藏车，由于运输的大部分为冻结货物，运输距离长（易腐货物平均运程为2300 km）。按照现行规定，运输途中每加冰1次，运到期限需增加1天，这难以满足市场对运输速度的要求。

2. 管理存在问题

长期以来，“造、管、用、修”各部门各自为政，占69%的单节式加冰冷藏车处于无调度掌握的放任状态，半数以上的车辆状态不良；再加经营上收支两条线，各部门各算各的账，没有建立经济责任制，以致运输效能低，年年亏损。

3. 冷藏运输服务质量差

冷藏运输服务质量差表现在很多方面。一是铁路货物送达速度低，运输周期长，与公路相比，时效差2倍多；二是存在要车手续烦琐、配车难、乱收费、加冰不到位等问题；三是运输环节多、时效性差，主要表现为承运和索赔手续复杂。此外，易腐货物和普通货物一样，运到期限以250 km/d计算，极不适应易腐货物的快运要求，无法满足当今货主抢时间争市场的经营需求。

（二）发展政策

1. 借鉴的国外经验

国外冷藏运输之所以迅速发展，冷藏运输装备的发展起了极为关键的作用。发达国家已逐步淘汰了冰冷车和机冷车，在20世纪80年代后以年均递增15%的速度推广使用冷藏集装箱。目前广泛采用的机冷式冷藏集装箱，有通风、气调、液氨、保温、冷板等多个种类。

发达国家在大规模使用冷藏箱的同时，采用先进的信息技术，对冷藏运输实施全过程控制。如美国、日本的计算机联网管理系统和欧洲的电子数据交换系统，都在冷藏运输的过程控制中发挥了很好的作用。

发达国家为保证鲜活易腐货物的运输质量，采取了铁路、公路、水路多式联运的组织方式，建立了包括生产、加工、储藏、运输、销售等在内的鲜活易腐货物冷链物流，运输过程中全部采用冷藏车或冷藏箱，配以 EDI（电子数据交换）系统等先进的信息技术，使易腐货物的冷藏运输率达到了 100%，冷藏运输质量完好率接近 100%。

2. 建立冷藏运输服务体系

我国目前尚未形成完整的冷藏链，铁路运输系统可仿照集装箱公司的模式，成立冷藏运输公司，实行投入产出一体化的集约经营体制，经济上独立核算。公司的职责是管理和使用冷藏车、冷藏箱，包括运营业务、技术保养、财务清算、行政和技术研究。深入市场进行调查研究，充分发挥其连接生产、销售的功能，根据市场需求积极发展冷冻、短途运输等相关服务，促进易腐货物冷藏链的形成，适应多式联运的发展，在冷藏运输公司的基础上建立综合性的冷藏运输中心，提供多元化的服务。

铁路应打破行业壁垒，积极发展铁路、公路、水路的联合运输网，形成多式联运体系。同时发展铁路易腐货物的运输代理。运输代理企业作为托运人与承运人之间的纽带，利用代理服务网络所掌握的信息及与承运公司建立的稳定业务关系，既方便货主通过铁路运输，又能为铁路争取鲜活易腐货物的货源，可以提高市场竞争力，满足当前市场的需求。

第四节　冷藏船与冷藏集装箱运输

一、冷藏船运输

（一）冷藏船的定义

冷藏船主要用于渔业，尤其是远洋渔业。远洋渔业的作业时间很长，因而必须用冷藏船将捕获物及时冷冻加工和冷藏。

此外，通过海路运输易腐食品必须用冷藏船，使鱼、肉、水果、蔬菜等易腐食品处于冻结状态或某种低温条件下进行载运。因受货运批量限制，冷藏船吨位不大，通常为数百吨到数千吨。冷藏船运输在所有运输方式中成本是最低的。过去冷藏船的条件没有现在先进，而随着冷藏船技术性能的提高，运输批量加大，船速加快，装卸集装箱化，冷藏船运输量逐年增加，成为国际易腐食品贸易中主要的运输工具。

（二）冷藏船的类型

冷藏船一般分成以下三种类型。

1. 专用冷藏运输船

专用冷藏运输船按其对货物的服务方式可分肉类冷藏运输船、鱼类冷藏运输船和果蔬类冷藏运输船等。

（1）肉类冷藏运输船。

肉类冷藏运输船是一种专门用于冷藏运输猪肉、牛肉、羊肉及禽肉等的冷藏运输船舶。这类冷藏运输船的全部货舱均设计成具有良好隔热性能的冷藏舱，舱内的温度为－15～－2℃，采用的冷却方式是直接膨胀或盐水间接冷却。船上设有专门的冷冻机舱（包括辅助设备），制冷剂采用氨（NH_3）、氟利昂（R－12、R－22）等冷媒，制冷剂在冷藏货舱内的空气冷却器或冷却排管中进行蒸发吸热，再经压缩机、冷凝器、调节站，反复循环，以达到降低舱温的目的。

（2）鱼类冷藏运输船。

鱼类冷藏运输船是一种用于水产品的运输，配合其他船舶在渔场进行收鲜和加工以提高渔船队的生产率，使渔获物得到及时加工处理，减少损耗，保证鱼产品鲜度的专用船舶。此种鱼类冷藏运输船的冷却方式及制冷系统与肉类专用冷藏运输船大致相同。而冷藏舱分成冻结舱和冷藏舱两种。冻结舱内的温度为－30～－23℃，冷藏舱内的温度为－5～20℃。刚捕获的鱼产品在冻结舱内快速冻结后，转入冷藏舱内冷藏。

（3）果蔬类冷藏运输船。

果蔬类冷藏运输船是专门用于水果、蔬菜及其他农副产品运输的船舶，船舱内的温度设计为0～15℃，视所运货物品种的冷藏特性而定。如苹果的冷藏温度为－1.1～0℃；香蕉为11.5～13℃等。采用的冷却方式有直接膨胀式和间接冷却式两种，冷藏货舱内设有空气冷却器（冷风机）及送风道（接在空气冷却器的出风口），送风道上配以若干个送风口，均匀地冷却舱内。为了排出水果、蔬菜的呼吸废气，输进新鲜的空气，因此设有通风换气口和换气设备。

2. 多用途冷藏运输船

多用途冷藏运输船有两种形式：一种是将货舱设计成高温冷藏舱和低温冷藏舱，高温冷藏舱用于装运果蔬及农副产品，低温冷藏舱则用于装运肉禽类产品；另一种是在设计时除了考虑装运冷冻（或冷却）货物外，还考虑在返航时装运其他非冷藏货物。因为冷藏运输船往往总有一个单航程是空船运行，很不经济。采用上述方法，就可以在返航时装运普通货物，因此，这类船舶用途广，利用率高，经济效益好。但给制造带来了一定的复杂性，隔热性能受到一定的影响（如加大、加宽舱门等）。

3. 冷藏集装箱运输船

冷藏集装箱运输船是运输冷冻货物及低温货物用集装箱的船舶。它与普通船的区别在于视所运输的冷藏集装箱的种类而配以相应的设备。冷藏集装箱内的温度要求它在通常的温度下能使箱内的温度保持在－25～25℃的任一温度。冷藏集装箱的冷却方式有冷冻机方式、水冰方式、干冰方式、冷冻板方式和液氮方式等，一般以冷冻机方式较为普遍。有的冷藏集装箱本身带有冷冻机及辅助设备，有的将冷冻机和辅助设备安放在船上的专用机舱内，而将供液管道安置在各个冷藏集装箱的接口上，冷藏集装箱内配以冷却排管或冷风机，制冷剂在其中蒸发吸热，从而带走箱中的热量。冷藏集装箱实际上是一个移动式的冷库，在水陆联运中，冷藏货物在车船换装时，不必把货物取出，只要直接“门到门”装卸货即可，既减少了中间作业环节，又避免了冷量的损失。此外，冷藏集装箱可以直接装在甲板上，增加了船舶的装载量。因此，利用冷藏集装箱运输，既经济又方便。但缺点是本身带有冷冻装置的集装箱除了造价昂贵之外，在“管”“用”“养”“修”等方面均存在一定的困难。

（三）冷藏船的特点

(1) 具有隔热结构良好且气密的冷藏舱船体结构，必须通过隔热性能试验鉴定或满足平均传热系数不超过规范定值的要求。

(2) 具有足够的制冷量，且运行可靠的制冷装置与设备，以满足在各种条件下为货物的冷却或冷冻提供制冷量。

(3) 船舶冷藏舱结构上应适应货物装卸及堆码要求，并在保证气密或启、闭灵活的条件下，选择大舱口及舱口盖。

(4) 船舶冷藏的制冷系统有良好的自动控制，可以保证制冷装置的正常工作，为冷藏货物提供一定的温、湿度和通风换气条件。

(5) 船舶冷藏的制冷系统及其自动控制器、阀件技术等比陆用要求更高，如性能稳定性、使用可靠性、运行安全性及工作抗震性和抗倾斜性等。

二、冷藏集装箱运输

冷藏集装箱出现于20世纪60年代后期。冷藏集装箱的发展速度很快，超过了其他冷藏运输工具的发展速度，成为易腐食品运输的主要工具。

（一）冷藏集装箱的定义

所谓冷藏集装箱就是具有一定隔热性能，能保持一定低温，适用于各类食品冷藏运输而进行特殊设计的集装箱。

冷藏集装箱必须十分坚固，能经受恶劣的运输条件，其制冷装置还必须满足以下要求。

(1) 加热、冷却和除霜实现全自动。

(2) 既可独立驱动，又可接外部电源。

(3) 根据装载食品的要求，可以在一定的范围内调节温度，温度偏差小。

(4) 耐冲击强度高，抗震动性能好。

(5) 换气系统可为每平方米冷藏集装箱容积提供 $50m^3/h$ 左右的新鲜空气。

(6) 空气相对湿度为85%～95%，以防干燥。

就制冷系统而言，冷藏集装箱相当于小型冷藏库的一个单间或组装式冷藏库，多为风冷冷凝机组，采用直接吹风冷却，箱体内温度调节范围较大，一般可保持为−18～−12℃。

（二）冷藏集装箱的特点

冷藏集装箱是一种经济合理的运输方式，可广泛应用于铁路、公路、水路和空中运输。

冷藏集装箱运输的优点如下。

(1) 装卸效率高，人工费用低，简化装卸作业，提高装卸负荷，缩短装卸时间。因此，降低了运输成本。

(2) 调度灵便，周转速度快，运输能力大，适合于小批量冷藏货物。

(3) 大大减少甚至避免了运输货损和货差。冷藏集装箱运输在更换运输工具时，不需要重新装卸食品，简化了理货手续，为消灭货损、货差创造了十分有利的条件。

(4) 提高货物质量，箱体内温度可以在一定的范围内调节，箱体上还设有换气孔，因此特别适应各种易腐食品的冷藏运输要求，保证易腐食品的冷藏链不中断，温差可控制在±1℃之内，避免了温度波动对食品质量的影响，实现“门到门”的特殊运输方式。

(三) 冷藏集装箱的分类

目前，冷藏运输中所使用的集装箱种类比较多，按不同的分类方法，有不同的类型。

1. 根据制冷方式分类

目前使用的冷藏集装箱根据制冷方式基本可分为以下几种类型。

(1) 保温集装箱。

保温集装箱具有良好的隔热性能，但不带任何制冷装置，也不能临时进行添挂。

(2) 外置式保温集装箱。

外置式保温集装箱箱内无任何制冷装置，隔热性能很强，箱的一端有软管连接器与船上或陆上供冷站的制冷装置连接，使冷气在集装箱内循环，达到制冷效果。

该集装箱集中供冷，箱体容积利用率高，自重轻，使用时机械故障少。但是这种集装箱必须由设有专门制冷装置的船舶装运，使用时箱内的温度不能单独调节。

(3) 内藏式冷藏集装箱。

内藏式冷藏集装箱是一种配带制冷装置的保温箱，可自己供冷。制冷机组安装在箱体的一端，冷风通过风机从一端送入箱内。如果箱体过长，则采用两端同时送风的方式，以保证箱内温度均匀。为了加强换热，可采用下送上回的冷风循环方式。

(4) 液氮和干冰冷藏集装箱。

此种集装箱利用液氮或干冰制冷，以维持箱体内的低温。

液氮作为第三代新能源，其应用越来越广，它具有许多优点：无毒、无味、不易燃烧、化学性质稳定、制冷量大、效率高、来源丰富，在易腐货物的储藏运输中是一种理想的气调保鲜气体，对环境无毒害作用。液氮冷藏集装箱与其他几种形式的冷藏集装箱相比具有以下特点：降温速度快；适应温度范围广；兼具冷藏运输和气调运输的优点；比机械冷藏集装箱结构简单，自动化程度高，易于维护，初投资及维修折旧费都很低，有效利用容积大。

干冰的制冷量较大，常压下干冰的温度为－78.9℃，汽化潜热为573 kJ/kg，1 kg干冰变为25℃时CO_2气体能吸收653 kJ的热量。另外由于干冰制冷是利用干冰升华制冷，制冷过程快，而且还可以方便地通过箱内温度调节系统调节干冰的汽化量，因而能在较短的时间内使冷藏集装箱内温度达到要求温度。干冰冷藏集装箱结构简单、运行可靠、成本低廉，其充灌速度快使用方便，还兼有冷藏运输和气调运输双重功能。

2. 根据运输方式分类

冷藏集装箱根据运输方式不同可分为海运和陆运两种，二者的外形尺寸没有很大的差别，但陆上运输的特殊要求又使二者存在一些差异。

（1）海运集装箱。

海运集装箱的制冷机组用电是由船上统一供给的，不需要自备发电机组，机组构造体积较小，造价也较低。但是海运集装箱卸船后，失去电源就得依靠码头上供电才能继续制冷，比如转入铁路或公路运输时必须增设发电机组，国际上一般的做法是采用插入式发电机组。

（2）陆运集装箱。

陆运集装箱主要用于铁路、公路和内河航运船上，因此必须自备柴油或汽油发电机组才能保证在运输途中制冷机组的用电。陆运集装箱的优点是体积小、质量轻、价格低；缺点是柴油机必须始终保持运转，耗油量较大。

3. 根据集装箱的温度分类

根据集装箱的温度分类，它可分为冷冻集装箱和保温集装箱两种。

（1）冷冻集装箱。

冷冻集装箱的工作原理是在箱的前端设有内藏式冷冻装置，冷风从箱内后端的通风管吹出，通过箱壁上凸条间的空隙和箱底的通风导轨，经前端壁上的冷风吸入口，返回冷冻机进行循环。

为提高冷却效果，整个冷冻集装箱的箱壁、箱顶和箱底内部，都铺有绝缘材料。

（2）保温集装箱。

保温集装箱主要用于装载水果、蔬菜等，采用干冰等冷却剂，防止箱内温度过度上升，通常的保温时间为72h左右。

（四）冷藏集装箱的冷消耗

1. 冷藏集装箱箱体内部的冷消耗

（1）箱内货物降温的冷消耗。运输冻结货物时一般没有该冷消耗，因为货物从冷库出来时温度很低，货物本身即能成为冷源。

（2）降温的冷消耗。冷藏集装箱在冷却之前，与当时外界气温相同，冷却后，箱体内壁与内部温度相同，而外壁则与当时外界气温相同，箱体的平均温度为内外壁的平均值。

（3）货物呼吸的冷消耗。一般来说，新鲜的蔬菜、水果等货物在运输过程中会放出呼吸热，但运输冻结货物时一般没有呼吸的冷消耗。

（4）循环风机的冷消耗。蒸发器风机在运转时会给箱内货物带来热量。

（5）其他冷消耗。如融霜的冷消耗等，但运输冷却的水果、蔬菜往往没有融霜的冷消耗。

2. 冷藏集装箱箱体与外界热量交换产生的冷消耗

(1) 传热的冷消耗。

(2) 漏热的冷消耗。冷藏集装箱箱体内外有温差或压差时，会通过孔、洞和缝隙等密封不严处漏热，漏热量的大小和外界气候条件等有关。

(3) 特殊表面的额外传热冷消耗。冷藏集装箱的某些表面温度与其他表面有较大差别时，应对该表面的传热冷消耗予以补偿，例如直接受到太阳辐射表面的额外冷消耗。

(4) 通风的冷消耗。冷藏集装箱运输某些货物（如未冷却的水果、蔬菜和鲜蛋）时，需要通风。通风时，若外界温度高于箱内温度，外界空气会将热量带入箱内，一方面空气需降到箱内温度，另一方面可能有一部分水蒸气凝结（假定降到箱内原有温度水平），这两部分热量之和就是通风的冷消耗。但运输冻结货物时没有通风冷消耗，运输冷却的水果、蔬菜一般不需通风，故也没有通风冷消耗。

(五) 冷藏集装箱运输管理

1. 冷藏集装箱运输前的检查

冷藏集装箱在装箱使用前，首先应对机组进行外观检查。外观检查主要包括：

(1) 机组外观有无损伤。

(2) 制冷系统有无泄漏，检查所有连接处有无漏油迹象。

(3) 电源线及插头等。

(4) 机组控制箱内的电气连接是否牢固。

(5) 冷凝器和蒸发器盘管，是否需要进行清洁，同时检查冷凝器风机网罩是否有损坏，如有损坏应及时修理或更换，否则会影响冷凝器散热效果。

(6) 机组、压缩机和风机电动机的安装螺栓，如有需要，应进行紧固。

(7) 清洁融霜排水系统。

2. 预检测试

预检测试是冷藏集装箱使用前对整个系统运行情况的一种测试。先进的冷藏集装箱中机组控制器带有特殊的预检测试功能，可自动检测加热量、冷量、温度控制，以及风机、传感器功能等。

测试内容包括测量部件耗功，并将测试结果与正确值比较。预检测试只能在空箱状态下进行，并且在测试过程中箱门需关闭，整个测试过程需要 2～2.5h。

3. 冷藏集装箱内部的货物堆装与气流组织

冷藏集装箱内部的货物堆装方式对冷藏集装箱内部气流组织的影响较大。因此要保证冷藏集装箱内部良好的气流组织分布，必须做到在任何情况下冷藏集装箱内部的货物装载高度不能超过最高货物装载线，确保冷藏集装箱内部有足够的回风通道，气流能顺利地返回到制冷装置；在任何情况下必须使冷藏集装箱整个底部处于被货物或其他遮盖物覆盖的状态。

箱内货物的堆装一定要防止气流组织形成“短路”或“断路”，图 5-3 展示了几种不正确的冷藏集装箱货物堆装方式。

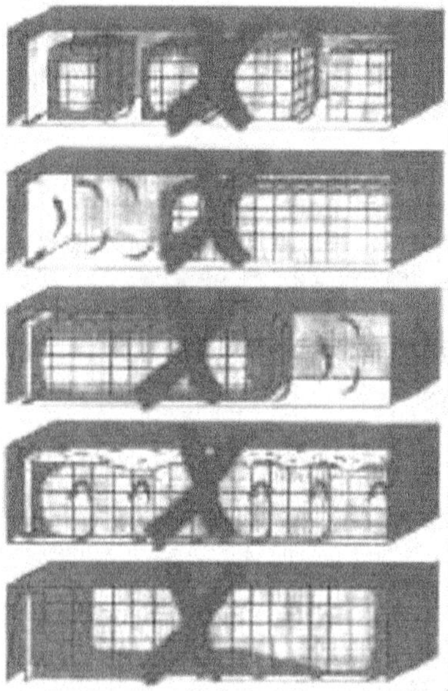

(a) 货物装载太分散

(b) 货物装载在后部

(c) 货物装载在前部

(d) 货物上部有覆盖物

(e) 货物装载高度超限

图 5-3 几种不正确的冷藏集装箱货物堆装方式

在图 5-3 (a) 中，因为货物装载太分散，货物之间的空间无任何流动阻力，从底部 T 形通风管送入的冷风将通过货物之间的空间直接回流到制冷装置，而造成气流的“短路”。

在图 5-3 (b) 中，货物仅装载在冷藏集装箱的后部，在前部留下了无遮盖的空间，从 T 形通风管送入的冷风将直接返回到制冷装置，造成严重的气流“短路”，气流组织将不会对货物产生直接的影响。

在图 5-3 (c) 中，货物仅装载在冷藏集装箱的前部，在后部留下了无遮盖的空间，由于空气总是向流动阻力最小处流动。因此从 T 形通风管送入的冷风将绕过货物装载区，从冷藏集装箱后部通过上部回风通道返回到制冷装置，造成气流的“短路”。

在图 5-3 (d) 中，由于不正确地在货物上部覆盖了不透风的塑料薄膜等覆盖物，使气流“断路”而无法通过上部回风通道回到制冷装置。

在图 5-3 (e) 中，货物装载高度超过最高货物装载线，没有在货物上部与冷藏集装箱顶部之间留下必要的回风通道，从而造成气流的“断路”，影响制冷效果。

冷藏集装箱在货物装箱前没必要进行预冷，除非从有密封门的冷库中装货时才有必要进行预冷。否则不但造成不必要的能量浪费，而且在装载货物过程中，大量外界热湿空气进入冷藏箱内产生凝水从而对货物造成损害。

（六）冷藏集装箱货物装箱

1. 装箱方式

（1）货盘堆装。

货盘上堆装箱子的四个角要上下对齐，以便重量均匀分布，箱子顶部和底部的透气孔应上下对齐，使冷空气循环畅通。

（2）无间隙积木式堆装。

货物应像堆积木那样堆装成一个整体，货物与箱壁之间不留任何空隙。

2. 不同冷藏货物的装箱要求

各种货物的特性不同，在冷箱内的堆装方式也不同。

（1）冷冻货物、一般冷藏货物装箱。

冷冻货物、一般冷藏货物自身不会发出热量，而且在装箱前已预冷到设定的运输温度，所以冷冻货物、一般冷藏货物堆装方法非常简单，仅需将货物紧密堆装成一个整体即可。

货物外包装之间、货物与箱壁之间不应留有空隙。所装货物应低于红色装载线，只有这样，冷空气才能均匀地流过货物，保证货物达到要求的温度。

（2）保鲜货物的装箱。

保鲜货物因有呼吸作用而产生水汽、二氧化碳、少量乙烯及其他微量气体和热量。因而堆装方式应当使冷空气在包装材料和整个货物之间循环流动，带走因呼吸产生的气体和热量，补充新鲜空气。

（七）装箱须知

1. 货物预处理

货物要经过筛选，果蔬等活体货物要剔除已经损伤、死亡、变质、腐烂的颗粒（株）；要适当整理，不要拖泥带水，无用的枝叶要清除，最好单个包装；应根据实际情况对货物做适当保鲜处理，如用药水浸洗、喷洒、包装等；用药水浸洗的货物要等水分沥干后才能装进箱里。不要混装不同种类的货物和成熟程度不同的货物。对货物包装的起码要求是有足够的强度确保货物不受重压、不变形和利于空气流通（对保鲜的货物包装箱一定要有气孔）。包装要既能整齐紧凑堆码，有效利用空间，又利于空气流通，保持货物所需的温度。

此外还应当对货物进行预冷处理，并预冷到运输要求的温度，因冷箱设计制冷能力有限，仅能用于保持货物的温度。

2. 冷箱预冷

一般情况冷箱不应预冷，因为预冷过的冷箱一打开门，外界热空气进入冷箱遇冷将产生水汽凝结，水滴会损坏货物外包装和标签，在蒸发器表面凝结的水滴影响制冷量。

当冷库的温度与冷箱内温度一致，并采用“冷风通道”装货时，可以预冷冷箱。当冷箱装运温度敏感货物时，冷箱应预冷，预冷时应关紧箱门。

3. 装货前检验

冷藏箱在装货之前一定要经严格检验，称作冷藏箱预检（PTI）。PTI是按国际标准和造箱公司所特定的要求对冷藏箱进行全面彻底的检验，以确保货物安全，用户一定要认真对待。冷藏箱的检验公司不同，其检验质量有可能差别很大，用户应委托比较负责任、信誉好、专业技术力量强的冷藏箱检验公司代为检验，或者租用比较负责任、信誉好、专业技术力量强的冷藏箱检验公司代为检验。

4. 装箱注意事项

经严格检验合格的冷藏箱（PTI OK箱），在装货时也应按货物的种类正确选择设定温度（注意华氏度°F和摄氏度℃的换算公式：华氏度（°F）＝摄氏度（℃）×9/5＋32）。

活体货物（如水产品的活贝类、食用蛙、新鲜蔬果、花卉等）因需要呼吸氧气和排出活体货物产生的废气，运输时还应开空气交换窗，要正确选择窗口的大小（百分比）或单位时间的换气量：立方米/小时（CMH）、立方英尺/分（CFM）。CMH与CFM的换算关系：1CMH＝60CFM。货主最好确定具体的换气量，因为不同的机组最大的换气量不同，用百分比表示并不贴切。另外开空气窗在某种程度上也能改变箱内的空气湿度。但装运冷冻货物时不能开风口（空气窗），因为箱外湿热空气进入冷冻工作状态的箱内，很快就会在蒸发盘管结霜，阻碍空气流通，降低冷冻能力，引发机组故障。另外，高温空气的进入也会降低机组的工作效率。

防止货物或其包装物、隔离物、铺垫物（如纸张、塑料布等）运输中移位遮盖气孔；箱后端不留间隙（紧靠机组后壁），中部和边缘不留空白地段；让货物作为“T”形地板的覆盖物，使空气沿着“T”形地板的通道送到最前端，以免空气短路（提前返回）；货物的前端不得超出“T”形地板的端头；货物之间尽量紧凑堆码，不过分拥挤，装货时严禁拖、压、推、抛、掷；禁止超高堆存或超重挤压；机械装卸时不要铲破货物包装、箱壁、箱顶，防止压塌“T”形地板；不满一箱的货物，可采用平均高度堆码，或者缓慢减少（层次）高度，或者适当固定，以免货物在运输途中移位、滚动；一般情况下不应堵塞地板上的地漏口。

5. 脱离制冷时间

各种运输方式之间的交接可能出现短途运输或制冷系统故障，从而停止制冷。

冷冻和冷藏保鲜货物短时间停止制冷状态是允许的，许多产品如特种货物和温度敏感货物应保持制冷系统连续工作，这样才能避免温度的波动造成的货物质量的下降。

由于冷藏货物运输的技术要求高，风险大，任何冷藏货物的运输均应做好详细的计划，并认真做好每一环节的工作，保质保量地将冷藏货物安全运抵目的地，为货主提供优质服务。

（八）冷藏集装箱的换气

冷藏集装箱进行通风换气的基本目的是运送冷却货时，控制箱内一定的CO_2和乙烯等含量。一般冷藏集装箱的通风口全部打开时，最大换气量可达$280m^3/h$。

冷藏集装箱的冷风由蒸发器风机将冷风压入箱内。而冷藏集装箱通风换气的通风器的吸入口与蒸发器风机吸入端相通，风机运转时，借助于负压把箱外空气不断地引入箱内，通风器的排出口与外界相通，排气压力将把箱内空气排出箱外，实现了冷藏集装箱的通风换气。

从控制箱内CO_2浓度的角度上看，通风换气是必要的。但从制冷效果的角度看，通风又是不利的。因为通风换气，不但把箱外的热量带入箱内，而且把空气中的水蒸气也带入箱内，进而导致蒸发器的结霜。而多次频繁除霜，又降低了制冷装置的制冷效果。因此，冷藏集装箱运送无“生命”的冷冻货时，必须关闭通风换气口，甚至连排水口也予以关闭。当然，在运送冷却货时，通风换气口虽然应该打开，但从制冷效果考虑，换气口又不能开得过大。

关于冷藏集装箱的换气量，一般均以美国森基斯特·格罗尔（Sunkist Grower）公司的推荐值作为标准，即通常把CO_2的含量控制在0.1%以下（短时间允许达到5%），若把CO_2的含量控制在0.1%以下时，以40英尺冷冻集装箱计算，每1000个纸盒需要0.8 m^3/h的换气量；若CO_2的含量达到5%时，则每1000个纸盒需要1.6m^3/h的换气量。冷风循环量一般为4000～5000m^3/h。

通风型冷藏集装箱在装运冷冻货时，应有较高的制冷量，而在装运冷却货时，又有较大的冷风循环量。为此，目前冷藏集装箱的蒸发器风机多为双速风机。即在装运−6℃以上冷却货时，风机高速运转，提高冷风循环量以满足冷风循环的要求。到−6℃左右时，风机低速运转以满足制冷量的需求。

在我国食品冷藏运输中，冷藏集装箱作为“冷链”的重要一环受到重视。它随着我国食品工业和国际航运业的发展及冷藏集装箱自身技术的提高，将得到更广泛的应用。

（九）冷藏集装箱的散热

1. 冷藏集装箱的散热量

每个冷藏集装箱的散热量会受许多因素影响，比如工作模式、箱内外温度、货物种类等。通常，冷藏集装箱的最大散热量都可以从生产厂家的技术说明中得出。其计算公式为：

冷藏集装箱的散热量＝制冷量＋压缩机耗功

2. 冷藏集装箱在货舱时的散热

冷藏集装箱装载在船舶甲板上时不会影响散热。随着单船冷藏集装箱装载量的不断增加，必然有一定数量的冷藏集装箱装载在甲板下方的船舶货舱中，那么散热就是十分必要的。

目前，常用的货舱散热方式有如下三种。

（1）直接风冷式。

采用直接风冷就是直接将周围环境空气用风机进行通风冷却。

（2）水冷式。

配有风冷式冷凝器和水冷式冷凝器制冷装置的冷藏集装箱，当冷藏集装箱装载在货舱中时，可启用水冷式冷凝器解决冷藏集装箱的散热问题。

需要强调的是因为冷藏集装箱的压缩机等散热部件依然在放热，因此在货舱中还需要有一定量的通风散热。

(3) 蒸发冷却式。

蒸发冷却式的工作原理就是将细小的水雾喷入空气气流中，以便使水快速蒸发来吸收汽化散热而使环境温度下降。

蒸发冷却式散热的优点是减小通风量，利用较小的通风量可获得较好的冷却效果。

由于冷藏集装箱能在潮湿环境中工作，因此采用蒸发冷却式对冷藏集装箱一般不会产生危害。但采用蒸发冷却式对淡水的耗量较大，船上要有充足的淡水来源。

(十) 冷藏集装箱的供电

1. 冷藏集装箱的耗功

冷藏集装箱的耗功取决于其工作状态，即冷藏集装箱的外部环境温度和冷藏集装箱内部的货物冷藏温度。通常冷藏温度越高，则耗功越大（见表 5-1）。

表 5-1　　冷藏箱工作参数

涡旋式			往复式		
冷藏温度（℃）	制冷量（w）	耗功（kw）	冷藏温度（℃）	制冷量（w）	耗功（kw）
21	13771	10.7	21	13507	12.0
2	9962	9.1	2	11456	10.5
−18	5860	6.1	−18	5604	6.0
−29	3809	5.3	−29	3023	4.5

温度是一个变化量，因而制冷量和耗功也将变化。通常冷藏集装箱在保温情况下的耗功比降温情况时要小很多。但是在冷冻情况时，压缩机处于开/停运行模式；而在冷藏情况时，压缩机和风机均处于连续工作模式。

因此，冷藏集装箱在冷冻情况下的耗功比冷藏情况下要小，40 英尺冷藏集装箱在冷冻情况下耗功一般在 4kw 左右；而在冷藏情况下，耗功一般在 7kw 左右。

2. 冷藏集装箱的供电

冷藏集装箱必须依赖外部动力驱动制冷装置工作，以保证冷藏集装箱的正常工作。当冷藏集装箱处于不同运输模式或位置时，其供电方式会有所不同。通常可分为电源直接供电和小型柴油发电机组供电两种方式。

(1) 电源直接供电。

采用船舶运输冷藏集装箱时，冷藏集装箱的供电通常由船舶的供电系统提供。船舶供电系统可以由船舶辅助发电机发电，也可以采用轴带发电机供电或由专门安置在船舶甲板上的一个 20 英尺集装箱发电机供电。

(2) 小型柴油发电机组供电。

采用公路运输冷藏集装箱时，冷藏集装箱的供电通常由小型柴油发电机组提供。传统的端部挂装式柴油发电机组由于机组本身的重量会引起纵向的受力不平衡；机组的挂卸需要专业叉车。另外，因为机组挂靠在冷藏集装箱的端部，柴油发电机组的工作会给冷藏集装箱的工作带来一定的影响。

第五节　食品冷冻销售

食品经过冷加工、包装、储藏、运输后，如果不把冷冻食品在消费者家里冰箱中的储存计算在内，则冷冻食品将到达冷链的最后一个环节——销售。在零售商店、超市、便利店等用来展示、销售食品的设备叫作食品陈列柜（也叫食品展示柜），用于冷藏冷冻食品的展示、销售的食品陈列柜称作食品冷冻陈列销售柜。

一、冷冻陈列销售柜的概况

在超市和零售商店中，用于陈列、销售食品和其他食品的存放设备，均称为冷冻陈列销售柜（简称冷柜）。冷柜作为食品低温流通的最后过程，它直接与消费者（顾客）打交道，承担着极其重要的作用。其目的主要是使冷柜柜内保持合适的温度，维持所陈列食品的温度，以保证食品品质，进行食品销售。由于食品的种类不同，销售方式也千差万别，由此带来的陈列方法与冷却方法也各不相同，因此，冷柜的形态、构造极其多样，产品主要适用于各类超市、便利店等场合。

随着我国生产力的发展、生活节奏的加快，人们生活方式有了很大变化，速冻、小包装食品普遍被接受，超市与大卖场等新型零售业迅速发展，冷柜也得到普及。由于国内超市业态的大规模发展，国外的零售业巨头纷纷进驻国内市场，如沃尔玛、家乐福、麦德龙等在国内的业务规模增长迅速。

零售业，尤其是生鲜食品，基数还是较低，但成长空间巨大。作为生鲜食品的销售载体，冷柜的主要销售对象是中国连锁经营企业，经过多年的发展，已经有了长足的进步，尽管随着外资连锁经营企业的纷纷涌入，在主要经济发达城市，连锁零售业竞争已经日趋白热化，而且出现企业之间的兼并重组。从中国零售业发展趋势来看，总体上说，零售业市场细分远未能完成，中国的连锁零售市场还有广阔的发展空间。对于冷柜行业来说，近几年内，市场发展前景美好。

二、冷冻陈列销售柜的技术现状及发展趋势

超市客户关注冷柜产品，一般集中在外观、节能、质量稳定等几个方面。各生产厂家由于在生产技术上并无显著差别，且外观设计是通过潮流引导的，所以产品雷同较多，但是在产品设计技术以及产品的质量稳定性上，不同品牌的差异还是很大的。同时在安装和售后服务上也存在着较大的差别。

冷柜的技术发展趋势主要有五个方面：方便食品的销售、提高保存食品的鲜度、节能技术、快捷方便的维修保养及优质的服务。

1. 方便食品的销售

目前随着国内超市店铺规模、销售方法、销售食品的变化，冷柜结构形式也相应变化。

①超市的特征就是采用自助销售方式，冷柜的使用目的是保持食品的鲜度，同时，要方便顾客选购食品并充分体现出食品展示效果。故而，为有效利用店铺面积，方便食品销售的冷柜作为主流被普遍使用。

②为了更好地展示食品，冷柜的结构设计很重要。如：加宽冷柜的两面玻璃使顾客可从两面清晰看清并选购食品，冷柜的黄金销售区域的考虑等这些体现人性化的设计显得格外重要。

③由于小型店铺的面积较小，店铺内一般无法提供安装冷冻机的专用机房，因此，冷柜的形式通常采用压缩机组内藏的方式，冷柜都靠窗布置，主要使用薄型内藏式货架柜及内藏式的拉门柜。

由于采用内藏式压缩机组，机组的工作效率较低，噪声和耗电量较大。针对噪声问题，压缩机以及冷凝风机的低噪声化成为各公司的一大课题。同时由于内藏机组的热量排入店内，使店内的购物环境恶化，从而使空调的负荷增大，空调耗电上升。因此，国外便利店近期更多地采用分体式冷柜。

2. 提高保存食品的鲜度

冷柜是以保持所存放食品的温度为目的而设计的，冷柜本身不带冷冻功能。也就是说，只有将合适温度的食品放入柜内才能起到保鲜作用。

①为提高食品质量，减少冷柜内的温度波动，现多采用环境追随性电子温控器，它可以根据环境温度的变化，使冷柜的温度保持恒定，防止过度冷却，这样既提高了温度控制精度又减少了能量损耗。

②化霜过程中，冷柜及食品温度会有一定上升，为减少食品温度的上升幅度，人们采用各种除霜方式如热气除霜、热液除霜等，以加快化霜速度。由于鲜鱼、鲜肉在冰温冷却状态下陈列，如果化霜时温度波动过大，会造成血水外流，影响陈列食品的外观与质量，造成食品有效营养成分的流失。因此，国外正在开发研究无冷却中断的冷柜，此种冷柜不但有一个主冷却器，还有一个辅助冷却器，当主冷却器化霜时，辅助冷却器进行供冷，从而保持冷柜温度稳定。

3. 节能技术

通常超市中冷柜的冷却系统用电量占整个超市用电量的比例较大，因此，冷柜冷却系统的节能是项很重要的工作。夏季、冬季由于环境温度变化，冷柜的负荷相差20%～60%。因此，就要有能适应负荷变动的高效运转的控制系统，同时，冷柜本身所采用的部件（如低耗电防漏部件等）及其结构的变化也可起到节能作用。

（1）冷冻机节能技术。

冷冻机的容量按夏季运行情况进行选定，到冬季其容量过大，如采用一台压缩机形式的单台机组，则会造成蒸发温度下降，运转效率将恶化。多台并联机组可以很好地适应冷柜负荷变动，根据负荷的变动，依次自动关闭压缩机，使冷冻机保持在合适压力运转，防止运转效率下降。

为了节约施工周期及减少制冷剂的充注量，大型超市冷柜采用集中布置方法，所需冷冻机的输出功率明显增大。采用并联机组可以满足大输出功率需要，同时冷冻机组功率又可多级调节，以适应冷柜负荷变化，实现精确控制与节能目的。采用并联机组可节能15%～20%。同时，并联机组可以采用微电脑控制，通过对机组低压的精确控制实现节能。

目前，在一部分大型卖场中已经开始使用机组热能回收系统。在冬天，利用机组散热来加热冷水，满足加工区域的用水要求。

(2) 冷柜的节能。

冷柜的节能技术主要为双重风幕、电子镇流器、电子温控器及夜间罩的使用等。

开放式超市的出入口对货架式冷柜的风幕影响将直接影响冷柜的性能。而具有双重风幕结构的冷柜因其有两个独立的送风回路（内侧通过冷却器，外侧不经过冷却器）而使冷柜具有以下的优点：双重风幕，可提高内侧风幕的风速，减小柜内空气与柜内食品的温差；风幕的强度得到加强，则柜外空气影响减小，除霜的次数减少；由于双重风幕结构的作用，使食品保持一定温度所需的冷冻能力减小，实现节能，并提高食品的质量。

(3) 店铺冷冻冷藏系统的节能。

随着电子技术及通信技术的发展，丹麦的Danfos、意大利的Dixell和Eliwell、美国的Novar等公司相继开发出用于大型超市的集冷柜温度控制、化霜控制、运行压力控制、系统自动监控报警、故障记录、远程通信监控等机能于一体的系统控制器以提高系统运行以及管理效率。同时，这些系统的高端产品还能将整个卖场的食品冷冻冷藏系统、空调系统、照明系统等用电设备完整地管理起来，以达到最佳的控制效果，并且还可设立中央管理系统对连锁卖场进行集中管理。

4. 快捷方便的维修保养

系统故障排除的迅速与快捷推动冷柜结构与技术的改进。结构部件的模块化使之便于现场安装和调换；系统管路布置的合理性等也都是设计人员所必须考虑的；冷柜日常维护与保养对系统来讲是重要的，产品的外表面装饰零部件以及内部结构部件如何使之既便于一般超市人员进行日常维护又具有一定的安全可靠性。

5. 优质的服务

超市采购设备，尤其是冷柜，是作为一项工程项目进行的，国内主流生产厂家基本对大型店铺，特别是大卖场提供“整体解决方案”，从拿到店铺平面图纸开始，设计冷柜选型、店铺布置与配管的走线图，到承诺提供的服务等，往往对店铺的布置、运营提出参考性意见。

三、冷柜发展中有待解决的问题

冷柜极其重要的功能之一是方便食品的销售，即容易看到，容易拿到。但是，这种功能与冷柜内食品的鲜度保持以及节能性能相矛盾的情况较多，这是在今后冷柜的开发时必须考虑的问题，也是放在技术设计人员面前的一个最大的难题。

根据用途选择合适的冷柜，店铺环境的改变、正确的使用方法、冷柜的保养等对食品鲜度的保持与节能性能具有相当大的影响，这不仅在产品开发时应当引起重视，让用户理解和学会正确使用也很重要。目前，超市店铺中设备的保养较差，员工的操作技术也亟待提高，设备的故障率较高，维修工作量和成本较高。

第六章　食品冷链物流

中国的冷链物流最早产生于20世纪50年代的肉食品外贸出口。1982年，中国颁布了《食品卫生法》，新的食品法和相关文件也在相继出台，推动了冷链物流的进一步发展。

一是冷链政策环境持续利好。新《食品安全法》的出台实施，对上下游环节的食品安全要求更加严格，冷链得到进一步重视和发展。此外，《国务院关于积极推进“互联网+”行动的指导意见》中指出，鼓励发展社区自提柜、冷链储藏柜等新型社区化配送模式，完善冷链仓储建设等关键问题。此外，地方政府也相继出台了冷链专项规划。一系列冷链政策红利的释放无疑给冷链物流发展创造有利环境。

二是冷链标准不断完善，行业门槛逐步建成。2016年，从国家标准委、国家发展改革委等标准主管负责部门，到以冷链委、冷标委为代表的行业标准制定协会，再到冷链行业龙头企业和科研院校专家，都在加快制定冷链空白领域的标准，以及完善整个冷链物流标准体系。从冷链物流的基本分类与要求，到水产、肉类、餐饮、乳制品、海产品、药品，再到冷藏车、冷库、冷藏箱，冷链物流的标准门槛已初步建立。2016年依据《物流企业冷链服务要求与能力评估指标》国家标准，中物联冷链委在全国范围内开展星级冷链物流企业评估工作，取得很好成效。冷链行业正在变得有标准可依，有标杆可选。

三是冷链市场需求稳定增长。2016年，我国蔬菜产量为80005万吨，水果产量为28300万吨，猪肉产量为5299万吨，牛肉产量为717万吨，羊肉产量为459万吨，水产品产量为6900万吨，今后这些数字均还有不同程度的上涨，如此庞大的产业支撑，可想而知冷链物流的市场需求和发展空间还有多大。当前我国需要冷链服务的产品市场，预计总价值超过3万亿元，如果冷链成本按最保守的5%计算，整个市场超过1500亿元。

四是冷链基础设施合理增长，冷链整体水平提升。2016年全国冷藏车保有量新增21600台，达到115000台，比2015年同比增长23.13%。2016年全国冷库新增460万吨，总量达到4200万吨（折合10500万立方米），同比增长12.3%。冷库市场结构趋于合理，冷库扎堆建设情况有所改善。产地冷库建设增多，冷藏库、保鲜库、气调库体量也有所增加。随着新国标GB 1589的出台实施，对规范和推动冷藏车市场发展将提供新的驱动力。

五是传统冷链业务份额收缩，新机遇凸显。冷链企业受食品生产制造，以及零售行业的业绩下滑影响，部分传统冷链业务缩水成普遍现象。据统计，2015年上半年，主要零售企业关店120家，商超冷链配送业务份额下降约25%。与此同时，随着“一带一路”倡议的实施，中国与更多国家自贸协定的签署，上海、广东、天津、福建自贸区的运营使得高端食品进出口业务快速增长，例如天津港的进口冻肉，深圳港的进口高端水果，进口量均得以大幅攀升，这对平衡传统冷链业务下滑、开创冷链新的营收板块起到重要作用。

六是冷链企业借助资本力量前行的步伐加快。海航冷链、小田物流、齐畅冷链、镇江恒伟、凯雪冷链等纷纷登陆新三板或E板，大韩通运控股荣庆物流、三井物产与领鲜合资、伊藤忠与辽渔牵手，此外快行线融资1000万美元，码上配天使轮获千万投资，九曳供应链A轮融资数千万元。总之有资本助力，冷链发展固然会走上快车道。

七是生鲜电商依旧很热，O2O大行其道，但隐忧显现。据统计，2016年我国生鲜电商交易规模达到1000亿元，并将在2017年突破1500亿元，年均复合增长率在50%左右。

八是利用“互联网+”，冷链行业模式不断创新。随着生鲜电商、跨境电商、食材配送、餐饮外卖，以及O2O市场的快速崛起，行业内涌现出像安家宅配、黑狗冷链、九曳供应链、码上配、极客猫、冷联天下、神盾快送等一批具有创新模式的冷链企业，它们的出现，为传统的冷链格局带来了生机，为我国冷链行业进一步快速发展提供了源源不断的内生动力。非冷链运输耗费严重且运送货品安全性差，伴随基础设施不断建设完善，我国冷链迅速发展。预计到2020年，冷链将达到4000亿元市场规模，复合增长率为20%。

第一节　肉类冷链物流

一、肉的分类及化学成分

（一）肉的分类

肉的分类方法很多，从肉的冷藏保鲜程度可以分成热鲜肉、冻结肉和冷却肉三大类，对于这三种肉分别有不同的方法和要求。

1. 热鲜肉

热鲜肉是指清晨宰杀、清早上市，还保持着一定温度的畜肉。

（1）卫生安全性。热鲜肉一直被认为是最鲜的肉，但事实并非如此。经宰杀放血和简单处理后就直接上市的热鲜肉，在储存中，一旦通过尸僵期，其组织中各种自身的降解作用增强，其中三磷酸腺苷分解释能又使肉温上升（有时温度可达40～42℃），此时组织中酸性成分减少，pH上升，加之畜肉表面潮湿，为细菌的过度繁殖提供了适宜的条件。而且热鲜肉在流通中最低温度也有10℃，最高时可达35℃左右。因此热鲜肉在批发、零售到用户食用这一过程中，会受到空气中的尘埃和苍蝇、运输车辆、操作人员的手等多方面的污染，细菌大量繁殖（常见的有四联球菌、葡萄球菌等），造成肉表面腐败，形成黏液或变质。一般认为，热鲜肉的货架期不超过 1 天。据报道，在肉温为 37～40℃时，有害菌大肠杆菌在肉上完成整个生命周期仅需 17～19min，按此计算，如在炎夏，几个小时后，肉的带菌量就会不计其数，不仅极易腐败变质，而且还会造成严重的食品安全问题。由此可见，热鲜肉货架期极短，易被微生物污染，自然带菌量大。国家肉类食品卫生标准对鲜猪肉的要求是：肌肉有光泽，红色均匀，外表湿润不黏手；坚韧，指压以后立即复原；具有猪肉固有气味，无异味。但是热鲜肉往往到了消费者手中时已经不符合上述标准了。

（2）营养特性。热鲜肉从动物宰杀到被消费者食用所经过的时间短，一般都未能完成正常的成熟过程。刚死不久的动物，其肌肉纤维呈僵直状态，只有经过解僵、成熟过程后，氨基酸、肽类等风味物质才能形成，肉的味道才会鲜美。如果是处于僵直期的肌肉，其酸度逐渐升高，硬度逐渐增大，可以增大到原有硬度的 10～40 倍，使肌肉的物理性质显著改变，表现为质地坚韧，缺少汁液，难以咀嚼，由此而影响消化、吸收，这在客观上降低了肉类蛋白质的营养价值。常见畜禽成熟过程所需的解僵时间如下：猪为 2～3 天，鸡为 3～4 天，而牛则要 7～8 天。可见，热鲜肉购买后，如果立即食用，肉的味道并不鲜美。因此，最好将热鲜肉放在低温环境中保存，如放在冰箱冷藏室中，隔天食用。

（3）感官特性。如上所述，热鲜肉由于一般未能完成屠宰放血—僵直变硬—解僵自溶—成熟这一自身固有的变化过程，因而可能导致感官特性的主体指标色泽、风味、质地、香气的正常形成过程中止，尤其是风味质地所受影响最大。动物尸体一般在宰杀后 4.2h 进入僵直期，如环境温度高则会提前。肌肉一旦僵直，感官特性自然变劣。据研究，肉类在熟化时香气浓郁，原因在于受热前组织中已积聚了大量的香气前体物如糖、氨基酸、磷酸酯、硫醇、硫胺等物质，而在肌肉的解僵软化阶段，发生多种复杂的生物化学反应，与香气前体物的形成有关，正常解僵软化的肌肉在热加工时必然产生特有香气。换言之，常温下热鲜肉一般难以保存到解僵软化阶段，故足量的香气前体物质尚未来得及形成。

2. 冻结肉

采用－25℃以下的低温使肉快速降温并完全冻结，然后保存在稳定的－18℃条件下，以冻结状态销售的肉称为冻结肉。

（1）卫生安全性。低温使冻结肉的组织呈冻结状态，大量微生物被冻死，其余部分的微生物生长繁殖受到明显抑制，肉的带菌状况得到明显改善，消除了常温下肉类极易被微生物污染的弊端。因而更加卫生安全，有利于肉制品的长期保存。

（2）营养特性。肌肉中含有 70%～80%的水分，肌肉中的水分在冻结时体积会增加 9%，形成的冰晶损伤细胞膜。在冰晶形成过程中，未结冰部分的溶质浓度逐渐升高，致使可溶性蛋白质发生盐析作用从溶液中析出，蛋白质的胶体性质遭破坏，可溶性蛋白的量也减少。冻结使蛋白质结构破坏后，对水的亲和力也下降，会影响解冻后蛋白质的持水力。同时还会使缓冲能力减弱，酸性物质的增减会使氢离子浓度出现较大波动，由此促进蛋白质的变性，肉的品质下降。冰晶越大损伤越重，在组织冻结状态下影响不显著，一旦解冻，肌细胞中形成的冰晶会刺破细胞膜，造成汁液流失，流失的汁液可占原质量的7%左右，这些汁液中富含蛋白质等营养成分，由于失水，其营养物质和风味物质的损失较大。

没有与空气隔绝的冻结肉，结冰时组织中单分子层水也可能结为冰晶，使脂质失去了水膜的保护，在长期储存过程中，脂质被氧化而降低营养价值。此外，在未达到最大僵直期的肉被冻结后，再进行解冻时，有解冻僵直现象出现，此时达到最大僵直的时间会缩短，因而肉的收缩大，硬度高，汁液流失多，对营养和风味影响很大。在缓慢冻结中，这一影响更为严重。

为保证冻结肉的营养不被进一步破坏，要买小包装产品，并一次食用完毕，不应反复解冻、冻结。以猪肉为例，解冻后流失的汁液量正常情况下不应超过5%，当冻结肉解冻的汁液流失达9%以上时，烹调后就变得粗糙、无味，这也就是人们常说的食用冻结肉时口感变“老”的原因。

(3) 感官特性。在冻结储存中，由于冻结方式上存在种种问题，可能造成肉块表面失水，组织干缩，肉纤维变粗，肉色变暗等不良变化。脂质的缓慢氧化有异味产生。大多数情况下，冻结肉是将宰杀完毕的屠体立即强制冻结，继而冻藏形成的，是一种重要的食物储备。由于仍然没有在适当的条件下，使肌肉组织完成正常的成熟过程，所以组织内蛋白质的降解、ATP的分解及某些小分子物质的二次反应尚未充分进行，所以导致作为鲜味物质基础的肽、氨基酸和核苷酸以及作为香味物质基础的某些前体物十分缺乏，难以呈现鲜美滋味和特有香气。通过改进冻结工艺和技术，有望解决以上问题。

3. 冷却肉

冷却肉是国外广泛食用的肉类制品，近年也出现在国内市场上。冷却肉是指在严格执行兽医卫生检疫制度屠宰后，将畜体迅速进行冷却处理使胴体温度（以后腿肉中心为测量点）在24h内降为0～4℃，并在后续加工、流通和销售过程中始终保持在0～4℃生产的肉制品，也有人称之为排酸肉、预冷肉。

冷却肉是根据肉类生物化学的变化规律，将当代科学的管理思想和方式，先进的技术与设备有机结合为一体，从原料到销售的全过程被置于危害分析和关键控制点（HACCP）全面品质管理体系的严格监控之下，保证了产品的高品质和标准化，也实现了生产的规模化和现代化，代表了肉类加工工业的发展方向。

(1) 卫生安全性。

冷却肉从原料检疫、屠宰、快冷分割，剔骨、包装、运输、储藏，到销售的全过程始终处于冷链过程，可以迅速排除肉体热量，降低深层温度，并在肉的表面形成一层干燥膜，减缓肉体内部水分的蒸发，延长了肉的保藏期限，并阻止微生物的生长和繁殖，使大多数微生物（尤其是腐败菌和致病菌）被抑制。另外，冷却肉中肌糖原酵解生成的乳酸也可抑制或杀死肉中的部分微生物，安全卫生性得到一定保障，且减缓肉体内部水分的蒸发，延长了肉的保藏期限。

(2) 营养特性。

冷却肉遵循肉类生物化学基本规律，其从屠宰到销售过程，大约要经过 2 天时间，这是一个自然成熟的过程。在此期间肉在适宜温度下有序地完成了尸僵、解僵软化和成熟这一过程，肌肉蛋白质正常降解，肌肉排酸软化，嫩度明显提高，质地变得柔软有弹性，营养物质得到充分保持，非常有利于人体的消化吸收。冷却肉在冷却加工过程中，肌肉通过自溶酶的作用，使部分肌浆蛋白质 ATP 分解成次黄嘌呤核苷酸，肌肉中肌原纤维分解成肽和氨基酸，成为肉浸出物的成分，同时连接结构会变得脆弱并断裂成小片化，使肉变得柔嫩多汁并具有良好的滋味和气味，口感细腻、滋味鲜美。

冷却肉未经冻结，食用前无须解冻，不会产生营养流失，克服了冻结肉的这一营养缺陷。由于冷链形成，冷却肉中脂质氧化受到稳定抑制，减少了醛、酮等小分子异味物的生成，并防止了其对人体健康带来的不利影响。

(3) 感官特性。

事实表明，冷却肉在规定的保质期内色泽鲜艳，肌红蛋白不会褐变，与热鲜肉无异，且肉质更为柔软。冷却肉在低温下逐渐成熟，蛋白质、三磷酸腺苷等正常分解，不仅形成了可溶性肽和氨基酸，而且获得了鲜味核苷酸，使肉的风味明显改善。在成熟阶段，某些化学组分和降解形成的多种小分子化合物的积累，为熟化时肉香的形成打下基础。另外，冷却肉食用方便，具有不用解冻即买即用的方便性，而且在冷却肉生产过程中，多配合有按食用特点设置的分割利用程序，呈现分割肉状态，为消费者提供了极大的方便。

冷却肉为纯肉，难形成注水肉，营养价值高。肉类在冷却过程中，天然水分有所散失，使得冷却肉表面湿润，外加水分很难存留于肌肉，因而不会形成注水肉。

冷却肉经济、实惠、方便，深受广大消费者的欢迎，有放心肉之称，市场反响热烈，发展势头迅猛，将成为 21 世纪中国生肉消费的主流和必然的发展趋势。

(二) 肉的化学成分

无论何种动物的肉，其一般化学组成都包括水、蛋白质、脂肪、矿物质和少量的糖类。这些化学物质因动物的种类、品种、性别、年龄、个体、畜体部位以及营养状况而异。

根据中国医学科学院卫生研究所的资料，肉类的化学成分如表 6－1 所示。

表 6－1　　肉类的化学成分　　单位：%

种类＼项目	水分	蛋白质	脂肪	糖类	灰分
猪肉（肥瘦）	29.3	9.5	59.8	0.9	0.5
猪肉（肥）	6.0	2.2	90.8	0.9	0.1
猪肉（瘦）	52.6	16.7	28.8	1.0	0.9
牛肉（肥瘦）	68.6	20.1	10.2	0	1.1
牛肉（肥）	43.3	15.1	34.5	6.4	0.7
牛肉（瘦）	70.7	20.3	6.2	1.7	1.1
羊肉（肥瘦）	58.7	11.1	20.8	0.8	0.6
羊肉（肥）	33.7	9.3	55.7	0.8	0.5
羊肉（瘦）	67.7	17.3	13.6	0.5	1.0
兔肉	77.2	21.2	0.4	0.2	1.0

二、肉类冷链物流的发展现状

1. 肉类冷链物流日益普及

运用冷链设施进行肉类产品的运输、储存，在保持肉类新鲜度的同时还可以减少由于肉类腐败变质等带来的损耗，降低经营成本。在我国，大多数肉类是在没有冷链条件下运输和销售的。但近年来，由于冷却肉的高品质、高安全性，使其在投入市场后很快就得到了消费者的认可。冷却肉是指在 0～4℃的温度下进行加工处理并流通储存，被公认为是世界上最好的生鲜肉。在冷却肉的生产过程中，要求在屠宰后的 24h 内将胴体温度降至 0～4℃，然后在此温度下进行分割、剔骨、包装，并在储藏、运输直至到达最终消费者的冷藏箱或厨房的过程中温度要始终保持在 0～4℃的范围内，这种肉在嫩度、口感、风味、营养、多汁性和安全性等方面都优于无任何冷却条件下加工的热鲜肉。随着消费者对冷却肉的逐渐青睐，肉类冷链物流也逐渐从屠宰、加工、运输、销售等环节一直延伸至普通消费者家庭。

2. 肉类冷藏链体系逐渐改善

近年来，我国肉类冷链也不断发展，冷链不仅应用于肉类储存，还应用于肉类屠宰、分割加工以及运输、销售等过程，肉类冷库建设，公路、铁路、港口、航空等肉类冷藏运输的冷链物流配送中心已初具规模，一些中小型冷藏设备如冰箱、冰柜等也逐步延伸到超市、农贸市场和家庭。尤其是形成了以一些大型肉类龙头企业自身为先导的，涵盖屠宰、分割加工、储藏、运输、销售等全过程的完善的肉类冷链体系。

3. 政府日益重视

从政府层面来看，改变国内落后的冷链物流面貌已经被提上日程。“十五”期间，政府为适应食品，尤其肉类、小包装和冷鲜产品生产的需要，坚持向社会开放、市场化经营、增加配送功能的指导原则，在城市尤其是大城市，配套发展了储藏、运输、销售不中断的“冷链化”物流，加速冷库的技术改造、经营管理和全方位服务工作，提高冷库利用率和社会服务面；在运输和销售环节，大力倡导冷藏集装箱运输和按规定温度展示销售产品的新形式。由中物联冷链委等单位共同组织起草的《肉与肉制品冷链物流作业规范》正式被国家发展改革委发布，三项行业标准于2017年1月1日正式实施。《肉与肉制品冷链物流作业规范》（WB/T1059—2016）规定了肉与肉制品冷链物流的基本原则、基本要求、冷链作业、包装与标识等，适用于肉与肉制品冷链物流过程中的温控与作业管理。

三、肉类冷链物流存在的问题

1. 肉类冷链基础设施建设不足

原有设施设备陈旧，各地区的发展和分布不均衡，很难为肉类流通系统提供低温保障。在我国，建于20世纪80年代以前的冷库约占全国冷库容量的一半，这部分冷库库龄大都在30年以上。随着企业改革转制，冷库作为自负盈亏的企业被推向市场，不少企业都未能按时足额地提留冷库维修基金，致使不少冷库年久失修，设备老化，制冷系统锈蚀严重的管道不能得到及时更换，磨损渗漏的阀门也无法更新，整个冷库制冷系统氨制冷剂跑、冒、漏的现象严重。随着肉类工业快速发展，冷库安全隐患不断出现，事故频频发生，不仅对企业、行业造成相当大的经济损失，而且对人身安全造成伤害，目前已经引起全社会的密切关注。目前我国肉类企业拥有的冷藏车数量严重不足，80%～90%左右的禽肉都用普通卡车装运，而美国拥有20多万辆，日本拥有12万辆左右。

2. 肉类保鲜及冷链物流技术手段落后

“新鲜”是鲜活农产品的生命和价值所在，但由于鲜活农产品存在含水量高、保鲜期短、极易腐烂变质等问题，大大限制了运输半径和交易时间，因此，对运输效率和流通保鲜条件就提出了很高的技术要求。

长期以来，农民备受“丰产不丰收，增产不增收”之苦，主要原因就是没有发展农产品贮运加工以及农产品保鲜技术与手段，肉类精深加工量占肉类总产量的比例不足5%，使得易腐产品在流通过程中造成巨大损耗，肉类损耗达10%～15%。此外，相应的肉类冷链物流技术也很落后。冷却肉最重要的是保证肉品经济、安全、按时、保鲜地从生产者抵达消费者，因此，从农户到最终消费者的整条物流链上，还要利用先进的低温物流控制技术，如温度记录与跟踪、商品验收、温度监控点设定、标准操作程序（SOP）建立等，并与电子商务技术相结合，为生产、供应、运输和销售提供冷链技术支持。目前我国肉类冷链温度的监控大多采用人工记录方式，信息传递技术比较落后。

3. 肉类冷链物流缺乏整体规划

从肉类冷链体系整体而言，肉类冷链缺乏整体规划。肉类冷链物流量大、点多、面广、时间性强，牵扯的部门、人员也多，包括综合计划部门、业务主管部门、交通部门、发运、中转、接收地政府部门和肉类企业等，这些特点决定了各部门必须统一协调，才能确保肉类冷链体系的有效运转，而目前缺少这种统一协调性。在冷库建设方面，国家缺乏统筹规划，长期以来重视城市经营性冷库建设，轻视产地加工型冷库建设；重视大中型冷库建设，轻视批发零售冷库建设；使得有的地区或企业冷库容量过剩，大多时候处于闲置状态，而有些地区或企业的冷库容量则严重不足。此外，上游的生产企业和下游的零售商的冷链系统不能有效衔接，存在相互脱节的问题，给肉类的卫生保鲜造成了一些不稳定因素，带来潜在的不安全隐患。我国肉类冷链还未形成完善独立的体系，目前我国仅有约10%的肉类在冷链保证的情况下运销，远低于发达国家85%左右冷链保证的比例，冷链物流发展的滞后在相当程度上影响着肉类产业的发展。

4. 肉类冷链的市场化程度很低

我国肉类销售的物流配送业务多由生产企业和销售企业完成，第三方物流发展十分滞后，肉类销售服务网络和信息系统不够健全，信息的及时性和准确性差。长期以来，大多肉类企业从采购、生产到销售的整个供应链还停留在传统的储运模式上，由于一些企业不具备专业的冷链物流运作体系，也没有冷链物流配送中心，而冷链物流中心的建设是一项投资巨大、回收期长的服务性工程，建立冷链物流中心不仅使企业不能集中财力、物力、人力进行产品研发和市场竞争，而且还使产品成本居高不下。据有关部门测算，生鲜产品的物流成本占产品售价的七成以上。另外，从整个肉类产销业来看，企业各自建立自身的冷链系统，也往往造成了肉类流通设备的重复投资建设。

5. 肉类冷链的相关配套措施不完善

一个完善的肉类冷链体系，除了拥有冷链加工、冷藏设施、冷链运输设施和先进技术等基础条件外，其他相关的配套措施也是必不可少的，如冷链专业人才、冷链管理法规与标准等。我国目前缺乏专业的冷链方面人才，现有从业人员对冷链物流理论研究、冷链操作及冷链管理认识不足。对于整个冷链系统，只有有了统一的标准，才能对冷链质量实施过程性监督和控制，才能保障冷链质量。从冷链物流管理角度来看，我国冷链各环节间缺乏沟通或联合，使冷链物流的规划、管理十分困难，整个市场状况显得较为混乱。

四、发展对策建议

1. 鼓励和支持大型肉类生产企业发展企业冷链物流设施

各级政府应从政策上为大型肉类企业冷藏物流业的发展创造良好的政策环境。对于企业的冷链设施建设，国家应给予财政支持或给予倾向性优惠经济政策。国家除了支持大型肉类企业新建冷链设施外，还应鼓励大型肉类企业利用现有国有冷藏设施。现有国有冷藏设施应对外开放，搞好承包和租赁服务，但不能削弱其他食品行业的发展需要。

2. 积极投资大型中继性肉类冷链物流中心建设，搞好统筹规划与实施

按照国家流通设施标准，一些大型的中继性冷链物流中心属于公益性的流通基础设施，建议由国家投资兴建或由国家集资建设，并在政策上给予投资方一定的优惠。对于按经济区划规划在全国范围建立的中继性低温冷藏物流中心，应进行统筹安排与实施。

3. 积极支持发展第三方肉类冷链物流企业

在肉类冷链模式方面，要积极发展多种形式的肉类冷链流通模式，重点要发展一大批大型的专门独立从事肉类流通与批发的第三方肉类冷链物流企业，包括中继性肉类冷藏物流中心和城市肉类冷链物流配送中心等。

国家应该对现有肉类冷库资源进行调查，结合肉类大物流节点规划，制订流通冷链布局方案。采取多种融资渠道，整合物流资源，利用现有大中型冷库，并将其改造为城市肉类冷藏配送中心，建立专业化、社会化的物流企业，成为为社会服务的“第三方物流”。提倡肉类企业物流外包，提高第三方物流的比重，推动第三方物流产业的发展。

4. 大力推动肉类食品的现代流通方式的发展现代流通方式是指连锁经营、物流配送、电子商务。在肉类冷链物流产业政策导向上应提倡推行现代流通方式，推进连锁经营和物流配送，加快建立配送信息管理系统。现代流通方式不仅关系能否适应不断变化的消费结构，也将对肉类生产方式的选择产生重要的引导作用。我国传统的农贸市场多是销售非工业化肉类加工场点的肉品（包括私屠肉），而超市等先进零售业态一般出售机械化肉类加工企业的品牌肉品，流通方式与生产方式相互匹配的特点十分突出。“十一五”期间，要大力推进肉类流通的工业化进程，适应消费升级的要求，提倡和发展肉类食品现代流通方式。

5. 加大肉类冷链技术与设备的科研投入

针对我国肉类冷链技术落后和冷链设备不先进的问题，国家应在科学研究上给予资助。对先进肉类冷藏保鲜技术进行积极研究，对新型高效节能的冷藏运输装备、冷却装置等技术设备要集中攻关研制，其中优先进行大型先进冷藏车、大型高效节能冷却装置以及节能冰柜等技术装备的研制与应用。

五、肉类的冷链物流操作

（一）肉类的包装

肉类的包装主要分为内包装和外包装（运输包装）。其中运输包装主要采用纸箱、编织袋和塑料周转箱等。

1. 鲜肉的包装

热鲜肉基本属于当日屠宰、当日销售，不存在运输期、货架期的问题，运输、销售条件多为常温。热鲜肉一般不采用任何包装。从而带来了凉肉时间短，肉表面潮湿，

产品肉温较高，污染的致病菌容易繁殖等问题。

冷鲜肉可作为肉食加工工业原料。餐饮，家庭膳食烹调原料。对其进行的储藏、运输、销售均在2～4℃的冷链条件下。包装形态多采用多层真空收缩包装，包装材料有起阻水作用的聚烯烃，有抗穿刺作用的尼龙，有阻隔氧气作用的偏聚二氯乙烯（PVDC）、乙烯－乙烯醇共聚物（EVOH）等。

2. 冻结分割肉的包装

冻结分割肉需要长期储存或出口、远销的分割肉经整形、包装后装箱低温冻结。因此要采用低温储藏，这样能抑制微生物的生命活动，延缓组织酶、氧以及光和热的作用，同时可以较长时间保持肉的品质，货架期能达到4个月以上。也可采用可封性复合材料，比如PET（聚酯薄膜）/PE（聚乙烯）/AL（铝箔）等真空包装或充气包装材料，但大多数厂家由于经济原因，往往只采用单层聚乙烯薄膜。

3. 冷却分割肉的包装

冷却分割肉是将分割加工后的肉经过20h左右，将肉体温度冷却至4℃左右进行包装，从而严格控制了微生物的繁殖。包装一般采用无毒、耐寒、柔韧性好、透明度高的塑料薄膜，以便于消费者看清生肉的本色。冷却分割肉可以采用充气包装。充气包装所用气体主要为氮气和二氧化碳。能保持肉的氧合肌红蛋白颜色为鲜红色。

4. 西式低温肉制品的包装

西式低温肉制品一般在无菌室内进行切片后再进行真空包装，使包装袋内的食品与外界隔绝。抽真空后可以造成缺氧环境，降低pH，抑制酶的活性和腐败性微生物的生长，减缓肉中脂肪的氧化速度，延长产品的储存期。

真空包装材料要求具有良好的阻气性、水蒸气阻隔性、香味阻隔性和遮光性，大都采用三层以上材料复合而成。

（二）肉类的储藏

冻肉的目的是做较长期的保存。经过冻结的肉，其色泽、香味都不如冷却肉，但是，它能较长期保存，所以仍被世界各国广泛采用。

1. 肉的仓储条件

依据肉类在冻藏期间蛋白质、脂肪和肉汁的损失情况来看，冻藏温度不宜高于－15℃，应在－18℃左右，并应恒定，相对湿度以95%～100%为佳，空气以自然循环为宜。

目前冻藏库内的温度为－20～18℃，在此温度下微生物的生长几乎完全停止，肉类表面水分的蒸发量也较小，肉体内部的生化变化极大地受到抑制，故肉类的保存性和营养价值较高，制冷设备的运转费也比较经济。

为了使冻藏品能长期保持新鲜度，近年来国际上生产型低温冷库的储存温度都趋向于－30～－25℃的低温。依据著名的T－T－T理论，即时间（Time）、温度（Temperature）、耐藏性或允许变质量（Tolerance），可知储存温度越低，品质变化越小，储存期越长。不同温度下冻肉的储存期限如表6-2所示。

表 6-2　　不同温度下冻肉的储存期限

种类	储存温度（℃）	冻藏时间（天）	种类	储存温度（℃）	冻藏时间（天）
牛肉	−12	5～8	羊肉	−12	3～6
	−15	6～9		−18	6～8
	−18	8～12		−23	8～10
小牛肉	−18	6～8		−12	2～3
猪肉	−18	4～6	肉酱	−12	5～8
	−23	8～12		−18	8～12

2. 肉类冷藏库的管理

冷藏库的温度应保持在−18℃以下，温度波动范围控制在2℃以内。配备温度显示装置和自动温度记录装置并定期检查。

库内应保持清洁卫生，并且定期消毒，有防鼠、防霉、防虫设施。库内不得存放有碍卫生的物品，同一库内不得存放可能造成相互污染或者串味的食品。

未冻结过的产品不可放入冷藏库降温，防止降低冷藏库的冷藏能力，避免引起库内其他已冻结食品的温度波动。

库内食品与地面距离至少为15cm，与墙壁距离至少为30cm，堆码高度应适宜，并分垛存放，标志清楚。

食品进入冷藏库或者从冷藏库内取出、装载及卸货过程应自动化，尽量缩短作业时间。并加以控制装载及卸货场所的温度，维持10℃以下的低温。

除霜作业期间，食品会不可避免地产生回温现象。除霜结束后应在一个小时内使产品的品温降低到−18℃以下；或者进行除霜前将产品的品温降到−18℃，甚至更低，使产品回温时低于−18℃。

第二节　水产品冷链物流

一、水产品的分类及其成分

1. 水产品的分类

水产品是指鱼类、甲壳类、贝壳类、海藻类等鲜品及其加工制品，它们营养丰富、味道鲜美，是我国人民十分喜爱的副食品。

鱼类包括淡水鱼和海水鱼。主要养殖品种有草鱼、鲢鱼、青鱼、鳙鱼、鲫鱼。随着经济的发展、人民生活水平的提高，甲鱼、蟹、淡水虾养殖的发展也十分迅猛，其产量、产值大幅增长。我国水产生物资源十分丰富，鱼类、头足类、虾蟹类、贝藻类有 200 多种，常见的海水鱼有大黄鱼、小黄鱼、马鲛鱼、带鱼、鲳鱼、鳓鱼、鲐鱼及各种鲆、鲽鱼类。

2. 水产品的成分

鱼、贝类的营养成分主要集中于其可食部分，而鱼体的可食部分一般占整个个体比重的 50%～70%、如带鱼占 72%、马鲛鱼占 70%、黄鲷鱼占 50%、鳙鱼占 46%。虽然因鱼、贝类种类、年龄、季节、营养状态、性别不同，各种化学成分含量有较大变动，但主要成分大致为：水分占 70%～85%、蛋白质占 15%～20%、脂肪占 1%～10%、糖类占 0.5%～1.0%、灰分占 1.0%～1.5%，极个别与上述数值有所不同。

二、水产品冷却保鲜的要求

水产品在流通过程中，除活鱼运输外，要用物理或化学的方法延缓或抑制其腐败变质，保持它的新鲜状态和品质。保鲜的方法有低温保鲜、气调保鲜、电离辐射保鲜、化学保鲜等。其中低温保鲜使用最早、应用最广。

鱼的腐败变质是体内所含酶及体上附着的细菌共同作用的结果。无论是酶的作用或细菌的繁殖，其生理生化作用都要求适宜的温度和水分，在低温和不适宜的环境下就难以进行。鱼体上附着的腐败细菌主要是嗜冷性微生物，在 0℃左右生长缓慢；0℃以下，温度稍有下降，即可显著抑制细菌生长、繁殖；温度降至－10℃以下，则细菌繁殖完全停止。

为了保证冷却鱼的质量，除了采用快速冷却的方法以外，还应该尽量避免一切对保藏鱼体鲜度不利的因素。首先，必须从鱼类开始捕获时起就要重视保鲜问题。实验证明在鱼类离开水面时立即设法使它死亡，它的僵硬时间要比经过长期挣扎后死亡的鱼要迟，有利于鱼体鲜度的保持。为了更大限度地限制微生物对鱼体的污染，鱼类捕上来后要用清洁的水清洗鱼体表面。在任何过程中如用不清洁的水清洗鱼，导致新的微生物在鱼体上传播，均会降低鱼的质量。其次，为了减缓生化过程和微生物的活动，鱼类的冷却应立即进行，采取快速冷却的方法，使鱼体中液汁温度迅速接近冰点。由于鱼类生活在较低的温度环境内，因此鱼体中的酶在低温下的活性比温血动物强，所以在同样的低温下，刚死的鱼体内生物化学过程比温血动物的速度要高。为了保证鱼的质量，应将温度快速地降低到接近 0℃。当然，还要十分重视和鱼体接触的各个环节，使其符合卫生条件，防止细菌对鱼体的污染。例如，储藏和运输场所、容器和工具等都要求清洁卫生。

三、水产品冷链物流的要求

1. 满足顾客对水产品小批量、多品种订货和处理的要求

水产品物流的货物品种多，这是因为水产品资源丰富，品种繁多。各种鱼、虾、蟹、贝等类多达千余种，一些大宗经济水产品亦达百余种，还有冷冻、干制、腌制、罐制、调味品、鱼糜制品、营养保健品等多种加工制品。但就单个水产品种类讲，饭

店或超市等顾客每日需求量或订货批量往往只有近百千克。

2. 满足保持水产品鲜活性的要求

水产品通常是鲜活或生鲜商品，客户对其保鲜和色泽等要求很高，且其保质期很短，所以水产品在物流过程中要求快速流转。因为鲜活性，部分水产品需要冷藏和冷链物流，需要将其分为常温品、低温品和冷冻品等不同属性进行储存和输运。例如，生鲜高档金枪鱼的保鲜储存和输运，甚至需要能达到－60℃的超低温冷库设备。

3. 满足包装良好、防止腐变的特殊要求

水产品水分含量高，体内组织酶类活性强，容易腐烂变质。水产品从生产第一线开始，船上保鲜，码头起卸，挑选加工，冻结入库，运输中转，市场销售等都涉及包装问题，如果水产品物流没有良好的包装或合适的容器就会导致水产品变质，如按照1％的损失率计算，中国全年损失的水产品将有45万吨，折合经济损失50多亿元。

4. 满足缓解水产品需求量不平衡性的要求

由于生活的地理环境差异很大，水产品消费人口分布不均匀。例如，中国70％的人口集中在东部沿海一带，加上东部居民具有消费水产品的偏好，使内地和沿海水产品消费有明显差异或不平衡性。此外，水产品具有季节性集中生产和均衡性消费等特性，水产品物流系统必须缓解需求量的不平衡性。

四、水产品冷链物流的发展现状

人们对水产品消费数量的增加和对其新鲜度和质量要求的不断上升，使得其迫切地需要水产品冷链物流。水产品冷链物流可以保证水产品在从产地收获或捕捞开始，经过加工、储藏、运输、销售直到最终消费前的这段时间内，始终将其保持在规定的低温环境下，从而确保水产品的品质和安全，减少耗损，防止污染和确保增值，提高顾客的满意水平，最终提高渔业的整体效益。目前，中国的食品冷链大部分集中于肉类和鱼类的冷冻，且大约80％的水产品基本没有冷链物流的保证。因此，我国冷链物流和发达国家的差距较大。

从总体上看，目前中国水产品冷链物流还有待提高，例如捕捞船舶陈旧，冷冻冷藏设施落后，冷藏运输能力不足，冷藏运输费用较高等都很难适应水产品出口贸易的需要。

1. 水产冷链物流体系尚未形成，设施设备不完善

由于起步晚、规模小、配套不完善等原因，我国尚未打通冷库数量、容量以及物流配送、市场渠道等水产品冷链物流各环节。水产品冷链物流体系建设成本高，使得多数从事水产冷链物流运输的企业没有自己的冷库，低值水产品运输车辆（或末次批发商贩）的水产品保温措施往往不到位，尤其在夏天更为突出。

2. 水产冷链物流合作组织发展滞后，缺乏整体的协调性

水产品冷链物流主要包括水产品捕捞后预冷—冷库—冷藏运输—冷藏批发—超市冷柜—消费者冰箱这一系列环节，只有保证各个环节或者节点之间进行合理有效的连

接，才能保证水产品鲜活的质量优势。由于我国水产物流发展滞后，合作组织数量较少，组织化程度较低，导致水产冷链物流资源与运作难以有效整合，冷冻冷藏运输车与水产品信息无法及时对接。缺乏上中下游的整体规划与整合，无法衔接起来形成完整的冷冻冷藏链，这是阻碍水产品冷链物流发展的重要因素。

3. 第三方冷链物流发展滞后

冷链物流配套设施不完善制约了第三方冷链物流发展。一方面是由于我国大型冷库主要服务企业自身需求，还要支持旺季时政府应急物资储备，已无力独立出来做第三方物流。另一方面是现有冷链物流企业以中小型企业为主，实力弱、经营规模小、服务标准不统一，而具备资源整合和行业推动力的大型冷链物流企业刚刚起步。在国内一些大型城市，许多第三方冷链物流企业都会参与到水产品流通市场中，并提供专业、高效、便捷的冷链物流服务。而我国面临的现状是，虽然部分企业在生产、储藏环节采用了低温处理，但在运输和销售环节又出现“断链”，全程冷链的比例过低。

4. 政府对冷链物流配套设施建设支持力度不够

近年来，政府已经陆续启动冷库、渔港等冷链物流设施建设，但在对冷链物流发展配套的法律法规体系建设、水产品质量认证及追溯、冷链运输车和冷藏集装箱等冷链配套设施以及水产品冷链物流企业融资渠道、第三方冷链物流企业政策支持等方面还需加大支持和投入。

五、水产品冷链物流发展趋势

在国家出台的相关政策中，冷链物流常被作为重要的政策措施出现，其政策目标重在促进三农发展、产业振兴、改善民生和区域经济发展等方面。而就水产品冷链物流发展而言，未来的趋势将主要瞄准促进水产业升级、服务业转型、渔民增收及水产业与旅游业融合发展格局的形成。

（一）将发展水产品冷链物流作为转变水产业发展方式，促进水产业升级的重要手段

一是通过建设涵盖水产品捕捞、加工、运输、销售等各环节的冷链物流体系，提高水产品流通效率；二是要培育重点水产品冷链物流集散中心，促进建设畅通高效、安全规范、竞争有序的水产品市场体系；三是将鲜活水产品冷链物流体系作为积极促进水产业发展的必要条件，大力实施“互联网＋冷链物流”，推进电子商务在冷链物流领域的广泛应用；四是通过发展水产冷链转化水产业发展方式，提升从池塘、渔船到餐桌的物流体系利用效率，优化水产业产业结构。

（二）通过发展水产品冷链物流促进服务业转型，使各产业发展主动调整并符合国民经济发展需要

一是将发展水产品冷链物流作为完善港口功能体系、发展现代港口业的重要举措，促进港口运输物流发展；二是通过发展水产品冷链物流提高冷链技术，使之成为食品工业重点突破的关键技术，将冷链设备开发作为食品装备制造业发展的重要手段；三是以企业水产品冷链与配送系统建设促进餐饮业大众化供应能力；四是促进水产品冷

链物流规模化、标准化和信息化建设，促进物流产业升级换代。

（三）建设完备的水产品冷链物流体系，使之成为促进渔民增收的重要环节

一是推进水产品冷链物流发展，推广节能环保的冷链运输车辆及相关配套设施，促进水产品生产，保证水产品市场供应；二是发展水产品产地储存保鲜冷链物流，提升水产品质量，增强水产品的市场竞争力；三是发展多方式的水产品冷链物流运输方式，适时开展航空、海运冷链及临港、临空冷链等水产冷链物流建设，打通国内、国际市场贸易渠道。

六、水产品的冷藏运输

活体水产品的运输方法要因地制宜，归纳起来大致有以下几种。

1. 干运

干运也称无水运输法，干运是指将水冷却到一定的温度，这个温度可以使鱼虾暂停生命活动，然后脱水运输，到达目的地后，再将鱼虾放入水中，它们会重新苏醒过来。

在脱水状态下，鱼虾生命可维持 24h 以上。这种运输法不仅使鱼虾的鲜活度大大提高，而且可以节省运费，因此，干运是一种较理想的运输方法。

2. 淋水运输

淋水运输适用于贻贝、文蛤、牡蛎、扇贝、青蟹等，运输途中要定时观察并喷淋海水。

3. 帆布桶运输

帆布桶运输采用粗帆布缝制成的帆布桶，其底部多数为正方形，少数为圆形，要根据运输产品的数量和车船的体积来确定高度和长度，一般情况下是 0.8～1.2m。帆布桶制成后涂刷石蜡，用铁架支撑，装运的数量可根据鱼虾个体大小、运输时间长短、水温高低等条件而定。

采用帆布桶运输很方便，但是设备等成本稍微高些。若成活率高，还是较为划算的。

4. 塑料袋包装运输

塑料袋包装运输首先要把活鱼虾消毒，在塑料袋中装入配备好的水，再将鱼虾按不同规格和数量装入，然后挤掉袋中的空气，并灌入适量氧气，用橡皮圈束紧袋口。

做好准备工作后，塑料袋装入纸皮箱中，最好用泡沫箱装，夏天气温高，可在箱内放一小袋冰块降温。

5. 冷冻运输

活鱼一般采用专用的冷冻运输箱运输，运输箱绝热性采用 20cm 厚的聚氨酯板，用不锈钢制成骨架注入一定比例的海水和淡水，在封闭箱口前，再加入一定量的冰即可。

七、水产品的冷藏

水产品冻结完成后应当立即出冻、脱盘、包装，送入冻藏间冻藏。比如鱼类经过

冻结加工后，其死后变化的速度大大减缓，这是使冷冻鱼类得以长期保藏的根本原因。

即使将冻鱼储藏在最适宜的条件下，也不可能完全阻止其死后变化的发生和进行，而且这些变化的量，随着时间的积累而增加。冻鱼在冻藏期间的变化，主要有脂肪氧化、色泽变化、质量损失及冰结晶成长等。因此，冷藏物流操作的要点就是采取相应措施，减少这些变化。

1. 减少干耗的措施

鱼类在冷藏中的干耗给鱼类的经济价值造成损失，也会导致鱼类的品味和质量下降。

水产品的干耗不仅同冻藏间的温度与湿度有关，而且同冷库结构、季节温度也有关。一般以镀冰衣、包装、降低冻藏温度等来减少干耗；有的在冻鱼堆垛上盖一层霜，再盖上帆布，帆布上浇一层水，使其形成一层冰衣，代替鱼体水分的蒸发。

鱼货进入冻藏间之前，要预先制订计划，保证冻藏间内被装满，因为干耗同冻品表面积以及冻藏间内留下的空间容积有关，假设空间所占容积大，干耗自然要大。

2. 防止冰结晶成长的措施

鱼经过冻结以后，组织内的水结成冰，体积就会膨胀。

冰结晶的大小与冻结速度有关，冻结速度快，冰结晶就细小，分布也均匀。但在冻藏过程中由于冻藏间的温度波动大，使冰结晶长大。要防止冰结晶长大，就要在储藏过程中尽量使温度稳定，使进出过程迅速，尽量避免外界热量的进入。

3. 防止色泽变化的措施

鱼、贝类一经冻结，颜色就有明显变化，冻藏一段时间以后，色泽变化更为严重。

鱼、贝类变色的原因包括自然色泽的分解和新的变色物质的产生两个方面。自然色泽的破坏表现为红色鱼肉的褪色，产生新的变色物质。颜色的变化不仅使商品外观不佳，而且会产生臭气，使其失去香味、营养价值下降。

4. 防止脂肪氧化的措施

在长期冻藏中，脂肪酸在冰的压力作用下，由内部转移到表层，因此很容易同空气中氧气作用产生酸败。要防止冻鱼在冻藏过程中的脂肪氧化，一般可用以下措施。

（1）避免和减少与氧的接触。在水产品表面镀冰衣、装箱都是有效办法，也是减少干耗、变色的有效方法。

（2）冻藏温度要低，而且要稳定。存储库温要稳定，避免冰结晶长大产生内压把游离脂肪酸由内向表层转移。

（3）防止冻藏间漏氨。在进行水产品冻藏时，必须防止氨管漏气，因为环境中有氨会加速油烧，鲨鱼、红鱼类不能同其他鱼类同室储藏。

（4）使用抗氧化剂与防腐剂。要减少鱼类在冻藏期中的脂肪变色、氧化、干耗及冰结晶成长，除了镀冰衣、装箱外，还要使用抗氧化剂或同时使用抗氧化剂和防腐剂。

库温要保持稳定，尽量少开门，使进出货过程迅速，以免外界热量传入库内。

第三节　果蔬冷链物流

一、果蔬的分类

1. 蔬菜分类

(1) 叶菜类。

叶菜类的可食部分是菜叶和叶柄，叶菜类含有大量的叶绿素、维生素和无机盐等。叶菜类蔬菜含水分多，并且不易储藏，叶菜类的产品包含大白菜、菠菜、甘蓝、油菜、芹菜、韭菜等。

(2) 茎菜类。

茎菜类的可食部分是茎和变态茎。茎菜类大部分富含糖分，含水分少，比较适于长期储藏，但在储藏过程中重要的是进行温度的控制，否则会出芽，茎菜类的产品主要包括马铃薯、洋葱、蒜、姜、竹笋等。

(3) 根菜类。

根菜类的可食部分是变态的肥大的直根，含有丰富的糖分和蛋白质，根菜类蔬菜耐储藏，比如萝卜、胡萝卜、山药等。

(4) 果菜类。

果菜类的可食部分是果实，富含糖分、蛋白质、胡萝卜素及维生素，如番茄、刀豆、茄子、毛豆及各类瓜果等。瓜果如南瓜、黄瓜、冬瓜、丝瓜等。

(5) 花菜类。

花菜类的可食部分是花部器官，比如菜花、黄花菜、韭菜花等。

2. 水果分类

(1) 仁果类。

仁果类水果的果肉中分布有薄膜状壁构成的种子室，种子室有 2～5 个，室内有不带硬壳的种仁，比如苹果、梨、海棠果、山楂等。

(2) 核果类。

核果类水果的果肉中有带硬壳的核，核内的核即为种子，比如桃、李、杏、樱桃等。

(3) 浆果类。

浆果类果形较小，肉质呈浆状，一般品种仁小而多，比如葡萄、草莓等。

(4) 柑橘类。

柑橘类果实生长在热带和亚热带，比如柑、香蕉、橘、荔枝、柠檬、阳桃等。

(5) 复果类。

复果类果实是由整个的花序组成，果肉柔嫩多汁，味甜酸适口。复果类果实有热带的菠萝蜜和面包果等。

（6）坚果类。

坚果类水果含水分较少，通常列为干果，果皮为一硬壳，壳内可食部分就是种子，比如核桃、栗子、榛子等。

3. 果蔬的成分

果蔬的化学成分十分复杂，按在水中的溶解性质可将其分为以下两大类。

（1）水溶性成分。

糖类、有机酸、果胶、水溶性维生素、部分含氮物质、酶、部分含矿物质等。

（2）非水溶性成分。

半纤维素、纤维素、淀粉、原果胶、脂肪、脂溶性维生素和色素、部分含氮物质、部分含矿物质和有机酸盐等。

二、果蔬冷链物流的特征

由于果蔬产品保鲜期短，极易腐烂变质，因此对流通作业各环节提出了很高的要求，果蔬冷链物流有着行业的特殊性，主要体现在质量安全、时效性和成本三个方面。

（一）质量安全要求高

食品的质量与安全一直是人们关注的焦点，果蔬产品自然也不例外。果蔬冷链物流是一项复杂的低温系统工程，包含了采摘、加工、储藏运输等多个环节，确保果蔬冷链各环节的质量安全也是最基本、最核心的问题。

（二）时效性强

果蔬产品保鲜期短，要想最大限度地保持其原有的新鲜程度、色泽以及营养，就必须快速准确地将其送到消费者手中。如果运送时间增加，产品新鲜度将下降，虽仍能食用，但是人们购买此类产品的机率会降低，销售量减少，从而造成损失。

（三）成本高

果蔬冷链物流体系建设的投入较大，保温、保鲜、节能、环保等技术应用于库房规划设计、进出库作业、在途运输、商品交接的各个环节，而且运作成本较普通商品要高，一般中小型企业难以完全实现自建。

三、果蔬冷链物流发展的现状与对策

（一）果蔬冷链物流的发展现状

中国是世界上水果、蔬菜的主要生产大国，具有以下明显的特点：一是果蔬总产量均居世界首位，2016 年总产量约 11 亿吨。二是品种多样，北方果蔬和南方果蔬互补，珍果佳菜，应有尽有，丰富多彩。三是需求量大。

近年来我国蔬菜、水果的产量逐年增长，这与国家和地方政府对农业产业、农产品流通的大力支持是密不可分的。在各项政策良好的情况下，预计未来几年我国的果蔬产量还有增长的空间。然而，与日益增长的果蔬产量相比，我国的果蔬冷链流通环节十分薄弱，虽然果蔬的冷链流通量在以每年近30%的比例增长，但每年的果蔬产品冷链流通率还不到总产量的40%，这与发达国家95%的果蔬冷链流通率相差甚远。发展果蔬冷链物流仍然是迫在眉睫的重要任务，这不仅关系产品质量和国民食品安全，更是倡导“绿色发展、循环发展、低碳发展”生态文明建设的必然要求。为响应国家对冷链物流的支持，我国部分省市在果蔬冷链物流建设方面取得了一些成绩。例如，山东省果蔬冷链系统有着广阔的发展空间，该省立足自身蔬菜物流特点，借鉴发达国家发展经验，进一步完善蔬菜冷链物流系统，积极应用物流信息技术，如使用无线射频识别（RFID）技术控制冷藏温度，改造和提升蔬菜冷链物流与供应链管理。同时，在蔬菜供应链上，通过源头到最终产品零售多部门、跨行业的食品安全检测与监督，最终实现冷链物流全过程的食品安全控制与管理。山东省铁路、公路及港口具有天然优势，为果蔬冷链物流发展奠定了基础。政府规划培育壮大一批具有较强资源整合能力和国际竞争力的冷链物流龙头企业，建成一批规模化、专业化、现代化的跨区域农产品冷链物流配送中心，建设肉类、水产品、果蔬等国家和省内重要农产品冷链物流基地，加快发展以大型农产品批发市场、商贸流通企业、食品加工或经销企业为主导的专业化第三方农产品冷链物流，初步形成布局合理、设施先进、上下游衔接、功能完善、管理规范、标准健全的农产品冷链物流服务体系。

公路和铁路是我国果蔬冷藏运输的两种主要形式。除出口果蔬基本做到冷藏运输外，国内的果蔬流通基本是通过常温运输。

（二）果蔬冷链物流的发展对策

由于存在着很多的不足，我国果蔬冷链物流的发展受到了一定程度的制约，而这也影响了人民的切身利益和生活水平。加快果蔬冷链物流的发展迫在眉睫。

1. 树立果蔬冷链物流系统理念

发展果蔬冷链物流，系统理念首先要树立起来。每一个从事该行业的人员都必须清楚意识冷链物流是一个复杂的系统工程，采摘、加工、运输、储存等各环节环环相扣，紧密相连，忽视其中任何一个环节都会影响最终的收益，只有统筹兼顾，均衡发展，才是唯一出路，当前特别要加快采摘、运输等薄弱环节的发展。

2. 加强信息化建设，减少牛鞭效应

果蔬冷链产品供需具有一定的不可预见性，在销售旺季来临之前，冷链上的各节点企业应加强沟通，减少因牛鞭效应而造成的信息失真。因此信息在果蔬冷链物流系统中起着重要的作用，确保信息传递的准确及时，既可以保证产品投放市场的准确率，也可以减少果蔬产品的损坏率，提高收益。

通过引进先进的信息技术，如销售终端（POS）技术、EDI技术和全球定位系统（GPS）技术等，实现冷链信息一体化，各节点企业建立起供需信息的计算机联网系统，做到上下游企业信息共享。对运输过程进行全面动态的监控，降低信息的不确定性，提高整个冷链的稳定性，还可以有效管理产品的保质期、库龄等相关信息，提高管理水平。借助现代信息技术的应用，实现企业冷链物流系统管理电子化，对于加快响应市场的速度，减少库存积压，提高产品质量，保证服务水平起着至关重要的作用。

3. 加大设施设备的建设

由于冷藏设施设备严重不足，我国每年有大量的果蔬因为无法在低温环境中储运而损毁，价值上百亿元，因此当务之急是加大果蔬冷藏基础设施设备的建设，包括库房建设和冷藏运输车辆的生产。同时，要加大科技开发和投入，加快先进技术引进的步伐，应尽快普及各种冷藏保鲜新技术，如推广化气凝霜等先进冷冻技术以取代加冰制冷的传统做法，采用温湿度记录监控设备进行实时监控，防止有些司机为了省油中途关闭制冷系统，导致温度出现较大波动。还要大力发展新型冷藏装备，如适应冷藏快运业务的快速冷藏车，适应货物品类多样化及长距离运输的冷藏集装箱等。

4. 第三方冷链物流企业的介入

2009 年 6 月 1 日，《食品安全法》正式开始实施，其中着重提到了冷链运输的内容，这必然会使冷链物流得到更多重视，已有多家实力较强的企业表示要自建冷链物流系统。然而果蔬冷链物流作为物流业务中基础设施、技术含量和操作要求都很高的高端物流，往往是企业的薄弱环节，要有效运作果蔬冷链物流，最大限度地保持果蔬质量和新鲜度，必须建立一套完整的冷藏物流链，严格控制温度，这需要有构造精良的冷藏运输装备和专业的运输管理机制。《食品安全法》的实施是第三方冷链物流企业难得的机会，企业要好好把握。

第三方物流企业介入果蔬冷链物流运作后，与农户签订协议，规定双方在生产、销售、服务及利益分配和风险分摊等方面的权利和义务，建立利益共享、风险共担的合作关系。第三方物流企业以一个整体的果蔬产品生产、销售企业形象出现在市场上，利用物流企业先进的信息技术和网络获得果蔬需求信息，统筹指导农户的生产和销售，把先进的科技带到农业领域，同时物流企业作为流通主体，可以提供果蔬加工延伸服务，提高果蔬产品的附加值，推进果蔬产业化，实现果蔬产品的“产、供、销”一体化，使农户、物流服务商以及消费者三方面共同获利。

5. 延迟策略的应用

延迟策略是供应链管理的一个方法，是指将供应链上的客户化活动延迟到接到客户订单时为止，即在时间和空间上推迟客户化活动，使产品和服务与客户的需求实现无缝连接，从而提高企业的柔性以及客户价值。果蔬冷链物流若采用了延迟策略，既可以确保产需协调，也可以提高收益。要想实现延迟策略，果蔬冷链上的企业间必须形成长期的合作伙伴关系，共担风险、共享利益。冷链上的企业要综合考虑各个约束条件，系统地规划和设计各个作业流程，通过时间管理、质量管理、系统设备管理、人员管理、作业管理等实现流程的无缝连接，从而消除过程冗余。另外核心企业要充分发挥自身的协调能力，以保证各个节点都能在正确的时间得到正确品种和正确数量的产品，既不会缺货，又不会使库存积压，从而把冷链的总成本减至最低限度。

6. 完善果蔬冷链物流运作的法规和技术标准

完善的法规和技术标准可以保证果蔬冷链在运作中有章可循，保证产品的质量和安全。在法规建设方面，要在全面贯彻《农产品质量安全法》《食品安全法》的基础上，进一步出台和完善相关法律法规，把果蔬冷链物流体系建设纳入法治化轨道。各地方、各部门应在现有的法律法规基础上，加快制修订产地环境、生产技术、加工贮运、市场准入等相关的质量安全配套技术法规。

在技术标准的制定方面，要加强对国际标准和国外先进标准的研究，提高国际标准的采标率，使我国果蔬产品冷链物流标准尽快与国际接轨。要让行业龙头企业和骨干企业参与到标准的制定中来，尽可能推广新技术，实现节能、环保，在车辆构造、运营流程、冷库规划等方面要逐步健全和完善有利于果蔬产业冷链物流健康发展的标准体系与监督体系。

四、果蔬的冷藏运输

（一）果蔬的运输方式

果蔬的运输方式需要根据果蔬种类品种的特性而定。要选择有利于保护商品、运输效率高且成本低廉，受季节、环境变化影响小的运输方式。

1. 公路运输

公路运输方式成本较高，运输量小，但是路面不平时车内震动大，产品易受损伤，公路运输具有很强的灵活性和适应性，可实现“门到门”的运输，这是其他运输方式所不能替代的，但是公路运输确实给果蔬带来最大的机械损伤。

短途公路运输可选择用人力或畜力拖车和拖拉机。中长途运输应选用冷藏汽车或者普通货运大卡车。在运输中最理想的是选用冷藏汽车。在运输前首先要先预冷，散去田间热和部分呼吸热；装车后要调控到适宜的温度并保持其稳定。

2. 铁路运输

铁路运输运载量大，成本低，受季节变化影响小，尽管中间环节多，灵活性、适应性差，但仍然是目前蔬菜运输的主要方式。铁路运输适用于大宗蔬菜的中、长距离运输，可采用加冰冷藏车、机械冷藏车、冷藏集装箱进行运输。

在进行果蔬运输时要根据实际的情况选择运输工具。铁路运输虽然运费低廉，但品质下降快、损耗大，并且铁路运输只能运输对温度要求不严格的蔬菜。

3. 水路运输

水路运输较平稳、成本低、运载量大，但水运连续性差、速度慢，联运中需要进行中转、装卸，也会增加货损。

常用的水路运输工具有冷藏船和冷藏集装箱。应用冷藏船进行南果北运多集中在东南沿海诸省和对日本、韩国出口的水果。由于它装运量大，海上行进平稳，不仅运费低廉，而且运输质量较高，但运输时间较长。

除了冷藏船之外，冷藏集装箱也是果蔬的一种经济运输的方式。一般在夏、秋季气温较高时多采用冷藏集装箱，采用大的包装进行装船运输；在冬春季气温较低时，则直接装船运输。

4. 航空运输

航空运输保质好、速度快、受损小，但是运输成本高，运量小，因此特别适于新鲜柔嫩、易受机械伤害而变质的高档次果蔬，有时也为特需供应做特运。

（二）果蔬运输的条件

1. 果品质量

果品质量是果蔬储运保鲜中的先决条件。人们注重果品的外在质量和内在质量，如等级、果形、色泽、光洁度、成熟度、营养含量、硬度、香味等。

2. 包装

包装既是商品化处理的一个内容，也是长途运输中的一项措施和技术。

用于包装的材料大体分为以下三种。

（1）内包装。内包装包括箱装内衬薄膜和薄膜袋、单果包装薄膜袋、包装纸（含防腐保鲜纸）、泡沫网套等。

（2）外包装。外包装包括纸箱（含小纸箱外套的大纸箱）、泡沫箱、塑料箱、木箱、竹筐等。

（3）附在外包装或单果上的商标、专利或绿色食品标志等。所以，包装好劣直接影响运输质量和流通效益。

3. 温度

运输温度对新鲜果蔬的品质也同样有着重要影响。采用适宜的低温流通措施对保持新鲜果蔬的新鲜度和品质以及降低运输损耗是十分重要的。

根据国际制冷学会的规定，一般果蔬的运输温度要等于或略高于储藏温度，并且对一些新鲜果蔬的运输和装载温度提出了建议，要求温度低而运输时间超过 6 天的果蔬，并且要与低温储藏的适温相同。

国际制冷学会推荐的新鲜蔬菜的运输温度和国际制冷学会推荐的新鲜水果的运输温度分别如表 6－3 和表 6－4 所示。

表 6－3　国际制冷学会推荐的新鲜蔬菜的运输温度　单位：℃

蔬菜种类	1～2 天的运输温度	2～3 天的运输温度	蔬菜种类	1～2 天的运输温度	2～3 天的运输温度
芦笋	0～5	0～2	菜豆	5～8	未推荐
花椰菜	0～8	0～4	食荚豌豆	0～5	未推荐
甘蓝	0～10	0～6	南瓜	0～5	未推荐
苦菜	0～8	0～4	番茄（未熟）	10～15	10～13
莴笋	0～6	0～2	番茄（成熟）	4～8	未推荐
菠菜	0～5	未推荐	胡萝卜	0～8	0～5
辣椒	7～10	7～8	洋葱	－1～20	－1～13
黄瓜	10～15	10～13	马铃薯	5～10	5～20

表 6-4　　国际制冷学会推荐的新鲜水果的运输温度　　单位:℃

水果种类	2～3 天的运输温度		5～6 天的运输温度	
	最高装载温度	建议装载温度	最高装载温度	建议装载温度
杏	3	0～3	3	0～2
香蕉	≥12	12～13	≥12	12～13
樱桃	≥15	15～18	≥15	15～16
板栗	20	0～20	20	0～20
甜橙	10	2～10	20	0～20
柑和橘	8	2～8	8	2～8
柠檬	12～15	8～15	12～15	8～15
葡萄	8	0～8	6	0～3
桃	7	0～7	3	0～3
梨	5	0～5	3	0～3
菠萝	≥10	10～11	≥10	10～11
草莓	8	−1～2	建议运输≤3	
李子	7	0～7	3	0～3

（三）果蔬运输的操作与管理

1. 果蔬的装车

（1）装车堆码方式。

新鲜果蔬的装车方法属于留间隙的堆码法。根据所留间隙的方式及程度不同，可以分为以下几种。

①“井”字形装车法。“井”字形装车法灵活多样，各层货物纵横交错。实际装载中要根据车辆的有效装载尺寸以及货件的包装规格，才能确定纵向或横向的放置件数。“井”字形装车法装载的货物较为牢靠，装载量也较大，并且可以保证空气在每个“井”字孔之间上下流通，基本能够保证空气流通无阻。

②“品”字形装车法。“品”字形装车法是奇数层与偶数层货件交错骑缝装载，装后呈现出“品”字形状，适用于箱装货物。该法适用于有强制循环装置的机械冷藏车。

因为只能在货件的纵向形成通风道，因此在寒冷季节要求加温，在高温季节要求冷却或通风。

③筐口对装法。筐口对装法主要用于竹筐等包装件。在制作竹筐时，因为本身就留有空隙，所以不必再留有专门的通风空隙。

（2）堆码应遵循的原则。

①每件货物都不能直接与车辆的底板和壁板相接触。

②货物间留有适当的间隙，以使车内空气能顺利流通。

③货物不能紧靠机械冷藏车的出风口或加冰冷藏车的冰箱挡板，以免导致低温伤害。

冷藏车运输必须使车内温度货物保持均匀，才能同时保证每件货物都可以接触到冷空气。保温运输车应当使货堆中心与货物周围的温度保持适中，还要避免由于温度控制不好而导致货堆中心的呼吸热散发不出来，而周围的产品又可能产生冷害等情况。

（四）运输过程的管理

在运输果蔬产品过程中要采用不同的运输工具，需要做的管理工作如下。

1. 防止果蔬在运输途中受冻

原产于寒温带地区的苹果、梨、葡萄、猕猴桃、核果类、胡萝卜、甘蓝、洋葱、蒜薹等适宜的储运温度在0℃左右；但是原产于热带和亚热带地区的果蔬对低温比较敏感，应在较高的温度下运输，比如香蕉运输适宜温度为12～14℃，番茄、辣椒、黄瓜等运输温度为10℃左右，温度低于10℃就会导致冷害发生。冬季运输果蔬时应有草帘、棉被等保温防冻措施。

2. 防止运输中温度的波动

运输中要尽量维持运输过程中恒定的适温，防止温度的波动。运输过程中温度的频繁波动或过大都对保持产品质量不利。新鲜果蔬的呼吸作用涉及多种酶的反应，在生理温度范围内，一些反应的速度随着温度的升高而增大。

3. 保证运输工具内的温度和湿度

在运输过程中要严格控制好不同果蔬对运输温度和湿度的要求。按照相关规定，每隔一定的时间对温度进行检查。比如冷藏汽车运输果蔬时，必须要定期检查冷藏汽车上的温度计，假如温度过高，要及时开启制冷机。

4. 要坚持“安全、快速、经济、准确”的运输四原则

确保运输工具的技术状况良好，才能准时到达目地的。当运输过程中发生机械事故或交通事故时，要及时采取补救措施。坚持“安全、快速、经济、准确”的运输四原则。

（五）卸车

果蔬产品运达目的地后，首要工作就是要尽快卸车，然后通过批发商或直接上市交易。

在进行卸车的过程中，尽量使用斜面卸车，一定要使斜面足够宽且牢固，并能同时承受货物和装卸工人的重量，也可以通过制造一个可以折叠的坚固的梯子来帮助卸车。

果蔬产品卸车完成后，要及时入库，以防止长时间在室外由于温度过高而腐烂。

（六）果蔬的其他运输方法

随着水果后保鲜技术的发展，很多在水果储藏中应用的保鲜方法，逐步也应用到果蔬运输上来，主要方法如下。

1. 气调运输

气调储藏是很早以前就发展起来的一种水果保鲜方法，近年来已被推广运用到运

输方面。

气调运输具体办法有两种：一种是在运输过程中，可以将所需要的气体充入气密性好的运输容器内；另一种是运用塑料薄膜等材料包装货物，使包装内部自发调节气体。

2. 减压运输

减压运输是通过降低运输环境的气压以控制产品呼吸作用和微生物繁殖，从而达到保鲜目的的一种运输方法。

减压运输一次性投资和操作费用昂贵，短时间内在我国还不能普遍应用，在国外也没有进入商品化应用阶段。

五、果蔬的冷藏方式

果蔬的储藏方法主要根据各种不同果蔬的采后生理变化、果蔬的基本储藏原理和果蔬储藏期间对环境条件的不同要求而异。

目前国内外应用的储藏方法较多，但可以归纳为以下三大类。

第一类是低温储藏，就是利用自然冷源或人工降温的方法，使储藏环境保持低温。

第二类是控制气体成分，多数是在降温的条件下调节储藏环境中的气体成分，使之达到适于果蔬储藏的气体指标，从而获得更好的储藏效果。

第三类是近年来发展起来的新技术。

（一）利用自然冷源储藏

利用自然冷源储藏是低温储藏方法中的一种。利用自然冷源储藏是利用和调节自然低温，使储藏场所维持较低温度进行储藏的方法，自然冷源储藏包括堆藏、窖藏、沟藏、通风库储藏等。

1. 堆藏

堆藏是设在果园或空地上的临时性储藏方法。堆藏时将果实直接堆放在果树行间的地面上或浅沟中，并根据气温变化，逐渐分次加厚覆盖，以便进行遮阴或防寒保温。

2. 沟藏

沟藏是果品储藏方法中较为简便的一种。核桃、板栗、山楂等运用沟藏，苹果等水果也有采用此法保存的。果品埋藏以后，埋藏沟内能够保持较高而又稳定的相对湿度，这样可以防止果品萎蔫，减少失重。埋藏的果品在进行覆盖以后，比较容易积累一定的二氧化碳，形成一个自发气调的环境条件，起到降低果实呼吸和微生物活动的作用，可以减少腐烂损失并延长储藏期。

3. 窖藏

窖藏的种类很多，窖藏既能利用稳定的土温，又可以利用简单的通风设备来调节和控制窖内的温度。

4. 防空洞

防空洞充分利用各地现有的人防工程，在水果储藏中解决了一些场所不足的问题。

5. 通风库储藏

通风库通过棚窖的发展而来，通风库的形式和性能与棚窖相似。通风库的储藏管理，主要是在良好的隔热保温性能的库房内设置完善而灵活的通风系统，利用昼夜温差和导气设备，将库外低温空气导入库内，再将库内热空气、乙烯等不良气体通过排气设备排出库外，从而保持果品较为适宜的储藏环境。

由于通风库依靠自然温度冷却储藏，因此受气温限制较大，尤其是在储藏初期和后期，库温较高，难以控制，影响储藏效果。

（二）冷库储藏保鲜

冷库储藏指机械制冷储藏。冷库储藏首先需要具备很好的绝缘隔热设备和机械制冷装置。根据所储藏果蔬的种类和品种对温度进行调节和控制，达到长期储藏的目的。

（三）气调储藏

气体调节就是将空气中的 O_2浓度由 21%降到 5%或者 3%，是在冷库的基础上再加上一套气调系统，利用温度和控制氧气含量两个方面的共同作用达到抑制果蔬采后的呼吸作用。气调储藏的方法有自然降氧法（MA 储藏）、快速降氧法（CA 储藏）、混合降氧法等。

（四）新技术储藏

1. 电离辐射

目前在辐射保藏食品上，主要应用 Co 或 Cs 为放射源的 γ 射线照射食品，γ 射线是一种穿透力极强的电离射线，当其透过生物机体内时，会使机体中的水和其他物质发生电离作用，产生离子或游离基，从而影响机体新陈代谢的过程，电离辐射可以延缓衰老，抑制萌芽，防止果蔬霉烂变质，延长储藏期。

2. 减压储藏

减压储藏是降温和低压相结合的储藏方式。减压储藏方法是在储藏果蔬的冷藏室内用真空泵抽出空气，使室内气压降低到一定程度，并在整个储藏期内始终保持低压。经压力调节器，将新鲜空气不断通过加湿器进入冷藏室，使得室内的产品始终处于恒定的低压、低温、高湿和新鲜空气的储藏环境之中。

3. 电磁处理

目前采用的方法如下。

（1）磁场处理。磁场处理是指产品在一个电磁线圈内通过控制磁场强度和产品移动速度，使产品受到一定的磁力线影响。

（2）高压电场处理。高压电场处理是指将一个电极悬空，一个电极接地，两者间便形成不均匀的电场，将产品置于电场内，接受间歇的或连续的或一次的电场处理。

（3）负离子和臭氧处理。对于植物的生理活动，正离子起促进作用，负离子起抑制作用，放在果蔬储藏上常用负离子空气处理。臭氧是极强的氧化剂，果蔬进行臭氧处理后可以抑制呼吸，延缓成熟，减少腐烂。

六、果蔬的冷藏条件

1. 果蔬的储藏温度

降低温度能使果蔬的呼吸作用、水分蒸发作用减弱，营养成分的消耗减少。微生物的繁殖减少，可使果蔬的储藏期延长。一般来说，水果、蔬菜的冷藏温度在 0℃左右，但是由于果蔬的种类、品种不同，对低温的适应能力也是各不相同的。因此，果蔬的冷却储藏应根据不同品种控制其最适储藏温度。即使是同一种类，也会由于品种、成熟程度、栽培条件等而有所不同。

2. 果蔬的储藏湿度

果蔬中含有大量的水分，储藏湿度是维持其生命活动和保持新鲜品质的必要条件。果蔬在储藏过程中逐渐蒸发失水，一般来说如果重量损失达到 5%，新鲜度就会明显地下降。

果蔬水分蒸发的量主要取决于储藏的条件，其中湿度条件与蒸发作用关系甚大，一般多以 85%～95%进行储藏。假设湿度过高，可减少水分的蒸发量，避免了因干燥而造成的质量下降，另外，微生物的繁殖量加大会使果蔬容易腐烂；假设湿度过低，虽然微生物的危害小，但又会造成因干燥而引起的质量下降。所以在果蔬储藏时，不仅要保持最适温度，同时要保持最适湿度。

3. 解冻

蔬菜类一般不采用自然解冻，解冻和烹煮同时进行；果实类采用自然解冻；还存在一些其他解冻方法，比如微波、真空、低频电流加热等。

七、果蔬的冷库操作与管理

1. 入库前的准备工作和合理堆码

对于长期储藏的果蔬应在产地进行冷却，并在冷却状态下运到冷库冷藏。果蔬在采收后冷却得越快，则后熟作用和病害发展过程越慢。

如果在采收后不迅速冷却，因果蔬的温度较高，细胞的呼吸作用较强，营养物质减少，品质风味变差，抗病性和耐藏性都大为减弱。

在实际的采摘过程中，质量好的水果如要长期冷藏，应逐个用纸包裹，然后装箱、装筐。有柄的水果在装箱或装筐时应特别注意，勿将果柄压在周围的果实上，以免碰破其他水果的果皮。水果进行堆垛时要用垫木垫起，垛与垛、垛与墙、垛与风道之间都应留有一定的距离，便于冷空气流通，如果货垛内部由于呼吸热积聚，出现高温、高湿现象，就会引起腐烂。

2. 冷藏期间湿度和气体的测定

冷藏期间湿度和气体的测定是储藏果蔬不可忽视的管理上的要求；储藏期的湿度用相对湿度（RH）进行表示，冷藏期间湿度和气体的测定是空气饱和湿度与空气绝对湿度的百分比率。气体测定是测定氧气和二氧化碳的百分率。主要使用奥氏气体分析仪和二氧化碳气体测定仪进行测定。

3. 果蔬的变温储藏和气体处理

为了提高储藏质量，减少果蔬在冷藏中生理病害的发生，在储藏中对某些品种要求采用变温储藏和气体处理的方法。

在冷库或气调库中，用活性炭或用高锰酸钾溶液浸过的砖块来吸收空气中的乙烯气体，也能增进水果的储藏效果。亚硫酸钠、二氧化硫、偏重亚硫酸钾等用于葡萄熏蒸防止真菌、蘑菇护色。

4. 空气的更换与清洗

果蔬的呼吸作用有有氧呼吸和缺氧呼吸两种。当储藏环境中氧供应不充足，食品就要进行无氧呼吸。缺氧呼吸时除产生二氧化碳外，还产生乙醇、乙醛等中间产物，这些中间产物在果蔬中积累达到一定程度，便会阻碍正常的生理功能，引起果蔬细胞中毒，造成生理病害，加速果蔬的衰老和死亡。

因此，在储藏水果、蔬菜的冷藏库内，一般都装有换新鲜空气的管道，及时把冷库中过量的二氧化碳气体排出，换进适量的新鲜空气。如果仓库中没有通风设备，可将冷库的门敞开，让其自然通风。

5. 异味的控制

异味的控制一般多用通风、活性炭吸附和空气洗涤等方法。活性炭最易吸附有机物气体和相对高分子质量的蒸汽，活性炭不像极性的吸附剂硅胶那样，活性炭与水分没有特殊的亲和力。二氧化硫、雾化次氯酸钠水溶液或醋酸水溶液等也可以作为异味吸附剂，清洗除去冷藏间的地坪和设备上的臭味。

6. 果蔬出库前的升温

果蔬从冷库中直接取出，表面常常会凝结有水珠，一般将其称为发汗现象。如果果蔬受到剧烈温差的影响，便会促使呼吸作用大大加强，使果蔬容易软烂。经过长期低温储藏的果实，骤遇高温色泽也会变暗，因此冷藏的果蔬在出库前要进行逐步升温。

果蔬的升温一般在专设的升温间内进行，也可在冷藏库的走廊内进行。果蔬升温时，果蔬的温度要比空气的温度低2～4℃，相对湿度在75%～80%。当果蔬温度上升到与外界气温相差4～5℃时才能出库。经过升温后出库的冷藏果蔬，才能更好地保持其原有的品质，有利于销售和果蔬临时存放，减少损耗。

第四节　乳制品冷链物流

一、乳制品概述

（一）乳制品定义

国际食品法典委员会（CAC/M1—1973）将乳定义为：乳是指只限于从一种或几

种动物中得到的正常乳腺分泌物，既不含其他任何添加物，也不从中去除某种成分。经过处理单组成成分没有改变的乳类，或者乳脂肪含量符合国家法规的乳类均可称作乳。而乳制品必须是以乳为原料而制成的产品。在生产过程中可以加入其他必要的物料，但这些物料的加入，不能以部分或全部替代乳成分为目的。

我国国家标准《食品工业基本术语》(GB/T 15091—1994) 将乳制品定义为：以生鲜牛（羊）乳及其制品为主要原料，经加工而制成的各种产品。

（二）乳制品分类

可将乳制品分为以下七类。

(1) 液体乳类。主要包括杀菌乳、灭菌乳、酸牛乳、配方乳等。

(2) 乳粉类。主要包括全脂乳粉、脱脂乳粉、全脂加糖乳粉和调味乳粉、婴幼儿乳粉、其他配方乳粉。

(3) 炼乳类。主要包括全脂无糖炼乳（淡炼乳）、全脂加糖炼乳、调味炼乳、配方炼乳等。

(4) 乳脂肪类。主要包括稀奶油、奶油、无水奶油等。

(5) 干酪类。主要包括原干酪、再制干酪等。

(6) 乳冰激凌类。主要包括乳冰激凌、乳冰等。

(7) 其他乳制品类。主要包括干酪素、乳糖、乳清粉、浓缩乳清蛋白等。

目前，消费者在市场上接触较多的有液体乳类、乳粉类和冰激凌类。

二、乳制品冷链物流存在的问题

总的来说，我国的乳制品冷链物流业仍处于发展的初级阶段，发展过程或运作中不可避免地存在着这样或那样的问题。

1. 乳制品“断链”问题严重

“断链”指商品在储藏、生产、运输、销售等各个环节中以及各个环节交接过程中，出现商品温度异常上升的现象。乳制品断链较多的现象有以下几种情况：第一，原奶在收集和传输到工厂过程中，在室温环境保存时间较长，并且到工厂急速制冷的比例较低；第二，原奶及加工制品在装车过程中，车辆预冷的比例低，露天或者在没有封闭的情况下装车现象比较多见；第三，在成品运输过程中，运输司机为了降低运输成本，会中途关闭制冷机，或者用普通物理降温的方式来降温，导致乳制品温度变化大，出现回温现象；第四，在销售乳制品过程中，由于缺少严格的管理，没有严格按照商品的保存温度进行储存，甚至某些产品露天销售，大大影响了乳制品的质量。

2. 乳制品冷链物流温控手段差

食品冷链要求全程处于规定的低温环境下，温度决定了冷链的水平，温度控制是冷链的关键，但是由于整个冷链上各个企业只是按照客户要求对下游企业负责，没有企业对最后的消费者负责，所以企业为了降低成本，就以适当牺牲消费者的利益为代价，用适当的高温代替低温，虽然乳制品在常人看来没有什么质量问题，但是从严格意义上讲，质量已经打了折扣，而且口感、品质方面都会受到影响，而且在冷链操作的整个过程中没有产品的温控记录，也不知道什么环节出现问题，导致虽然消费者购买的时候，商品可能在合适的温度下销售，但是无法控制和监控其到达销售柜台前的整个过程，不规范操作现象普遍存在。

3. 乳制品第三方冷链物流企业发展缓慢

近几年，出现了以冷链物流名称注册的企业，但是大部分冷链物流企业由传统的冷库或者运输企业发展而来，由于管理体制不灵活、员工理念陈旧等多方面的原因，多数企业提供的服务手段依然比较单一，主要提供冷藏、冷冻简单的仓储和送货服务，少部分虽然也提供商超的配送活动，但是真正能满足乳制品生产企业对整个供应链环节的温度控制的乳制品物流企业基本没有，这样使得多数乳制品生产厂家不愿也无法放心地将冷链物流业务外包，这在一定程度上也阻碍了乳制品第三方冷链物流的发展。

4. 从业人员素质不高，安全意识不强

从业人员素质不高，没有职业素养，是食品流通企业员工面临的普遍问题。思想麻痹和安全意识不强，似乎是每一次食品安全事件中的主要原因，乳制品冷链对从业人员的安全意识要求更高，所以员工的素质和安全意识就显得更加重要。据不完全统计，大部分乳制品事故都是在原奶及加工制品装卸、运输、储存过程中没有按照要求操作以及随意混装造成的，所以加强对冷链物流上各个环节的员工安全意识、冷链技术与技能的培训和教育，已经迫在眉睫。

5. 乳制品冷链行业缺乏统一标准

乳制品物流属于冷链的范畴，目前国家还没有出台专门的冷链物流的标准，所以乳制品的储运过程中采用的多是传统的运输和储存标准以及食品相关标准，国内乳制品冷链物流缺乏严格的关于乳制品质量和安全的国家和行业标准，也没有明确的法规指引，同时与乳制品安全直接相关的食品冷链安全体系建设还相当薄弱，主要依靠企业的责任意识、自觉性来自我规范。

此外，在现行的乳制品冷链物流中还存在着运输基础设施落后、运输损耗大、冷链物流各个环节信息不对称、库存、装卸、运输等缺乏透明度等诸多问题。

三、乳制品冷链物流发展对策

1. 扶持重点冷链物流企业提高服务水平

冷链物流对乳品企业有着极其重要的意义，而现在的第三方物流企业管理水平不够，再加上不太注重诚信问题，往往有意无意地降低了服务水准，所以多数乳制品生产企业选择自营物流，只是把长途运输和短途配送进行外包，这样虽然可以减少因外包带来的风险，但是却大大提高了物流成本，不是长远之计。加上乳制品冷链物流的专业化以及基础设施的高投入，进入的门槛很高，一般的企业很难依靠自身的力量达到冷链物流的要求，从乳制品冷链物流行业的发展趋势、市场的需求导向以及企业长期发展来看，专业的第三方冷链物流企业是未来参与乳制品冷链物流市场竞争的主体。

所以各级政府要针对各自城市的情况，培育一批发展潜力大、经营模式先进、辐射带动能力强的冷链物流企业，在用地、信贷、税收、重点物流企业评定，以及人才引进上给予一定的优惠政策，同时对于那些建立冷链物流公共信息平台或者能引进和开发系统实现各类技术来监控或者追溯的企业给予一定的财政补贴，这样不仅促进了物流企业的快速成长，也帮助乳制品生产企业降低物流成本，并且通过外包能够把时间和精力放在自己的核心业务上，提高了供应链管理和企业运作的效率。

2. 推广新技术应用，提高企业信息化管理水平

为了解决乳制品在流通过程中出现的“断链”现象，目前比较可行的方法就是内部加强管理外部加强监控。内部管理主要是指在车辆预冷、装车时间和方法、卸车时间和方法等方面实施标准且严格的管理制度，目前实施危害分析和关键控制点控制（Hazard Analysis and Critical Control Point，HACCP），这是一套行之有效的方法，通过对乳制品冷链进行分析，把前面介绍的链上容易出现差错而且又是在冷链物流企业内部发生的问题形成关键点，对每个关键点建立可以提高效率的方法以及出现异常的处理措施。对于仓储及运输过程中的温度监控则可以强制冷链物流企业在长途运输及配送过程中必须携带感应设施的 GPS 监控设备，不仅可以监控运输车辆的行驶轨迹，还可以通过电子方式自动采集连续的温度数据，以便下游企业查询温度，这样就可以保证在运输过程中，运输司机不采取异常操作。此外还要建立有统一标准数据的乳制品冷链物流信息系统和电子交换系统，为乳制品冷链企业提供准确的市场动态和信息沟通，确保乳制品在各环节中的质量，同时也为乳制品安全核查提供可溯源性信息支持。同时，还需要加大科技开发投入，加快冷冻冷藏方式和技术的革新，加快先进技术引进的步伐，加强中国乳制品冷链的整体规划研究，建立政府、行业组织和相关企业联动机制。为此，政府机构应联合各科研单位，建立乳制品冷链物流资料和信息的数据库，以期对冷链物流运作过程中存在的问题进行及时的解决。另外，在乳制品冷链运行过程中，应充分运用 POS、RFID、无线传感器网络技术（WSN）等先进系统和技术来加快乳制品冷链物流信息共享平台建设，加强乳制品冷链物流信息的披露，使整个乳制品冷链物流运作更加科学化、透明化，从而保证乳制品的质量安全。

3. 完善乳制品冷链物流标准化和监管机制

国家有关部门要制定有利于乳制品冷链物流产业发展的相关法规和制度，并将其纳入乳制品市场准入制度中。在操作过程中，乳制品物流的设施和从业人员也须符合食品卫生法的需求，而且要对从事乳制品物流配送工作的企业进行一定的资格认证，没有达到标准的企业不能从事乳制品物流工作。同时，建立政府、行业、协会、市民互动的监控制度，建立有效的监管机制，严密监测乳制品在冷藏链的各环节中的运行状况。

4. 构建冷链物流人才体系

为了提高从业人员的食品安全意识和整体素质，应整合教育资源，建立专业的冷链物流职业技术学校等教育机构培养冷链物流一线人才，以便为冷链物流企业输送从

事一线工作的人才工作打下基础。各高校与科研院所应创新高素质物流人才培养模式，把冷链物流专业学科建设工作做到位，为培养冷链物流业管理人才提供有利条件。冷链物流企业应关注冷链物流前沿动态，加强员工的培训力度，设立与日常工作挂钩的绩效考核机制，对考核成绩优异的员工给予经济或职位上的奖励，促进员工自主学习进步，提高整体素质。加强同国外先进冷链物流企业的交流与合作，组织人员参与交流学习，开阔冷链物流行业人员的视野，推动冷链物流业发展。

5. 提高社会意识，为乳制品冷链物流发展创造良好的社会环境

如今，食品安全问题依然面临重大挑战，伴随着乳制品冷链市场的日益升温，加快冷链物流系统的建立与优化已经成为乳业过程质量安全亟待解决的问题。强化各级对冷链物流重要性的认识，有利于提高乳制品冷链物流的运行绩效和升级优化。加强对冷链物流的了解，充分认识冷链物流对于乳制品质量安全的重要性，有利于乳制品冷链物流方面的宏观政策的制定和出台。冷链物流产业链条各个环节的人员应对整个冷链物流体系具有清晰的认识，有利于乳制品冷链物流的正常运转。增加了解乳制品冷链物流方面的知识，有利于形成对于乳制品冷链物流的社会意识，为乳制品冷链物流发展提供良好的生长土壤和发展空间。

四、乳制品冷链物流发展的建议

（一）给乳制品企业的建议

冷链物流对乳品企业有着极其重要的意义，而现在的第三方物流企业管理水平不够，再加上诚信的问题，企业往往有意无意地降低服务水准，用户又难以监控运输途中的服务质量。为了保证质量，专业奶类企业大都希望自己运输，外包物流的意愿不是很高。即使外包，也大多是部分区域短途配送和路线运输外包，而且对技术和质量的要求比较高。但这样做的弊端显而易见，企业运作成本会提高。随着近年来各地乳业发展失序，乳品大战不断上演，乳品企业利润率逐年下滑，多数乳品企业进入亏损期。降低物流运营成本、集中精力在核心业务上，提高供应链管理和企业运作的效率、提高企业的柔性和快速响应市场需求能力已成为乳品企业急需要解决的问题。随着人民生活水平的不断提高，冷冻冷藏食品的消费年增长率要达到8%以上，超市、大卖场的冷链商品更占到销售额的20%以上，而社会公众也对食品卫生的保障也提出了越来越高的要求，因此冷链物流市场需求空间广阔，在一些大城市开始达到建立第三方冷链物流企业所需的临界规模。与乳品企业自营物流相比，许多第三方物流服务供应商在国内外都拥有良好的运输和分销网络，在组织企业的物流活动方面更有经验，更专业化。

通过物流业务外包，乳品企业可以降低因拥有冷链运输设备、冷冻仓库和其他冷链物流设施所必需的投资，从而把更多的资金投在公司的核心业务上。通过外包给第三方物流服务供应商，企业能够把时间和精力放在自己的核心业务上，提高了供应链管理和企业运作的效率。乳品企业通过外向资源配置取消了乳品企业与用户双方各自

独立拥有的库存和运输，从而分散了由政府、经济、市场、财务等因素产生的风险，促进了资源的优化组合，增加了供应链的柔性，使企业更能适应外部环境的变化。现在乳品企业之间的竞争主要在于时间和速度上的竞争，乳品企业冷链物流外包给第三方物流服务供应商，其专业化和规模效应的优势能够快速地对客户的需求进行回应同时增加了客户的满意度。

（二）给第三方物流服务提供商的建议

对于提供冷链服务的物流服务商来说，可以通过以下几种方式来对乳品冷链进行整合。

1. 加大企业信息化建设力度，建立完善的信息系统

现阶段我国市场上适用于冷链物流的产品在流通过程中信息十分匮乏，造成这种局面主要有两方面原因。一方面是因为生产者自身素质普遍较低，并且地域分布不均，不能充分掌握产品流通的信息，更无法根据流通信息来安排、组织生产。另一方面是由于乳产品的生产普遍具有地域性，使得产品供给与需求常常发生矛盾，造成无法准确掌握供求信息。销售商也急需物流信息来确定所需产品的品种、数量、来源。第三方物流企业作为冷链物流的节点应该运用自身的信息系统，将上下游联系起来，满足他们的信息需求。第三方物流企业应积极采用当代先进信息技术。如实现信息快速交换的 EDI 技术，实现资金快速支付的 EFT 技术，实现信息快速输入的条码技术和实现网上交易的电子商务技术等。同时第三方物流企业应充分利用计算机电话集成、地理信息系统、无线互联技术、全球定位系统等先进的信息技术手段及配送优化调度、动态监督、智能交通、仓储优化配置等物流管理技术，并选择一套适合冷链物流且能满足客户需求的优秀的物流管理信息系统，引进高素质信息人才对员工进行相关信息化的培训。

2. 改善客服水平，提高客户满意度

不规范的市场价格大战是每个第三方物流企业所不愿意看到的。第三方物流企业除了应制定行业自律协定，从价格战怪圈中跳出来外，更重要的是应从自身做起，以高水平服务赢得客户。第三方物流企业应建立客户至上的思想观念，作为第三方物流的战略合作方，每一个客户都应作为企业的重点客户，对每一位客户都应该是相同的态度，不应有所偏好。第三方物流企业应通过整合社会资源满足来自每个客户的每份订单。第三方物流企业应根据客户在企业形象、业务流程、产品特征、顾客需求特征、竞争需求等方面的不同要求，提供针对性强的个性化服务。

3. 建立战略联盟关系，寻求多方共赢

第三方物流企业处于冷链物流供应链中，它应该同上下游企业拥有一个共同的利益目标。如果供应链上的成员经常变动，会降低供应链的竞争力，所以合作各方应以多边共赢为原则，建立稳定的战略联盟关系。首先，第三方物流企业应以客户为中心，提供高水平服务，以使客户取得更多盈利。其次，乳品企业也不能一味要求第三方物流企业降价，否则必会造成物流企业正常的利润受到损失，服务水平打折，反过来也

影响自己的利益。最后，合作各方可相互参股，夯实利益一体化的基础。只有这样，合作各方才能达到共赢。并维持稳定的战略联盟关系。

本章小结

本章主要介绍食品冷藏链的运营的相关知识，分别对肉类冷藏链、水产品冷藏链、果蔬冷藏链和乳制品冷藏链进行了讨论。

复习题

1. 肉类冷藏链如何进行运作？
2. 水产品冷藏链有哪些特点？
3. 果蔬冷藏的方式分成哪些种类？

第七章　冷链物流标准化

近年来，生鲜电商的快速增长，推动了冷链物流行业的快速发展。但在食品冷链物流的运营过程中，存在诸多问题，迫切需要制定冷链物流的相关标准，来规范冷链物流市场秩序，提高物流服务质量和效率，从而实现农产品优质优价，推动农业结构优化调整，促进农业现代化和农民增收。重视制定冷链标准，可促进冷链物流向标准化、合理化和现代化方向发展，使我国冷链物流与国际接轨。

2016 年的中央一号文件《中共中央国务院关于落实发展新理念加快农业现代化实现全面小康目标的若干意见》（以下简称《意见》）中，为提高农产品的流通质量提出了多条解决方法。《意见》指出，完善跨区域农产品冷链物流体系，开展冷链标准化示范，实施特色农产品产区预冷工程；建立健全适应农村电商发展的农产品质量分级、采后处理、包装配送等标准体系。可见政府对冷链物流标准化问题高度重视。因此，建立和完善冷链物流标准化体系，对冷链物流进行标准化管理势在必行。

第一节　冷链物流标准化概述

一、冷链物流标准化的含义

冷链物流标准化是指将冷链看作一个综合性的系统，制定系统内部设施装备、专用工具等的技术标准，把运输、仓储、加工等各类作业标准作为现代冷链的突出特征，并形成和国际接轨的标准化体系。

具体的标准包括冷链系统各类基础设施的技术标准（如仓库布局、规格标准）、移动设备的技术标准（如拖车载重量、叉车型号标准）、冷链单位标准化、冷链术语统一、冷链包装尺寸标准化、应用条码标准化以及服务和管理的标准化等。

二、冷链物流标准化体系概述

冷链物流标准化体系是国家政府、行业及企业组织为促进冷链产业健康发展，借助于标准化手段规范冷链行业运作的政策性文件，一般分为强制性标准和推荐性标准。所以，冷链物流标准适用于农产品/食品生产企业、冷链企业、流通企业等组织，对冷冻、冷藏食品的运输、储存、流通加工、包装、配送和销售等环节操作规范的管理，也是供应链系统中企业间冷链产品交易的参考，更是作为政府有关监管部门对冷链物流活动及相关企业监管的依据。通过标准体系的推广落实，使标准真正起到引导、规范行业发展，在农产品/食品的供给与品质保障方面发挥应有作用，进而促进我国农产品/食品冷链物流的健康发展。

1. 冷链物流标准化体系的基本内容

（1）通用规范。通用规范即规定食品生产经营过程各环节的一般原则性卫生要求，侧重通用性，是制定各产品专项规范的基础和依据。如《食品生产通用卫生规范》（GB/4881—2003）。

（2）专项规范。专项规范或称单项规范，是在通用规范的基础上，根据某类食品及其原料、工艺、储存与运输条件等生产经营特点和产品标准，针对该类食品生产经营过程中可能存在的污染风险及其控制要求而制定的除共性要求以外的特殊性要求，如《肉制品生产卫生规范》等。

（3）指导原则。指导原则是在通用规范或专项规范的基础上，参照近年来国内各部委先后颁发的标准，以及国际食品法典委员会各类指导性文件，针对食品生产经营过程某一特定的污染因素或食品安全问题而制定的具有指导性质的文件等。

就冷链物流标准化体系的基本内涵而言，主要包括冷链物流基础标准、要素标准（涵盖运输、冷藏/冻、装卸搬运、流通加工、包装及配送等标准）、技术标准、信息标准、管理标准、服务标准及专业人员技能标准七个方面。

2. 冷链物流标准化体系现状

我国目前标准体系由国家标准、行业标准、地方标准、企业标准这四层级标准组成，通过对现有冷链物流标准的整理得知，我国已有冷链物流标准近 200 项，引用相关标准 200 余项，这些标准分别由不同行业和部门制定。

3. 冷链物流标准化体系发展趋势

冷链物流标准化体系是构建科学、完整、有序冷链物流体系的基础，它是一个持续渐进的过程。冷链物流标准体系为政府制定物流行业发展政策及相关法律法规提供理论依据，是合理节约社会资源、保障冷链产品质量安全的重要参考。随着我国经济的持续发展，特别是人民生活水平的日益提高，以及对农产品/食品安全意识的增强，冷链物流将进入一个重要的转型升级阶段，冷链物流标准化体系必将朝着系统化、完备化、综合化和常态化的方向发展，冷链物流标准化体系对推进冷链物流行业快速发展、促进冷链物流设备和技术创新、增强冷链物流质量管理、提高冷链物流服务质量、提升冷链物流企业竞争力起着极其重要的作用。

三、冷链物流标准化组织建设现状

我国已经建立了一套在全国标准化委员会领导下的标准化研究管理机构体系，全国物流标准化委员会是专门负责物流领域标准化工作的机构，下设专业委员会，其中，全国物流标准化委员会冷链物流分技术委员会是冷链物流标准化领域的管理协调机构。

近年来，冷链物流标准化组织建设有质的突破。随着国内冷链物流市场的发展，冷链标准化建设工作被政府、协会和相关企业提上管理日程。上海、广东等经济发达地区，相继成立了地方性的冷链物流标准化技术委员会，制定或颁布了地方性冷链物流标准。食品行业率先成立了食品冷链物流标准化技术委员会，食品冷藏、冷冻物流标准进入探索研究阶段。2009 年由中国物流技术协会负责筹建的“全国物流标准化技术委员会冷链物流分技术委员会”（简称冷标委）经过充分准备，筹备组已正式挂牌办公。2009 年 9 月 11 日国家标准化管理委员会批复，冷标委于 2009 年 11 月 30 日正式成立，标志着全国冷链物流标准化制定工作迈上了法制化建设轨道。冷标委下设物流服务、医药、食品、水产品、乳制品、果蔬花卉、畜牧产品、化工危险品、连锁超市、冷库、技术装备（GPS、冷藏车、冷藏机组、冷藏保温箱、温度仪表、附属设备等）、军事冷链物流 12 个工作组。设立冷标委，为我国冷链物流标准体系的建设提供了组织保证。

从指定标准的主体来看，我国冷链物流标准主体呈现多元化趋势。目前，冷链物流相关企业、科研院所、高等院校等积极投入到了这项研究工作当中。

第二节　冷链物流标准

一、冷链运输与配送标准

（一）冷链运输政策

冷链运输，是指在运输全过程中，如装卸搬运、变更运输方式、更换包装设备等环节中，都使所运输货物始终保持一定温度的运输。

近年来，冷链运输业的规划及扶持政策和行业标准频繁出台。国家层面开始从政策、法规标准角度推动冷链运输转型升级。根据中国物流与采购联合会冷链物流专业委员会（以下简称中物联冷链委）的数据，我国近年来发布的有关冷链运输的政策，如表7－1所示。

表 7－1　冷链运输相关政策

发布时间	发布机构	文件名称	政策要点
2011 年 10 月	交通运输部	道路运输业“十二五”发展规划纲要	加快转变发展方式、发展现代道路运输业
2012 年 12 月	国务院	中华人民共和国道路运输条例（2012 年修正本）	规范道路运输经营、道路运输相关业务、国际道路运输、执法监督、法律责任等

续 表

发布时间	发布机构	文件名称	政策要点
2014 年 1 月	交通运输部、公安部、商务部	关于加强城市配送运输与车辆通行管理工作的通知	提出了强化城市配送运力需求管理、加强城市配送车辆技术管理、规范发展城市货运出租汽车、优化城市配送车辆通行管理措施、完善城市配送车辆停靠管理措施、提升城市配送运输服务水平、强化城市配送运输市场监督管理、健全城市配送运输与车辆通行管理工作机制八项具体措施
2014 年 2 月	交通运输部	2014 年交通运输业节能减排工作要点	充分发挥绿色交通引领作用，以节约资源、提高效能、控制排放、保护环境为目标，以绿色循环低碳交通运输“十百千”示范工程为主要抓手，突出政府主导、法规约束、示范引领、制度创新，加快推进交通运输绿色发展、循环发展、低碳发展
2014 年 3 月	交通运输部	关于促进道路运输行业集约发展的指导意见	鼓励发展龙头骨干企业、发挥龙头骨干企业引领带动作用
2014 年 12 月	国家发展改革委、财政部	关于进一步促进冷链运输物流企业健康发展的指导意见	大力提升冷链运输规模化、集约化水平；加强冷链物流基础设施建设；完善冷链运输物流标准化体系；积极推进冷链运输物流信息化建设；大力发展共同配送等先进的配送组织模式；优化城市配送车辆通行管理措施；加强和改善行业监督；加大财税等政策支持力度；发挥行业协会作用

资料来源：中物联冷链委。

（二）冷链运输标准

随着国家、社会、行业对冷链运输的重视，冷链运输标准相继出台，如表 7 - 2 所示。

表 7－2　　冷链运输相关标准

标准号	标准名称	标准内容	发布单位	发布日期	实施日期
GB/T21145—2007	运输用制冷机组	本标准规定了运输用制冷机组的术语和定义、形式技术要求、试验方法、检验规则、标志、包装、运输和储存等； 本标准适用于汽车运输用制冷机组，列车和相应的集装箱制冷机组可参考本标准	国家质检总局、国标委	2007—11—05	2008—02—01
SB/T10448—2007	热带水果和蔬菜包装与运输操作规程	本标准规定了热带新鲜水果和蔬菜的包装与运输操作方法、目的是使产品在运输和销售过程中能保持其质量	商务部	2007—12—28	2008—05—01
GB/T22918—2008	易腐食品控温运输技术要求	本标准规定了易腐食品控温运输的相关术语和定义、运输基本要求、装载要求、运输途中要求、卸货要求和转运接驳要求； 本标准适用于易腐食品的公路、铁路、水路及上述各种运输方式的多式联运的运输管理	国家质检总局、国标委	2008—12—31	2009—08—01
WB/T1046—2012	易腐食品机动车辆冷藏运输要求	本标准提出了易腐食品机动车辆冷藏运输的技术要求及操作、设备维护要求；本标准适用于易腐食品道路机动车辆冷藏运输活动	国家发展改革委	2012—03—24	2012—07—01
GB/T28640—2012	畜禽肉冷链运输管理技术规范	本标准规定了畜禽肉的冷却冷冻处理、包装及标识、储存、装卸载、运输、节能要求及人员的基本要求； 本标准适用于生鲜畜禽肉从运输准备到实现最终消费前的全过程冷链运输管理	国家质检总局、国标委	2012—07—31	2012—11—01

续 表

标准号	标准名称	标准内容	发布单位	发布日期	实施日期
GB 29753—2013	道路运输食品与生物制品冷藏车安全要求及试验方法	本标准适用于采用已定型汽车整车或二类、三类底盘上改装的装备机械制冷机组的道路运输易腐食品与生物制品的冷藏车和冷藏半挂车	国家质检总局、国标委	2013—09—18	2014—07—01
MH/T 1058—2014	货物航空冷链运输规范	涉及鲜活品（如蔬菜、水果；肉、禽、蛋；水产品、花卉产品等）、加工食品（如速冻食品、禽、肉、水产品等包装熟食、冰激凌和奶制品、快餐原料等）、医药产品（各类需要冷藏的药品、医疗器械等）以及贵重精密仪器等，与人们日常生活需要和多个产业发展息息相关、集货物航空运输的普遍性和专业性于一身的行业综合性技术法规	民航局	2014—10—22	2014—12—01

资料来源：中物联冷链委。

（三）冷链配送标准

冷链配送是指在城市经济合理范围内，根据客户要求，在适宜温度环境中对冷藏冷冻类冷链产品进行拣选、加工、包装、分割、组配等作业，并按时送达指定地点的物流活动。近年来我国颁布的冷链配送标准，如表 7－3 所示。

表 7－3　　冷链配送相关标准

标准号	标准名称	标准内容	发布单位	发布日期	实施日期
SB/T 10428—2007	初级生鲜食品配送良好操作规范	本标准规定了初级生鲜食品配送组织的质量管理体系、资源管理、配送过程控制和产品召回等方面的要求； 本标准适用于初级生鲜食品配送	商务部	2007—07—24	2007—12—01

续 表

标准号	标准名称	标准内容	发布单位	发布日期	实施日期
SB/T 10583—2011	净菜加工和配送技术要求	本标准规定了净菜加工和配送的相关术语和定义、设施设备、加工和配送、管理及追溯要求； 本标准适用于以新鲜蔬菜为原料的净菜加工和配送	商务部	2011—07—07	2011—11—01
SB/T 10640—2011	洁蛋流通技术规范	本标准规定了进入流通领域的洁蛋采购、包装、储存、运输、销售与从业人员的卫生要求以及对蛋品安全问题的处置； 本标准适用于洁蛋的生产、批发、零售及配送等环节	商务部	2011—12—20	2012—12—01
SB/T 10678—2012	主食冷链配送良好操作规范	本标准规定了主食冷链配送企业的质量管理体系、资源管理、配送过程控制、产品追溯与召回等方面的要求； 本标准适用于主食加工配送、冷链物流等企业	商务部	2012—03—15	2012—06—01
SB/T 10827—2012	速冻食品物流规范	本标准规定了速冻食品物流规范的术语和定义、速冻食品物流流程、速冻食品品质要求、包装、标签与标志、运输和储藏、配送、销售和召回的要求； 本标准适用于速冻食品的流通环节	商务部	2012—12—20	2013—06—01

资料来源：中物联冷链委。

二、冷库与仓储标准

（一）冷库与仓储的政策

冷库是冷藏业发展的基础，是冷藏链的重要组成部分。近年来，随着国民生活水平的提高，反季节消费越来越明显，食品、饮品等生产企业需要冷藏的食物、货物越来越多，为冷藏业发展带来了契机，冷库建设发展十分迅速。为使冷库建设更好地发展，国家与地方制定了关于冷库与仓储的政策、标准。

2014年4月，农业农村部办公厅、财政部办公厅联合印发《关于做好2014年农产品产地初加工实施工作的通知》，加大农产品初加工设施补助力度，资金规模从5亿元增加到6亿元，增幅20%。补助范围包括2014年新建的马铃薯储藏窖、果蔬保鲜库和烘干设施，扶持政策重点向现代农业示范区和农民专业合作社倾斜。例如，2014年吉林农产品冷库项目获补助3 638.6万元，福建省建宁县农产品产地初加工冷库项目获补助280万元，湖南永顺获农产品冷库补助230万元等。该项政策自2012年开始实施，截至2014年年底，中央累计补贴16亿元资金，补助3.89万个农户和3 600多个农民专业合作社，新建产地初加工设施6.5万个，使马铃薯储藏能力增加116万吨、果蔬储藏能力增加115万吨、果蔬烘干能力增加80万吨。

2014年9月，国务院印发《物流业发展中长期规划（2014—2020年）》（以下简称《规划》），将农产品物流工程写入了中长期规划的重点工程。《规划》强调，要加强鲜活农产品冷链物流设施建设，支持“南菜北运”和大宗鲜活农产品产地预冷、初加工、冷藏保鲜、冷链运输等设施设备建设，形成重点品种农产品物流集散中心，提升批发市场等重要节点的冷链设施水平，完善冷链物流网络。《规划》将助推冷库建设朝着规模化、规范化和现代化的方向发展。近年来我国发布的有关冷库与仓储的政策，如表7-4所示。

表7-4　冷库与仓储相关政策

类别	名称	发布部门	与冷库相关内容简介
国家级政策	关于做好2014年农产品产地初加工实施工作的通知	农业农村部办公厅、财政部办公厅	补助2014年新建的马铃薯储藏窖、果蔬保鲜库和烘干设施
	物流业发展中长期规划（2014—2020年）	国务院	将农产品物流工程作为中长期规划的重点工程之一
	关于进一步促进冷链运输物流企业健康发展的指导意见	国家发展改革委、财政部、商务部等10个部门	加强冷链物流基础设施建设
地方性政策	江苏省农产品冷链物流发展规划（2014—2020年）	江苏省发展改革委	到2020年，江苏省将基本建成上下游有效衔接的冷链物流体系，新增现代化冷库库容200万吨

续　表

类别	名称	发布部门	与冷库相关内容简介
地方性政策	关于做好 2014 年促进农产品现代流通体系建设项目申报工作的通知	云南省财政厅	支持产地预冷库、冷藏库、冷冻库、保鲜库以及冷链物流配送设施等相关设施建设
	关于申报 2014 年海南鲜活农产品直供直销配送体系项目的通知	海南省商务厅、财政厅	支持企业建设果蔬配送预冷冷库、肉类冷藏周转库、肉类冷冻库及终端门店周转小冷库
	推进海上粮仓实施意见	山东省政府办公厅	水产冷链物流建设工程

资料来源：中物联冷链委。

（二）冷库与仓储的标准

2014 年商务部出台了商业行业标准《冷库节能运行技术规范》（SB/T 11091—2014），取代原有的《冷库运行节能技术规范》（DB33 T712—2008），对冷库运营过程中如何节约能耗提供指导。该标准的推行，意味着冷库行业更加重视冷库仓储环节的管理，通过标准化来提升冷库管理水平，使冷库在降低运营成本的同时，保证库存商品的质量。

此外，《物流企业冷链服务要求与能力评估指标》中对仓储型冷链服务物流企业提出了冷库服务能力与操作的专业要求，如五星级仓储型冷链物流企业要求至少达到自有 300 000 立方米的冷库，至少具有 15 台以上的装卸搬运设备，必须要有适合企业使用的仓储管理系统（WMS），并有节能降耗措施及改进计划，在应急预案的建立和执行方面，也提出了相应要求。近年来我国颁布了冷链仓储标准，如表 7－5 所示。

表 7－5　　　冷链仓储相关标准

标准号	标准名称	标准内容	发布单位	发布日期	实施日期
GB/T9829—2008	水果和蔬菜冷库中物理条件的定义和测量	本标准规定了水果和蔬菜在冷库条件下物理因素的定义和物理参数的有效测量方法。这些物理因素包括温度、相对湿度、空气循环流率和换气率； 本标准适用于水果和蔬菜在冷库储藏中的有关物理因素的定义和有关测量方法的解释	国家质检总局、国标委	2008—06—17	2008—10—01

续 表

标准号	标准名称	标准内容	发布单位	发布日期	实施日期
GB/T 24400—2009	食品冷库HACCP应用规范	本标准规定了食品冷库建立和实施HACCP体系的总要求以及文件、良好操作规范（GMP）、卫生标准操作程序（SSOP）、标准操作规程（SOP）、有害微生物检验和HACCP体系的建立规程等要求； 本标准适用于食品冷库企业HACCP体系的建立、实施和相关的评价活动	国家质检总局、国标委	2009—09—30	2010—03—01
GB 50072—2010	冷库设计规范	本规范适用于采用氨、氢氟烃及其混合物为制冷剂的蒸汽压缩式制冷系统，以钢筋混凝土或砌体结构为主体结构的新建、改建、扩建的冷库，不适用于山洞冷库、装配式冷库、气调库	住房和城乡建设部、国家质检总局	2010—01—18	2010—07—01
GB 28009—2011	冷库安全规程	本标准规定了冷库设计、施工、运行管理及制冷系统长时间停机时的安全要求； 本标准适用于以氨、卤代烃等为制冷剂的直接制冷系统及间接制冷系统的冷库。其他类型的冷库和制冷系统可参照执行。本标准不适用于作为产品出售的室内装配式冷库	国家质检总局、国标委	2011—12—30	2012—12—01

续 表

标准号	标准名称	标准内容	发布单位	发布日期	实施日期
GB/T30134—2013	冷库管理规范	本标准规定了冷库制冷、电气、给排水系统，库房建筑及相应的设备设施运行管理、维护保养要求和食品储存管理要求； 本标准适用于储存肉、禽、蛋、水产及果蔬类的食品冷库，储存其他货物的冷库可参照执行	国家质检总局、国标委	2013—12—17	2014—12—01
GB/T4266—2014	船用食品冷库	本标准规定了以硬质聚氨酯泡沫为隔热层组合而成的船用食品冷库的分类和标记、要求、试验方法、检验规则、标志、包装、运输及储存； 本标准适用于冷库的制造和验收	工业和信息化部	2014—05—06	2014—10—01

资料来源：中物联冷链委。

三、冷链加工与包装标准

（一）冷链加工标准

2015 年 11 月 25 日，国家食品药品监督管理总局发布了《超市生鲜食品包装和标签标注管理规范（征求意见稿）》（以下简称《规范》），《规范》指出：对生鲜食品进行包装应当符合生鲜食品在运输、储存、陈列和销售等过程中保障食品安全的需要，防止生鲜食品遭受机械损伤、腐败变质和二次污染。

冷链加工相关标准如表 7－6 所示。

表 7-6 冷链加工相关标准

标准号	标准名称	标准内容	发布单位	发布日期	实施日期
GB/T 23871—2009	水产品加工企业卫生管理规范	本标准规定了水产品加工企业对基本原则、原料和辅料、厂区环境、车间和设施设备、加工过程控制、包装、储存和运输、人员卫生、加工船的特殊要求、质量管理体系及其运行等方面的要求； 本标准适用于经政府主管部门注册的水产品加工企业，包括加工厂、加工船以及储存库等	国家质检总局、国标委	2009—05—26	2010—10—01
GB/T 27624—2011	养殖红鳍东方鲀鲜、冻品加工操作规范	本标准规定了养殖红鳍东方鲀鲜加工的基本条件、专用设施、原料、暂养、操作规程、检验及标识、包装、运输和储存； 本标准适用于养殖红鳍东方鲀鲜、冻品的加工	国家质检总局、国标委	2011—12—30	2012—04—01

资料来源：中物联冷链委。

（二）冷链包装标准

冷链包装标准化可以保证冷链物流企业各个生产环节的技术与衔接协调 ，可以保证和提高冷链物流产品质量，降低冷链物流成本，从而提高冷链物流企业的竞争力。冷链包装相关标准如表 7-7 所示。

表 7-7 冷链包装相关标准

标准号	标准名称	标准内容	发布单位	发布日期	实施日期
GB/T 24616—2009	冷藏食品物流包装、标志、运输和储存	本标准规定了冷藏食品物流过程中的包装、标志、运输和储存要求； 本标准适用于冷藏食品物流	国家质检总局、国标委	2009—11—15	2010—03—01

续 表

标准号	标准名称	标准内容	发布单位	发布日期	实施日期
GB/T 24617—2009	冷冻食品物流包装、标志、运输和储存	本标准规定了冷冻食品物流过程中的包装、标志、运输和储存要求； 本标准适用于冷冻食品的物流	国家质检总局、国标委	2009—11—15	2010—03—01
SB/T 10895—2012	鲜蛋包装与标识	本标准规定了鲜蛋生产、流通过程中包装与标识的要求； 本标准适用于鲜蛋生产、流通过程中的包装与标识	商务部	2013—01—04	2013—07—01
DB42/T 949—2014	蔬菜净菜加工和包装技术规范	本标准规定了蔬菜净菜加工包装的基本要求、分类要求、试验方法、检验规则、标签和标志、生产经营档案及追溯和召回； 本标准适用于湖北地区蔬菜净菜的加工和包装，其他地区可以参考使用	湖北省质量技术监督局	2014—02—28	2014—05—01

资料来源：中物联冷链委。

第三节 冷链物流标准化建设

一、冷链物流标准化建设存在的问题

（一）冷链物流标准化建设缺乏协调性

冷链物流标准化体系建设由部门、地区条块分割管理，缺乏统一性和协调性。现行的标准化体系以部门为主，制约了冷链物流各相关产业标准化之间的统一性和协调性。目前，我国冷链物流管理部门除了国家统一的标准管理机构，还有交通、铁路、民航、卫生、信息产业等代表政府的行业部门。而冷链物流行业涉及的各个产业技术

组织、科研机构，则分散在各个政府部门、各个行业中，标准运作之间的政府部门缺乏协调机构，标准化技术组织与科研机构按照传统的分工在各自的产业领域进行标准化工作，相互之间难以交流和配合，无法形成统一的规划。

例如，与冷链物流有关的机构和企业多数由传统企业的流通部门转换而来，分布于铁路、公路、水路、航空等不同运输部门，各有各的管理部门，如铁路运输由铁道部管、公路运输由交通部管、航空运输由民航总局管等，冷链物流企业的主管部门相互割裂，行政管理分散；另外，尽管国家标准的行政主管部门是国家质检总局，但标准的归口管理大多数设在各个部门的标准化分技术委员会，冷链物流标准化工作被人为地分散在各个不同的管理部门。现有的管理体制增加了标准协调的工作量和管理难度，难以形成统一的管理体系，阻碍了冷链物流标准化的推进。同时，这种落后的标准化管理体制，也使得冷链物流标准化对政府部门依靠程度高，标准技术组织与行业协会不能充分发挥应有作用，使得一些物流标准化的具体问题被提出后，往往得不到解决。

（二）冷链物流标准中概念缺乏统一性

已颁布的部分标准中涉及的同一概念不统一甚至矛盾。由于冷链物流基础术语标准还没有形成，不同起草单位在标准中对其中涉及的基本术语的定义也不统一，从而使标准之间缺乏统一性，不利于标准的执行和推广。例如，上海市地方标准《食品冷链物流技术与管理规范》（DB31/T 388－2007）中对冷藏食品的定义：“指食用农产品或加工食品，通过前处理或深度加工，产品在7℃以下（部分蔬菜、水果10℃以下）、冻结点以上贮藏、运输、批发、配送、销售。”《冷藏食品物流包装、标志、运输和贮藏》（GB/T 24616－2009）中对冷藏食品的定义：“在物流过程中，中心温度始终维持在8℃以下、冻结点以上，并最大限度保持原有品质和新鲜度的这类食品称为冷藏食品。”

（三）冷链物流设施和设备标准化程度低

我国的冷链物流业起步较晚，市场需求还没有形成足够的规模，很多冷链物流企业都是从传统行业转型过来的中小企业，现有的多数冷库和车辆由原来的常规仓库和车辆改装而来，企业之间的设备参差不齐，难以实现行业标准化。此外，由于冷链物流服务需求企业对冷链物流运营特点缺乏全面认识，对冷链物流的运营的高成本性认识不足，冷链物流企业服务价格难以提高，冷链物流服务企业为了降低服务成本，追求设施和设备的低成本化，甚至降低设施和设备的规格，从而造成物流设施和设备标准化程度低。

（四）社会冷链物流标准化意识淡薄

我国标准化建设工作虽然早已起步，但公众对标准化意识不强，对冷链物流标准化工作的了解更是一知半解。公众没有认识到冷链物流标准化建设对冷链物流对象产品质量安全的重要意义，更没有认识到标准化建设与其自身的健康息息相关，因此，标准化建设缺乏最根本的需求动力——公众对标准化建设的需求。

企业对冷链物流标准认知度不高。企业采用标准主要是出于市场竞争的需要，因此，冷链物流标准化要以市场的发育成熟度作为其制定的基本条件。我国冷链物流相关企业发展水平处于不同的层次，其规模和管理水平也相差较大，很多中小冷链企业出于成本的考虑，对一些标准执行的积极性不高。从我国国民经济的发展前景来看，我国冷链物流市场的潜在需求是巨大的，但冷链物流市场实际需求不足，这与物流市场的潜在需求和物流业的急速膨胀形成了巨大的反差，直接影响物流标准化的应用与推广。当然，已经制定的冷链物流标准不完善，有些存在与企业实际脱节，不能满足企业实际操作需要，企业置换成本太高等情况，这也是企业对冷链物流标准化需求不足的重要原因。

（五）标准信息交流渠道不畅

冷链物流对于信息网络技术的依赖程度较大，产业链成员信息的交换和共享是使产业数据库统一的有效途径，同时，数据交换和共享又依赖于信息系统中数据传输的格式、产品分类、接口以及编码的标准化。但是现在对物流网络信息系统的构建还不够完善，相关技术也不够成熟，在新形势之下，物质和技术基础仍然跟不上，导致冷链物流的信息网络系统相对落后，对冷链物流标准化工作的建设造成一定阻碍作用。

标准化法规定，现行有效的行业标准应当在国家标准化管理委员会备案，备案管理是有法可依的。但是信息交流的不畅，使标准体系中标准层次及内容混乱，因此亟待提高标准信息交流，构建标准体系，如《易腐食品控温运输技术要求》（GB/T 22918—2008）、《冷藏食品物流包装、标志、运输和贮藏》（GB/T 24616—2009）、上海市地方标准《食品冷链物流技术与管理规范》（DB31/T 388—2007）等对冷链食品界定不一，标准层次定位和内容混乱。

针对我国目前存在的标准管理不够规范，标准信息交流不畅等问题，除了建立健全相关的法律法规进行规范外，还要加强标准化管理信息化和现代化步伐，标准信息资源共享系统的建设以及标准信息服务体系建设及标准出版的管理，使政府各部门及企业标准化活动的信息交流更加通畅等。

（六）标准化基础性研究比较落后

我国冷链物流标准化建设刚刚起步，相关基础研究相对滞后，有部分研究力量也分布在不同领域，如医药行业、食品行业相关科研机构和大学有不同的相关研究。冷链运营需要的专用设施设备技术参数技术含量较高，不同产品对象的温度和卫生条件也需要根据专业研究和试验验证。标准化构成中指定的相关标准需要的条件和研究都需要有科学的依据，虽然一些技术参数可以借鉴国外，但从长远发展和行业发展出发，需要构建系统的基础研究，以推动标准化建设科学、系统地向前发展。

（七）国际标准采用比例较低

随着经济全球化的发展，冷链物流面对的是全球化的市场环境，冷链物流标准化具有非常强的国际性，要求与国际物流标准化体系相一致。在长期计划经济的影响下，我国的标准包括物流相关标准在制定过程中较少考虑与国际标准的一致性。尽管权威机构制定了一些相应标准，以便与国际标准接轨，但是这些冷链物流标准所占比例很低，这必将为我国的冷链物流企业与国际企业接轨设下壁垒。

二、推进冷链物流标准化工作的主要措施

（一）构建科学的冷链物流标准体系

当今，我国冷链物流正处于快速发展的关键阶段。标准化工作远远跟不上冷链物流发展的需求。由于缺乏整体发展框架，标准之间协调性差，标准制定的口径和标准的管理较为混乱，特别是冷链物流标准体系的缺失，使冷链物流企业缺乏对物流标准化体系的系统认识，各冷链物流企业往往把精力集中在开展业务和硬件设施投入上，而在物流标准化体系的技术支撑方面关注不够。因此，构建科学合理的冷链标准体系势在必行。其中一项重要的工作就是制定冷链物流标准体系表。通过制定冷链物流标准体系表，明确标准之间的相互关系，增强标准整体的协调性，为完善冷链物流标准体系，有步骤地开展新标准的制定和旧标准的修订，以及为整合工作奠定基础。

（二）推进基础标准研究、制定工作

制定基础标准是当务之急。目前我国冷链市场混乱的一个重要原因就是基础标准的缺失。例如，由于基础行业准入标准的缺失，企业采用的设备和技术参差不齐，一些企业投资建设冷链基础设施，以提供优质的冷链服务，但由于一些企业投机取巧，降低服务质量，甚至不顾服务安全，采用价格手段争夺市场，使投资建设企业投资成本难以回收，挫伤一些正规企业的积极性。此外，由于基础标准的缺失，如术语标准，一些已颁布的标准对基本概念的界定不清或不同标准中同一术语相差甚远，使已颁布的标准形同虚设，难以在企业中推广。因此，为了推进我国冷链标准化建设工作的有序开展，急需制定基础标准。

（三）建立冷链物流全流程标准

冷链物流由多个环节组成，从食品原料的种植和采购、加工、流通和配送，直至零售和消费的全过程，是一项复杂的低温系统工程，确保各环节的质量安全问题是冷链物流的核心。目前，欧盟各国均建立了产品追溯系统，加拿大、美国和日本也采用了全程标识追溯系统，从政府机构到消费者群体，都在食品生产和食品供应链中应用可追溯测量方式。制定一系列涉及农产品生产、加工、销售、包装、运输、储存等全流程的有关标准和规定，确保物品冷链物流全流程安全是标准化工作一项紧迫和艰巨的任务。

（四）明确冷链标准化工作的参与主体与分工

1. 企业

冷链相关企业是起草冷链标准的主体之一，包括相关的冷链物流服务商、冷链技术装备商。参与冷链物流标准的制定企业应该走出企业看企业，积极整合社会资源，这样才能够在制定标准的过程中“站得高，看得远”，制定出的标准才能得到多数行业企业的认可。

2. 政府部门

部门分割是目前亟待解决的问题，因为资源管理的体制性障碍直接造成了物流标准化管理工作的落后。尽管国家标准的行政主管部门是国家质检总局，但由于物流产业跨越了行业，标准的归口管理大多数设在各个管理部门的标准化技术委员会。而这些标准要达成统一，需要进行很多协调工作，衔接难度非常大。政府部门在标准制定和推广方面加大协调力度，保证标准工作的有序推进。

3. 行业协会

标准的最终目的是推动行业有序发展，有了共同的目标，就应该有共同的行动。冷链物流标准的制定和实施需要多方努力方能发挥其作用，尤其需要充分发挥行业协会的组织、引导作用。企业的积极配合和支持也是协会开展工作的主要条件。

4. 科研机构和高校

一些院校和研究机构都已经参与到标准的起草中来，这些机构有一定的研究基础，在标准制定过程中起到指导作用，在思路和框架的构建中扮演重要角色。但是，制定标准要坚持切合实际和操作性强的原则，高校和科研机构要深入一线企业去进行调查研究，收集各方面的意见，真正做到产学研结合，只有这样才能发挥科研机构和高校的科研优势，制定出适用、科学的冷链物流标准。

（五）引导企业积极参与物流标准化的制定与执行

根据我国的实际情况。首先，要对企业进行冷链物流标准化重要性的宣传和培训，让企业转变观念，自觉参与标准化的工作。企业可以提供自身物流运作中总结的经验，以及企业本身对标准化的需求，为国家标准的制定提供良好的素材。这样不仅可以使制定的冷链物流标准体系真正符合企业的需求，同时也可以采纳一些企业已经应用较好的标准，使冷链物流标准的应用率得到提高。其次，政府和行业协会也可以出台各种政策和措施引导和鼓励冷链相关企业参与冷链物流标准化工作。除了效仿国外在立法和政府采购中引用标准，还可以通过经费资助、税收减免、银行贷款优惠等多种方式鼓励企业积极参与冷链物流标准化制定与执行。最后，应该把标准化研究的成果首先用于一些企业的实践中，待取得良好效果之后，再进行大范围的推广。所以要选择好作为标准化切入点的核心企业，形成示范和连锁效应。

（六）协调冷链物流系统各分管部门关系

冷链物流标准化建设是一项涉及多部门的系统工程，理顺冷链物流系统内部管理部门的关系对顺利推进冷链物流标准化建设工作意义重大。尽管国家标准的行政主管部门是国家质检总局，但由于冷链物流跨越了行业，冷标委成立之前标准的归口管理大多数设在各个管理部门的标准化技术委员会，而这些标准要达成统一，需要进行很多协调工作，衔接难度非常大。

（七）加强标准化国际合作，扩大对外交流

扩大标准化国际交流与合作，积极推动国内机构参与国际标准化活动；尽管一些机构制定了一些相应标准，以便与国际标准接轨，但是这些冷链物流标准所占比例很低，这必将为我国的冷链物流企业与国际企业接轨设下壁垒。因此，加强标准化国际合作，扩大对外交流也是我国冷链物流行业发展的需要。

（八）提升社会冷链物流标准化意识

冷链物流在我国处于起步阶段，政府、企业、公众对冷链物流及标准化认识不足，这是冷链物流标准化建设起步阶段的一大障碍。冷链物流相关协会的宣传对提升企业和相关部门的冷链物流意识起到了很大的推动作用。但仅靠协会一己之力是难以持久推进我国冷链物流标准建设的。社会冷链物流标准化意识的提升需要政府从政策上给予支持以及公众和企业的积极参与和贡献。

参考文献

[1] 于学军，张国治. 冷冻、冷藏食品的贮藏与运输［M］. 北京：化学工业出版社，2007.

[2] 张秀玲，江连州. 果蔬采后生理与贮运学［M］. 北京：化学工业出版社，2011.

[3] 初峰，黄莉. 食品保藏技术［M］. 北京：化学工业出版社，2010.

[4] 谢如鹤. 现代物流新技术丛书——冷链运输原理与方法［M］. 北京：化学工业出版社，2013.

[5] 张恒. 果蔬贮藏保鲜技术［M］. 成都：四川科学技术出版社，2009.

[6] 李学工. 冷链物流管理［M］. 北京：清华大学出版社，2017.

[7] 翁心刚. 冷链物流［M］. 北京：中国财富出版社，2016.

[8] 谢晶. 食品冷冻冷藏原理与技术［M］. 北京：化学工业出版社，2005.

[9] 中国物流与采购联合会冷链物流专业委员会，国家农产品现代物流工程技术研究中心. 中国冷链物流发展报告（2017）［M］. 北京：中国财富出版社，2017.